我国管理者职业化胜任素质研究

A STUDY OF PROFESSIONAL COMPETENCE OF CHINESE MANAGERS

Management
Monographs

赵曙明/著

图书在版编目(CIP)数据

我国管理者职业化胜任素质研究/赵曙明著.—北京:北京大学出版社,
2008.9

(管理学论丛)

ISBN 978 - 7 - 301 - 14189 - 2

Ⅰ.管⋯　Ⅱ.赵⋯　Ⅲ.企业领导学 - 研究　Ⅳ.F272.91

中国版本图书馆 CIP 数据核字(2008)第 129761 号

书　　　名:**我国管理者职业化胜任素质研究**

著作责任者:赵曙明　著

责 任 编 辑:张　燕

标 准 书 号:ISBN 978 - 7 - 301 - 14189 - 2/F・2018

出 版 发 行:北京大学出版社

地　　　址:北京市海淀区成府路 205 号　100871

网　　　址:http://www.pup.cn

电　　　话:邮购部 62752015　发行部 62750672　编辑部 62752926
　　　　　　出版部 62754962

电 子 邮 箱:em@ pup.pku.edu.cn

印　　　刷　者:三河市新世纪印务有限公司

经　　　销　者:新华书店
　　　　　　650 毫米 ×980 毫米　16 开本　24 印张　397 千字
　　　　　　2008 年 9 月第 1 版　2008 年 9 月第 1 次印刷

印　　　数:0001—4000 册

定　　　价:39.00 元

未经许可,不得以任何方式复制或抄袭本书之部分或全部内容。

版权所有,侵权必究

举报电话:010 - 62752024　电子邮箱:fd@ pup.pku.edu.cn

序

职业化是职业群体逐渐符合专业标准,成为专业性职业并获得相应的专业地位的动态过程。随着经济全球化的发展和我国企业改革的深化,企业的所有权与经营权逐渐分离,管理逐渐成为专业性职业,管理者也逐渐获得相应的专业地位而成为职业经理人。我国企业在建立现代企业制度的过程中最迫切的要求就是拥有一个完善的职业经理人市场,为各种类型的企业提供合格的管理者;另一方面,在发达国家,职业经理人已从营利性组织逐步扩展到非营利性组织,随着我国社会主义市场经济的进一步发展和完善,也会使得非营利性组织的管理者逐步走向职业化和专业化。

管理者职业化的核心是使管理者具备必要的素质和能力,能够胜任其所担负的职责。改革开放30年来,我国企业在组织管理和制度建设上取得了许多进步,但管理者职业化的问题仍未能妥善解决。有些国有企业的管理者是准官员,而多数私有企业的管理者则还是由所有者或其家族成员担任。因此,我国有些企业的管理者在思想观念、胸襟眼界、管理能力、专业水平等方面都难以达到职业经理人的标准,因而也就难以胜任其职责。

管理者的职业化胜任素质是管理者职业化研究中的重要内容,管理者的职业化胜任素质模型与测评又是管理者职业化素质研究的基础和核心,是制定职业经理人专业化标准的重要理论依据。在现代企业改革和发展中,为了切实加强职业经理人才的开发与管理,提高职业经理人才的专业能力和素质,有必要对我国管理者的职业化胜任素质及测评进行系统而专门化的研究。这一研究无论对企业选聘职业经理人还是对管理学院培养管理人才都具有非常重要的意义。

国外在管理者的职业化胜任素质及测评研究方面,已经做了大量研究。有的研究从社会学和劳动经济学的角度探讨了管理者职业化的市场机制、人才激励机制等比较宏观的问题,而有的研究则从管理者胜任特征的角度,在微观层面上探讨了管理者专业化所需要的基本特征和核心素质。而在我国,直到20世纪90年代中后期,管理者职业化才开始受到重视,有关职业经理人人才的开发、培养和认证等方面的工作也在近几年刚刚开始实施。但是在理论层面上,目前虽然一些国内学者已就企业中高层管理者、营销等特定职能的管理者、电信等特定行业的管理者的胜任能力模型等进行了大量的研究,然而大部分只是从具体的个别问题出发,在整体上显得比较零散,未能从我国企业改革的宏观视野来看待这一问题。因此,这些研究提出的对策建议往往不够全面。实际上,在目前的情境下探讨职业经理人胜任素质的问题必须要与我国经济体制改革的宏观背景联系在一起。对管理者职业化和职业经理人这一问题的研究要与现代企业制度的建立、国有企业改革、民营企业家族管理等问题结合起来,进行系统的分析研究,这样得出的结论才可能更具有现实意义。

赵曙明教授带领他的团队在国家自然科学基金项目和江苏省"333工程"的资助下,针对管理者职业化的胜任素质的问题进行了一系列研究,他们在国内外已有研究的基础上,系统地对我国管理者的职业化胜任素质进行了理论和实证上的探讨,构建了管理者职业化胜任素质模型,并从实践层面上探讨了我国管理者职业化胜任素质中的一些问题,针对这些问题提出了相应的解决对策和建议,最后写成了这本专著。我希望本书的出版能对我国管理者职业化胜任素质的理论研究和实践起到积极的推动作用。

成思危

2008 年 6 月 16 日

前言

在中国传统的计划经济体制下,我国对各行各业管理者的选拔和管理一般都是比照选拔政府官员的方式进行的。这种选拔和管理方式更多的是从合法性角度出发,完全背离了企业竞争的效率准则,严重影响了管理者积极性的发挥,束缚了企业的发展,也阻碍了我国管理者的职业化和专业化的进程。针对以上问题,《我国管理者职业化胜任素质研究》一书以管理者职业化的胜任素质为核心,从宏观和微观、理论和实证的角度出发,系统而全面地对我国管理者职业化和管理者职业化胜任素质的理论和实践问题进行了实证研究和经验探讨。本书在内容上分为三大部分,分别是理论篇、实证篇和应用篇。

理论篇主要包括第一、二、三、四章共四章内容。第一章,管理者的职业化概述。该章主要介绍了管理者职业化的内涵与标准、管理者职业化的历史发展与动向,以及我国管理者职业化的现状与问题分析。第二章,管理者的胜任素质。该章在介绍胜任素质的概念及内涵的基础上,系统地回顾了管理者胜任素质模型与评估的研究进展及取得的研究成果,分析了胜任素质在中国的研究现状及存在的问题和不足。第三章,企业管理者职业化中的职业道德。该章首先对管理者职业化过程中的道德从理论和历史的角度进行了分析,对国外企业管理者职业伦理和道德的研究进行了回顾和展望,并就我国企业管理者职业化中职业道德规范的构建以及在管理者胜任素质研究中纳入道德因素的看法进行了比较深入的探讨。第四章,企业管理者职业化的对策及胜任素质的理论构建。该章首先探讨了促进我国管理者职业化的对策,在此基础上,对我国管理者职业化胜任素质模型的构建及其测评进行了探索。

实证篇主要包括第五、六、七、八、九章共五章内容,是关于企业管理者职业化胜任素质模型与特点的实证研究。其中,第五章是关于企业管理者胜任素质模型的总体构建与实证研究,第六章至第九章分别是关于不同管理层级、不同行业、不同岗位和地区的企业管理者的职业化胜任素质模型的构建与实证研究。

应用篇主要包括第十、十一、十二、十三章共四章内容,是对我国几个主要行业的管理者,如人力资源管理者、医院管理者、高校管理者和国际化管理者的职业化胜任素质的实践分析和探讨。该篇主要分析了我国在人力资源管理、医院管理、高校管理和国际化管理方面的职业化胜任素质的实践问题,并针对这些实践问题提出了一些建议和对策。国际管理者职业化的胜任素质由于是一个方兴未艾的研究领域,没有太多资料可供借鉴,尽管如此,我们还是进行了一些探讨和尝试。

本书不仅对管理者职业化以及胜任素质的理论问题进行了系统的研究,而且还针对一些特定行业管理者的职业化实践,如人力资源管理、医院管理、学校管理和国际化管理等进行了深入的分析,并提出了相关的对策和建议。希望本书的出版不仅对推动我国管理者职业化胜任素质的研究具有理论意义,而且对促进我国管理者职业化的发展进程也具有实际指导作用。

赵曙明

于美国密苏里大学

2007 年 8 月 18 日

第一篇 理 论 篇

第一章 管理者的职业化 /3
第一节 管理者职业化的内涵与标准 /3
第二节 管理者职业化的历史发展与动向 /11
第三节 我国管理者职业化的现状与问题分析 /21

第二章 管理者的胜任素质 /32
第一节 胜任素质研究概况 /32
第二节 管理者胜任素质的模型与测评 /41
第三节 我国管理者胜任素质研究的现状与问题 /52

第三章 管理者的职业道德素质 /65
第一节 管理者职业化中的道德维度 /65
第二节 国外管理者的职业道德和伦理研究动向 /68
第三节 我国管理者职业道德的实践与研究 /79

第四章 管理者胜任素质模型构建的方法、流程与研究设计 /89
第一节 管理者胜任素质模型构建的方法与流程 /89
第二节 管理者的通用胜任素质模型 /98
第三节 企业管理者胜任素质模型及其测评研究设计 /114

第二篇 实 证 篇

第五章 企业管理者胜任素质实证研究 /123
第一节 企业管理者胜任素质模型的建构与测量 /123
第二节 企业管理者胜任素质与绩效的关系研究 /129

第六章 不同管理层级的企业管理者胜任素质研究 /148
第一节 企业高层管理者胜任素质研究 /148
第二节 企业中层管理者胜任素质研究 /162
第三节 企业基层管理者胜任素质研究 /173

目录

我国管理者职业化胜任素质研究

第七章 不同管理岗位的企业管理者胜任素质研究	/184
第一节 人力资源管理者胜任素质研究	/184
第二节 决策/战略管理者胜任素质研究	/190
第三节 营销管理者胜任素质研究	/196
第四节 生产/工程/项目管理者胜任素质研究	/202
第五节 财务/金融管理者胜任素质研究	/208
第六节 技术管理者胜任素质研究	/212
小结	/216

第八章 不同行业的企业管理者胜任素质研究	/219
第一节 制造业管理者胜任素质研究	/219
第二节 交通运输业管理者胜任素质研究	/228
第三节 轻工/化工行业管理者胜任素质研究	/236
第四节 服务业管理者胜任素质研究	/245
小结	/253

第九章 不同地区的企业管理者胜任素质研究	/255
第一节 江苏地区企业管理者胜任素质研究	/255
第二节 广东/福建地区企业管理者胜任素质研究	/265
第三节 青岛地区企业管理者胜任素质研究	/271
小结	/277

第三篇 应 用 篇

第十章 人力资源经理的职业化胜任素质研究	/281
第一节 人力资源经理职业化概观	/281
第二节 人力资源经理的胜任素质构成	/288
第三节 职业化人力资源经理的培养	/296

第十一章 医院管理者的职业化胜任素质研究	/308
第一节 医院管理者职业化概观	/308
第二节 我国医院管理者的胜任素质	/313
第三节 提升我国医院管理者胜任素质的对策	/317

第十二章 高校管理者的职业化胜任素质研究	/329
第一节 高校管理者职业化概观	/329

第二节　高校管理者的职业化胜任素质及管理措施　　/338

第三节　我国高校管理者职业化的发展状况与对策　/344

第十三章　国际管理者的职业化胜任素质研究　　/355

第一节　国际化管理者的胜任素质　　/355

第二节　我国企业国际化对策及管理者胜任素质

的未来发展　　/363

后记　　/375

第一篇
理 论 篇

第一章

管理者的职业化

职业化的管理者在前资本主义社会就已经存在,但形成大规模的职业管理者群体,却是伴随着现代资本主义的发展而产生的一种特殊现象。事实上,随着工业化社会的变迁,西方发达国家的职业经理人群体日益成熟和壮大,已经逐步替代企业的创业者,承载着企业家的重要职能,并成为社会中间阶层的主要构成。而且,随着管理科学的发展和进步,管理职业所服务的领域开始具有普遍性,从营利性组织逐步扩大到非营利性组织,同时管理者的职业也日益走向专业化,从而使管理者职业化成为一种必然的趋势。

第一节　管理者职业化的内涵与标准

职业化不仅已经成为很多行业改革的动力,而且也成为很多行业改革的最终目标,是社会或者某一行业发展成熟的标志,更是近年来我国各行各业讨论最多的话题之一,如足球的职业化、企业经营者的职业化、教育的职业化、政府行政人员的职业化,甚至还有军人的职业化。

一、管理者职业化的内涵

(一)职业和职业化

职业是随着社会分工而出现,随着社会分工的稳定而逐步发展,并随着人类社会的发展在不断变迁。它是人们赖以生存的不同的工作方式,是一个人所连续从事的具有市场价值的特殊活动,也是从业者不断取得收入的手段。随着时代的发展,有些职业消亡了,而新的职业在不断出现。在2000年出版的《中华人民共和国职业分类大典》中,参照国际标准职业分类,从实际出发,将我国职业归为 8 个大类、66 个中类、413 个小类、1 838 个细类。这 8 个大类分别是:(1) 国家机关、党群组织、企业、事业单位负责人;(2) 专业技术人员;(3) 办事人员和有关人员;(4) 商业、服务人员;(5) 农、林、牧、渔、水利业生产人员;(6) 生产、运输设备操作人员及有关人员;(7) 军人;(8) 不便分类的其他人员。细类(职业)划分则采用工作分析法,在遵从工作性质统一性的基本原则基础上,参照我国的组织机构分类、产业分类、行业分类、学科分类、职位职称分类、工种分类等体系,根据不同职业类别的特殊性采用特定原则进行划分(国家职业分类大典和职业资格工作委员会,2000)。

在职业社会学中,职业化就是指一个普通的职业群体逐渐符合专业标准,成为专业性职业并获得相应的专业地位的动态过程,同时也是职业发展成熟的标志。职业社会学将职业化看做是社会分工的结果,是人类社会发展到一定阶段的特定产物。它从宏观角度研究,认为职业可以分为非专业性职业、半专业性职业和专业性职业,其中专业性职业特指那些需要较高深的专门知识和技能、其目的在于提供专门性服务的职业。专业性职业与普通职业的区别在于,专业性职业具有一套系统的、不断发展的知识体系;拥有专业的判断标准;拥有专业的道德和信条;获得社会的认可;形成了一套专业的文化。

职业社会学对职业化的特征持有多种观点,主要的派别有两个:一是特质理论学派。该学派认为,专业性职业具有一套普遍性的专业性职业特质,如专业性职业是一个全日制职业;具有专业组织和伦理法规;有一个科学知识体系及传授获得知识的教育训练机制;有极大的社会和经济效益;具有国家的市场保护;具有高度自治功能。二是权力模式学派。该学派认为,职业化的本质取决于职业群体对本身职业的控制权。他们把专业性职业看成一个职业群体,观察他们在社会职业结构的权力安排中,能否成功获取及保持专业性职业这个头衔,并取得因这个头衔而得以合法化的自治权。

随着社会的发展,越来越多的职业进入专业领域,职业化成为衡量行业成熟度的重要标志。而关于专业性职业的从业者(professional),不仅社会地位、收入相对较高,而且有着与其他职业群体相区别的显著特点,分别是:(1) 专业化职业的从业者依靠系统的专业知识而非特殊的培训来获得专门的技术;(2) 专业化职业的从业者对自己的工作享有一定的自主权,他们的顾客无资格对有关的专业问题做出判断;(3) 专业化职业的从业者们组织了专门的协会来管理内部事务和对外交涉;(4) 接纳新成员的工作受到现有专业化职业从业者的谨慎控制,任何人只有通过必需的考试,取得一定的资格,才能进入专业化职业的岗位;(5)各专业化职业都有一套约束其成员行为的道德规范,不遵守这套规范,将受到被除名的惩罚(Hall,1968)。

（二）管理者职业和职业化特征

虽然对各种职业来说,都存在着寻求专业地位的一般趋势,但在现代社会中数以千计的职业里,只有极少数职业得到了专业性职业的地位。管理者职业化是管理这个职业群体逐渐符合专业标准,成为专业性职业并获得相应的专业地位的动态过程,同时也是管理这个职业发展成熟的标志。因此,管理者职业化有两个层次的含义:(1)管理职业本身逐渐发展成熟,拥有了专业性职业的特质,符合职业化的要求;(2)管理者素质不断提高,其专业素质和社会地位获得普遍认可。

对于管理者职业的本质,有诸多的管理学先驱对其进行了研究。法约尔(1982)认为,管理活动就是计划、组织、指挥、协调、控制,罗伯特·西蒙(1991)则认为管理就是决策,哈罗德·孔茨(1987)则将其描述为是为集体劳动创造一个适宜的环境,以便使集体中的每个成员都能以最少量的投入,如金钱、时间、精力、物资和最少的劳累来促使集体目标的实现。毋庸置疑,管理者的工作对于任何一个组织而言都是影响组织目标实现的重要的活动。在激烈的市场竞争中,管理者决策往往是影响组织兴衰的决定性因素。管理者职业的这一特征决定了管理者职业的专业化发展和社会地位。

管理者职业产生较晚,但发展迅速。在短短一百多年的历史中,在发达国家已形成了专业性职业所必须具有的各项特征。笔者认为,管理者职业化的典型特征应当包括:(1)建立了系统的管理科学。支撑管理者职业的知识体系本身具有系统的学科属性,这是管理者职业能够迅速发展成为专业性职业的根本属性。毋庸置疑,管理科学在今天已经成为一门对社会发展具有重要贡献的学科,正因为如此,很多大学开设了管理专业,这已成为世界范围内十分普遍的现象。(2)管理职业有了专业的判断标准。依据这些标准,可以对管理知识和技能的高低进行判断。同时,各类管理者职业群体也已经发展出了专业的道德和信条,以便与服务对象建立不可或缺的信任。(3)管理者职业也已经获得了社会的认可,享有较高的社会地位,拥有较高的收入,同时拥有专业的文化特点。当然,管理者的职业化还处于不断发展之中,其职业化程度相对于会计、医生、律师等行业而言还处于相对较低的水平。

（三）管理者职业化的素质

从管理者自身的素质来看，管理者职业化发展的本质是人的发展。职业化落实到实处就是职业人形成了职业化的素质。因此，管理者职业化最终必须体现在个人层面上，也就是管理者专业素质的发展上。职业化的管理者素质是管理者职业化研究中的重要内容和核心模块，其根本要求首先是管理者具备了专业化的发展水平，而如何评价从事该职业的人员是否具备了该职业的专业化水准，拥有该职业的任职资格，即符合该职业的准入标准，就成为该种职业职业化必须要解决的问题。在这里，对管理者是否职业化而言，其中一个重要的衡量手段就是对管理者胜任素质或者符合管理者职业标准的任职资格所进行的评估。管理者的资格认证过程，是通过制定相应的认证标准，建立相应的合格评定程序，对管理者的品德、知识、能力、经验和业绩等进行科学的认定。

管理者任职资格认证的关键环节是对管理者职业的认证标准的制定。一般来说，管理者职业化的认证标准主要是管理者素质的标准。关于素质的标准，笔者称为胜任素质，它包括很多方面，在后面章节我们会详细论述。

总体而言，管理者胜任素质可以分为两个方面：一是管理者具备了专业的管理知识和技能；二是管理者遵循职业的伦理规范。前者可以通过系统的学习和训练加以提高，后者则在加强教育的同时，还需要相应的制度作保证。最终，管理者的专业化地位能否获得社会认同，则需要众多的专业管理人员用专业技能和伦理行为来加以证明。

二、管理者职业化产生的条件

在西方国家，很早就出现了各种各样的专门职业，如医生、律师、教授等，但管理者作为一种职业的产生相对来说要晚得多。在19世纪中期以后，随着现代企业两权分离程度的加深和工商企业的迅速发展，专职的管理者阶层登上了历史的舞台。到20世纪五六十年代，管理者的职业化已经成为美国社会中一个突出的特点。短短的一百年时间，管理人员的职业化迅速成为主流。企业管理之所以成为专门化的职业，主要受四个条件的影响：(1) 社会劳动分工细化；(2) 科技飞速发展；(3) 所有权与经营权分离；(4) 企业管理成为一门科学及管理教育的发展。

（一）社会劳动分工细化

畜牧业和农业的分化，促成了第一次社会大分工，它促进了劳动生产率的提高,为私有制的产生创造了物质前提。手工业和农业的分离,促成了第二次社会大分工,它促使劳动生产率进一步提高,引起私有制的产生和商品生产的出现。随着商品生产的发展和市场的扩大,出现了不从事生产、专门经营商品买卖的商人阶级,从而形成了第三次社会大分工,伴随而来的就是脑力劳动和体力劳动的分工和对立。正如马克思(1975)在《1857—1858年经济学手稿》中所指出的那样:"由于自然条件不同,即由于土地肥沃、水域或陆地、山区和平原的分布不同,气候和地理位置,有用矿藏的不同以及土地的天然条件的特点不同,又有了劳动工具的天然差别。这种差别造成了不同部落之间的职业划分。"

社会分工的进一步细化,使得工场手工业产生并发展成为大规模的现代制造业。在劳动分工程度很低的自然经济中,各个村落是相对孤立的,产品运输费用高昂,每个村庄只需要一个铁匠甚至兼职铁匠的服务就够了,不需要专业化分工。然而,随着交通状况得到改善,新的交通工具和运输方式得到了发展,拦路抢劫等犯罪活动得到了抑制,商品交换中的欺诈、做假行为等大幅度下降,贸易得以在更大范围内展开。交换范围的扩大,使得专业化的生产者能以更低的价格出售其产品,非专业化的铁匠或制造者被逐渐驱逐出市场,这就是工场手工业产生和发展的历史。也正是这种市场范围的扩大,导致了资本主义的兴起,使大规模的现代制造业的产生和发展成为可能,并在20世纪产生了巨型企业。在企业规模不断扩大的过程中,为适应社会化大生产和市场配置资源的效率要求,公司企业内部组织结构也几经变革,经历了一个由集权向分权演变,再向集权和分权相结合的发展过程,这使得公司制企业呈现出管理的"层级制"和"多单位"的特征。与此同时,企业的经营范围日益扩大,由过去的专业化经营发展为多样化经营,这样既增加了管理的难度,也使其经营决策更为复杂。如果没有专门的经营管理知识和受过专门的训练,就无法胜任这种现代大企业的经营管理工作。正如钱德勒教授(2001)所说,随着现代企业多层次、多单位管理体制的发展,现代管理者必须具备"建立和管理巨大和复杂的人类组织的能力。此种能力成为管理者天赋中最为需要,而且往往也是效益最大的才干",这就在客观上要求经过专业训练的、具有高超的组织管理能力的专业经理取代所有者而成为企业的决策者。

将管理劳动从一般劳动中独立出来,可以有效提高管理者的管理水平,促进管理者管理知识和能力的增长;而劳动分工的细化又使得从事管理劳动的经营者走向职业化,最终在社会生活中形成一个独立的阶层。

(二) 科技飞速发展

工业社会由于资本比较稀缺,知识的作用没有凸显出来。早期资本主义的生产多是相对稳定的商品扩大再生产,资本增值往往通过扩大生产规模,即扩大资本投入和劳动投入实现。晚期资本主义的经济生产是一种迅速变化的更新再生产,产值的增长主要是通过科技和知识的投入实现的。进入20世纪后,特别是第二次世界大战后,随着科学技术的快速发展和在生产上的广泛应用,科学技术对社会生产力的促进作用日益重要,从科技进步在国民生产总值增长中的比重变化可以充分说明这一点。如在20世纪初,科技进步在资本主义国家国民生产总值增长中所占比重仅为5%—20%,到50—60年代则达到了50%—60%,60—80年代则达到了60%—80%。再如,美国在1909—1929年间,物质资本对经济增长的贡献率几乎是人力资本对经济增长贡献率的两倍,在1929—1957年间人力资本的贡献却超过了物质资本,而到20世纪60—80年代,美国人力资本的贡献远远超过了物质资本贡献的几倍(张荣刚,1994)。

随着知识经济社会的来临,知识、人力资本超越物质资本、土地等生产要素成为最重要的资源,在企业发展中逐步成为一种核心力量。同时,随着卖方市场向买方市场的转变,市场竞争也越来越激烈,单靠物质资本就可以创办企业取得成功的时代已经过去。在科技水平比较低、企业规模较小和卖方市场的条件下,单凭企业主个人经验还能胜任管理者的职位,但现在必须有一批专门经过训练的职业经营专家来管理企业。在这种情况下,以现代科学技术和社会化大生产为基础、以市场配置资源为手段的企业经营管理已成为一门专门的学科,经营管理本身成为一种智力密集型劳动,经营管理才干变成一种高级的生产要素。职业化的经营专家亦称为职业经理人,必须依赖于自身能力来取得地位,依赖于自身知识即人力资本来获得回报。职业化的经理具有其他人力资源所有者所缺少的经营知识和管理能力,他们依靠独特的人力资源资本,从事复杂的、高智商的创造性复杂劳动,以特殊的人力资源而不是资产所有权投入到生产领域,自己也获得了相应的收益。

钱德勒指出,在现代企业中,决定谁能拥有高层管理权力的已经不再是他们所拥有的股份而是他们所具有的管理能力,这就导致了家族式企业的衰落。经理革命的过程就是"经理式资本主义"取代"家族式的或金融的资本主义"的过程(孟宪忠,包霄林,1994)。对此,托马斯·戴伊(1985)指出:由于现在大型公司"对于技术和计划工作的需求,使得工业方面越来越需要组织工作的专门才能。资本是目前大公司可以自给的东西,老式的巨头已不中用,于是美国经济领域中的权势便由资本转移到组织才能方面"。

（三）所有权与经营权分离

早期的管理者是业主型的,企业主即为经营者,它普遍存在于工场手工业式的企业里。随着生产社会化程度的日益提高和市场联系的扩大,部分企业主自身的能力和水平已无法适应专业化协作生产过程中日益复杂的企业组织管理工作的要求,也无法适应企业日趋复杂的外部市场的变化。在当时,要成功地组织和管理企业的生产活动、参与市场交易并在激烈的市场竞争中取胜,必然要求经营者在懂得经营和善于经营的同时,还要具备本专业领域内较全面的技术知识,这样,才能够在生产过程中对各个生产工序有一个全面了解的情况下购进原料、组织生产、推销产品,并及时掌握市场对产品需求的变动。当时,一些企业主纷纷选拔自己企业内部具有经营管理能力的技术人员担任企业的经理,并逐渐开始公开招聘懂技术的经营者。

19 世纪中期,美国实业界的许多大企业经营者也都是由专业技术人员担任,对提高生产力水平、发展经济起到了极大的推动作用。在这一时期以具有专业技术为背景的职业管理人员成为管理层级的主要组成部分,并形成一个普遍模式。其典型标志是,在 19 世纪 50 年代,美国出现了第一家由技术人员担任经理并负责经营和管理的企业,此后,在实业界得到了迅速的推广和应用,于是,作为早期的职业经营者,一大批技术管理者便应运而生。另一方面,在发达国家早期的经济发展过程中,随着生产力水平的日益提高,资本和财富在原始积累过程中出现了日益集中的趋势,形成了一批以自己对资本和财富的所有权为依托来谋取占有利益的食利阶层,他们自己不去经营其所占有的资产,而是通过将资产的使用权转让出去的方式让别人去为他经营,或者选聘合适的人代替他经营企业,保证资产增值和稳定地取得收入,扩大资本和财富。在产业界,早期的高利贷资本的形成为职业经营者的产生奠定了物质基础,也为没有资本或资本不足却拥有经营管理能力的人成为企业的经营者创造了条件。随着借贷资本与职能资本的日趋分离,企业的所有者越来越使得承担实际经营权的管理者脱颖而出,成为职业的经理人员。因此,这个时期管理者的显著特征是,他们主要是由专业技术人员构成,他们具备本专业的技术知识,熟知企业内部的生产过程及产品工艺,了解市场上同类产品的品种、规格和质量,以及如何改进产品的性能并使之更适应市场的需要。

19世纪末以后，随着社会生产力水平和社会化大生产程度的日益提高，市场范围进一步延伸和扩大，市场交往日益紧密，竞争也日益激烈。在变化莫测的市场环境中，企业的经营管理者所面临的组织管理任务日趋复杂和繁重，经理人员在市场经济运行中的作用也日益增大，企业的经营管理也逐渐发展成为一门专业科学。在这种情况下，企业经营者的来源和组成结构逐渐发生了变化，以经营管理为专业特长的一批新兴管理者为适应市场经济的发展要求逐渐形成。美国在20世纪30年代大危机以后，特别是第二次世界大战以后，以经营管理为专业特征的职业经理成为越来越广泛的管理者模式，专业人士替代公司的所有者成为决策者，这就是所谓的"经理革命"。这种以两权分离为特征的现代企业制度的产生和发展，逐步形成了对职业管理者的市场需求。越来越多的大公司开始以经营能力的高低来作为选拔高层经理人员的标准。公司的高层经理人员不是凭借所有权，而是凭借经营管理能力在企业经营中取得支配地位。至此，企业经营管理逐步成为一种专门化的职业，特别是20世纪60年代以后，这种管理的职业化、专业化不仅在经济界，而且在教育、卫生、体育等各个领域都受到了广泛的重视。

（四）企业管理成为一门科学及管理教育的发展

自从泰勒科学管理革命以来，经过近一个世纪的发展，企业管理成为一门融合经济学、管理学、社会学、心理学、数量统计、运筹学、控制论、系统论、信息论和计算机科学等学科为一体的综合性学科，并在实践中得到了广泛应用和发展，这就使得企业管理成为一门非经专业教育和训练不能掌握的专业知识。企业管理岗位作为一门专门的职业，要求管理者必须具备一定的职业资格。刘光起（1999）在其《A管理模式》中的一段话，很中肯地指出了管理者职业资格证书的重要性。他说："电工要'证'，锅炉工要'本'，工程师要'职称'，唯独经理没有要求，经理也应当是专业的。某方面的专家不等于是专业经理，比如著名科学家不一定是好经理。行政人员与专家的心态是不一样的，比如研究所的所长由一个专家担任，可能往往搞不好。中国培养电脑人才、工程师特别多，但是我们缺乏一批训练有素的职业经理来领导电脑公司。"对管理者进行资格的认证，无疑可以提高管理者的综合素质，有利于管理者阶层的形成。

与此同时，管理教育也获得了空前的发展。钱德勒（2001）认为，"现代管理学院的成立，对于新的多单位工商企业中管理的职业化有着重要的意义"。从 1881 年由约瑟夫·沃顿创办世界上第一所商学院以来,美国已有 1 000 多所大学设立了与管理有关的院、系或专业。而美国大公司的高级管理人员,大多数是各类管理学院的毕业生。正如从前医务工作者得出的在药铺里工作不能训练出医生的结论,如今管理工作者也有了类似的认识。也就是说,通过企业内部世代相传、师傅带徒弟的老办法,已经培养不出符合现代需要的管理人才了,必须经过现代管理的专业教育和训练才能成为专门的职业经理人。

第二节 管理者职业化的历史发展与动向

管理者职业化作为一种企业制度和变革趋势,首见于 20 世纪 30 年代,但这场革命不是一蹴而就的,而是经历了萌芽、发展和形成三个典型阶段。如果从 1841 年产生于美国马萨诸塞州的第一家经理制企业算起,到 20 世纪 60 年代,作为管理者职业化策源地的美国,在 200 家最大非金融企业中,采取"经理控制型"制度的企业达到 169 家,占 84.5%,以此作为完成的标记,前后共走过了 120 余年的发展历程。短短一百多年的时间里,管理人员的职业化迅速成为主流(Larner,1970)。

一、管理者职业的萌芽和产生

虽然管理者职业是现代社会发展到一定阶段才有的社会现象,但人类管理活动的历史却和人类的历史几乎一样源远流长。人类学家研究发现,在人类社会长期的演变过程中,得以生存的总是那些体力或智力上的最适者。在严酷的生存环境中,人类制造了工具,并发展组成了一些组织形式——这使他们获得了胜过他们自然界敌人的有利条件。布罗诺夫斯基得出结论说:"我们通过家庭联系在一起,家庭通过亲属组织联系在一起,亲属组织通过氏族联系在一起,氏族通过部落联系在一起,而部落则通过民族联系在一起。这是组织登记体系的最原始的关系。它层层相叠,将人类今天的存在与其过去的存在连接起来。"(丹尼尔·雷恩,2000)

人类社会的进化过程同时也是组织进化的过程。人们发现,在组织内,人有各种不同的技术和能力。为了利用各种不同的技术,劳动可以分工;为了实现组织的目标,在安排和协调各种不同的工作任务时就必须达成某种协议,并建立起一个权威或权力的等级分层结构,这为管理活动提供了舞台。在传统社会中,管理者的权力主要来自于身份、血缘或者财富、强权,并没有分离出专门的职业。随着传统社会向现代社会的转变,现代工商企业组织得到了蓬勃发展,企业的规模不断扩大,企业运作日益复杂,对管理者的知识和能力产生了专门的要求。在市场经济的推动下,一批以专门的知识和能力为特长的带薪的经理人员从所有者兼管理者的队伍中分离出来,同时带动了管理知识的发展和管理技能的进步。因此,现代工商企业是管理者职业形成的重要基础和推动力量。随着管理科学的进步,管理职业所服务的领域开始具有普遍性,从营利性组织逐步扩大到非营利性组织,而管理者职业也日益走向专业化。

二、管理者职业化的发展阶段

美国的管理者已经步入了专业化阶段,管理者成为现代工业社会中新型的专业性职业。一般来说,美国经理人职业化的发展基本可以划分为三个阶段:

(一)美国铁路管理者的诞生——经理人职业的摇篮

1841 年以前,美国社会中尚不存在现代工商企业组织。美国传统的公司都是由个人拥有和经营的、单一单位的小规模企业。虽然有一些企业主雇用人员担任管理助手,但这些人所从事的活动仅仅是现代工商企业中最低层次的管理活动,中层经理人员尚未出现,也就是说,还没有这样一种经理人员,他们监督其他经理工作,并向同样亦是支薪的高级行政人员的经理报告。当时几乎所有的高层经理都是企业的所有者,他们不是合伙人就是主要股东。管理职能中最早实现专业化的会计职业,在当时也还尚未出现。企业普遍使用五百年前意大利人所发明的复式簿记(钱德勒,2001)。

铁路经营的特殊性催生了世界上第一个管理者。铁路经营不仅需要大规模的资金和跨地区的管理,更为重要的是,铁路交通与公众的生命安全直接相关。19 世纪30—40 年代,美国铁路线路范围和距离日益扩大,这对当时由业主直接管理的铁路组织和管理方式而言是一个严峻的考验。1841 年10 月5 日,美国西部铁路公司的铁路上发生了两车对撞事故,造成2 人死亡、17 人受伤的惨剧。当时,美国政府、联邦调查局对事故进行了调查,认定事故原因在于调度不当,铁路运输企业的业主没有能力管好这种企业。公众一片哗然。在公众的压力下,马萨诸塞州的立法当局派出调查人员调查西部铁路公司的运作。调查的结论是:要有效地防范事故发生,必须改变老式的由投资者私人分段管理的方式,将西部公司的三段运营线路划分为三个分部,交由职业经理负责,并设立一个中央总部,统一协调与监督分部经理。乔治·W.惠斯勒为西部线设计了现代化的分工细致的内部组织结构,从而使西部线成为世界上第一家以职业经理通过严密的管理系统而经营的现代企业,并最终奠定了现代管理学的基础。"管理"、"组织"、"控制"等管理学术语也在那时初步形成,企业史因此将此视为经理制的开始(钱德勒,2001)。

19世纪40年代的铁路改革在满足了公众对铁路安全要求的同时,还产生了一个客观的结果,即为协调猛然大增的运货量和高运货成本提供了最佳选择,铁路经理人的价值由此得到了公众和投资人的认可。到19世纪50年代,大型铁路已雇用40名至50名专职支薪经理,其中至少有10名以上属于高层管理人员。

铁路经理人在获得了公众认可的社会地位后,开始将自己视为和医生、律师一样的专业人士。他们将铁路管理视为终生职业,即使调换工作,也是在铁路系统内。他们开始在专业杂志上互相交流经验和知识,推广先进的管理技术。如伊利铁路的McCallum(由一个中层区段长提升的总主管)在组织上进行的变革(提出了六条管理的一般原则和组织结构)被广泛报道。1854年《美国铁路杂志》将其组织结构图印刷出来,以每份一美元的价格公开出售。铁路企业的中高层经理对收集、整理、分析企业日常作业中所产生的大量数据的方法进行改革,以满足对精确信息的迫切需要,这就直接导致了对会计制度的改革,有力地促成了会计脱离簿记的领域而成为一门学科。他们的成就引起了社会的广泛注意,因为投资者、运输业者和铁路董事们与这些改革者同样关心这种新方法的准确性与价值。有关铁路的杂志以及金融杂志、商业杂志均刊载了许多这方面的文章、社论和读者来函。事实上,会计方法的改革对于投资者建立对管理者的信任起到了基础性的作用(钱德勒,2001)。

大型铁路公司作为现代企业组织形式的特殊样板,对其他行业起到了带动和示范作用。到19世纪70年代末80年代初,美国各主要产业基本上都出现了现代企业组织形式的萌芽,其中支薪的经理人构成了最初的经理人职业群体。他们以现代企业组织内的管理协调为主要工作,居于中高层管理岗位上,工作性质也与其他职业截然不同。

（二）美国经理人职业的快速发展阶段

19世纪80年代是美国大量生产和大量分配结合的开始。在此之前,美国只有两家全国性的大公司——西方联合公司和蒙哥马利·沃德公司，但到80年代末，许多多功能企业已经家喻户晓了。由于当时的销售商无法销售和分配制造业者所生产出来的大量产品，制造业者开始进入销售领域，通过有效的管理生产和分配过程以及协调经过这些过程的货物流量以降低成本，提高劳动生产率。因为结合了生产销售和采购，这些新公司的活动和当时其他公司的活动有很大不同。传统企业都是只执行一种单一的经济功能，但是新的、结合的企业却执行着多种经济功能，因而在经营上就需要比19世纪的铁路和电报公司更多的专职的支薪经理才行。这些新型公司构成了经理人广大的需求市场。在强劲的需求拉动下，经理人的职业群体迅速扩大，并开始催生专业的管理教育。

与运输和通信行业相比，这些新型公司在经营规模、复杂性和多样性上都超过了铁路企业。因此它们的经理需要处理更为多样化的工作，在协调通过他们的企业的材料、流程方面，他们面临着更大的挑战。正因为如此，这些支薪经理的决策，要比铁路公司高层人士的决策，影响更多的生意人、工人、消费者和其他美国人。他们对美国从"孤立的群落"的社会向一个更同质和一体化社会的转变中起着重要作用。进入20世纪，这些新结合起来的多功能企业，逐渐成为美国经济中最有影响力的机构。支薪经理成了美国经济管理中最主要的力量，他们很快取代铁路而成为美国政治和意识形态争论的焦点。美国经理人职业在这一时期的发展，有以下几个方面的显著特点：

1. 职业团体的迅速增加

最早发展职业团体的是财务部门的支薪经理。1897年，美国公用事业会计师协会成立，1916年更名为美国会计师协会。《会计杂志》和《会计评论》等杂志在其赞助下发行。会计是管理职能中最早获得职业权威并实现专业化资格认证的职业，市场营销方面的职业活动比财务领域晚一些。1915年，美国全国市场营销协会成立，并发行《市场营销杂志》，刊登市场营销方面的理论探讨文章。工厂和生产经理的职业性组织和刊物是从那些最初由机械工程师、电气工程师和其他工程师所建立的职业组织和刊物中分离出来的。1911年，由弗兰克·加尔布雷斯发起成立了管理科学促进会，后来演变为管理推进协会，重点讨论工厂管理和生产过程组织技术。1919年，一般管理人员的职业组织——行政管理协会成立，它发行的《会议记录汇编》和《行政管理杂志》受到政府和私人企事业单位中管理人员的欢迎。1925年，一个由人事问题专家组成的很小的协会经过改组成为美国管理协会,它很快就成了美国公司中高层和中层经理人员最重要的职业性组织。该协会的会议和刊物的重点乃是现代工商企业的全面管理、经营和监督问题。到 20 世纪 60 年代,各类经理人的协会团体已经纷纷制定章程和规范,其中分工细化的人力资源管理、项目管理、审计等资格证书已经获得了权威的影响力和公众的认同(钱德勒,2001)。

2. 管理知识的不断深化

随着企业规模的扩张,原有的管理方法已难以适应新情况。在组织创新迫切需要新的管理理论作指导的形势下,经理人职业群体构成了管理理论专业研究队伍的主体,从而形成了美国当时社会性的管理研究潮流——"管理运动"。19 世纪 70 年代的经济萧条造成了金属加工工业中需求的持续下降和大量剩余的生产能力,使制造业者开始把注意力从技术转移到管理上来。如何改进组织和管理成了当时刚成立的美国机械工程师协会探讨的主题。1886 年,新成立的美国机械工程师协会年会召开,改进组织管理成为探讨的主题。耶鲁—汤制造公司总经理亨利·汤(Henry Towne)1870 年就开始研究系统的高效率管理方法,在年会上发表了题为《作为经济学家的工程师》的主题讲话,呼吁建立一门管理的科学。在这次会议上,亨利·梅特卡夫总结了 1881 年在他管理的兵工厂中实行的一种从完备监督流程入手,分析控制管理费用的"车间—定点记账制度";奥柏林·斯密提交的论文探讨了固定资产核算问题,都引起了很大反响(钱德勒,2001)。

面对新出现的管理层级制,管理人员失去了对工人的直接监督。在这种情况下如何设计激励性的薪酬制度以提高劳动生产率成为当时一个突出的问题。1889 年亨利·汤在美国机械工程师协会年会上介绍了其企业中应用 5 年之久、成效显著的"收益分享方案";1891 年,弗雷德里克·哈尔西(Frederick A. Halsey,1856—1935)发表了论文《劳动报酬的奖金方案》,分析了当时普遍采用的计时工资制、计件制、分红制等三种工资形式的缺点,提出了"奖金方案",成为此后工资制度的一种基本模型;1895 年泰勒在一篇论文中提出在科学测定工时、动作、劳动定额的基础上,实行"差别计件工资制"的方案,这篇论文被加以"科学管理"的桂冠,使管理理论研究走上了科学轨道,成为古典管理学产生的标志。在管理运动中,大量理论研究的产生,使得管理终于成为一个独立的领域。管理思想也从偶然、片段和不完备的分析,发展到一种影响人们经济工作的较完整的理论体系;管理思想和理论的探讨、传播,通过独立的管理学术团体——协会、出版物和会议进行,并形成了较成熟的学术规范(钱德勒,2001)。

3. 管理教育的普及

管理学院的出现当时还只是美国独有的职业教育。19 世纪末期,企业管理教育只不过是讲授一些簿记方法和秘书方法,而且课程是设置在规模较小的私立商业学校中。1899 年,芝加哥大学和加利福尼亚大学设立了商学院。到 1908 年哈佛大学成立自己的企业管理研究院时,专业化的、企业管理的研究生教育开始迅速发展起来。1910 年,美国有 52 所大学和学院讲授会计课程,到 1916 年,这个数目增加到 116 所。到第一次世界大战前后,全美已有超过 40 所大学设有商学院,讲授管理方法和商业伦理。1958 年毕业的管理学学士人数,已占当年同级学位授予总人数的 14%。管理人员不仅可以从实践中成长,而且可以通过大学教育来培养,这些都对以后的管理发展产生了深远的影响(杨杜,1997)。

专业化的教育推动了经理人市场与其他劳动力市场的分离,专业学历和证书成为经理人市场的有效"信号"。20 世纪 20 年代,商学院毕业生还只能就任于低级的管理职位,到 20 世纪中期,以管理为终生职业的支薪经理已经成为负责经营大型多单位企业的人,这些企业支配着美国经济的关键部门。

美国管理学院联合会(AACSB)成立于 1916 年,最初只是一个以联谊为目的的俱乐部组织,但在 20 世纪 60 年代后该组织迅速壮大,它利用其对成员所拥有的认可资格的权力,为管理学院的规范建立了一系列标准。

4. 专业顾问的出现

由于经理人在企业管理中卓越的贡献,以及对生产水平提高的促进作用,经理人职业的专业性日益突出,衍生出一大批专门为企业服务的顾问人员,如管理顾问、投资顾问等,他们独立于企业的管理层级制以外,以其专业知识和经验为企业提供服务。在第一次世界大战以前,泰勒、甘特等人就已经作为工程顾问为企业提供管理咨询服务。一战以后,一批卓有影响的管理咨询公司如麦肯锡、兰德公司等开始为企业提供专门指导。

(三)经理人职业化阶段

事实上,从经理人职业产生开始,就已经开始了职业化的发展。铁路经理人是经理人职业发展早期在特定行业里取得的成功。尽管带有较为明显的行业特点,但为其他行业的经理人职业化奠定了重要的基础。从钱德勒的分析可以看出,经理人职业的发展轨迹带有明显的职业化特征。

从 20 世纪 20 年代开始,对经理人职业化的讨论日渐增多。玛丽·帕克·芙丽特是较早呼吁经理人职业化的管理学家。1925 年,她在关于"企业管理应当如何发展才能成为一种专门职业"的演讲中就曾提出:企业管理已经具备了一个专门职业所必需的某些要素,并且正在努力获取其他的要素。企业管理像"专门职业"一样,需要同样高等的智力水平、同样完全彻底的训练。她认为,企业管理对比一个社会的公众意志更高的东西负责,它以公众的服务为目的但并不完全在于对公众的服从。芙丽特认为,管理者协会是管理者职业化的重要步骤。管理者协会的作用有三:一是维护标准的共同责任;二是教育公众;三是发展职业标准。经理人对工作的忠诚是对原则和理想的忠诚,是对产生于事实标准知识的特殊实体的忠诚,而专门知识和技能的发展正是职业标准的发展。

经济学家贝利和米恩斯(Aberle and Means,1932)合著的《现代公司和私有财产》(*Modern Corporation and Private Property*)一书中,通过对美国 200 家大型企业的分析,提出了大公司的控制权从企业所有者转移到职业经理手中的趋势。随后,众多反映经理职业化现象的论著涌现出来,其中有代表性的有贝利的《二十世纪的资本主义革命》(*The 20th Century Capitalist Revolution*,1954)、《没有财产的权利》(*Power without Property*,1959);拉纳(R. Larner)的《管理控制和大公司》(*Management Control and Large Corporation*,1970),加尔布雷斯(J. K. Galbraith)的《新工业国》(*The New Industrial State*,1967)等。他们普遍观察到,拥有公司控制权的职业经理们往往有专门的教育背景和经验,他们依靠知识而不是其他因素获得权力,他们享有较高的社会地位和薪酬水平。在美国,优秀的管理者成为公众敬仰的新对象。经理人对公司控制权的获取,以实践证明了经理人职业地位的获得和认可。

从对美国管理者职业化发展历程的回顾可以看到,管理者职业化是一个伴随着企业制度的变革与创新的长期演变过程,在不同的发展阶段、不同的生产条件下,具有不同的表现形式与内涵。它启示我们,社会主义的管理者职业化,在借鉴西方国家成功经验的同时,必须自觉坚持有中国特色的实践创新。

三、美国管理者职业化过程中的典型特征

美国著名企业史学家钱德勒(2001)在《看得见的手——美国企业的管理革命》一书中,综述了 1790—1977 年这一时期有关美国企业的管理革

命的所有文献,阐述了管理者职业化过程中的重要表现和特征。

1. 现代工商企业产生

当管理上的协调比市场的协调更有效和更有利可图时,现代工商企业便产生了。

经济活动量的增加与新技术和市场的扩大同时到来。新技术使前所未有的产品的产出和转运成为可能,扩大的市场则是吸收此种产出所必不可少的。因此,现代工商企业首先是在这样一些部门和工业中出现、成长并继续繁荣,这些部门和工业具有新的先进技术,而且具有不断扩大的市场。反之,在那些技术并不能造成产出的急剧增加、市场依然是小而专的部门和工业中,管理的协调并不比市场的协调更为有利,因而在那些领域里,现代工商企业的出现就较晚,而且发展较慢。

现代工商企业的产生和持续发展是通过设立或并购一些理论上可以独立运转的经营单位,并且把几个经营单位进行的活动及其相互交易内部化。这种交易内部化给扩大了的企业带来了许多好处(钱德勒,1977)。由于单位间交易之例行化,交易成本随即降低。由于生产单位和采购及分配单位的管理连接在一起,获得市场和供应来源信息的成本也在降低。更重要的是,多单位的内部化使商品自某单位至他单位的流量可以通过管理进行协调。这种对商品流量的有效安排,可使生产和分配过程中使用的设备和人员得到更好的利用,从而提高生产率并降低成本。此外,管理上的协调可使现金的流动更为可靠稳定,付款更为迅速。这种协调带来的节约要比降低信息和交易的成本带来的节约大得多。

2. 管理层级制出现

当管理协调所带来的效益超越市场协调所带来的效益时,管理层级制就出现了。

此种效益只有当一群经理人员被集合在一起,执行先前由价格和市场机制执行的功能时才能实现。传统的单一单位的企业的活动是由市场机制所控制和协调的,而现代工商企业内生产和分配单位则由中层经理人员控制和协调。高层经理人员除了评价和协调中层管理人员的工作外,还取代市场而为未来的生产和分配调配资源。为了执行这些职能,经理人员不得不采用新的管理方法,这些方法很快就成了美国企业的标准经营方法。

因此,管理层级制的存在是现代工商企业的一个显著特征。没有这种经理人员的存在,多单位企业只不过是一些自主营业单位的联合体而已。建立这种联合体是为了控制各单位间的竞争,确保企业的原料来源,以及成品和服务的销路。各个自主单位的所有者和经理共同采购、定价、确定生产和市场政策。如果没有经理人员,这些政策只能由立法和仲裁机构来决定并实施。这种联合体通常可以稍微降低信息和交易成本,但不能经由生产率的提高来降低成本。它们无法提高管理协调的功能,而此功能才是现代工商企业的最重要的功能。

3. 层级制本身成为权力和持续成长的源泉

管理层级制一旦形成并有效地实现了它的协调功能后,层级制本身就变成了权力和持续成长的源泉。

用韦尔纳·桑巴特(1930)在《管理革命》一书中的话来说,现代工商企业开始具有"其本身的生命"。正如钱德勒在《看得见的手》一书中所说,"传统企业是短命的,几乎全是合伙生意。其中一合伙人退休或去世,就得重新结伙或解散,如果儿子继承父亲产业,他会找新的合伙人。通常这种合伙制若有其中一人决定与其他人合作时,就会散伙"(钱德勒,2001)。另一方面,用来管理新型多单位企业的层级制则有持久性,它超越了工作于其间的个人或集团的限制。当一名经理去世、退休、升职或离职时,另一个人已作好准备,他已受过接管该职位的培训。因而人员虽有进出,其机构和职能却保持不变。

4. 经理越来越专业性和职业化

指导各级工作的支薪经理这一职业,变得越来越专业性和职业化。

在这个新的管理阶层内,正如其他需要专门技术的管理阶层一样,选拔与晋升变得越来越依赖于培训、经验和表现,而不是家族关系或金钱关系。随着现代工商企业的出现,经理第一次可以想象一种沿着等级阶梯向上擢升的职业生涯。在这种企业里,经理的培训时间越来越长久,培训越来越正式化。不同企业内从事相同活动的经理人员通常都接受相同类型的训练,就读于相同类型的学校,他们阅读相同的书刊,参加相同的协会。如果把他们与传统的小商业公司的雇主和经理人员相比,他们的职业性质更接近于律师、医生和教师。

5. 经营权和所有权分离

当现代工商企业在规模和经营多样化方面发展到一定水平,其经理变得越来越职业化时,企业的经营权就会与其所有权分离。

现代工商企业的兴起使所有权和管理权之间的关系具有了新的内容,从而为美国经济带来了一种新型的资本主义。多单位公司兴起之前,老板管理公司,管理者即为老板。即使是合伙关系,其资本股权还是为少数人或家族所掌握。这些公司依然是单一单位的企业,极少雇用两三个以上的经理。因此传统的资本主义公司被称为个人企业。但现代工商企业一出现,家族或其合伙人所能提供的经理人员就不能满足需要了。有些公司里,企业创始者及其最亲密的合伙人(和家族)一直掌握大部分股权。他们与管理者维持紧密的私人关系,且保留高阶层管理的主要决策权,特别是有关财务政策、资源分配和高层人员的选拔方面。这种现代工商企业可称为管理者式或家族式的企业。这种公司所支配的一种经济或部门可以视为管理者式或家族式资本主义的系统。

当企业的创立和发展需要大笔外来资金时,所有权和管理权之间的关系就会有所不同。提供资金的金融机构通常在公司的董事会上派有兼职代表。在这种企业里,支薪经理必须和银行及其他金融机构的派出代表分享高层管理的决策权,尤其是在大笔资金的筹集和动用方面。这种公司所控制的该经济部门通常可看成是金融资本主义的一种形式。

有许多现代工商企业,既不是由银行家也不是由家族所控制,所有权变得极为分散,股东并不具备参与高层管理的影响力、知识、经验或义务。支薪经理人员既管理短期经营活动,也决定长远政策,他们支配了中低层和高层的管理。这种被经理人员所控制的企业可以称为经理式的企业,而此种公司占支配地位的经济系统则可称为经理式资本主义。

随着家族和金融家控制的企业在规模上的扩大和时间方面的增长,它们就变成了经理式企业。除非所有者或金融机构的代表成了该企业的专职经理,否则他们不具备在高层决策中起支配作用所需要的信息、时间和经验。作为董事会成员,他们诚然具有否决权,可以用其他职业经理取代高层经理,但很少能提出正面的可供选择的方案。到最后,在董事会兼职的所有者与金融家和公司的关系也等同于一般的股东了,公司只是其收入来源,而不是可管理的企业。由于客观形势的需要,他们把日常的经营管理和未来的计划工作交由职业经理人负责。因此,在美国经济的许多部门和工业中,经理式资本主义很快就取代了家族式的或金融的资本主义。

6. 职业经理人员开始注意战略

在作出管理决策时,职业经理人员宁愿选择能促使公司长期稳定和成长的政策,而不贪图眼前的最大利润。

对支薪经理人员而言,公司的持续存在对其职业生涯是至关重要的。他们的主要目标是确保其设备能连续使用和得到原料。他们远比老板(股东)更愿意减少甚至放弃眼前的股息,以维持组织长远的活力。他们关心的是保障供应来源和销路,发展新产品和服务,以便更充分地利用现有设备和人员,这种扩充又会导致增加更多的工人和设备。如果利润很高,他们宁愿再投资于企业而不愿作为股息而支出。就这样,经理人员要维持其组织被充分利用的愿望变成了一种使企业进一步发展的持续力量。

7. 决定着主要经济部门乃至整个经济的基本结构

随着大企业的成长和对主要经济部门的支配,它们改变了这些部门乃至整个经济的基本结构。

这种新的经理式企业并没有取代市场而成为决定商品和服务生产的主要力量。有关商品流量的当前决策以及有关资源分配的长远决策,其依据分别为对当前的和对长远的市场需求的估计。以前,从原料的生产,经由各个生产过程,直到卖给最终消费者,商品和服务的流量要由市场来协调和连接,新企业所做的只是取代了市场这种协调和连接职能。凡是进行了这种取代的地方,生产和分配便集中在少数几个大企业手中。最初,这种情况只出现在技术革新和市场扩大的地方,通过管理进行的协调使越来越多的经济部门取代了市场的协调。到 20 世纪中叶,在美国的主要经济部门中,少数大量生产、大量零售和大量运输企业的支薪经理人员,已经在协调通过生产和分配过程的商品的日常流量,并为未来的生产和分配调配资源。这时,美国企业界的管理革命就真正实现了。

第三节　我国管理者职业化的现状与问题分析

职业管理者是工业化社会发展到一定阶段才出现的社会分工。在我国,职业管理者本身出现较晚。直到 20 世纪 90 年代中后期,职业管理者问题才开始受到广泛的关注。对这一问题的研究主要与国有企业改革、民营企业家族管理等问题交织在一起。因此,尽管普遍认为形成专业化的职业管理者队伍是企业改革和发展的重要目标,但对职业管理者群体及其职业化发展本身的研究尚处于探索阶段。

一、我国管理者职业化发展现状分析

职业化的管理者就是依赖能力而非资源来取得地位;依赖自身知识而不是提供物质资本获得回报。美国在 20 世纪 30 年代兴起了一股建立现代组织制度,即公司所有者和经营者分离的组织制度的热潮,这就是所谓的管理者革命。

然而,在中国传统的计划经济下,人们对于管理者的定位往往是从职务的角度来看的。对各行各业管理者的管理一般都是按照政府管理官员的方式来进行的,因而社会上非政府部门的管理者也往往都具有一定的行政级别。例如,企业经营管理人员的管理被纳入到党政机关干部人事管理体制中,按照党委和政府行政隶属关系规定企业管理者的行政级别。这种管理者职务化的倾向在教育领域同样非常普遍。政府的各个行政管理部门都有相应的行政级别,各个高校也对应于一定的行政级别,如部级或厅级单位等。高校行政人员的待遇也是按照其相应的行政级别的待遇进行的。总之,在我国传统的计划经济体制下,管理者角色存在严重的职务化倾向。我国传统体制下管理者的职务化和西方发达国家的管理者职业化具有比较大的差别,主要表现为以下特点:

1. 职务化而非专业化

劳动分工使得管理劳动从一般劳动中独立出来,促进管理者管理知识和能力的增长,并最终导致从事管理劳动的经营者走向职业化。而传统体制下的企业、学校、医院以及其他组织,管理者劳动也从一般劳动中独立出来,但由于我国管理者职务化倾向,使得管理者在从事管理活动取得一定的业绩以后必然追求政府行政级别和职务,从而脱离了原先的管理岗位,而原来形成的管理知识和能力也就失去了价值。从这种意义上讲,管理者职务化倾向极大地破坏了劳动分工,使得市场无法建立一种针对某一特定职业市场的考核、选拔和培训等制度。

2. 行政机制而非市场机制

在我国传统的体制下,组织的管理者身兼政府官员和管理者的双重角色。由于管理者的选拔、任命都是由政府部门来进行的,而政府部门对其他组织如企业、学校、医院等部门管理者的选拔和考核标准与政府官员的标准并没有太大差别,导致在这些组织中出现了严重的官僚化倾向。组织管理者在这两种角色中,更多的是偏向政府官员的角色。在传统体制下,行政机制在非政府组织中取代市场机制,占据了主导地位。教育由政府统管,校长是政府任命的一种行政职务,并按政府指令以行政手段管理学校,拥有职务权力,称为"职务校长"。

管理者的职业化要求建立管理者市场,管理者的选拔、任命由市场力量通过公开的招聘、考试等方式来进行,管理者的能力也通过市场机制来反映。例如在美国,很多学校的校长是职业化校长,校长是一种受聘于市场的职业,按聘约规定的岗位要求凭职业能力履行管理、经营学校的责任,拥有职业能力,称为"职业化校长"。

3. 官本位而非能力本位

管理者的职务化倾向导致了管理者行为的官本位。本来学校的校长、企业的管理者、科研院所的所长,其目标和行为应该与政府部门的官员不一致,但由于人事和组织部门对他们的管理采用的是与政府官员一样的管理方法,导致他们对自己的定位也是比照政府的官员,这就出现了"官本位"现象。学校管理者追求的是为了提升为处级、厅级或部级干部;一些教育部门为了解决其单位干部的级别问题,将他们派到高校担任校长。企业管理者追求的目标是能够进入政界,这就难免造成管理者的行为扭曲和专业人才的流失。1998 年"中国企业经营者成长和发展专题调查"结果显示,来自基层企业管理岗位的企业经营者只有 41.9%,而党政干部占到了 27.4%,国有企业的管理者有 90.9% 是由上级主管部门任命的。多数管理者未受过现代管理知识的系统培训,过半数认为自己对现代管理知识的掌握有限,创造能力、市场营销能力和公关能力有待提高。另外,全国首届优秀企业家中有 6 人由于经营业绩良好进入仕途,占总人数的 33.3%。管理者职业化要求各行各业的管理者应该成为一种专门的职业,管理者的流动应该在这种职业管理者的市场内部进行流动,各行各业管理者的考核也是通过特定的市场和标准来进行的。专业知识和能力应该成为管理者取得自身价值的基础(赵曙明,2005)。这种理念的提出,其实就是要求管理者实现从官本位向能力本位的转变,实现职业能力与职务权力的合理嫁接。

4. 政治目标优先而非效率目标优先

管理者的职务化倾向使得政府的目标很大程度上成为社会上其他组织的共同目标。对于管理者来说,他的任命考核等权力都是由上级政府管理部门来掌握的,导致了管理者的目标必须要向政府部门的目标靠拢,这就出现了我们以前经常看到的学校、企业、医院的政府化倾向。根据中国企业家调查系统 1997 年的调查结果,有 79.2% 的企业经营者将"满足社会需求"列为第一项经营目标,64.8% 的企业经营者将"完成上级任务"列为第二项经营目标,只有 15.5% 的企业经营者将"实现资本增值"作为经营目标,只有 7.1% 的企业经营者将"追求最大利润"作为经营目标。2007 年的该项调查显示,大多数企业经营者认同企业的根本责任是"为社会创造财富"和"促进国民经济的发展",所占比重分别为 87.4% 和 78.4%,不同意的分别为 12% 和 19%。相对而言,赞同企业的根本责任是"为股东创造利润"的比重相对较低,同意的为 67.9%,不同意的为 31.5%。管理者的职业化要求管理者的管理权下放到组织本身,并且割断非政府部门管理者向政府部门管理者的流动途径,从而使得职业管理者以效率而不是政府部门的政治目标作为首要管理目标。

5. 干部道德素质而非职业道德观念

职业管理者最重要的是需要具备两点素质:第一是职业道德,第二是职业能力和专业化的知识。一方面,如果职业管理者没有职业道德,就会使得职业管理者市场的运转成本很高。另一方面,如果没有了职业能力,职业化管理者就失去了其存在的意义。以前由于我们把管理者认为是一种职务,对于管理者的道德是按照干部的道德素质标准来要求的。对于政府官员来说,政治素质自然是第一位的。由于人们对企业管理者也是按照政府官员的考核来进行的,导致了在企业这样一个营利机构中也出现了"政治挂帅"的现象;而对于一个高校的校长来说,职业道德和学术素质则可能超过政治要求。管理者的职业化需要社会建立一种不同于政府部门对官员道德素质要求的职业道德观念。

二、我国管理者职业化发展的作用和意义

实践证明,管理者的职务化具有众多内在的缺陷。如今,管理者职业化不仅在美国、欧洲等一些发达国家,而且在中国等发展中国家都已经成为一种趋势。促进管理者角色从职务化向职业化进行转变具有重要意义。

1. 管理者的职业化有利于减少管理者角色冲突

管理者的职务化导致了管理者角色的多重性。在传统经济体制下,国有企业的经营者往往身兼企业管理和和政府官员的双重角色。一方面,企业的管理者需要保证国家对国有企业所有权的控制,实现企业资产的保值增值;另一方面,管理者需要实现企业的社会管理职能,保证社会的就业、医疗等职能。另外,管理者的职务化在目前的高校管理中也有突出的表现。目前,在高校管理中起着中坚作用、发挥主导效应的是一部分被称为"双肩挑"的人员,即教学科研人员身兼教师和管理干部的双重身份。这种做法的初始设想是力求加强高校各级管理岗位的专业化,提高管理干部的整体素质,同时兼顾承担专业工作的教师管理能力和水平的上升,以达到将其专业上的特长应用到管理工作中,促成其素质的深层次和多维度发展。但多年来的实践表明,由于这部分人员在教学科研和管理这两个不同领域的专长大相径庭,移植和兼容的思想有很大问题,客观上导致了我国

高校管理状况的落后。为此,美国工程师学会报告认为:"把技术上有才能,但管理上没有接受过专门训练的技术人员选拔为管理人员是一种愚蠢的做法。"(中国工商管理代表团,1980)管理者职业化通过减少管理者承担的社会角色,可以有效减少管理者角色的冲突。

2. 管理者的职业化有利于提高管理效率

管理者的职务化倾向导致我国各行业、各部门普遍存在一种"入仕"现象。一些单位优秀的管理者在取得一定的"政绩"以后,陆续转移到政府机关和党政领导岗位上"晋爵为官"。由于"入仕"现象的存在,我们也就不难理解企业经营者在经营管理中普遍存在的不重视提高自身素质和提升企业经营业绩的现象。由于企业经营是一种长期持续发展的过程,需要承担一定的风险投入,并通过较长的时间才能实现。而为了顺利"入仕",企业管理者必须在短期内创造出令人瞩目的经营业绩。这样,就导致了很多国有企业的经营者大搞短期行为,拼人力、物力、投入,虽然在自己的任期内创造了可圈可点的业绩,实现了职务的升迁,但是由于其掠夺性的经营方式和对企业资源的过于短期使用,给企业的长远发展带来了黑洞,如沉重的债务负担和大量的产品积压。另外,即使企业经营者没有实现较好的经营业绩,由于管理者角色的职务化,按照通常的做法,管理者还是可以调动到其他相同级别甚至更高级别的企业担任管理者。管理者的职务化导致了管理者背离组织的盈利目标和长期目标,过于注重短期行为和政治化目标,降低了追求长期发展的动力,使得管理者忽视了市场竞争的压力。

3. 管理者的职业化有利于管理者的市场流动

就目前而言,我国职业管理者的市场供求机制还没有完全形成,管理者作为一种稀缺资源还很难通过市场进行流动。从管理者的供给机制上来看,市场的供给方应该是职业管理者,市场的需求方应该是企业和教育部门等用人单位。但实际上,企业和教育部门的政府主管部门处于一个特殊的地位,不仅控制了管理者的供给,也控制了组织对管理者的需求,既扮演了管理者供应者的角色,也充当了管理者需求者的角色。这种情况是由传统的干部管理制度决定的,是管理者职务化的典型反映。目前我国大部分单位的管理者还是由上级行政部门按照干部的标准来进行选拔和委任。管理者失去了市场的主体地位,须听命于政府的主管部门,其身份、地位、升迁等也主要由政府主管部门来决定。这种机制决定了管理者的选拔、任命和考核标准都是按照政府官员的标准,而不是按照市场的竞争需求来进行的。

从以上分析可以看出,现行的管理者职务化实际上是以政府为唯一主体的,是同一主体内部的运行机制,从本质上是排斥市场机制的,否认了管理者和用人单位的市场主体地位。因此在这种机制下,管理者无法通过市场进行自由的流动。当今,发达国家职业管理者市场的发展表明,职业管理者通过企业之间的自由流动不仅实现了自身的价值,也促进了管理资源在市场中的自由流动,进而达到了职业管理者资源的市场最优配置。

三、我国管理者职业化研究的现状与问题

(一)我国管理者职业化研究的现状分析

目前,国外文献中论述管理者职业化的论文不是太多,主要原因是,在市场经济比较成熟的国家,管理者职业化不成其为一个"话题"。国外目前研究的重点有管理者的报酬(Tosi and Gomez-Mejia,1989;Ezzamel and Watson,1998;Eriksson,2000)、企业家精神(Schumpeter,1934;Evan and Dean,1999)等方面。

从国内目前对职业管理者的研究情况来看,系统研究职业管理者群体发展及管理者职业化的文献很少,主要原因有二:一是管理者职业化问题处于社会学和经济学、管理学的交叉领域。职业社会学的研究在西方国家已有大半个世纪的历史,但在我国则起步较晚,近几年才开始出现对企业经理人、学校校长、医院院长等职业的职业化问题的探讨,因此,对职业群体发展的规律性问题缺乏深入性研究。二是在中国,管理者职业化的实践本身时间也比较短,只有十几年的时间。西方"管理者职业化"完成了几十年后,中国的"管理者职业化"在十五届四中全会以后才被提出来。从国内已有的研究文献来看,其内容归纳起来主要有以下五个方面:

一是倡导中国管理者职业化是大势所趋,是市场经济发展的要求(毛为,1998;王泽彩,1999;沈荣华,2000;龚益鸣,2000;周力军,2001;祝春阳,2001;焦斌龙,2003;赵曙明,2003,2004,2007)。他们都从西方"管理者职业化"谈起,进而为中国的"管理者职业化"拉开了序幕,但都认为,要完成"管理者职业化"必须采取一系列的改革措施。比如,对管理者的评价,要构建一个科学的评价体系;对管理者的激励,要构建一个有效的薪酬体系;对管理者自身素质的提高,呼吁社会建立有效的管理者培训体系;主张政企分开,主张国有企业的经营者要从干部身份中脱

离出来,认为"官本位"是管理者职业化的最大障碍;认为要建立健全法律法规制度,对管理者行为进行约束和监督;认为管理者的产生方式应该是竞争上岗或社会招聘;认为国有企业经营机制存在一些根本性的制度缺陷,如产权关系不明、政企不分、所有者缺位、"内部人"控制、缺乏对管理者的有效激励和监督机制等。不在这些根本制度缺陷上采取创新措施,国有企业改革很难成功。

二是从宏观方面探讨管理者职业化的影响因素(方润生,1996;赵国庆,1997;吴光柄,1998;丁栋虹,2002)。他们认为管理者职业化的影响因素是管理者职业素质不高;没有建立科学的培训、考核和认证制度;没有建立规范的管理者市场;没有创造有利于经营者职业化的社会大环境。

三是从管理者职业化具体途径入手,探讨管理者职业化的条件和途径(徐传湛、郑贵延、徐武,2001;郑宁,2003;李兰、彭泗清,2004;赵曙明,2004)。一般都是从宏观和微观两方面来分析,其中以李兰等探讨的管理者职业化的条件最为全面。他们从环境条件和管理者自身条件两个方面来分析,其中环境条件包括合理的产权关系、科学的治理结构、健全的法制环境和有效的管理者市场;管理者自身条件包括职业身份与角色意识、管理者精神、职业伦理与规范和职业技能等。

四是从健全相关制度方面找切入点,如管理者身份制度、职业经理人的产生机制、培养机制、激励机制、约束机制、考核制度等(丁栋虹,1999;魏杰,2001;曹艳,2003;吕政、黄群慧,2004;赵曙明,2004)。

五是从民营企业的角度谈管理者职业化的问题(储小平,2002;张建琦、黄文峰,2003;叶国灿,2004)。他们主要从民营企业的治理结构和控制权转移等方面对管理者职业化进行分析。其中,张建琦、黄文峰用实证的方法对经理人进入民营企业的影响因素用描述性统计进行排序,从重到轻依次为:职业的发展机会与空间、现金收入与福利水平、雇主对经理人的诚信、企业规模与形象、收入分配与职务晋升公平性、人际关系与组织氛围、雇主的素养与受教育水平、领导民主性、社会保障制度的完善程度、工作的物质条件和环境。

(二)我国管理者职业化研究存在的不足

综观已有的研究成果可以看出,目前我国关于管理者职业化的研究存在如下一些不足:

(1)我国学术界针对管理者职业化的研究虽然取得了一定的研究成果,但多流于对现象的描述和对国外经验的介绍,而结合我国国情与企业实际进行综合对策的研究并不多。

（2）以往有关管理者职业化的影响因素和管理者职业化的内容结构的研究非常少，尽管有少数文章发表，但都从抽象的层面上进行论述，没有从实证的角度对管理者职业化的问题进行探讨。当前有关管理者职业化的研究，多从经理型管理者的要求出发，过于片面地强调以管理者年薪制为核心的激励机制的作用，由于职权和义务不对称、责任和风险不对称，容易形成对管理者职业化发展的政策误导。在理论和实践上，有一系列的关键问题没有突破，如许多学者都是脱离实际对管理者职业化的影响因素泛泛而谈，一般对影响因素的分析没有主次之分，以感觉和零散的消息为依据。

（3）能解决实际问题的研究少。当前我国管理者职业化理论的研究主要沿袭国外的一些研究，集中在管理者的概念、管理者的职能、管理者的薪酬、管理者的激励和约束机制上。在这些泛化的研究中，欠缺的是如何找准解决问题的实质，对症下药，然后各个击破。而解决这些问题的源头便是管理者职业化的问题。

管理者职业化是社会进步和经济发展的必然要求。经过 30 年的改革开放，我国各类组织对专业的管理者需求日趋迫切，对职业经理人的选择、激励、规范也已成为公众瞩目的焦点。因此，作者认为，深入研究管理者职业化的环境、要素和内在规律，不仅具有理论和现实意义，而且业已成为一项紧迫的任务。

参 考 文 献

[1] Berle, A. and Means G. (1932), *The Modern Corporation and Private Property*, Harcourt, Brace and World, Inc., New York, Revised Edition, 1967.

[2] Carr-Saunders, A. M. (1993), *The Profession*, Oxford：Clarendon Press, pp. 3—4.

[3] Eriksson T. (2000), What determines managers' pay? *Long Range Planning*, 33(3)：544—559.

[4] Evan J. D., Dean A. S. (1999), Entrepreneurship as a utility maximizing response, *Journal of Business Venturing*, 15(3)：231—251.

[5] Ezzamel M., Watson R. (1998), Market comparison earnings and bidding-up of executive cash compensation：Evidence from the U. K., *Academy of Management Journal*, 41(2)：221—231.

[6] Hall, R. (1968), Professionalization and bureaucratization, *American Sociological Review*, 33(1):92—104.

[7] Larner, R. J. (1970), *Management Control and the Large Corporation*, Dunellen Publishing Co. Inc.

[8] Schumpeter, J. (1934), *The Theory of Economic Development*, Cambridge: Harvard University Press.

[9] Tosi H. L., Gomez-Mejia L. R. (1989), The decoupling of CEO pay and performance: An agency theory perspective, *Administrative Science Quarterly*, 34 (2): 169—189.

[10] Werner Sombart (1930), Capitalism, *Encyclopedia of Social Sciences*, New York, Ⅲ: 200. 转引自小艾尔弗雷德·钱德勒,《看得见的手》,商务印书馆 2001 年版,第 8 页。

[11] Zhao, S. M. (2004), Keynote speech on "Professionalization, marketization, and internationalization of business managers," The Fifth International Conference on Management, Macao, May 3-5.

[12] 保琳·格雷汉姆,《管理的先知》,经济日报出版社 1999 年版,第 282 页。

[13] 贝利(A. A. Berle),《二十世纪的资本主义革命》,商务印书馆 1961 年版。

[14] 贝利(A. A. Berle),《没有财产的权力》,商务印书馆 1962 年版。

[15] 曹艳,《企业家职业化:症结及若干制度安排》,《企业活力》,2003 年第 2 期,第 14—16 页。

[16] 储小平,《职业经理与家族企业的成长》,《管理世界》,2002 年第 4 期,第 100—108 页。

[17] 丹尼尔·雷恩著,赵睿等译,《管理思想的演变》,中国社会科学出版社 2000 年版,第 10 页。

[18] 丁栋虹,《双重资本与我国民营企业家成长的现实困境》,《当代经济科学》,1999 年第 2 期,第 41—46 页。

[19] 法约尔,《工业管理和一般管理》(中译本),中国社会科学出版社 1982 年版,第 3 页。

[20] 方润生,《我国经营者实现职业化的最低成本途径分析》,《郑州纺织工学院学报》,1996 年第 12 期,第 49—55 页。

[21] 龚益鸣,《现代经理革命——寻找资本的"牧羊人"》,华中理工大学出版社 2000 年版。

[22] 国家职业分类大典和职业资格工作委员会,《中华人民共和国职业分类大典》,中国劳动出版社 2000 年版,第 3 页。

[23] 哈罗德·孔茨,《管理学》,中国社会科学出版社 1987 年版,第 14 页。

[24] 赫伯特·西蒙,《管理行为》,北京经济学院出版社 1991 年版,中译本代序第 6 页。

[25] 黄昱方、赵曙明，《经理人职能与职业化发展研究》，《南开管理评论》，2006 年第 3 期，第 34—37 页。

[26] 加尔布雷思，《新工业国》，台北智库公司 1997 年版。

[27] 焦斌龙，《中国的经理革命——企业家的政治经济学分析》，经济科学出版社 2003 年版。

[28] 李兰、彭泗清，《中国企业家的职业化进程：回顾与展望》，《管理世界》，2004 年第 9 期，第 148—149 页。

[29] 刘光起，《A 管理模式》，企业管理出版社 1999 年版，第 20 页。

[30] 马克思，《1857—1858 年经济学手稿》，载《马克思恩格斯全集》（第 47 卷），人民出版社 1979 年版，第 334 页。

[31] 孟宪忠、包霄林，《论现代市场经济精神》，《文哲史》，1995 年第 1 期，第 31 页。

[32] 沈荣华，《中国"经理革命"》，上海交通大学出版社 2000 年版。

[33] 托马斯·戴伊，《谁掌管美国——里根年代》，世界知识出版社 1985 年版，第 42—45 页。

[34] 王泽彩，《企业家职业化——21 世纪企业管理改革与发展的必然趋势》，经济科学出版社 1999 年版。

[35] 小艾尔弗雷德·钱德勒，《看得见的手》，商务印书馆 2001 年版，第 3 页、第 8 页、第 108—109 页、第 121 页、第 441 页、第 548—550 页、第 581 页。

[36] 徐传谌、郑贵延、徐武，《企业家职业化含义、条件与途径研究》，《社会科学战线》，2001 年第 4 期，第 233—237 页。

[37] 杨杜，《学出来的企业家》，中国人民大学出版社 1997 年版，第 19 页。

[38] 叶国灿，《论家族企业控制权的转移与内部治理结构的演变》，《管理世界》，2004 年第 4 期，第 147—149 页。

[39] 张建琦、黄文锋，《职业经理人进入民营企业影响因素的实证研究》，《经济研究》，2003 年第 10 期，第 25—32 页。

[40] 张荣刚，《发达国家企业家的形成、发展及其运作机制》，《经济学动态》，1994 年第 11 期，第 43 页。

[41] 赵曙明，《人力资源经理的职业化》，《人事管理》，2003 年第 7 期，第 12—14 页。

[42] 赵曙明，《职业、市场、国际化——国有企业职业经理人发展之路》，《施工企业管理》，2005 年第 9 期，第 10—12 页。

[43] 赵曙明、杜娟，《基于胜任力模型的人力资源管理研究》，《经济管理——新管理》，2007 年第 6 期，第 16—22 页。

[44] 赵曙明、杜娟，《企业经营者胜任力及测评理论研究》，《外国经济与管理》，2007 年第 1 期，第 33—40 页。

[45] 郑宁，《我国职业化企业家市场发展的五条途径》，《江西财经大学学报》，2003 年第 5 期，第 39—40 页。

［46］中国企业家调查系统,"1997 中国企业经营者成长与发展"专题调查报告。

［47］中国企业家调查系统,"2007 中国企业经营者成长与发展"专题调查报告。

［48］祝春阳,《国有企业经理职业化的必要性分析》,《中国软科学》,2001 年第 10 期,第 49—54 页。

［49］中国工商管理代表团,《美国怎样培养企业管理人才》,中国科学出版社 1980 年版,第 3 页。

第二章

管理者的胜任素质

管理者职业化的核心在于建立管理者的胜任素质模型。目前胜任素质的研究在国内外方兴未艾,不仅在理论上引起了许多研究者的广泛兴趣,而且在实践中也成为管理的基础性支撑工作。本章在介绍胜任素质研究概况、胜任素质概念及内涵的基础上,系统回顾了管理者胜任素质模型与评估的研究进展和研究成果,然后分析胜任素质在中国的研究现状及存在的问题和不足。

第一节 胜任素质研究概况

自从美国学者麦克利兰(McClelland,1973)提出"胜任特征"这一概念以来,胜任素质的研究和实践被认为是现代人力资源管理的一项重要的基础性工作,受到人力资源管理和管理心理学等领域内专家学者的广泛关注。三十多年来,专家与学者们对政府、企业、学校、医院等组织中多个职业类群(如外交官、职业经理人、教师、院长等)的胜任素质进行了大量的研究和探索,取得了丰硕的成果。

一、胜任素质、胜任特征的概念及内涵

(一)胜任素质与胜任特征

在麦克利兰(1973)及初期研究者的文献中使用的术语是 competence(胜任素质),后来渐渐有研究者和实践者使用 competency(胜任特征),随后,competence 与 competency 两个术语交替使用。阿姆斯状和贝伦(Michael Armstrong and Angela Baron,1998)认为,competence 与 competency 在人力资源管理领域是有区别的。他认为,competency 是胜任素质的表现,

是用来了解和识别优秀绩效、行为、功能性技能等,而 competence 是以观察的功能性的技能为基础的,主要强调整合的功能方面。麦克利兰(2001)认为,competence 是指个体履行工作职责和取得绩效的能力,而 competency 则集中关注个体在一个特定情景下的实际行为表现和绩效。但赫兰(Hyland,1994)认为,这两个术语现在有合并的趋势。波亚齐斯(Boyatzis,1982)也认为,这两个词从字面上区分没有多大意义。为了研究方便,也为了便于我国的广大实践工作者能更好地理解,在本书中,我们使用胜任素质的概念,但在本质上,我们把胜任素质和胜任特征看做是相近概念进行使用。

(二)胜任素质的意义和内涵

任基(Zemke,1982)认为:胜任素质是一个难以下定义的术语,因为这个问题不是来自其他方面,而是来自一些基本程序和哲学理念的不同。经常被研究者和实践者引用的"胜任素质与胜任特征"的定义有:

● 与工作或工作绩效或生活中其他重要成果直接相似或相联系的知识、技能、能力、特质或动机(McClelland,1973)。

● 一个人所拥有的导致在一个工作岗位上取得出色业绩的潜在特征(可能是动机、特质、技能、自我形象或社会角色,以及所使用的知识实体等)(Boyatzis,1982)。

● 与有效的或出色的工作绩效相关的个人潜在的特征,包括五个层面:知识、技能、自我概念、特质和动机(Spencer,1993)。

● 知识、技能、能力、动机、信仰、价值观和兴趣的混合体(Fleishman,Uhlman 等,1995)。

● 与一个职位的高绩效相联系的知识、技能、能力或特征(Mirabile,1997)。

● 对为达到工作目标所使用的可测量的工作习惯和个人技能的书面描述(Green,1999)。

这些定义有的偏重行为,有的偏重特质。麦克利兰(1993)认为,通常人们所接受的胜任素质的定义是指绩效执行者所具备的知识、技能、能力和特质。具体来看,可以分成以下几个类型:

(1)任务胜任素质。对一些人来说,工作任务和行为是胜任素质。许多工作描述和方法是任务导向型的,强调任务的观点是多年来把工作分解为可管理的行为和程序的结果,目的是为了减少所需思考的数量,消除执行的可变性,传播最好的实践。

（2）成效胜任素质。这种类型的胜任素质比任务胜任素质少一些，是把能力加到成效里（如能产生利润的能力）创造出的东西。

（3）产量胜任素质。产量是一个人或团队生产的东西，产量加上能力就变成了一些人对胜任素质的看法。

（4）知识、技能和态度胜任素质。在这里，专业知识（如工程知识）、加工能力（如听的技巧）、态度、价值、倾向性和承诺（如诚实、成就）称为胜任素质。

（5）优秀绩效者的辨别装置。胜任素质是优秀绩效者具有而其他一般人员所没有的，这些胜任素质通常扎根于人们的智力和人格魅力，辨别装置在胜任素质中是非常受欢迎的，因为企业或公司喜欢用胜任素质模型来选拔继任人员，所以他们寻找那些能够区分有资格和无资格候选人的特征。

（6）特征集合胜任素质。许多特征或特征集合是知识技能和态度或任务、产量和成效的集合体。这种形式的胜任素质被典型地用于团队的领导能力、问题解决能力、决策能力。这些领域包括几个部分，例如问题解决能力是由知识（如技术方面的知识和问题解决的技巧）、技能（如分析技能）、态度、价值、倾向性和承诺（如成就和忠诚度）所组成的。换句话说，问题解决能力是一种能力的集合，是作为知识、技能和态度的胜任素质。对于这些胜任素质，辨别出能取得成功的知识、技能和态度（以及价值、倾向性和承诺），以及给出一个行为样本或测试作为它们存在的证据是很必要的，但是很难辨明单一的知识、技能和态度。例如，领导行为可能是激励人们去完成活动，只表示领导行为存在，但导致这种结果发生的根本原因是什么？听的技巧，移情作用，自我意识，商业知识，公开演讲，还是忠诚？一般地，相对于它们解决的问题，特征集合胜任素质产生了更多问题。尽管这一提法是令人鼓舞的，但是人们说需要领导能力技能，并没有告诉我们需要的是什么。

笔者认为，胜任素质是指能够将工作（或组织、文化）中表现优异者与表现平平者区分开来的个人潜在的、深层次的特征，它可以是动机、特质、自我形象、态度或价值观、某领域的知识、认知或行为技能——任何可以被可靠测量或计数的，并且能显著区分优秀绩效与一般绩效的个体特征（Spencer，1993）。胜任素质模型则是指担任某一特定的任务角色所需要具备的胜任特征的总和。胜任素质应该包括两个基本的成分：一是工作所需素质的典型行为表现，对工作的实际绩效必须是有显著贡献的；二是取得这种绩效所需的个性特征应该不仅仅是表面特征,还应包括深层次的一些人格特质,如价值观、态度等。前者强调以绩效为导向,不同工作的高绩效可能对行为的要求是不一样的;而后者强调深层次人格特质所表现行为的重要性,认为深层次的个性特质可以在不同的工作情景产生高绩效。笔者认为,最重要的是把两个基本成分进行有机整合。例如,有许多国家采取以胜任素质为基础的管理,包括美国、加拿大、英国、新西兰和澳大利亚,他们主要是辨别在特别岗位上需要的有效的胜任素质,然后制定能够测量的绩效标准。这种以绩效为基础定义胜任素质的方法,引发了一些人的批评,主要原因是这种胜任素质是在特殊环境下测得的行为,这种方法虽然排除了很难直接观察和测量的定性方法的弊端(Stewart & Hamlin,1992;Wills,1993;Brown,1993),但不能揭示胜任素质中的深层次特质。相比之下,波亚齐斯(1982)根据不确定的人格特征来定义胜任素质的方法在一定程度上可以弥补上述方法的缺点。但这种方法也存在一个问题,就是不能以绩效为导向。他们认为在影响职业成功的因素中个人的特质比实际绩效更为重要,而且越来越意识到这些胜任素质的深层属性以及人的价值观和态度归因对改进绩效的作用,这项研究包括了影响绩效的所有胜任素质特性:如技能、知识、态度、行为和价值观等。

二、国外关于胜任素质研究的进展

(一)国外胜任素质研究的产生

国外企业经营者任职资格论的发展最早可以追溯到泰勒(F. W. Taylor, 1856—1915)的"科学管理"(scientific management)时代。泰勒认为,从事经营管理工作的工长应具备:聪明的头脑、良好的教育、专业知识或技能、机智、精力、勇气、正直、判断力或常识、健康等方面。巴纳德(Barnard,1938)提出,担任管理职位的人应当具备:职业的道德准则、高度的承担责任的能力、作为一项道德因素的一般技术能力和特殊技术能力、为别人制定道德准则的能力。斯班瑟与斯班瑟(Spencer & Spencer,1993)构建的胜任素质结构模型认为,特质和动机是个体核心的品质,也是处于结构中最里层的品质,相当不容易开发,而对人才的甄选就是要达到这一层次;处在结构中间层的是个体的态度、价值观和自我概念,中间层的发展难度界于里层与表层之间;处在结构最外层(表层)的是个体的知识和技巧,是最容易发展的,教育训练是最佳方法。

但到了20世纪70年代,泰勒理论基本被否定,以智力测评、能力测评为中心的人才测评理论越来越受到人们的质疑。美国心理学界当时已有报告指出:传统的智力测评和人格测评在预测工作绩效方面有很大的局限性。其后,麦克利兰(1973)提出了胜任素质的概念,开始兴起了胜任素质的研究。

胜任素质的研究和实践起源于美国并以 McBer & Company[①] 为代表。1973 年,美国哈佛大学教授麦克利兰发表了一篇题为《测验胜任素质而不是测验智力》的文章,提出:传统的智力测验、性向测验和学术测验等都不能预测复杂工作和高层职位工作绩效或者生活中的成功,而且还常常存在对少数民族、妇女和社会地位低下的人的偏见和歧视,因此他提出"胜任素质"这个概念来克服上述缺陷。麦克利兰认为,高绩效者运用了某些特定的知识、技能和行为以取得出色业绩。如果你花时间去研究高绩效者,那么你会发现是什么造成了绩效的差异。随后,麦克利兰受美国国务院外事局之托,寻找新的研究方法以预测人的绩效,减少传统智力和能力测试的偏见和误差。麦克利兰第一次将他的理论运用于外交官和情报官员的选拔,设计了一项人力资源评价技术——"行为事件访谈法"(Behavior Events Interview, BEI),取得了较好的效果。随着基于胜任特征研究的深入,麦克利兰与他人合作成立了 McBer & Company 管理咨询公司,在商业运作中取得了巨大成功,从此掀起了胜任特征建模实践狂潮。而在英国,在政府支持下,以 MCI(Management Charter Initiative)为代表的公司在 20 世纪 80 年代也开始对胜任特征的研究。McBer & Company 和 MCI 基本代表了当时的两种研究方法。McBer & company 更注重归因方法,他们从高绩效者的行为来推断他们的胜任特征;而 MCI 更倾向于绩效方法,他们更倾向于认为有效的工作所要求的行为才是重要的。

麦克利兰(1973)提出"胜任素质"这个概念并非突发奇想,而是各种研究领域的发展结果和职业发展的必然要求。综合相关文献可以发现,管理和职业领域胜任素质与胜任特征的概念主要来源于法律、临床心理学、职业咨询、教育领域、早期工业心理学领域的研究。在临床心理学领域,采用"胜任素质"这个术语来定义心智能力与意识、关心自己或他人的能力和/或在"日常生活"多种活动中尽职责的能力等方面的法定标准。随后,"胜任素质"这个术语又被职业咨询专业用来定义与特定职业相关的知

---

① 现在是世界著名管理咨询公司 Hay Group 公司的一部分,现名 Hay-McBer,是美国提供胜任素质特征建模服务的资深管理咨询公司。

识、技能和能力的广泛范围。而且，胜任素质研究还在教育领域有着深远的历史渊源，早期教育心理学家在研究过程中逐渐强调更广泛的传统"知识"范围（如数学、英语等）。早期的工业心理学家也用"胜任素质"来描述在特定职业领域获得成功的个体。在上述所有领域的研究中，"胜任素质"这个术语都被用来定义某任务或活动的"成功"绩效，或"足以满足要求的某知识或技能领域"（Schippmann，Ash，Battista et al.，2000）。

（二）国外胜任素质研究的现状

国外关于胜任素质研究的成果颇丰，其专门的研究机构也比较多。专门研究机构不仅在理论上，而且在实践上对胜任素质的研究都作出了比较大的贡献。不仅是专门的研究机构，目前包括很多咨询公司都在对企业各层次的管理者和员工的胜任素质进行研究，试图为实践提供更多的人力资源开发和管理的理论依据。

1. 英国职业资格体系（NVQ）

1986 年，英国 MCI 在开发本国人力资源思想的指导和主持下，致力于研究通过增强经理人员的才能来提高英国组织的绩效。通过对工业、公共事业和工业分支业的大小组织中的雇员和经理人进行广泛的研究工作，MCI 识别出不同职业阶层所应具备的绩效标准。后来发展到 150 种行业和专业设置了数个职业的标准，这就是英国著名的职业资格体系 NVQ（National Vocational Qualification），成为英国第一个国家统一的职业标准。英国国家职业资格证书制度的特点主要有三个方面：以胜任素质为基础的职业标准体系；以实际工作表现为依据的考评体系；以证书质量管理为生命的质量保证体系。英国 NVQ 制度的职业标准体系以职业岗位需要的胜任素质为基础，它测量的是一个人能做什么，而不仅仅是他知道什么，这是英国 NVQ 制度的核心。MCI 对胜任素质的测量主要是基于绩效的测量，采用职业功能分析法，对职业单元进行模块式的描述。他们的研究主要有四个方面：建立各行业职业胜任素质标准；整合跨行业的职业胜任特征模型；建立国家职业资格数据库；职业胜任特征测评与培训。

所有的 NVQ 证书标准都有一个共同的结构，包括五个部分：

第一，等级：根据岗位对能力要求的不同，将职业资格标准划分为 5 个等级，逐级递进、提高，形成一个从基础到高级的完整体系。等级的划分体现了对应试者工作范围、难度要求的区别。

第二，单元：该职业所包含的某一方面工作职能。每一个单元都指明了相应的"知识与理解"和关键的"相关工作胜任素质"。

第三,元素:每个单元的"相关工作胜任素质"下又分为若干关键元素,它具体描述了岗位职责,确定了个人在实际工作中应该能完成的工作任务或活动。

第四,知识与理解:具备某种胜任素质必须掌握的相关知识和技能。

第五,相关工作胜任素质:该单元在该级别上所要具备的,在工作场合可实际操作考核的工作能力,明确地规定了完成某一项具体任务包括的各种操作规程和行为要求。

作为一种职业资格证书制度,与美国的胜任素质与胜任特征研究相比,MCI 更倾向于绩效行为,即他们更倾向于认为有效的工作所要求的行为才是重要的,而不是潜在的归因(Meyer & Semark,1996)。NVQ 中的职业资格主要是对从事某一职业所必备的学识、技术和能力的基本要求,是指劳动者达到的从事某种职业的最低要求,即起点标准。NVQ 的内容中还提到了职业道德这一项。MCI 建立的胜任特征模型基本上是基于一类职业的通用性胜任特征模型,所以能在全国统一使用。尽管对 MCI 的目的和行为有支持的意见也有反对的意见,但这个组织的主要成就在于得出了一个研究结论,即组织效率直接受个体管理绩效的影响。因此,开发一个方法来测量管理绩效是必需的(Jacobs,1989)。

2. 美国劳工部的研究

1990 年美国劳工部决定调查年轻人成功所必需的技能,基本目的是鼓励高技能、高工资的政策。研究者评价了年轻人的工作要求,集中在美国经济的五个部门——制造、工业、零售、饮食业和办公服务业,在这些部门中从 50 个专业里挑选五个人进行行为事件访谈,这项研究使政府在学校和福利方面的改革变得易于进行。

3. 美国国家技能标准

1996 年 6 月,美国技能标准委员会批准 12 个工业和研究小组建立全国义务技能标准系统,这个技能标准的目标是改进专业和工业认知技能标准,目前这个项目还在继续。

4. 美国领导效率工程

该项目主要聚焦在公共管理领域,原始研究开始于 1990 年初,包括 2万个管理者、监管者和主管。迄今为止,领导效率工程是最大的政府胜任素质模型研究项目。

（三）国外胜任素质研究的动向

在过去的25年里,尽管胜任素质模型有很多形式,但它们都是与工作相匹配的,为管理者、人力资源实践者以及其他员工决定人力资源提供持续的标准。新时代的工作不再只是联系到具体职位,而是建立在以人和组织为中心的新胜任素质系统。随着胜任素质研究的发展,到了20世纪90年代,胜任素质研究已从寻找个人绩效的原理发展到聚焦改进组织绩效的方法,强调优秀绩效者的个性特征是大多数胜任素质研究中的主要目标。而在未来胜任素质的研究发展中,将不再是个体或组织的胜任素质发展,而是一种网络化的发展。该方式强调,不仅要辨别和发展个体胜任素质,而且要把个体胜任素质以及组织胜任素质作为招聘和选拔的标准,作为人力资源管理中薪酬和职业发展政策的起点。柏尔根尼高文(Bergenhenegouwen,1990)认为,当人的胜任素质的获得和维持与商业战略的革新结合在一起时最有效。因此,发展高级管理者、部门管理者和员工之间的网络化胜任素质已经成为必然。其中,高层管理者通过与战略的匹配来分析和辨别部门的核心胜任素质,并以此来指导组织发展;而部门管理者通过岗位胜任素质的把握来规范员工的才能,并激发员工积极为组织创造新的绩效;个体员工则通过发展自己的胜任素质,以卓越的方式来完成岗位职责所需要达到的绩效。

三、胜任素质研究的主要理论流派

对胜任素质理论研究的分析可以从以下两个角度进行归纳:第一,从胜任能力的识别与测评的角度进行的研究,包括素质论和教育论(即学历论);第二,从胜任能力作用结果的角度进行的研究,包括业绩论和财富论。

（一）胜任素质的识别与测评:素质论和教育论

1. 素质论

素质论(all-around development theory)的主要观点是:从事企业经营管理工作的人必须具备良好的综合素质,以便更好地胜任企业经营管理工作并取得良好的经营业绩。例如,泰罗(1911)认为,从事管理工作的工长应具备以下特征:聪明的头脑、良好的教育、专业知识或技能、机智、精力充沛、勇气、正直、健康、判断力等。20世纪70年代,美国管理协会用了5年时间研究了1812名最成功经营者的胜任素质,总结出他们具有的19个方面的基本素质:工作效率高、有主动进取心、逻辑思维能力强、富有创造性、判断力强、有较强的自信心、能辅导他人并指导其工作,等等。中国企业管理协会会长袁宝华(1998)认为,我国企业家应该具备的精神和素质是:天下兴亡,匹夫有责;胸怀大局,脚踏实地;艰苦创业,无私奉献;解放思想,开动脑筋;清正廉明,依靠群众;锲而不舍,锐意创新;等等。杨广春(2001)从心理模式和能力结构两方面考察了企业家素质,认为企业家心理模式由科学的思维方式、良好的心理素质、健全的知识结构、优秀的思想品德组成;而能力结构包括决策能力、学习能力、应变能力和创新能力。王烈(2001)指出企业家素质中的能力结构包括创新能力、决策能力、学习能力、人际关系能力、组织能力等11项内容。

但是,素质论的观点一直受到质疑,因为素质论的大量研究成果仍然缺乏充分的理由说明素质与业绩之间是否具有因果关系,而且即便有因果关系,其相关系数和解释能力究竟有多大,现在还没有定量的结论。此外,到底哪些素质构成要素与业绩的相关性较强,从现实成功经营者的案例中很难归纳出一致的结论,加之部分素质论者认为经营者的特征是天生的,忽略了环境因素和后天教育对其素质形成的影响,因此理论界对这一理论一直存有争议。

2. 教育论

企业经营者将教育经济学的观点片面地应用在人员的甄选过程中,形成了教育论(education theory,即学历论),认为受教育水平的高低能够反映个人胜任能力,经营者的学历越高,其胜任能力就越强。20世纪60年代,舒尔茨和贝克尔(1961,1964)首先提出了教育论的观点,认为人们的受教育水平越高,工作能力就越强,也就越能提高工作效率,进而推动社会经济发展。然而,教育论的观点一直受到质疑。例如,阿罗(Arrow,1989)就曾提出过批判性的观点,指出"较高的受教育水平对于获得更优的经济成就绝无助益,它既不会增加认知能力,也不会增加社会化程度"。20世纪70年代,西方一些激进学派的学者,针对第三世界国家20世纪50—60年代的教育大发展并未带来相应的经济大发展和社会地位平等化等事实,对教育论的观点也提出了质疑。同时,在组织的生产实践过程中,完全按照学历进行人员甄选也表现出较差的效果。此外,在现代社会,一些中途退学的成功经营者的例子更是让持教育论观点的人颇感为难。然而,我们不能完全否定教育论的观点,正如"筛选假设理论"所述,教育水平的提高虽然不能显著增强人们的某些工作能力,但是受教育水平的高低却能够成为一种信号,帮助企业主筛选具备某些能力的经营者。因此,教育论的观点应该在经营者的甄选过程中起到一定的参考作用。

（二）胜任素质作用的结果：业绩论和财富论

1. 业绩论

业绩论（performance theory，即绩效论）所依据的基本思想是"不管黑猫白猫，抓到老鼠就是好猫"。它的主要观点是：有良好经营业绩的经营者就是具备了胜任素质的经营者。业绩论的优点在于，有客观的量化指标和测评依据，从而减少了评价经营者时容易产生的主观偏差。但是，单纯依赖经营者的业绩来判定其是否具有胜任素质是有缺陷的。首先，影响企业业绩的因素很多，并不仅仅包括经营者的能力和努力程度；其次，业绩论无法鉴别经营者道德品质方面的胜任素质，而作为代理人的企业经营者存在事前的道德风险和事后的逆向选择问题，在市场经济中尤其是这样，目前仍然没有理想的方法可以解决这一难题；最后，业绩是经营的结果，对于还没有相应工作经历的人，无法评价其是否具备从事经营管理工作的胜任素质。

2. 财富论

财富论（wealth theory）者认为，一个人拥有的财富能反映他所具备的胜任素质。张维迎（1995）曾提出过将财富作为反映经营能力的信号，认为没有财富的人比拥有财富的人会更积极地宣称自己有很强的经营能力。与一个拥有巨额资产的人相比，一个相对贫穷的人会更积极地虚报他的能力。换言之，就经营能力而言，当一个富人选择做企业家时，他更显得诚实和可信。

把财富作为经营能力的信号在实践应用的过程中可能会遇到两方面的问题：第一，财富不一定都是凭借经营能力获得的，有些人可以通过继承或者通过社会关系网络获取财富；第二，企业家能力并不是静态不变的，而是随着企业家在经营过程中的不断学习而动态发展的。在西方国家，大家认为财富可以反映一个人的信用水平，但无法反映他的胜任素质。尤其在中国目前的发展阶段，许多企业的产权界定并不清晰，企业经营者个人产权的界定困难重重，因而目前无法完全根据财富来判断企业经营者是否具备胜任素质。

第二节　管理者胜任素质的模型与测评

目前，关于胜任素质模型与评估的研究成果比较多，许多研究结果都能明确地构建出某职位的胜任素质结构维度,并根据结构维度,开发出了一些相关的胜任素质的测评问卷。

一、管理者胜任素质的模型

(一)管理者胜任素质的维度与要素

对于管理者的胜任素质维度,目前已经提出了大量的理论。归纳起来,从个体层面上研究胜任素质共有三种思路(McLagan,1997):一是与工作相关的胜任素质,它包括任务胜任素质、结果胜任素质和产出胜任素质,此外还包括有关人的特征的胜任素质,如知识、技能、态度、价值观、取向和承诺等;二是良好绩效者的特征所构成的胜任素质;三是特征集合构成的胜任素质,如领导、解决问题和决策等。

在国外,最早的是麦克利兰(1973)的两维划分:一是表现为个体内部的优秀特质,如成就动机、主动性、概括性思维;二是表现为个体对工作群体进行组织的特征,如影响他人、形成团体意识或群体领导。后来,波亚齐斯(1982)对 12 个工业行业的公共事业和私营企业 41 个管理职位的 2 000名管理人员的胜任素质进行了全面分析,得出了管理人员胜任素质的通用模型,并且分析了不同部门、不同行业、不同管理水平的胜任素质模型的差异,提出管理者胜任素质模型包括六大类特征群(目标和行动管理、领导、人力资源管理、指导下属、关注他人、知识)以及 19 个子胜任素质。派维和劳(Pavett & Lau,1983)提出过概念、技术、人际和政治技能四种类型说。尤克尔(Yukl,1989)将管理者的技能或胜任素质划分为三类:技术技能、人际技能和概念技能,这三种类型将个体技能在处理事、人、观念及概念方面进行了区分。Mcber & Company 咨询公司前总裁斯班瑟(Spencer,1989)对200 多种工种进行了胜任素质研究,综合了 360 种行为事件,归纳出管理人员的 21 项胜任素质,而且建立了包括技术人员、销售人员、社区服务人员、经理人员和企业家五大类管理者的通用胜任素质模型。罗德赫格(Nordhaug, 1994,1998)提出了自己的胜任素质分类学说。他将胜任素质划分为元胜任素质(meta competence)、通用行业胜任素质(general industry competence)、内部组织胜任素质(intra organization competence)、标准技术胜任素质(standard technical competence)、技术行业胜任素质(technical trade competence)和特殊技术胜任素质(idiosyncratic technical competence)六种,并且认为对胜任素质的划分应从三个维度进行,这三个维度分别是任务具体性、行业具体性和公司具体性。

另外,杜列维茨和赫伯特(Dulewicz & Herbert,1999)对英国和爱尔兰总经理的职业生涯进行了7年的跟踪实证性研究,通过因素分析得出12大类胜任素质因素。里弗金等人(Rifkin & Fineman,1999)受美国17家主要研发组织公司的人力资源经理委托,开发了技术经理人员通用胜任素质模型,这个模型的特别之处在于它只是行为模型,而不包括个人属性和个人特质。伍兹(Woods,2000)对美国俱乐部经理协会(CMAA)的从业者教育项目中的CCM(Certified Club Manager)考试内容进行了再分析,对那些俱乐部的成功管理很重要的特征进行了再评价,得出了最重要和使用频率最高的10个胜任素质。美国明尼苏达大学的研究者通过多年研究和实践提出了20多种胜任素质。贝磊(Bray,1982)等根据评价中心技术,在AT&T进行了为期8年的研究,从能力、态度及个性特征等角度出发,总结出25项影响经理人员工作成功的重要因素,包括人际关系能力、言语表达能力、社会敏感性、创造性、灵活性、组织能力、计划能力、决策能力等。海(Hay,1990)的研究则归结出以下核心能力特征:责任感、影响力、预见性、沟通、应变力、多视角、自我意识、概念化等。美国波士顿大学组织行为专家霍尔教授(Hall,1976)提出元胜任素质的概念,他认为:元胜任素质是个体所拥有的用来获取其他胜任素质能力的能力,而与职业发展息息相关的元胜任素质是识别能力(自我概念、自我评估、自我反馈、自我知觉等)和适应能力(灵活、探索、开放、自我调整)。麦克利兰(1973)把胜任素质划分为知识、技能、社会角色、自我概念、特质和动机等六个层次。麦克利兰认为,胜任素质模型可以划分为两大部分:一是水上冰山部分(知识和技能),即基准性胜任素质(threshold competence)特征,这只是对胜任者基础素质的要求,但它不能把表现优异者与表现平平者区别开来;二是水下冰山部分,包括社会角色、自我概念、特质和动机等胜任素质特征,可以统称为鉴别性胜任素质(differentiating competence)特征,是区分表现优异者与表现平平者的关键因素。根据上面的理论设想,麦克利兰(1973)等运用工作分析、关键事件访谈、成对关键事件访谈的系统方法,经过多年的研究和实践,提出了20多种胜任素质特征,并形成了胜任特征辞典,如获取信息的技能、分析思考的技能、概念思考的技能、策略思考的技能、人际理解和判断的技能、帮助/服务导向的技能、影响他人的技能、知觉组织的技能、发展下属的技能、指挥技能、小组工作和协作技能、小组领导技能等。

我国对企业管理者胜任素质的研究起步较晚,冯明(2001)、仲理峰(2003)、李明斐(2004)等对胜任素质研究的理论与方法进行了综述;时勘等(2002)采用行为事件访谈技术探讨了我国通信业高层管理者的胜任素质,分别是:影响力、组织承诺、信息寻求、成就欲、团队领导、人际洞察力、主动性、客户服务意识、自信和发展他人等;王重鸣(2002)采用职位分析方法,通过实证评价后获得了高级管理者的胜任特征,分别由管理素质和管理技能两个维度构成,但在具体的要素上,不同层次的管理者具有不同的结构要素;顾琴轩等(2001)则让企业中层管理者对假设的22个胜任特征要素进行了认同度排序,并分析了年龄、学历等人口统计变量对胜任素质要素认同度的影响;石金涛等(2004)用因素分析等方法分析了构成企业管理者管理技能的四大要素。

（二）管理者胜任素质模型的研究方法

关于胜任素质维度构成的研究方法,除大家比较熟悉的关键行为事件访谈法和问卷法外,还有其他很多研究方法。综合起来,主要有以下三种:

第一,采用理性主义方法研究胜任素质。该方法相对客观。卡西欧(Cascio,1995)和费瑞斯(Ferris,1990)等认为胜任特征的研究已不是像泰勒时代依靠时间与动作分析方法了,而是依靠工作分析,采用理性主义的科学方法去分析胜任素质。其中,桑伯格(Sandberg,1994)和维勒斯(Veres,1990)等采用三种手段去分析胜任素质,分别是:工作者定位、工作定位和多方法定位。在工作者定位手段中,胜任素质被看成是工作者所拥有的属性所构成。例如,维勒斯(1990)认为这些属性包括知识、技能、能力和有效工作的个人品质。再如,斯班瑟(1993)的研究也使用了工作者定位手段。在工作定位手段中,胜任素质被看做是一种具体的属性,工作者定位手段提倡者将工作者作为出发点,而工作定位法的提倡者将工作作为出发点。工作定位手段首先识别活动,这些活动是完成具体工作的中心,然后将这些活动转化成个人属性。这样,工作定位手段的倡导者就能对胜任素质的构成作出更具体和更详细的描述,同时也在很大程度上克服了胜任素质描述太宽泛这样的问题。而在多方法定位手段中,提倡者认为胜任素质由一些具体的属性所构成,这种手段与前两种手段的区别是它采用更容易理解的手段去分析胜任素质,他们将工人与工作两种定位手段相结合来回避人们对他们的批评,例如,维勒斯(1990)对警察副队长工作中的胜任素质的研究。

第二,采用解释方法分析胜任素质。解释方法是以现象学为基础,并认为通过人生活的经验世界,使人与世界密不可分。按照他们的观点,胜任素质不被视为由两个分离的部分组成,相反,工作者和工作的相互关系是通过工作经历把它们整合成一个整体。解释方法对胜任素质研究的意义是开始在具体工作情景下界定和描述胜任素质。使用得比较多的具体方法是访谈,如桑伯格(1994)采用了作为解释方法其中一种的"现象记录法"(phenomenography),把瑞典 Volov 汽车公司引擎优化部门中的 20 名引擎优化师作为访谈对象,通过访谈与分析,发现人类的胜任素质最基本的不是一些具体的属性,并认为人们的工作知识、技能和其他用于完成工作的属性都是建立在人们的工作概念基础上的,工作概念优先于这些属性。

第三,从情景具体性角度研究胜任素质。该方法关心的是胜任素质情景的具体性,因此,许多研究者围绕具体的工作情景将管理者的胜任素质划分成关键性的技能,并认为这些技能是获得高绩效所必须具备的。典型的例子如罗德赫格(1994,1998)对胜任素质的研究,他认为对胜任素质的划分应该从三个维度来进行,分别是任务具体性、行业具体性和公司具体性,并根据这三个维度的划分,把胜任素质分为元胜任素质、通用行业胜任素质、内部组织胜任素质、标准技术胜任素质、技术行业胜任素质和特殊技术胜任素质。

二、管理者胜任素质的测评

管理者胜任素质的测评是管理者胜任素质研究的重要内容之一。胜任素质测评的方法起源于心理学,最初应用在非营利性组织,企业经营者胜任素质的测评也是在此基础上蓬勃发展起来的。

(一)国外胜任素质测评的产生和发展

国外胜任素质测评的发展经历了以下几个阶段:

1. 萌芽阶段(19 世纪末—20 世纪初)

西方人才测评的研究源于 19 世纪末对智力落后者和精神病人治疗的需要。1905 年,法国心理学家比奈(Binet,1905)开发出用于智力测验的比奈—西蒙量表。第一次世界大战期间,美国人将该量表用于入伍新兵的甄别,对 200 多万名官兵进行测验,取得了令人满意的成效。一战之后心理测验开始风行美国,各种类型的心理测验不断涌现,同时也产生了与企业经营管理相关的心理测验,如职业能力倾向测验。

2. 初步发展阶段(20 世纪初—20 世纪中叶)

随着智力测验运动的迅猛发展,各个阶层和团体表现出对测评的不同需求。根据职业咨询及工业部门人才选拔和工作安置的需要,心理学家又开始编制各种职业能力倾向测验,包括音乐、文书、机械、艺术等方面的特殊能力测验。1927年,世界上第一个职业兴趣测验——斯特朗男性职业兴趣测试量表正式开始使用。

3. 快速发展阶段(20世纪中叶—20世纪末)

到了20世纪50年代,心理测试学家们开始在实践中评价求职者的"岗位适合度",从此人们开始越来越重视"人—职匹配"。为了达到这个目标,一些专家开发了多种能力倾向测验和投射测验。1956年,美国心理学家布雷(Bray,1956)研究开发出评价中心技术。该技术通过工作情景模拟,运用多种评价方法和多个评价源来评价工作人员的多项特质。1960年以后,美国电报电话公司、IBM、通用电器公司、福特汽车公司、柯达公司等开始采用这项技术来选拔管理人员和经营者,并收到了良好的效果。例如,美国电报电话公司在对一批候选人进行评价后,把测评结果保留了下来,8年后把这些结果与实际情况进行核对,结果发现,以前预测会晋升的候选人中,已经有近64%的人被提升为中层主管,而以前预测不会晋升的候选人中,只有32%的人被提升为中层主管。

另外,卡利斯和奥尔伍德(Carless & Allwood,1997)对澳大利亚大多数管理咨询机构的管理咨询活动进行研究,发现他们在运用评价中心技术评定管理人员的工作胜任素质时,基本评定内容为:决策能力、人际技能、计划能力和组织能力。芒特(Mount,1998)运用人际决策国际公司(PDI)开发的"管理技能轮廓"测量工具,测量了250名经理人员,结果得到了管理胜任素质的三个维度:人际关系、管理和技术的技能。总体来看,这一阶段是成果最为丰富的时期。

4. 逐步完善阶段(21世纪初至今)

随着测评技术的发展,在21世纪的今天,经营者测评技术已经扩展到智力测验、能力测评、成就测评等方面,例如"比奈—西蒙智力测验"、"韦克斯勒智力测验"、"明尼苏达办事员测验"、"财会能力简短测验"等(赵曙明、杜娟,2007)。此外,职业的发展及其种类的多样化也使学者们开始关注职业兴趣的研究,例如,沙因(Schein,1978)提出了"职业锚"的概念,指出人们在从事职业选择时有五种职业锚:技术型、管理型、安全型、自主型和创造型。现在,测评技术已经广泛应用于人力资源领域,有研究表明,其运用频率在最终的选拔决策方面为83%,晋升方面为76%,职业发展方面为67%,职业咨询方面为66%,成功计划方面为47%,最初的应聘筛选方面为42%，人员安置方面为30%。

（二）我国胜任素质测评的应用及发展

我国早在两千多年前的汉代就有了科举考试这种胜任素质测评的萌芽形式。20世纪20—30年代，心理测验逐渐发展起来并应用于教育领域，后来该领域的研究因抗战而中断。1980年，中国心理学会实验心理学专业首次召开了全国性的心理学年会，这标志着测评技术在我国的复苏。这一时期，整个社会对胜任素质测评的认识还很不足，测评技术在企事业单位的应用非常有限。1987年，国家公务员制度建立，国家机关首次应用胜任素质测评技术进行"行政职业能力倾向测验"，这项测试的实质就是对从事行政管理工作人员的胜任素质进行测评。随后，北京、上海、四川等省市都开始采用测评技术选拔厅局级领导。

随着我国市场经济体制的逐步确立和完善以及企业经营机制的转换，人才的选拔和考核成为人力资源管理的核心。全国各地纷纷建立人才市场，人才测评服务机构不断增加，人才测评工作开始进入企事业单位。与此同时，企事业单位也越来越重视测评技术在员工选拔和培训考核中的作用，胜任素质测评受到越来越广泛的关注。根据1995年人事部人事考试中心对全国13个省市人才测评技术应用情况的调查，65.9%的企业认为在选拔高层经营者的过程中应该运用"评价中心"技术，40%以上的企业已经在实际选拔中应用管理技能测评。

2003年，赵曙明教授率领的研究团队与江苏省委组织部联合研发了企业经营者胜任素质测评体系及应用软件。自2004年起，该项成果及应用软件先后应用于江苏省多家企业高管的公开招聘、内部人员的竞争上岗，以及政府厅级干部的选拔测试，取得了令人满意的效果，并于2005年获得江苏省科学技术进步二等奖。2005年，国务院国资委委托中智公司为中钢集团高管内部竞争上岗工作提供测评服务，这是中央直属企业高管选拔工作首次应用人才测评技术。经营者胜任素质测评研究在我国发展市场经济和改革国有企业的过程中发挥着越来越重要的作用。尽管如此，各企事业单位采用的测评体系与方法还远未成熟，尚缺乏基于中国实践的理论研究作为支撑。

（三）管理者胜任素质测评的主要方法

总结起来，西方国家最早开始进行胜任素质测评主要采用以下三种方法：

1. 心理测评

该方式是通过训练有素的心理学家对受试者的智力、认知、能力、价值、个人特质、动机、兴趣、情绪等进行客观的测量,是一种比较科学的方式。如,心理学家借助定量的量表测量方法对被测评者的行为表现进行判断,并以此推断受试者的个性特征,这就是该方式的具体体现。

随着胜任素质研究的进展,对企业管理者任职资格理论模型的建构或经验式的总结很难满足人们对管理者评价标准的科学化和精确化的要求,因此,借助于心理学等学科的现代测量和评价技术的发展,一些心理测验,如职业倾向性测验、人格测验、认知能力测验、面试(结构化和非结构化面试)等开始运用到对管理者的职业评价中。例如,1956 年美国心理学家道格拉斯·布雷(Douglas Bray)研究并开发出了通过工作情景模拟来评价管理者多项特质的评价中心技术。20 世纪 60 年代以后,该项技术开始在一些大公司中用于管理人员的选拔,如美国电报电话公司、IBM、通用公司、福特汽车公司、柯达公司等,并得到了好评(于惊涛、陈力、方素珍,2000)。

2. 教育和环境考察

该方式是由有教育学背景的学者对参与者的个体行为进行改变和重塑,在此过程中判断环境对个人行为产生的影响,衡量由于行为变化而引起的绩效变化,以此推断受试者的胜任素质。该方式的实践者们有效地结合了教育与环境对职业发展的双重作用,为后来的人才测评发展提供了很大帮助。

3. 个体差异观察

该方式汲取了上述两种方式的长处,关注个体差异对绩效的影响以及工作中的行为及其评价标准,为管理学领域研究不同个体差异的经营者的潜在行为特征提供了有效的方法。同时,还通过编制工作说明书和工作规范,尽量消除个体差异所带来的管理上的负面影响。

总的来说,虽然早期的研究取得了很多重要的成果,但是并没有形成系统的方法体系。随着时代的发展,新的测评技术不断被开发出来。目前,得到广泛应用的测评技术主要有:结构化面试、行为事件访谈法以及评价中心等。

(1) 结构化面试

面试包括结构化面试和非结构化面试两种。目前应用比较多的是结构化面试,其优点在于能够得到比较全面的信息,设计周期比较短,而且使用比较灵活,有利于信息交流。其缺陷在于局面难以控制、效率较低、易受主观因素影响等。

(2) 行为事件访谈法

该方法是通过对具体行为事件的访谈,来识别符合岗位要求和职业标准的胜任素质,以此建立胜任素质模型。

(3) 评价中心

评价中心是一种由管理人员、监督人员以及受过培训的心理学家组成测评小组,让应聘者经受2—4天的测试训练,从而评价其胜任能力的方法。评价中心包含的主要方法有公文筐测验、口头表达测验、角色模拟、无领导小组讨论等。

另外,鉴于海外工作人员的增加,跨文化测量的工具也应运而生。斯密特(Schmit,2000)等人提出,要发展一个适用于全球性工作人员测量的人格量表(Global Personality Inventory),并认为是可行和有效的,因为一些在英语文化背景下编制的人格量表在非英语语言和文化环境下的运用显示,两者具有高度的一致性。

研究者在关注运用各种测量和评价技术的同时,也开始注意到他们所运用的测量和评价技术是否能够准确地测量到他们想测量的东西,即他们使用的测量和评价工具的效度问题,这是测量效果的最重要的指标。赫梅林(Hermelin,2001)等人研究认为,具有高效度的测量和评价方法有结构化面试和认知能力测验,它们的平均效度超过0.45。结构化面试代表面试技术的发展方向,具有标准化程度高、内容明确、可重复、便于分析的特点,而认知能力测验可以预测许多不同种类工作的绩效。有研究者发现,认知能力测验预测工作绩效的效度平均值可以达到0.5。中等效度的测量和评价方法为无结构化面试、人格测验等,它们的平均效度在0.25—0.45之间。而低效度的测量方法是"大五"人格测验,它的平均效度在0—0.25之间,五因素的效度由高到低分别为责任心、神经质、外倾性、宜人性和开放性。评价中心技术被认为是有效的测量和评价方法,高格勒和罗森塔尔(Gaugler and Rosenthal,1987)等人认为评价中心的预测效度可达到0.4。然而最近研究者指出,评价中心技术仍然缺少有效的方法来增加内部结构效度,李温斯(Lievens,2002)等研究发现,情境设计和测量结构不合理、评定发生错误、评分者的不一致、评定类型和方式有差异等,都可能会影响评价中心的结构效度。但高芬(Goffin,1996)等人发现,当预测管理绩效时,评价中心评定比人格测验有更高的效度;戈尔斯坦(Goldstein,1998)等人的研究认为,评价中心效度主要是基于认知能力来预测的,但评价中心技术比认知能力测验有更高的效度。现在的普遍观点认为,从效果上看,评价中心的预测效度为0.68,结构化面试为0.62,能力测验为0.54,而人格测验的效度只有0.38。评价中心的高效度是以全方位的测评方法和资深专业测评人士为依托的,其实施步骤繁杂,成本最高,对施试者和受试者都有较高的要求。

从实际应用角度来看,在上述多种测评方式和方法中,目前有99%的测试采用结构化面试的方法,70%左右的测试在采用面试法的同时还采用心理测验的方法,其中又有59%同时采用评价中心或者行为事件访谈法。其主要原因是:心理测验虽比较容易实施,但在量表的编制和选择上却要消耗大量的人力和财力,才能满足测试者的个性化要求。相比之下,面试易操作、成本低的特点决定了它必然受到人力资源经理的青睐。总之,胜任素质测评的方式方法虽然很多,但由于其各有优势与不足(如前面所讲的效度问题),所以在测量胜任素质时,我们提倡全面测评,提倡多种方法的有效结合与相互弥补。

三、组织内部胜任素质管理体系及测评研究

胜任素质测评作为对以文化水平和工作经验为衡量标准的传统人力资本评价方式的补充和拓展,已越来越广泛地应用在组织内部人力资源管理的各个环节中。胜任素质测评不仅仅在营利性组织内部得到广泛推崇,在非营利性组织内部也发挥着重要作用。

(一)组织内部胜任素质生命周期模型

随着组织中"以人为本"的价值理念的深化,以及人力资源管理职能的战略转变,人力资源的获取、选拔、培养以及评价显得越来越重要。对胜任素质管理的研究也逐渐由从岗位和职能专业化入手的单一胜任素质测评,转换到组织内部胜任素质模型的建立,并继而发展到在道德、专业知识、技能以及心理层面上建立组织内部的胜任素质综合评价体系。在这个发展过程中,大多数学者认为胜任素质的测评如同组织的发展过程一样,也是周而复始、循环进行的,最终的测评结果能够指导原始胜任素质模型的修正。在此基础上,学者们建立了胜任素质测评体系,提出了胜任素质生命周期模型。

早期的胜任素质生命周期模型包括四个方面:胜任素质映象、胜任素质诊断、胜任素质开发和胜任素质监测。该模型包括了从组织内部最初形成胜任素质概念,到提出胜任素质管理规划、确定岗位胜任素质因素、测评和开发各项胜任能力以及对胜任能力进行持续性评估的各部分内容。该模型基本勾勒出了胜任素质在企业生产经营过程中确定、开发、测量和评估的各个阶段,但还存在着一些不足:第一,强调主观判断和确定组织内部

经营者的胜任能力,缺乏客观的科学依据;第二,没有构建统一的胜任素质模型,使得组织内各职能部门在确定经营者胜任能力的过程中出现了大量重复工作,造成了不必要的人力、物力的浪费;第三,没有对胜任素质模型的拟合程度以及胜任素质的测量进行评估和反馈。

鉴于上述模型存在的不足,福蒂斯等学者(Fotis & Gregoris,2006)提出了一个更加完整的胜任素质生命周期模型。该模型包括胜任素质管理的六个环节:第一,鉴别胜任素质,即识别和确定能够使组织实现高绩效的胜任能力;第二,建立胜任素质模型,即为目标工作建立胜任素质模型;第三,确定胜任素质测评标准,即根据不同的目标岗位确定经营者应该具备的知识和技能;第四,测量胜任素质,即测量经营者的能力是否与胜任素质模型和标准相吻合;第五,建立胜任素质管理体系,即将胜任素质模型与人力资源管理体系相结合,应用于人员的招募、选拔、培训、评估、激励、继任等环节,以提高组织绩效;第六,评估胜任素质拟合度及有效性。

该模型强调了胜任素质鉴别的客观性和科学性,建立了胜任素质测评的客观标准,提出了应建立胜任素质管理体系并将其应用于各项人力资源管理职能中,此外还强调了胜任素质测评绩效的评估与反馈,有助于提高胜任素质的拟合度和胜任素质管理体系的整体效率。该模型在继承了早期模型核心观点的基础上大大弥补了前者的不足,被广泛应用于管理实践中。

（二）组织内部胜任素质测评研究的主要流派

在西方国家,胜任素质测评研究在多个领域展开,并得到了广泛应用。一些学者将早期胜任素质测评研究根据其研究领域的不同性质、研究对象、研究目的和研究方法划分为三个学派:

1. 培训领域的行为主义学派

该学派以测量经营者工作绩效为出发点,采用岗位分析的方法,从测评完成岗位单一任务的方式、过程及结果入手,通过结构化访谈和直接观察得出具体的与经营者绩效相关的胜任素质。行为主义学派的应用过于关注岗位技术的描述,忽略了经营者自身的特质,容易产生职业技能与人文素养扭曲的现象,同时也忽视了员工胜任素质在政治和社会维度方面的效应,因此在组织整体应用上具有一定的局限性。但是,这种方法却适合那些专业性较强的组织(如律师事务所)、组织中专业性较强的岗位(如财务部门),以及那些掌握了专业技能的员工,它能够非常客观、严谨地得出相应专业人员需要具备什么样的胜任素质。

2. 管理教育领域的通用性学派

该学派的研究重点与行为主义学派有所不同。行为主义学派侧重于通过高绩效得出经营者应该具备的胜任素质,其研究过程强调方法的实施;而通用性学派则关注从更深的层面分析能使经营者胜任工作的因素,其研究过程侧重于目标的设定。该学派的研究超越了技能和专业技术的限制,弥补了行为主义学派的不足,进一步深入到了动机、情绪智力、自我效能、社会角色等心理层面。与心理研究的结合为通用性学派提供了更加广泛的应用空间。目前,该学派的研究结果被广泛应用于人力资源管理领域,为组织招募、选拔与培养人才提供了科学依据。

3. 高等教育领域的认知学派

行为主义学派与通用性学派都强调通过工作绩效来研究胜任素质的有效性,其方法多数运用在营利性组织中;而认知学派则以语言学研究为代表,其方法广泛应用在教育领域中。认知学派认为,教育能够培养人们构造知识和认知技能的能力,是人在日常状态下就能够实现的,而工作绩效必须在多变、复杂的环境系统中得到提高,因此,对环境的成功适应需要具备一种能够协调内部认知、情感以及其他资源的特殊能力。认知学派强调与行为主义学派进行结构性整合,认为教育机构要注重培养学生的实践应用能力,其他组织也要强调继续教育和在职教育的重要性。这种理念已经在当今的教育机构及组织的人力资本开发过程中得到充分认可。

第三节　我国管理者胜任素质研究的现状与问题

随着我国社会主义市场经济体制的建立和完善,借鉴并吸取西方已有的成功经验,实现我国企业管理者的职业化和市场化成为一种必然趋势。我国企业管理者的职业化和市场化将会成为完善企业所有者选拔与任命机制、激励与约束经营管理者行为的重要方法。而其中,建立我国企业经营管理者任职资格体系则是管理者职业化和市场化的关键所在,是我国企业经营管理者职业化和市场化工作的一项重要内容和基础性步骤。企业经营管理者任职资格体系可以全面科学地测评企业经营管理者及其候选者,有效评价企业经营管理者的人力资源状况。

一、我国管理者胜任素质研究的进展

（一）我国管理者胜任素质研究的产生与发展

我国对于人的胜任素质问题的研究由来已久，早在两千年前，孔子（约公元前551—前479年）就认为合格的领导者应该具有"仁者不忧"的道德情感力量、"智者不惑"的智慧力量、"勇者不惧"的意志力量等，认为仁、智、勇三方面的统一是实现领导的根本保障（郑晓华，2006）。墨子（约公元前468年—前376年）对于领导者也提出"博乎道术"、"厚乎德行"、"辩乎言谈"、"摩顶放踵"、"非乐节用"、"兼容守拙"，详细阐述了领导者应该具有的知识结构、道德品质、言语能力、工作态度、生活作风和为人原则，这些言论包含着丰富的领导者心理素质思想，对当代中国管理者的胜任素质研究有积极的影响（夏金华、朱永新，2000）。

国内从管理方面对胜任素质的学术研究始于20世纪80年代，中国科学院心理研究所分别从管理者、员工素质评价和培训的角度，探索管理者的素质指标及测评方法。徐联仓等人（1989）首先将领导行为评价模式引入我国的管理者素质评估，考察了工作绩效和人际关系两个维度与情境因素的关系。20世纪80年代以来，对于传统的职务分析（job analysis）的最大挑战，是强调对关键素质分析的胜任素质评估（competence assessment method）。1990年，香港的三个私营商业企业（香港和上海银行联合会，皇家香港职业赛马骑师俱乐部，怡和太平洋有限公司）率先运用胜任素质方法提高他们的管理绩效。20世纪90年代，香港管理开发中心（the Management Development Center of Hong Kong，MDC）（政府办的一个培训机构）决定运用胜任素质方法来开发本地经理人员，邀请公共实业的高级经理、公有或私有部门的高级经理来评价从文献综述和专家头脑风暴法获得的30个中层管理胜任素质条目。基于对大约2 000多名中层管理工作的进一步调查研究，MDC初步尝试得出了一套胜任素质群，最后确定了11个管理胜任素质群（领导、沟通、团队建设、团队成员精神、结果取向、个人驱动、计划、效率、商业意识、决策、客户意识），而且每个胜任素质群都有具体的行为描述。

（二）我国管理者胜任素质研究现状

随着国外胜任素质研究的不断升级，胜任素质问题也引起了我国高校学者、研究人员、管理人员以及企业越来越广泛的重视，有关胜任素质的介绍和应用主要是从心理和人力资源两个方面进行的，其中比较有代表性的有:赵曙明教授所领导的"江苏省国有企业经营管理者任职资格制度研究"成果,中国科学院心理研究所时勘教授所领导的获得国家自然基金资助的关于"企业高层管理者胜任素质模型评价"的研究,浙江大学管理学院王重鸣教授领导的获得国家自然科学基金资助的关于"管理胜任素质特质分析的研究"等。

赵曙明教授领导的课题组结合国内对企业经营者任职资格的最新研究成果,应用管理学、经济学、心理学的方法,在四川省和上海市等兄弟省份研究的基础上,发展了我国国有企业经营管理者的任职资格测评理论,并开发了针对江苏省实际的企业经营者测评系统。该系统分为潜质测试、情景模拟和业绩评估三部分,主要测试国有企业经营者的素质、能力和经营业绩。该系统具体包括下列子系统:资格初审子系统、潜质测试子系统(能力测试、心理测试、知识测试和智力测试)、情景模拟子系统、业绩评估子系统、民主测评子系统、培训管理子系统。

时勘教授领导的课题组主要是采用行为事件访谈技术探讨了我国通信业高层管理者的胜任素质模型。采用的具体方法和程序是:根据行为事件访谈的要求,先由专家小组确定效标样本的选择标准,然后提名参加行为事件访谈的优秀组人选和普通组人选,根据标准在全国电信系统挑选了陕西、湖北、安徽、北京等地20名通信业高层(局级)管理干部,然后根据所设计的"行为事件访谈纲要",由经验丰富的心理学工作者对被试者进行了行为事件访谈,并对访谈内容进行录音。访谈采用双盲设计,即被访谈者只知道自己被选来进行访谈,并不知道在样本选取时的优秀/普通的区别;访谈者事先也不知道被访谈者究竟是属于优秀组,还是普通组。每人的谈话最长有3.5小时,最短有1.5小时,平均2小时。研究结果表明:我国通信业高层管理者的胜任素质模型包括:影响力、组织承诺、信息寻求、成就欲、团队领导、人际洞察力、主动性、客户服务意识、自信和发展他人。

王重鸣教授领导的课题组主要是基于胜任素质的职位分析方法,通过实证评价,获得高级管理者的胜任素质特征结构,并运用结构方程模型等方法进行比较分析,揭示不同职位层次在胜任素质特征结构上的差异性。采用的具体方法和程序是:在全国5个城市对多家企业共有220名中高层管理人员进行了调查;通过对10家企业的50名中高层管理人员的结构访谈与量表调查,收集了反映经营管理者任职要求的关键行为事件,并据此编制成量表的行为题。研究结果表明,管理胜任素质特征由管理素质和管理技能两个维度构成,但在具体的要素上,不同层次的管理者具有不同的结构要素。正职管理者在管理素质维度上具有价值倾向、诚信正直、责任意识、权力取向等特征;在管理技能维度上具有协调监控能力、战略决策能力、激励指挥能力和开拓创新能力等特征。对于副职管理者来说,管理素质维度是由价值倾向、责任意识、权力取向三个要素构成,管理技能维度是由经营监控能力、战略决策能力、激励指挥能力三个要素构成。

除了上面介绍的研究之外,目前,国内采用现代测量和评价技术对管理者进行研究也取得了一些成果。时勘、王继承(2002)等对中国企业高层管理者的胜任素质模型进行了实证研究。结果表明,东西方高层管理者的胜任素质模型具有相似性。中国的高层管理者的胜任素质模型包括:影响力、组织承诺、信息寻求、成就欲、团队领导、人际洞察力、主动性、客户服务意识、自信和发展他人。这一研究在我国首次验证了胜任素质评价能够更加全面地区分出优秀管理干部和普通管理干部。

另外,苏(Siu,1998)对香港酒店的中层管理者胜任素质进行了实证研究。该研究采用问卷法,让高层管理人员对中层管理人员的胜任素质行为表现进行重要性评价(5点法),得出11个胜任素质因素:领导、沟通、团队建设、团队成员精神、结果定向、个人驱动、计划、效率、商业意识、决策和客户意识。王继承(1999)利用行为事件访谈法对我国通信业管理人员的胜任素质做了实证性研究。研究表明,我国通信业管理干部在10项胜任素质上显示出优秀组与普通组存有差异:影响力、社会责任感、调研能力、成就欲、领导驾驭能力、人际洞察力、主动性、市场意识、自信和识人用人能力。顾琴轩等(2001)则让企业中层管理者对假设的22个胜任素质要素进行了认同度排序,并分析了年龄、学历等人口统计变量对胜任素质要素认同度的影响。

还有,杨广春(2001)从心理模式与能力结构两方面考察企业家的素质,认为企业家的心理模式由科学的思维方式、良好的心理品质、健全的知识结构、优秀的思想品德所组成,而能力结构由决策能力、组织能力、应变能力、创新能力所组成。王烈(2001)指出企业家的能力结构由创新能力、决策能力、学习能力、人际关系能力、指挥领导能力、组织能力、岗位工作能力、计划能力、控制能力、表达能力组成。徐绪松等(2001)认为新经济时代企业家应当具备的素质包括:决策力、创造力、洞察力以及人格魅力。

二、我国管理者胜任素质研究的主要问题

我国管理界于 20 世纪 90 年代开始以企业中高层管理者为对象进行胜任素质模型的研究和应用。现阶段,理论界和工商业界已经充分认识到对胜任素质的研究是建立选拔和培养优秀管理者的科学体系的基础,可以为管理者的鉴别、培训和评价提供具体的建议和指导。胜任素质模型已成为我国管理界和学术界研究的热点问题。但同时,关于胜任素质模型的理论研究仍存在一定的问题,这主要表现在:

(一)建立胜任素质模型的方法使用复杂、主观性强

采用何种方法构建胜任素质模型以保证模型的科学性和有效性是一个非常重要的问题。学者们提出了许多的构建方法,比如焦点访谈法、团体多层次水平考察法、专家调查、专家会议法等。但是学者们一致认为行为事件访谈法在胜任素质要素的揭示上最为有效。麦克利兰(1973)和波亚齐斯(1982)开发了一个以行为事件访谈法为基础的胜任素质模型的开发程序:(1)界定在所研究的岗位上的优秀业绩者和普通业绩者;(2)使用行为事件访谈法对两组样本进行访谈;(3)定义能够对优秀业绩者和普通业绩者进行区分的胜任素质;(4)寻找并发展测量这些胜任素质的方法;(5)重新选择两组样本对这些胜任素质进行检验,以保证测验成功。这一方法的要点是:研究对象集中在业绩出色的管理者;主要应用行为事件访谈法、访谈资料的主题分析法;将分析结果提炼为用行为性的专门术语描述的一系列胜任素质。

这一方法看起来有严格的操作流程和质控标准,但在我国的实际运用中却存在许多困难:

1. 绩效优异者与绩效一般者的区分问题

目前普遍采取绩效标准,但在实际工作中,影响职员绩效的因素是很多的,除了能力、性格、态度、价值观以及工作方法、技巧知识外,社会环境、企业文化、社会潜规则、上下级关系等都会对员工的绩效产生影响。在管理实践中,一位优秀的管理者带领一群乌合之众经常会失败而业绩很差,而一位昏庸的管理者带领一群优秀的下属往往能获得较好的业绩。因此,仅仅采用业绩作为区分绩效优异者与普通者的唯一标准并不能真正体现出员工的胜任特征。

2. 评价中心技术的问题

行为评价中心技术广泛应用于建立胜任模型的研究和实践。自从胜

任素质模型技术产生以来,确定职位所需要的胜任素质的方法,一直以行为事件法为主,而获取行为事件的方法又以行为事件访谈法为主。行为事件访谈法虽然有一套成型的操作流程,但操作上仍比较复杂,并且经常要依靠主观判断,故其质量仍然在很大程度上依赖于操作者的经验和阅历。由于这样的困难,即使是在国外,大多数企业也主要依靠外部咨询公司来进行胜任素质模型的开发,而在国内至今还没有一本完全本土化的胜任素质模型开发指导书籍。此外,建立胜任素质模型常用的焦点访谈方法也同样存在这个问题。

3. 胜任素质的测量问题

胜任素质的测量难度非常大,其测量既包括能力测量,又包括态度测量,此外还有价值观、动机等深层心理的测量。这些测量即使是在发达国家也没有非常有效的工具。目前,国内的学者和管理咨询公司有的采用心理测验问卷(如 16PF、MBTI 等),有的改编国外常用量表以应用到不同行业,还有的自编量表。这些做法都无法避免测验工具本身所存在的问题。测验问卷涉及信度、效度、常模的有效性,文化的差异性以及施测者等多种难以有效解决的问题。

4. 对胜任素质的检验问题

进行实证研究时,胜任素质模型的检验方法有待于进一步拓展。通常的检验方法主要是对模型内部结构进行检验,大都采用探索性因素分析或验证性因素分析的方法。但是增加外部变量,研究胜任素质模型与这些外部变量的关系,从而检验胜任素质模型本身的结构将是模型检验的一种趋势,在检验方法上还应该做进一步的理论探索。比如进行法则有效性检验就是一种很有效的检验方法,但是目前很少有学者使用这种方法,在企业胜任素质模型检验中就更加少用了。在企业对胜任素质模型进行检验,由于各企业、行业差异巨大,进行验证性因素分析很少有同质的检验对象。

(二)我国胜任素质模型应用中存在的误区

胜任素质模型在人力资源管理的各个领域有广泛的应用前景,在人力资源管理活动中起着基础性、决定性的作用。它分别为企业的工作分析、人员招聘、人员考核、人员培训以及人员激励提供了强有力的依据,是现代人力资源管理的起点。我国许多以胜任素质建模服务为主要业务的咨询公司,创建和构造了各种胜任素质模型数据和通用胜任素质字典,在沿海经济发达城市,以建立胜任模型和开展相关培训为业务的管理咨询公司如

雨后春笋般成立起来。但与此同时,我国很多企业在应用胜任素质模型的时候,存在着诸多的误区:

1. 胜任素质模型难以发挥作用

胜任素质模型是人力资源管理中的一项辅助性工具,其本身不可能独立地发挥作用,只有融入人员选拔、培训、绩效管理等工作中,其价值才能得到体现。从目前中国企业的现状看,企业本身绩效管理体系不完善,企业培训体系、考核体系都没有发挥作用,使得已经开发的胜任素质模型的作用发挥不够充分。

2. 胜任素质模型的滥用

第一,把岗位胜任素质等同于岗位任职资格,认为必须具备岗位胜任素质才能上岗。很多企业把任职资格要求等同于岗位胜任素质,完全违背了胜任素质的内涵。任职资格要求并不能确保人员在所在岗位表现出色,它仅仅是区别差与一般的必要条件,而不是区别一般与绩优的唯一条件。事实上,绝大多数企业的人力资源管理部门由于条件所限,也没有能力对求职者的胜任能力进行考核,因此,招聘要求中的胜任素质条款形同虚设。第二,绩效考核和培训中的误用。有些企业拿胜任素质模型的要求来考核员工,也有不少学者认为应用胜任模型来进行绩效考核具有良好的效果。实际的情况是,胜任模型更多的是对岗位潜在要求的描述,诸如价值观、动机和态度以及知识和技能等,而绩效考核更多地涉及和工作效果以及团队精神相关的因素。因此,用胜任素质模型并不能真正对员工绩效进行考评,由于这些潜在特征的难以测量性,在实际上也是行不通的。有些企业建立了以提高胜任素质为目的的培训体系,但在实际操作中发现培训效果并不怎么好,原因也是一样。胜任素质模型中的潜在特质培训尚缺乏十分有效的方法。虽然国内有不少培训机构采取了拓展训练、沙盘模拟、NLP技术等可以提高职员深层潜质的方法,但效果并不理想,而技能和知识培训则效果良好。

3. 忽视胜任素质模型的局限

胜任素质模型本身存在诸多局限,如果忽视这些局限,就会对企业的人力资源管理工作带来负面影响。第一,胜任素质模型的静态局限性。企业的胜任素质模型一旦建立,就成为一个静止的描述体系。而实际上,企业本身由于行业发展瞬息万变,企业内部岗位调整频繁,员工流动性大也会导致企业文化氛围的变动,这样在施用胜任模型进行人力资源管理和开发的时候,就要注意到胜任素质模型的这一局限性。第二,胜任素质模型的失效性。胜任素质模型主要反映的是潜质,而并没有涵盖创造绩效所需要的全部素质,像工作所需要的知识、技能和智力等,在一般的胜任素质模型中都没有反映,或反映得很不充分。因此,只有在潜质确实比知识、技术乃至智力更加重要的时候,根据胜任素质模型进行人员选拔和进行其他人力资源管理工作才是合理和有效的。但另一方面,我们必须承认:对于不同的职位而言,胜任素质的不同构成部分的重要性是不同的,对于某些职位而言,知识、技能和智力很有可能比潜质更加重要(例如,对软件开发人员就是如此)。如果对于一个职位的绩效来说,知识、技能和智力的作用超过了潜质的作用,则胜任素质模型就不应当作为人员选拔和其他人力资源管理活动的主要依据。

(三)我国胜任素质的研究方向

综合上述对胜任素质的研究,我们认为,目前我国对胜任素质的研究大多集中在高层经营者身上,涉及的行业和岗位也比较单一。因此近期的努力方向是对不同管理层级、管理职能,以及不同行业企业经营者的胜任素质进行比较分析,建立经营者的胜任素质模型。此外,随着经理人的职业化发展,胜任素质理论及测评研究如何促进这一发展趋势也将成为今后研究的又一难点。在研究方法上,今后的研究应当注意测评对象与测评方法的统一,以及多种测评方法的综合应用。目前,国外对企业经营者胜任素质测评的研究已涉及多种学科领域,综合运用了不同学科的理论与方法,同时也借用了许多新的工程技术手段,这对于研究我国企业经营者胜任素质测评具有启发意义。另外,未来的研究应当更加注重胜任素质测量标准的建立,开发出统一的经营者胜任素质基础量表,用于测评经营者的一般管理能力。此外还应开发针对不同行业和岗位的分量表,以便更加合理地测评专业人员的胜任能力。同时还要努力在组织内部建立胜任素质管理体系,将胜任素质测量的结果有效地应用到人员的甄选、培训、激励、继任以及职业生涯开发等人力资源管理活动中去。

总之,我国的企业经营者胜任素质测评研究仍然处于初级阶段,仍需要大量借鉴国外的相关研究成果。我们必须注意到,由于社会环境背景、经济发展阶段、企业管理要求不同,我们应在吸收、借鉴国外研究成果的基础上,基于我国的特殊背景展开深入研究,以建立起符合我国特定背景要求的、科学的经营者胜任素质测评体系与方法。

参 考 文 献

[1] Armstrong, M. (1991), *A Handbook of Personnel Management Practice*, London: Kogan Page.

[2] Armstong, Michael and Angela Baron (1998), *Performance Management*, London: The Cromwell Press, 296—299.

[3] Angela Hay, David Jackson, Naomi Ori, Sarah Hake (2003), Analysis of the competence to respond to KNOTTED1 activity in arabidopsis leaves using a steroid induction system, *Plant Physiology*, 131(4): 1671—1680.

[4] Barnard, C. (1938), *The Functions of the Executive*, Harvard University Press, Cambridge, MA.

[5] Bergenhenegouwen, G. (1990), The management and effectiveness of corporate training programmes, *British Journal of Educational Technology*, 21 (3): 196—202.

[6] Becker, G. (1964), *Human Capital: A Theoretical and Empirical Analysis with Special Reference to Education*, National Bureau of Economic Research, New York.

[7] Binet, A. T. (1905), New methods for diagnosing the intellectual level of abnormal persons, *Annual of Psychology*, 11: 191—336.

[8] Boyatzis, Richard E. (1982), *The Competent Manager: A Model for Effective Performance*, John Wiley & Sons.

[9] Bray, O. H. (1973), *A Competence Model of Defense Decision Making*, University of Minnesota.

[10] Brown, Reva B. (1993), Meta-competence: A recipe for reframing the competence debate, *Personnel Review*, 22 (6): 26—39.

[11] Carless, S., Allwood, V. (1997), Managerial assessment canters: What is being rated? *Australian Psychologist*, 32(2): 101—105.

[12] Cozby, P. C. (1997), *Methods in Behavioral Research* (6th Edition), CA: Mayfield.

[13] Dubois, D. (1993), *Competency Based Performance: A Strategy for Organizational Change*, Boston, MA: HRD Press.

[14] Dulewicz, V., Herbert, P. (1999), Predicting advancement to senior management from competencies and personality data: A seven-year follow-up study, *British Journal of Management*, 10 (1): 13—22.

[15] Ferris, G. R., Rowland, K. M., & Buckley, R. M. (Eds) (1990), *Human Resource Management: Perspectives and Issues*, Boston: Allyn & Bacon.

[16] Flanagan, J. C. (1954), The critical incidents technique, *Psychological Bulletin*, 51 (4): 327—358.

[17] Fotis, D. , and Gregoris, M. (2006), Competency based management: A review of systems and approaches, *International Management*, 1: 51—67.

[18] Goffin, S. (1996), Child development knowledge and early childhood teacher preparation: Assessing the relationship—a special collection, *Early Childhood Research Quarterly*, 11:117—134.

[19] Gary Yukl(1989), Managerial leadership: A review of theory and research, *Journal of Management*, 15(2): 251—289.

[20] Gaugler, B. B. , Ronsenthal, D. B. , Thornton, G. C. ,Bentson, C. (1987), Meta-analysis of assessment center validity, *Journal of Applied Psychology*, 72 (3): 493—511.

[21] Guglielmino, P. J. (1979), Developing the top-level executive for the 1980's and beyond, *Training and Development Journal*, 33 (4): 12—14.

[22] Hall, D. T. (1976), *Careers in Organizations*, Goodyear, Santa Monica, CA.

[23] Hermelin, B. (2001), *Bright Splinters of the Mind*, London: Jessica Kingsley Publishers.

[24] Isle, P. (1993), Achieving strategic coherence in HRD through competence-based management and organization development, *Personnel Review*, 22(6): 63—80.

[25] Jackson, S. E. and Schuler, R. S. (2003), *Managing Human Resource through Strategic Partnerships* (8th Edition), Mason, OH: South Western.

[26] Jacobs, R. (1989), Getting the measure of managerial competence, *Personnel Management*, 21(6): 32—37.

[27] Kochanski, J. (1997), Competency based management, *Training & Development*, 51 (10): 40—44.

[28] Lievens, F. (2002), Trying to understand the different pieces of the construct validity puzzle of assessment centers: An examination of assessor and assessee effects, *Journal of Applied Psychology*, 87(4): 675—686.

[29] Mansfield, R. S. (1996), Building competency models: Approaches for HR professionals, *Human Resource Management*, 35 (1): 7—18.

[30] Meyer, T. , Semark, P. (1996), A framework for the use of competencies for achieving competitive advantage, *South African Journal of Business Management*, 27 (4): 96.

[31] McClelland, D. C. (1976), *A Guide to Job Competency Assessment*, McBer & Co. , Boston, MA.

[32] McClelland, D. C. (1973), Testing for competence rather than for intelligence, *American Psychologist*, 28 (1): 1—14.

[33] McClelland D. C. (1993), *Competence at Work*, John Wiley & Sons, New York, NY.

[34] McLagan, Patricia A. (1997), Competencies: The next generation, *Training and Development*, 51(5): 40—47.

[35] Mirabile, Richard J. (1997), Everything you wanted to know about competency modeling, *Training and Development*, 51(8): 114—118.

[36] Mount, M. K., Barrick, M. R. (1998), The big five personality dimensions and job performance: A meta-analysis, *Personnel Psychology*, 51(4): 849—857.

[37] Nordhaug, O. (1998), Competence specificities in organizations: A classificatory framework, *International Studies of Management & Organization*, 28(1): 8—29.

[38] Nordhaug, O., Gronhaug, K. (1994), Competences as resources in firms, *International Journal of Human Resources*, 5(1): 89—103.

[39] Pavett, Cynthia M., Lau, Alan W. (1983), Managerial work: The influence of hierarchical level and functional specialty, *The Academy of Management Journal*, 26(1): 170—177.

[40] Perdue. Joe, Woods. Robert, and Ninemeier Jack(2001), Competencies required for future club managers' success, *Cornell Hotel and Restaurant Administration Quarterly*, 42(1): 60—65.

[41] Rifkin, K. I., Fineman M., and Ruhnke C. H. (1999), Developing technical managers: First you need a competency model, *Research Technology Management*, 42(2): 53—57.

[42] Sandberg, J. (2000), Understanding human competence at work: An interpretative Approach, *Academy of Management Journal*, 43(1): 9—25.

[43] Schein, E. H. (1978), *Career Dynamics: Matching Individual and Organizational Needs*, Addison-Wesley, Reading, MA.

[44] Schippmann J. S., Ash R. A., Battista M. (2000), The practice of competency modeling, *Personnel Psychology*, 53(3): 703—740.

[45] Schmit, M. J., Kihm, J. A., Robie, C. (2000), Development of a global measure of personality, *Personnel Psychology*, 53(1): 153—193.

[46] Schultz, T. W. (1961), Investment in human capital, *American Economic Review*, 11(1): 1—22.

[47] Siu, W., Fung, M. (1998), Hotel advertisements in China: A content analysis, *Journal of Professional Services Marketing*, 17(2): 99—108.

[48] Spencer, L. M., Spencer, S. M. (1993), *Competence at Work Models for Superior Performance*, John Wiley & Sons, New York.

[49] Stewart, J., Hamlin, B. (1992), Competence-based qualifications: The case against change, *Journal of European Industrial Training*, 16(7): 64—83.

[50] Taylor, F. W. (1911), *The Principles of Scientific Management*, Harper & Row, New York.

[51] Turner, D., Crawford, M. (1994), Managing current and future competitive performance: The role of competence, in Hamel, G., Heene, A. (Eds.), *Competence-based Competition*, John Wiley & Sons, Chichester, 241—263.

[52] Veres, J. G. III, Locklear, T. S., & Sims, R. R. (1990), Job analysis in practice: A brief review of the role of job analysis in human resources management, In G. R. Ferris, K. M. Rowland, & R. M. Buckley (Eds.), *Human Resource Management: Perspectives and Issues*, Boston: Allyn & Bacon, 79—103.

[53] Zemke, Ron(1982), Building behavior models that work: The way you want them to, *Training*,19(1): 22—24.

[54] 〔美〕阿罗著,何宝玉译,《败德行为经济学:进一步的评论》,北京经济学院出版社,1989 年。

[55] 〔法〕比奈、西蒙著,费培杰译,《儿童心智发达测量法》,上海商务印书馆,1922 年。

[56] 冯明,《对工作情景中人的胜任力研究》,《外国经济与管理》,2001 年第 8 期,第 22—26 页。

[57] 顾琴轩、朱牧,《人力资源专业人员胜任力研究》,《中国人力资源开发》,2001 年第 10 期,第 4—8 页。

[58] 李明斐、卢小君,《胜任力与胜任力模型构建方法研究》,《大连理工大学学报(社会科学版)》,2004 年第 1 期,第 28—32 页。

[59] 时勘、王继承,《企业高层管理者胜任特征模型评价的研究》,《心理学报》,2002 年第 3 期,第 306—311 页。

[60] 〔美〕施恩著,仇海清译,《职业的有效管理》,三联书店 1992 年版,第 68—70 页。

[61] 石金涛、王莉,《管理技能的因子分析及其对绩效影响的实证研究》,《管理工程学报》,2004 年第 1 期,第 76—80 页。

[62] 王继承、时勘,《管理干部胜任特征评价方法的初步研究》,中科院心理所硕士学位论文,1999。

[63] 王烈,《企业家能力结构的社会学分析》,《江苏市场经济》,2001 年第 1 期,第 38—42 页。

[64] 王重鸣、陈民科,《管理胜任力特征分析:结构方程模型检验》,《心理科学》,2002 年第 5 期,第 513—516 页。

[65] 夏金华、朱永新,《墨家的领导者心理素质思想》,《心理学报》,2000 年第 4 期,第 464—469 页。

[66] 徐绪松、吴健谋,《企业家以什么样的素质迎接新经济时代》,《技术经济》,2001 年第 8 期,第 4—5 页。

[67] 徐联仓、李矢禾,《管理心理学及其在医疗事业中的应用》,黑龙江科技出版社 1989 年版,第 149—177 页。

[68] 杨广春,《企业家的心理模式与能力结构》,《北方经济(内蒙)》,2001 年第 4 期,第 20—21 页。

[69] 于惊涛、方素珍,《人才测评研究进展》,《卫生软科学》,2000 年第 4 期,第 150—152 页。

[70] 袁宝华,《当前我国企业家的责任与修养》,《经济管理》,1998 年第 9 期,第 4—6 页。

[71] 张厚粲、刘远我,《试论我国人才测评事业的发展》,《心理学探新》,1999 年第 1 期,第 48—53 页。

[72] 赵曙明、杜娟,《企业经营者胜任力及测评理论研究》,《外国经济与管理》,2007 年第 1 期,第 33—40 页。

[73] 赵曙明,《人力资源管理研究》,中国人民大学出版社 2001 年版。

[74] 赵曙明,《人力资源经理职业化的发展》,《南开管理评论》,2003 年第 5 期,第 73—77 页。

[75] 郑晓华,《儒家的道德人格论与领导者的人格影响力》,《理论学刊》,2006 年第 4 期,第 62—63 页。

[76] 仲理峰、时勘,《胜任特征研究的新进展》,《南开管理评论》,2003 年第 3 期,第 4—8 页。

[77] 仲理峰、时勘,《家族企业高层管理者胜任特征模型》,《心理学报》,2004 年第 1 期,第 110—115 页。

第三章

管理者的职业道德素质

职业道德状况是影响和判别管理者职业化程度的一个重要因素。本章首先对管理者职业化过程中的道德维度从理论和历史角度进行分析,进而对国外管理者职业伦理和道德研究进行回顾和展望,最后就我国企业管理者职业化中职业道德规范的构建以及在管理者胜任素质研究中纳入道德因素的思路进行探讨。

第一节　管理者职业化中的道德维度

要实现经理人的职业化,就需要加强经理人职业资格认证以及教育和培训方面的工作,这一点目前已为社会所广泛认同。2003 年 12 月 26 日出台的《中共中央、国务院关于进一步加强人才工作的决定》,明确指出了企业经营管理人才的评价和资格认证要走社会化、市场化的道路。为配合该决定的实施,全国企业职业经理人资格认证工作于 2004 年全面启动。而作为进行资格认证的一项基础性工作,职业经理人的职业道德将是必不可少的一项重要内容。要真正实现管理者的职业化,知识和技能层面的建设与职业道德层面的建设都不可偏废。

一、职业化中的职业道德

职业社会学对于专业性职业的判断标准有多种观点,特质学派和权力模式学派是其中的两个主要派别(黄昱芳、赵曙明,2006)。尽管两种派别在专业性职业的判断标准上存在一定分歧,但是职业道德都在其中占据重要地位。

（一）特质学派视野中的职业道德

特质学派认为,专业性职业具有一套普遍性的专业性职业特质。综合而言,这些特质包括:是一个全日制职业;具有专业组织和伦理法规;拥有一个包含深奥知识和技能的科学知识体系,以及传授、获得这些知识和技能的教育训练机制;具有极大的社会和经济效益;具有获得国家特许的市场保护;具有高度自治功能等(赵康,2000)。格林伍德(Greenwood,1962)认为,某一行业职业化的构成因素是系统的知识体系、专业的判断标准、专业的道德和信条、获得社会的认可、一套专业的文化。霍尔(Hall,1968)对职业工作者进行了更为具体的限定:职业工作者依靠系统的专业知识而非特殊的培训来获得专门的技术;职业工作者对自己的工作享有一定的自主权,他们的顾客无资格对有关的专业问题做出判断;职业工作者组织了专门的协会来管理内部事务和对外交涉;接纳新成员的工作受到现有从业者的谨慎控制,任何人只有通过必需的考试取得一定的资格,才能进入职业岗位;各专业职业都有一套约束其成员行为的道德规范,不遵守这套规范,将受到被除名的惩罚。可见,在特质学派的视野中,职业道德规范的存在与否直接决定某一个行业是否能够被认定为一种职业。

(二)权力模式学派视野中的职业道德

权力模式学派认为,职业化的本质取决于职业群体对本身职业的控制权。他们把专业性职业看成一个职业群体,观察他们在社会职业结构的权力安排中,能否成功获取及保持专业性职业这个头衔,并取得因这个头衔而得以合法化的自治权。然而,从社会的角度看,社会是否愿意赋予职业群体以自治权,首先取决于该群体是否能够获得足够的社会信任。职业群体的自治权最终需要在公众的信任中才能实现,在这个意义上,职业化过程也是职业群体不断获取社会信任的过程。作为一个职业社会学的术语,职业(profession)主要指一部分知识含量极高的特殊行业。拥有系统的专业知识和技能体系是某一职业群体能否形成的客观基础。然而,正是职业群体在知识和能力上的独特优势,使得职业道德规范的存在成为职业群体能否获得社会信任的关键。

考察职业性服务中的契约关系,可以发现信息不对称以及权利和责任的不对称是这种契约关系的两个重要特征。首先,职业性服务契约是典型的不完全契约。由于专业学科知识的发展,掌握专业技能和经验需要长时间系统的学习和训练,这意味着非专业人员将对专业服务缺少相应的判断和监督能力,交易存在着严重的信息不对称;其次,在职业性服务契约关系中,存在权利和责任不对称的问题。西方的牧师、医生和律师等传统三大职业代表着人的精神、健康和正义,而在工业化社会发展到一定阶段新出现的职业经理人这一群体则掌握着大量的社会财富。在职业性服务契约的履行过程中,具体当事人履约获得的个人收益往往是有限的,而履约产生的社会性收益却十分巨大;与此相应,职业性服务契约的当事人有可能造成"不对称损害"。

职业性服务契约的特征决定了,职业群体能否在道德维度上获得社会信任这一点,影响着职业性服务的契约关系能否发生。正如威伦斯基(Wilensky,1964)所描述的:"专业性职业所服务的对象处于易受损害的地位,当他有困难而又对如何帮助他自己一无所知时,如果他不相信这种服务思想的存在,那么当他是一个汽车销售商时,他可能会被迫去成为一名专家……他也会拒绝给予信任或者展示潜在的令人尴尬的事实。"因此,在某种程度上,权力模式学派将职业自治权的获得作为职业化过程的本质而加以强调,正是建立在对各种职业特质间关系把握的基础上。职业道德在权力模式学派的视野中仍然占据重要地位。

二、职业道德与管理者职业化

要实现管理者职业化,管理者职业就必须发展专业知识和职业伦理。钱德勒(1977)在对美国工商企业组织发展历史的研究中,考察了专业知识和能力在管理者最终代替所有者取得企业控制权过程中的作用。根据钱德勒的研究,多层次、多单位的现代工商企业的出现,使得建立和管理巨大和复杂的人类组织的能力成为管理者天赋中最为重要而且往往也是效益最大的才干,这就客观上要求经过专业训练的、具有高超的组织管理能力的专业经理取代所有者成为企业的决策者。而随着股权的进一步分散化,股东对公司的直接管理和控制的能力进一步受到限制,对公司也从直接管理和控制向以市场机制为基础的间接方式过渡。支薪经理人员既管理短期经营活动也决定长远政策,支配了中低层和高层的管理,从而在实际上获得了对公司的控制权。

按照钱德勒(1977)的观点,管理者职业在美国是一个已经完成的过程。然而,从管理者自治权的实现程度看,管理者的职业化始终存在一个"程度"问题。本质上,公司治理问题在学术界和实践界所获得的关注,反映的恰恰正是社会对管理者自治权所存在的疑虑。原因在于,社会在多大程度上相信管理者不能以负责任的方式行使对公司的控制权,他们就会在多大程度上寻求通过直接或间接的方式限制管理权力的运用。因此,如果将获取职业自治权的过程,看成是以职业群体的内在道德控制取代法律、市场等外在控制的过程,则管理者职业化的程度直接依赖于该群体道德的完善程度。正因如此,伴随着现代企业和管理者群体的发展,管理者的职业道德水准究竟如何? 管理者的职业道德水准是否以及如何对企业与社会产生影响? 进一步,社会希望管理者的职业自治权建立在什么样的基础上? 或者说,为了获取职业自治权管理者应该具体地发展什么样的职业道德? 上述种种问题在被不断地关注和追问着。

第二节　国外管理者的职业道德和伦理研究动向

随着企业在现代社会中地位的提高,社会开始更加密切地关注管理者这一群体的道德状况,而对于管理者应当在实际管理过程中遵循何种道德规范的探讨与争论也伴随着管理者这一群体的发展而不断展开。无疑,随着我国现代企业的发展和管理者职业化的推进,上述问题在我国也会变得越来越突出。本节将对西方有关管理者职业道德和伦理的相关研究进行回顾和展望,为我国管理者职业道德的相关研究提供参考。

一、管理者职业道德和伦理研究的分类

关于管理者道德和伦理已有大量研究,但不同研究者在所关注的主要问题和所采用的研究方法上存在很大差异。我国研究者在对国内管理者道德问题研究进行综述时,曾依照不同研究所要解决的实际问题,将有关管理者职业道德和伦理的研究划分成四个相对独立的领域,包括:(1) 研究管理者职业道德对改善企业绩效或促进企业伦理行为的潜在影响;(2) 了解管理者的道德状况;(3) 确立管理者应遵循的职业道德规范;(4) 揭示管理者的职业道德建设机制,回答通过什么样的方法来改善管理者的道德状况。而对这个问题的解决则依赖于对影响管理者道德状况的因素构成及其影响方式的认识。

依照唐纳德森和普雷斯顿(Donaldson and Preston,1995)的观点,有关管理者伦理和道德的研究可相应分为如下三类:(1) 描述性/实证性研究。这类研究的目的是对管理人员的道德特性或行为模式进行描述、解释。(2) 工具性研究。这类研究的目的是结合描述性/实证性研究的数据,确立特定的管理者道德特性或行为模式与传统公司目标(如利润、企业成长等)实现之间的联系。这类研究最后通常会以诸如"如果想要实现或避免

某种结果 X、Y 或 Z,就采用(或不采用)A、B 或 C 等原则和实践"的形式给出一些启示和建议。(3)规范性研究。这类研究的目的是论证管理者为什么应当或不应当采取一定的行为方式。它采用的典型表达形式是"要(或不要)这样做,因为这样做是对的(或错的)"。进一步,上述三种类型可归结为两种研究模式,即基于伦理的(规范性)和基于社会科学的(工具性/描述性)研究。

以问题解决为导向的分类与主要从研究方法为依据的分类具有一定契合性。大体而言,确立管理者应遵循的道德规范涉及道德论证,属于基于伦理的(规范性)研究;而其他三个问题的解决则主要依赖于工具性/描述性研究。不同研究模式在其研究目的、效度标准、论证依据等方面差异仍非常明显。近年来越来越多的学者提出需要进一步整合伦理研究中规范性方法和描述性方法研究,并做出了一些尝试。

二、国外管理者职业道德的研究现状

(一)关于管理者职业道德状况的研究

对管理者的职业道德状况的研究可分为定量研究和定性研究。关于管理者职业道德状况的定量研究所围绕的一个核心问题是"管理人员是道德的还是不道德的?"或者"企业经营管理人员在多大程度上是道德的?"。这方面的一个开创性研究是鲍姆哈特(Baumhart)在 1961 年所进行的调查。此后,布莱纳和摩兰德(Brenner and Molander,1977)两人重复了这一研究。1987 年,贝克尔和弗里切(Becker and Fritzsche)两人对法国、德国和美国的管理人员就伦理准则和商业伦理哲学等方面进行了比较。研究结果表明,尽管结果与鲍姆哈特以及布莱纳等人的研究存在一致性,三个国家中的管理人员在态度方面存在差异,相关的定量研究随着人们对管理者道德问题的日益关注被不断展开,然而在对这种或那种调查研究予以种种方法限定的情况下,有关定量研究得出的一般结论是:企业管理者的伦理标准从总体上来说是消极的。

但是,尤里奇和泰勒曼(Ulrich and Thielemann,1993)从方法论角度对定量研究提出了批评,并质疑了相关研究中得出的管理人员中的大部分是道德机会主义者的论断。他们认为,就方法而言,上述定量研究存在两个缺陷:(1)由于上述研究探讨的是管理人员道德意识的(定量)程度而非(定性)形式,因此,这些研究假定存在一套所有人都可以遵从的固定标准和准则,而没有意识到适用于特定情境的具体标准。探讨管理人员道德问题不能仅从管理人员对由研究人员所设定的具体道德标准或价值的取舍来进行,相反,需要研究人员确认和理解的是管理者们分析问题时所采用的正式规则或道德观点;(2)由于系统性地抽离于管理行动的复杂经济环境之外,因此,上述定量研究预先假定经济中的"道德控制点"完全是管理人员的个人道德问题。而事实上,大部分的管理人员认为经济伦理的基本"控制点"不在于个体管理者的道德意识,而在于市场或其政治架构体系。

在定性研究方面,尼尔森(Neilsen,1984)曾区分了包括艾希曼(Eichmann)式、理查德三世(Richard III)式、浮士德(Faust)式和组织公民(insititution citizen)式在内的四类管理人员。其中:艾希曼(一名纳粹分子)式的管理人员只知道履行职责,追求的是从技术上确保任务完成,而从不思考这种做法合适与否。理查德三世(莎士比亚剧中的人物)式的管理人员懂得善恶之分,只是为了谋取个人私利而有意识地从事非伦理的行为。浮士德(歌德小说中的人物)式管理人员为了获取认为具有较高价值的东西而不惜采取卑劣的手段。而组织公民式管理人员是对其他类型(特别是艾希曼式)管理者的一种超越,此类管理人员的特征是他们同时具有保持自我和作为组织一分子的勇气:一方面,他们拥有道德判断力,并通过独立思考将这种道德判断运用于具体的行为情景,以及通过质疑将其运用于决策过程;另一方面,他们能同其他管理人员协同行动,以便在重大问题上同其他管理人员进行讨论和辩诘,同时避免被他们所服务的组织"孤立"或"原子化"。

根据其对定量研究缺点的分析,尤里奇和泰勒曼(1993)在一项定性调查中以管理者如何看待经济成功与伦理要求之间的关系为出发点,确立了经济主义、习俗主义、理想主义和变革主义四种主导伦理思考模式。他们认为变革主义者(特别是新企业家)将成为未来的管理者类型。新企业家的特点是能同时从两种制度层面思考问题:在第一个层面上,他能识别出能够并应该以合乎伦理的方式实现商业成功的创造性领域,并把这作为"以创新精神处理新的伦理要求的管理挑战";在第二个层面上,他也意识到单个公司伦理承诺的局限性,能够思考对市场体系总体框架本身进行结构变革。研究者还将调查结果与其他管理伦理方面的研究结果进行了比较。他们认为,尽管通过比较基本上是平行的,但此前的有关调查结果必须以相当不同的方式进行解释。国际上盛行的管理人员的思考模式未被证明是道德机会主义或犬儒主义的,而是经济主义的,即经济上"恰当"的行为本身是好的这一伦理信念。

（二）关于管理者职业道德对企业绩效的影响研究

在企业层面上，认为管理者的职业道德状况会影响企业绩效的观点由来已久。在《经理的职能》一书中，巴纳德（Barnard，1938）曾提出组织存续时间的长短取决于领导的质量，而领导质量的基础则是组织的道德性的观点。战略管理大师安德鲁斯（Andrews，1980）认为，尽管价值观并非总是一目了然，企业高层管理人员的价值观在理解公司战略中发挥着重要作用。他说："我们必须切实地承认企业高层管理人员的欲望、追求和需要在决定公司战略时具有影响作用。尽管这一观点由于偏离了单一的经济人原型，并潜在地违反了对于股东的责任而使有些人觉得受到冒犯，我们认为我们必须接受这一不可避免并且有益的介入。"

弗里曼和吉尔伯特等（Freeman and Gilbert，1988；Gilbert，2002；Freeman et al.，2004）进一步阐述了安德鲁斯关于价值观是战略核心的观点，提出战略性地行动就是根据特定价值观采取行动。他们认为，企业战略的全部意义在于以公司的名义有意识地采取行动。然而，没有目的就没有手段，没有目标就无所谓战略；而价值观是最一般和最具有内在意义的目标，它们是所有其他公司目标作为手段所指向的目的。同时，由于经济制度和经济组织是一种"平衡机制"，是人类实现各自追求的而在期望互利情况下的自愿组合，因而战略管理就其性质而言是相关群体价值观的明晰化、价值观冲突，以及在某些情况下的谈判过程。作为当前组织中不同价值诉求的平衡者，以及新组织生成时的远见者和号召者，企业家和高层管理人员的价值观对于组织的成败存亡发挥着重要作用。如果当前的组织不能满足相关成员的追求，则他们会脱离与当前组织的关系，成为"流亡者"（refugee），从而影响组织的存续。同样，当前组织的"流亡者"如果能够通过重新组合未经充分利用的资源形成一种"新的生产功能"，并且能够成功地诉诸其他人员的追求，则这个"流亡者"就将成为一个"企业家"，并创立起新的组织。

（三）关于管理者职业道德影响因素的研究

对改善管理者的职业道德决策水准的关注，首先促使学者们关注管理者的道德决策水准的影响因素。自20世纪90年代以来，伦理决策理论逐渐成为西方商业伦理研究的一个重要领域。在理论方面，不断有学者（如Ferrell and Gresham，1985；Dubinsky and Loken，1985；Rest，1986；Trevino，1986；Jones，1991）提出新的伦理决策模型，来解释组织成员在组织环境下如何做出伦理选择。由于管理者职业道德状况集中体现为管理者对在企业中产生的决策问题的道德反应,因此伦理决策理论对我们理解管理者职业道德的影响因素具有启发意义,值得关注。根据伦理决策模型的相关研究,影响管理者伦理决策的因素可分为道德事件的特性、道德主体的特性和环境特性三大类。

1. 道德事件的特性

琼斯(Jones,1991)在其提出的"问题—权变"模型中,用道德强度(moral intensity)这一概念来概括伦理情景中道德事件的特性。按照琼斯的观点,道德强度包括结果的重大性(magnitude of consequences)、社会共识(social consensus)、效应概率(probability of effect)、时间接近性(temporal immediacy)、亲近性(proximity)和效应集中度(concentration of effect)六个维度。

2. 道德主体的特性

伦理决策模型中的个人特性变量包括:个人道德发展阶段(Rest,1986);自我实力、情景依赖性和控制点(Trevino,1986);知识、价值观、态度和意向(Ferrell and Gresham,1985);个人经验(Hunt & Vitell,1986)等。其中,个人道德发展阶段是研究较为充分的一个变量,其理论基础是美国心理学家科尔伯格(Kohlberg,1969)的道德认知发展理论(theory of cognitive moral development)。

3. 环境特性

伦理决策模型中的环境可进一步分为一般环境和组织环境。其中一般环境包括社会、经济、文化等一般因素;组织环境被概括为两类重要因素,即参考群体(significant others or referent groups)和机会(opportunity)。其中,参考群体的特性可以由角色集结构(role-set configuration)来定义,其中组织距离(organizational distance)和相对权威(relative authority)是角色集结构的两个重要维度。机会主要与报酬和惩罚相关。其中,报酬可进一步分为内部报酬(如自我价值感等)和外部报酬(如社会赞许、地位和尊敬等)(Ferrell and Gresham,1986)。

对于不同因素的强调形成了"结构伦理"和"行为伦理"两种基本理念,并各自隐含着不同的关于道德建设的方法。其中"结构伦理"所强调的不是主体的道德行为,而是主体所"嵌入"的秩序与结构的道德含量。其目的不限于仅仅探讨当事人特定的行为,而更在于寻求一个更好的结构,从而有效地杜绝类似丑恶现象的发生。"结构伦理"中的结构,既可以看成是一般环境的制度结构,也可以看成是微观企业的制度环境,前者受到经济伦理学的关注,而后者则是企业伦理学关注的重点之一。"行为伦理"强调决策和行为的自由以及相应的责任,因而着眼于通过改善行为者自身的道德素质来促成个人的伦理行为。这种思路体现在管理者道德建设中,就是通过伦理教育和伦理培训提高个人的品性。

三、国外管理者道德规范的建立及论证研究

从家庭作坊、手工工厂再到现代化的公司,现代企业相对于传统企业在经济特点方面已发生巨大变化;同时,企业管理者所作决策的社会影响力也日渐增大,直接关系到未来经济、社会发展和公众生活。如何根据变化了的情况发展新的管理者道德规范体系就成了一个亟待研究和解决的问题,并引起了经济学、管理学和伦理学等多个学科领域的共同关注。

（一）一般道德原则与角色道德研究

商业伦理包括管理者职业伦理,属于应用伦理学的范畴。在多数伦理学领域的研究者看来,管理者所应该遵循的道德准则与一般的道德标准并无不同。因此,一般性的道德原则,特别是权利(rights)和公正(justice)被普遍引申为企业行为和管理者行为的伦理分析工具。但是即便在伦理学领域的研究者自身看来,这种途径也面临着巨大挑战。劳治(Lodge,1982)认为,由于特定行为的对与错具有情景依赖性,从一般伦理原理到实践之间存在着巨大鸿沟,要使社区能将诸如生存、正义、经济、自我实现和自我尊重等永恒的、普适的、无争议的观念应用到现实世界中去,就必须要有一座桥梁。在他看来,这座桥梁就是某种明确的社会结构。劳治将这种"明确的社会安排"称为意识形态,用以指代社区界定价值并使价值变得显性化的观念框架。

对于劳治关于将意识形态作为沟通一般道德原则与具体实践的桥梁的主张,古德培斯特(Goodpaster,1985)作了进一步分析。他认为,一方面,意识形态的确比一般哲学框架更为具体和实际。由于高层次哲学框架仅能提供少量的规范性资源,因此,作为桥梁的意识形态有其必要性;但另一方面,意识形态并不是永恒有效的框架,它具有历史性并且本身就处于不断的演变和发展过程之中。从而,作为桥梁的意识形态也必须具有高层次的根据。只有如此,才不至于因为把意识形态作为道德正当化的框架而犯了"自然主义的谬误"(naturalistic fallacy)。

实际上,关于明确的道德规范依赖于具体社会结构的主张,也是当代英美著名哲学家、伦理学家、社群主义的重要代表人物阿拉斯代尔·麦金

太尔(Alasdair Macintyre)的观点。麦金太尔(2004)认为,由于借以评判行为的目的存在于社会关系以及由这些社会关系所提供的各种可能性中,道德评价总是以某种实际存在或预想的社会秩序为背景的。因此,他提出,确定的道德规范来源于一个稳定而统一的社会秩序。在一个完全一体化的社会中,由于存在一个得到认可的职责等级制度,从而职业角色和职能得到明确的规定,道德生活会完全以角色的描述来表达。在这样的社会中,定义善与德性的依据将是对社会认可的职责以公认的方式履行,在服从准则、践行德性和达到目的之间有一种制度化的连接。

在较为贴近实践的职业伦理学领域的研究中,从角色出发探讨职业道德规范的建立也被认为是一种较为可取的途径。布林克曼(Brinkmann,2002)具体分析了实际研究中采用的四种探讨职业伦理的途径。分别是:(1)道德冲突途径,基本上把职业伦理理解为在职业环境下通过处理或引入道德维度来帮助分析、处理和防止冲突的学科;(2)职业规范途径,把职业伦理看做是对于开发和实施一套恰当的规则集合的探讨;(3)职业角色途径,是从角色理论的角度出发,认为商业和职业伦理所涉及的主要是行动者在职业情景中所面临的相互冲突的角色规范和角色期望、角色权利和角色义务;(4)道德气候途径,力图从系统整体和相互依赖的角度来探讨职业人员的道德。布林克曼认为,上述四种途径只是四个不同的出发点而不是互相排斥的四种方法,它们具有互补性并可以相互结合。就职业道德规范的确立而言,角色道德理论提供了一种更为直接的道德论证途径。

(二) 企业的社会责任与管理者职业道德规范研究

有关企业社会责任的研究与管理者职业道德规范的研究存在着密切联系。从角色道德的角度看,管理层作为企业的器官,其职业道德规范的建立和论证必定是在关于企业的社会角色定位的基础之上衍生出来的,而任何企业社会责任要从理论落实到实践中,也必定首先在管理者的思考和行动模式中得到体现。

有关企业社会责任的认识,在历史发展的不同时期表现出不同的特点。早期的企业以追求利润最大化为自身职能。在物竞天择、适者生存的社会达尔文主义哲学思潮、自由放任的经济学思想等的指导下,经济意义上的财富增长被看得高于一切,这时的企业理念是股东个人利益至上,企业经营者的唯一目的就是实现利润最大化。现代意义上使用的"企业社会责任"这一概念通常指的是企业对除股东以外的其他利益相关者所应承担的义务,而有关企业是否应当承担社会责任以及应当在多大范围和多大程度上承担社会责任的争论,其参与范围之广、延续时间之长,都从侧面表明了这一问题的复杂性、深刻性和广泛性。

以20世纪30年代伯利(Berle)与多德(Dodd)的著名论战为前奏,现代意义上的有关企业社会责任的争论开始逐渐在学术界展开。在公司的功能、角色以及公司管理人员的职责等问题上,伯利代表了传统公司法的理念,认为公司是营利性经济组织,"管理者只有作为企业股东的受托人,其权力应本着股东是企业的唯一受益人之原理而创设和拥有,股东的利益始终优于企业的其他利害关系人的利益"(卢代福,2002)。哈佛大学法学院教授多德(1932)则认为:"企业财产的运用是深受公众利益影响的,除股东利益外,法律和舆论在一定程度上正迫使上市企业同时承认和尊重他人的利益;管理者应因此树立起对雇员、消费者和广大公众的社会责任,'社会责任感'亦将成为管理者'确当的态度'而得到采纳;企业权力来自企业所有利益相关者的委托,并以兼而实现股东利益和社会利益为目的;不仅要通过确立一定的法律机制促使企业承担对社会的责任,而且控制企业的管理者应自觉地践行这种责任。"

20世纪50年代起,对企业社会责任的考察和分析进入了一个新的阶段。1953年,鲍恩(Bowen)提出,企业有义务"实行那些从社会目标和价值角度看是可取的政策、决策和行为"。这一主张最终引发了有关企业社会责任的所谓"现代辩论"(The Modern Debate)。针对20世纪实业界蓬勃开展的企业社会责任运动以及理论界日见兴盛的企业社会责任思潮,以莱维特(Levitt)、弗里德曼(Friedman)、哈耶克(Hayek)等为代表的一些学者在古典经济学的理论框架下提出异议。其中,诺贝尔经济学奖得主弗里德曼的批评尤为系统。他从多个角度论证了企业不应该承担社会责任,并总结认为:"在自由社会,存在且仅存一项企业社会责任,这就是在遵守游戏规则的前提下使用其资源和从事旨在增加利润的各种活动,企业社会责任是极具颠覆性的学说,会严重动摇自由社会的根基。"

针对前述企业应只承担经济责任的观点,企业社会责任的支持者认为,主张企业只承担经济责任是没能意识到现代企业——尤其是大公司,已不再是单纯的经济机构。通过游说、提供国会证词、建立政治行动委员会等诸如此类的活动,公司已经具有了政治性;而由于公司行为对于实现机会平等、员工安全与健康和环境保护等社会目标起着关键作用,公司绩效就具有了社会维度;此外,作为开发和运用先进技术的主要社会机构,公司社会绩效也应从技术角度加以评估。简言之,他们认为,仅从严格的经济角度来看待现代公司就是无视现实,而主张公司仅具有经济责任则是缺乏远见的(Watrick and Cochran,1985)。

20世纪80年代,利益相关者理论得到很大发展。利益相关者概念的引入对企业社会责任研究产生了积极的推动作用。一些研究企业社会责任和利益相关者理论的学者认为借用利益相关者理论,企业社会责任可被明确界定在"企业与利益相关者之间的关系"上,可以把企业承担社会责任的对象具体化,并针对每一个主要的相关利益群体相应界定企业社会责任的范围(Carroll,1991;Evan & Freeman,1993;Clarkson,1995)。利益相关者理论在指导道德规范的制定方面取得了一定成果。例如,本着在企业与利益相关者之间形成和谐有序、相互支持、共同发展的密切合作关系,将为企业自身的可持续发展创造更为有利条件的思想,1994年出版《考克斯圆桌商业原则》在共生和天赋尊严两种基本价值理念,及从中衍生出的繁荣、公正和社区(共同体)三种基本道德观的基础上,提出了全球化背景下企业行为应发生七个重大转变,并具体规定了商业行为中对顾客、雇员、投资者、供应商、竞争者和社区等利益相关者的责任。

(三) 程序性规范与商业伦理研究中的契约主义

伦理学领域的研究从一般道德原则开始,经由对"伦理先行"的反思转而寻求角色道德;而在"企业社会责任"这一主题下首先从角色界定开始的社会科学领域的研究,在经历了长期的争论和发展后发现,无论在宏观市场层面还是微观企业与个人层面,一般道德原则问题始终隐含其中。一些学者认为,现有的规范性理论和概念,如利益相关者理论或哲学"动机论"和"效用主义"虽然提供了一般指导却没能反映具体环境的复杂性。这促使一些学者开始对先前的研究方法进行反思并寻求新的突破。其中,以唐纳德森和邓菲(Donaldso and Dunfee,1994)以及施泰因曼和勒尔(2001)所进行的以契约理念为核心的探索研究最令人瞩目。

唐纳德森和邓菲(1994)在有限理性的基础上提出了"有限道德理性"的概念,认为商业伦理中的理性受到人类评价事实的有限能力、伦理理论描述道德真谛的有限能力,以及经济系统和实践的可塑性或人为性等三个方面的限制。道德理性的有限性一方面使得利用抽象的、一般的伦理概念去解决经济中的具体伦理困境变得极端困难;另一方面也导致规范社会经济行为道德在系统与系统之间存在很大差异,并随时间而变迁。而人们对行为的道德正当化论证必定是考虑到具体系统或文化的实践。由此,他们提出,只要每项道德决策的正确性必须参照一系列的事实或受到可能与关键信念相冲突的理论的限制,人们就注定要面临道德风险。"即使知道世界上所有的道德理论也不能使人提前确定商业伦理的道德规范,更不可能创造在礼物赠送、谈判和员工报酬等具体情景中的规范。在每种情况下,伦理规范必须适应具体经济实践的规则以及参与者的公平观念。在没能更多地了解系统及其参与者之前,一个人要预先知道特定体系的正确的经济伦理准则是不可能的。"

从经典社会契约理论出发,唐纳德森和邓菲(1994)提出的整合性社会契约理论认为道德义务以两个层面的共识为基础:一是所有的理性缔约者就理论性的"宏观社会"契约达成的共识;二是局部性社区的成员就"微观社会"契约所达成的共识。唐纳德森和邓菲(1994)还进一步确定了社会契约方法下的四条准则:(1)局部经济社区可以通过微观社会契约为其成员设定伦理规范。(2)规范设定性的微观社会契约必须建立在由退出权支持的知情同意的基础上。(3)微观社会契约规范必须与超规范(hypernorm)兼容才能具有强制性。所谓超规范,是指对人类的存在非常基本,从而可以作为评估低层次道德规范的指南的原则。(4)如果满足上述第(1)—第(3)准则的规范之间发生冲突,则优先顺序必须通过运用与宏观社会契约的精神和文字一致的规则来确定。对于如何才能分离和确认超规范,以及确定不同规范的优先顺序,唐纳德森和邓菲认为可以利用宗教、文化和哲学思想关于核心原则的汇集点作为确认超规范的线索,并提出了六条开发优先顺序的经验准则。

与整合性社会契约理论将契约理念建立有限道德理性的基础上不同,施泰因曼和勒尔(2001)将演绎性道德论证的限度作为他们转向"契约"(具体而言是"对话"或"共识")的依据。施泰因曼和勒尔对演绎性的道德论证进行了层层分析后提出,演绎性论证只能在无限回归、逻辑上的循环、或在某一点上中止论证过程等三种都不具备充分理由的方案中进行选择,因此在演绎性论证的基础上,难以从方法论上可靠地解答伦理问题。基于上述分析,他们提出,解决(实质性)规范冲突在任何时候和任何情况下都不能是事先规定的,应该让所有相关者参与对话,让论证各方在对话中达成合理理解。

施泰因曼和勒尔(2001)提出,和平在冲突条件下的促成有赖于由"论证"一词所代表的生活情景。论证过程的特点在于,每个人原则上都愿意将其主张和要求供他人讨论,如果有更好的理由,也愿意改变这种主张和要求。只有通过这种认真的论证过程,更好的主张和要求才会形成"非强制的约束力"(哈贝马斯语),才会促成增进和平的自由一致。论证的四条原则包括:(1) 无偏见性,即准备对所有的预先定向提出质疑,包括对事实的看法、利益或要求;(2) 非劝说性,即准备放弃要求违心地、无保留地服从预先定向的呼吁;(3) 非强制性,即不准备对赞同或反对意见实施制裁;(4) 内行性,即有能力根据形式和内容阐明有赞同机会的更好理由。与此同时,施泰因曼和勒尔也意识到要在现实中开展理想性对话,存在时间、空间、人员、事实上的诸多限制。

四、国外管理者职业伦理和道德研究展望

总体而言,西方学者有关管理者职业伦理和道德研究中的一个重要动向是"整合",这体现为对规范性研究和实证性研究的整合,以及对于实质性规范和程序性规范的整合。规范性研究和实证性研究长久以来被认为属于不同的研究类型,并遵循不同的研究规则。然而在许多学者看来,除非规范性方法和描述性方法被整合到一起,则企业与社会的一致的理论就不可能被逼近。例如,唐纳德森和邓菲(1994)认为,实证研究者和哲学伦理学家在探讨商业伦理的方法上存在很大差异,这种差异导致了商业伦理领域在方向上的迷失。他们主张通过"整合性社会契约理论"(integrative social contract theory)促进实证研究和规范研究之间的衔接。按照整合性社会契约理论,为了能在契约论的框架下提出最终的规范判断,首先就有必要对相关社区成员的伦理态度和行为进行准确的反映。通过把实证发现整合为契约性地做出规范性判断过程的一部分,唐纳德森等认为可以把"是"和"应该"加以系统整合,通过实证研究和规范研究的合作来提出最终的价值判断。

另一方面,西方学者在构建管理者道德规范的问题上,总体而言遵循着发展实质性规范与程序性规范两种思路。致力于构建实质性规范的研究者认为,管理者伦理和道德研究的中心任务始终在于确立一个完整的道德规范体系,阐明管理者的哪些行为是道德的、哪些行为是不道德的,以便通过提供评判善恶的尺度给管理者行为以正确引导。对发展实质性规范体系时所面临的困难的认知,促使一些学者将研究重心转移到提供一种合理论证的程序或场景上。然而,如果说实质性规范作为对话理解的结果在所谓的行为准则上得到体现,则程序性规范就属于组织上的调节,它注重应该如何在某些背景下来发展实质性规范(施泰因曼和勒尔,2001)。这

种内在联系决定了,在管理者道德规范的发展中实质性规范和程序性规范不可偏废。

詹宁斯(Jennings,1991)在对职业伦理学发展的展望中,对此有过精到分析,并体现了对于在职业伦理学研究中将主要体现契约思想的构建程序性规范的思路,与主要以角色界定为核心的构建实质性规范的思路加以整合的构想。他认为:第一,职业实践显然是嵌入在特定的制度和历史情景中。职业人员可获得的资源甚至他们看待自身处境和选择的方式,只有在联系到文化和制度模式的情况下才能得到最好的理解,而这些文化和制度模式应当进行有意识的、有目的的改变。第二,职业伦理学应成为各种职业和社会之间就社会契约不断对话和重新谈判的过程,可看做是一种公民对话。这种对话应当是有关职业在社会中的角色,职业权力的性质、程度和限制,以及职业所创造和控制的并作用于我们生活方式的技术的社会影响。其主题是有关我们想要拥有和建设的社会、我们想要如何分配权利和权威,以及我们运用技术和专业技能的目的。在詹宁斯看来,理想情况下职业伦理学能够和应当:(1)提供一个从不同职业所生产和再生产的各种技术和专门知识的角度,对职业的社会角色和社会影响进行评估的平台;(2)通过良好的推理和正当化的原则和规则对职业行为加以评估,从而提供伦理批判和指导;(3)成为各种职业和社会之间就社会契约不断对话和重新谈判的过程。

西方学者在有关管理者职业伦理和道德的研究方面取得了很多成果。然而,无论在方法论上还是价值观上,这都是一个充满了问题与探索的领域。要使有关管理者道德规范的研究深入到"道德上合理并且实践中可行"的程度,研究者还面临着重大的挑战。

第三节　我国管理者职业道德的实践与研究

伦理失范是当前我国经济领域运行状况中一种较为普遍的现象。随着我国由计划经济体制向市场经济体制的转轨,旧的伦理道德体系逐渐失去对经济主体的约束力,社会整合功能急剧下降,而新的适应于社会主义市场经济体制的伦理道德体系尚未有效确立,不能对经济主体形成有效约束,导致经济主体的行为处于一种规范真空的状态。商业信用的缺失、不正当竞争行为的泛滥、对消费者和员工权益的漠视和侵犯等现象的出现,使得社会对道德重建的呼声越来越强烈,而作为企业决策者的管理者群体也理所当然地成为人们关注的重点对象。

在我国,有关管理者胜任素质的研究取得了相当的进展。相比之下,尽管管理者职业道德的建设有待加强这一点已为社会所广泛认识,但是在管理者应该遵循什么样的道德规范以及为什么应当遵循这些规范的问题上,各方仍然存在很大分歧;对于道德因素是否以及能否纳入管理者胜任素质研究,目前还很少见到这方面的讨论。随着能否恰当处理利益相关者之间的关系和正确履行企业社会责任成为影响企业绩效和兴衰的重要条件,在胜任素质研究中考察管理者道德这一维度无疑是一种有益的尝试。

一、我国管理者职业道德规范的构建

(一) 管理者职业道德规范构建的方法论

尽管缺少有针对性的研究,但现有的相关研究在构建管理者道德规范的方法论方面有以下几点值得重视:

1. 以社会价值和规范体系为依据发展管理者道德规范

杨江等(2000)提出,企业家精神从本质上看是企业家行为动机的理性化和行为手段的理性。其中,行为动机的理性化是使行为动机符合所处社会核心价值体系的要求,要求企业家首先找到社会的核心价值体系,并选择相应的伦理价值观;而行为手段的理性化则是要使行为手段接受社会的约束和规范。按照这一思路,发展管理者道德规范,应当建立在明确的社会价值和规范体系的基础上。

2. 强调管理与伦理的契合性

戴木材(2004)提出了伦理应与管理有机结合,并强调管理伦理的可行性的观点。他认为,在研究管理伦理时,不能忽视管理本身的结构与内涵。伦理与管理的结合不应被看成是机械的凑合,更不是把现行的占统治地位或主流的伦理学理论看做是具有普遍性、绝对性的原则应用于管理活动和管理系统领域的结果。管理者无法满足对管理工作毫无所知的、一厢情愿的道德标准。

3. 注重企业/管理者道德规范的制度嵌入性和时代性

朱金瑞(2005)在其对当代中国企业伦理的考察中,对相应的方法论提出了如下建议:首先,用历史分析的方法研究企业伦理的演进,突破了对企业伦理的截面式观点,赋予企业伦理的发展以"路径依赖"性;其次,将企业伦理的演进置于宏观经济体制改革和政府与企业关系调整的宏观社会背景中,显示了企业伦理"合宜性"标准的时代依赖性;最后,区分了当代中国企业伦理的几种模式,如政治化模式、企业家权威模式、使命模式、制度伦理模式、血缘亲情模式、集体伦理模式和跨国经营的本土化模式。这种分类模式的提出具有一定的启发意义。

在上述认识的基础上,出现了基础性的研究,如一些考察伦理和管理结合可能性的研究,对管理和伦理通约性、市场经济的文化伦理维度的研究。同时,对于传统伦理文化的解析,以及传统伦理文化观念对经济、管理领域影响的研究也得到了重视。这些研究为构建合理的管理者道德规范体系提供了前提。

（二）管理者职业道德规范的标准体系

根据对管理者道德规范体系的论证思路,现有的关于我国管理者职业道德标准的体系可分为两类:

1. 以儒家文化为基础建立的企业经营管理人员道德标准体系

这些学者从儒家伦理思想的一般伦理原则出发,提出了管理人员的道德标准体系。具体包括:以"仁"、"和"为准则处理企业内部关系;以"诚"、"信"为准则处理企业与消费者的关系;以"义利合一"、"经世济民"的社会价值观为指导处理企业与社会之间的关系,在商业经营活动中实现"成德"和立业相统一的目标(陈春花等,2002;边一民,2004)。

2. 从市场经济存在的伦理基础中演化出的道德准则

"市场经济不仅是一种经济形态,也是一种伦理文化形态。作为伦理文化形态的市场经济少不了四大道德观念:一是(自由)平等观念,二是等价观念,三是互利观念,四是契约或法制观念。"(武经伟、方盛举,2002)因此,从市场经济运行的客观要求出发,企业经营管理者的道德准则应当与以上四大道德观念相契合,体现为平等准则、公平准则、互利准则和契约准则。以儒家文化为基础发展起来的企业经营管理人员道德标准体系和从市场经济的客观要求中演化出的道德准则,在很多方面存在着共通之处。如"互利"与"义利合一"、"诚信"与"契约准则"都形异而神同。

具体到企业层面,对于应以"股东至上理论"还是"利益相关者理论"为基础发展管理者道德准则,目前在我国还是一个争论未休的问题。股东至上理论和利益相关者理论在企业的性质、企业目标的界定上具有显著不同的道德诉求和治理含义。以"利润最大化"为目标、以股东"代理人"身份而出现的管理者,和以企业所有利益相关者利益的增进者与协调人身份出现的管理者必然面临着不同的道德规范。长期以来国内学术界对公司治理问题的探讨集中于"股东至上模式"。从实践上看,"股东至上主义事实上在支配着我国企业改革的进程"(杨瑞龙、周业安,1998);在理论研究领域,虽然公司治理问题在 20 世纪 90 年代以后成为学术界关注的焦点,但绝大部分研究仍停留在主流企业理论的框架中,当前我国应该采取哪种公司治理模式已是学术界争论的一个热点话题(陈宏辉,2004)。如果管理者职业道德规范内容的实质是管理者在处理与各种利益相关者关系中所应遵循的准则,则我们可以认为,在"股东至上模式"和"利益相关者模式"所体现的对于企业性质和企业目的的争论未有定论之前,管理者职业规范的确定就缺乏基点。

此外,研究表明,现实企业中许多利益相关者的利益要求是通过相应的外部治理机制和内部治理安排共同实现的。任何一种利益相关者在实现其利益要求时都既依赖于公司的内部治理结构也依赖于外部治理结构。因此,如果特定的管理者职业道德规范,在当前的情况下特别是以"利益相关者模式"为依据所提出的管理者职业道德规范,缺少了现实制度结构的支持,就会因其缺乏可行性而失去意义。

二、在管理者胜任素质模型中构建职业道德因素的思考

随着企业社会责任和管理伦理问题引起越来越多的重视,以及企业文化、愿景领导等新的管理理念的提出,管理中的道德因素日益凸显。但是总体而言,尽管很少有人对于管理者职业道德在宏观社会和经济运行层面的重要性表示怀疑,但关于在胜任素质研究中纳入道德因素的观点仍然会显得比较突兀。其原因有二:一是职业道德因素是否以及如何影响管理绩效的问题尚未引起足够的关注;二是当前研究多从知识和技能的角度来理解胜任素质,职业道德因素内在的"规范性"似乎与实证研究追求定量、客观的特点显得格格不入。

然而,胜任素质研究本身并不排斥职业道德因素。按照麦克利兰(MeClelland,1973)的定义,胜任素质是指"能将某一工作(或组织、文化)中表现优异者与表现平平者区分开来的个人潜在的、深层次特征,它可以是动机、特质、自我形象、态度或价值观、某领域的知识、认知或行为技能——任何可以被可靠测量或计数的,并且能显著区分优秀绩效和一般绩效的个体特征"。其中的动机、态度或价值观都与职业道德有着紧密的联

系。巴纳德是较早对管理中的道德因素予以关注的人，在《经理人员的职能》一书中，巴纳德运用相当的篇幅阐述了道德状况、能力和责任感之间的平衡对于管理人员能否胜任其职位的重要性。这些都为今后在胜任素质中纳入道德因素的研究提供了一个参考框架。

（一）关于职业道德、责任心和能力的界定

1. 职业道德

根据巴纳德（1938）的理解，道德是人的一种内在的普遍而稳定的力量或习性，它会禁止、控制或修正同这种习性不一致的当前的具体愿望、冲动或兴趣，而加强同这种习性一致的具体愿望、冲动或兴趣。为便于理解起见，可以把这些内在力量或一般习性看成是一种积极地或消极地指导行动的私人准则。个体的职业道德状况由职业道德准则的质量（或道德水准的高低）、数量、范围，以及准则间的优先次序（或相对重要性）等几个方面决定。

2. 责任心

责任心指"个人控制从事反面行动的强烈愿望或冲动的特殊的私人道德准则的力量"，反映的是个人遵守道德准则的能力或倾向的稳定和强烈程度。巴纳德强调应当将道德状况和责任心区别对待。职业道德准则高的人可能遵守道德准则的能力反而低，即缺乏责任心。同时，尽管个人并非对所有的私人准则都具有同样的责任心，但通常而言，在重要问题上有责任心的人在其他问题上也是有责任心的。"他们有一种在逆境中仍坚持他们稳定的情感和信念行动的一般能力。"

3. 能力

能力包括技术能力和为别人制定道德准则的能力两方面。其中，技术能力中的"技术"并非指工程意义上的技术，而是指由于经理人员所做的大部分组织决策的道德准则冲突都是属于组织准则方面的，并不直接涉及个人的准则。因而这些冲突可以比较客观地作为一个"问题"来处理。由于缺乏对道德问题的意识，绝大多数管理决策在外表上显得是单纯"技术性"的决策。技术能力指的就是针对这些技术性问题的决断能力。为别人制定道德准则的能力则对应的是经理人的创造职能，而作为一个整体的创造职能是领导的本质，是对管理者的最高考验。

（二）道德准则冲突的产生、解决及其后果

巴纳德（1938）认为，"准则冲突是道德准则的复杂性和体力活动及社会活动的相乘结果"。一方面，个人在道德准则数量方面的差异有着重大的意义,原因是随着准则数量的增加,准则发生冲突的几率可能会以几何级数增长。另一方面,有着复杂的道德准则,但活动数量较少的人也很少为准则冲突而烦恼。而准则冲突的严重程度则受到责任感强弱和发生冲突的准则相对重要性的影响。在责任感较弱或者相互冲突的准则中存在支配性准则的情况下,准则之间的冲突并不会引起太大的困扰,在某些情况下冲突甚至不会被明确意识到。但是,对于具有高度责任感的人而言,当在某个问题上发生冲突的准则实质上有着相同的效力或力量的时候,这种冲突只能通过以下两种方法中的一种来解决:(1)进一步分析有关的环境,更精确地确定情景中的战略因素,以便发现能够不违背任何一项准则的"正确的"行动;(2)采取一种符合总目标的新的具体目的。这两种方法都是对经理人员的一般能力的考验,前者针对识别和分析的能力,后者针对想象、发明、创新的能力。

在冲突能够获得解决的情况下,个人的普遍责任感会得到加强,而个人的道德水准通常也会得到提高。但是,如果不具备解决准则冲突所需要的才干、精力、想象力和一般能力,则可能会导致出现以下问题:由挫折感和难于决断开始的一般的道德退化;普遍责任感的减弱;有意识地采取较不积极的态度以减少引起冲突的机会;培养一种回避冲突的能力,如"躲开麻烦"、"回避引诱"、"逃避责任"等。在上述分析的基础上,巴纳德提出,责任心弱的人和能力有限的人不能同时承担许多不同类型的负担。如果他们"负担过重",他们的能力、责任心或道德就会遭到破坏,或者三者都遭到破坏;而如果没有相应的能力,复杂的道德准则、大量的活动和高度的责任心也就无法维持下去。

(三)职业道德、责任感和能力的平衡

巴纳德(1938)进一步分析了管理者的职位特点,他认为担任管理职位的人通常:(1)由于职位原因会有着复杂的道德准则,并且需要制定道德准则。(2)处于活动状态。且随着职位的升高,准则的复杂性和活动数量都倾向于增加。其中,尽管活动数量经常被有意识地加以控制,但是准则复杂性的增加却具有必然性,因而职位范围的扩大、道德准则冲突的负担也会加重。并且随着决策过程的道德维度变得越来越复杂,冲突解决的技术也变得更为复杂。由此巴纳德指出,道德状况、责任感和能力的平衡对于管理者而言至关重要。他认为:(1)如果具备必要的能力,但缺乏适度复杂的道德准则和高度的责任感,就会造成首尾不一贯而随便应付的混乱状况,即"不胜任"。(2)如果具备所需要的道德准则和责任感,但没有相应能力,就会形成致命的优柔寡断或者冲动和感情用事,结果是人格的崩溃和责任感的破坏。

巴纳德(1938)指出,管理者在决策中最重要的冒险就是在不能肯定某人是否具备足够能力的情况下,"引诱或促使有着优良品质和强烈责任感的人去担任大大超过技术能力的职位"。他认为,在绝大多数情况下,能力不够以致不能承担起责任,是导致经理人员失败的首要原因。"从失败的例子来看,绝大多数人并不是从一开始就缺乏责任心或道德低下,而显然是由于提拔得超过了其能力。"但是,也有许多情况是由于所处的环境有着无法解决的道德准则的复杂性和道德准则的冲突。"有些活动看来符合整个组织的利益,但却同几乎所有的个人准则和公共准则发生冲突。……在这两种极端之间的许多情况是,最初考虑采取的行为符合一些准则而违背另一些准则。"巴纳德认为,对于这种从一种观点看来是"正确的",而从另一种观点来看是"错误的"情况,可以采取两种解决办法:一是"行政的"解决办法,即找到一种新的能避免道德准则冲突的行为;二是"司法的"解决办法,即将其作为例外事项或妥协而承认其道德上的正当性。巴纳德将这两种解决办法都视为广义的经理人员的职能。

对于司法的解决办法,巴纳德(1938)认为应把"司法过程看成是高度专业化的管理过程"。由于组织中准则的冲突不可避免,而这种冲突无法全部通过替代行为(大多是技术性的决策)获得解决。当(狭义的)技术要求、组织准则的要求和个人准则的要求发生对立冲突的情况下,无论做还是不做,都会对个人的道德准则造成破坏,因此,在管理工作中,司法过程不可避免。"从经理人员的观点来看,司法过程就是把目的的改变、重新规定或新的特定化说成在道德上是正当的,从而维持符合道德准则的感觉。"司法过程的一种最终结果是道德即行为准则的精心策划和提炼。为了保持士气而想出各种解释和假说,对经理人员的责任和能力而言形成了严峻的考验。"因为要使这些解释和假说是健全的,它们就必须从经理人员的观点看来是'公正的',即真正符合于整体的道德准则;而又要使它们是可以接受的,即真正符合部分的和个人的道德准则。"正因如此,"所有的管理经验都表明,司法过程可能退化为巧妙地回避义务而不是履行义务"。

总之,巴纳德的观点为我们思考我国管理者在职业化过程中,怎样通过在胜任素质的评估中纳入职业道德的因素提供了重要的方向和参考,这为指导我国管理者职业化胜任素质的职业道德理论研究与实践提供了重要的理论依据。

参 考 文 献

[1] Andrews, K. (1980), *The Concept of Corporate Strategy*, Revised Version, Homewood: R. D. Irwin Inc.

[2] Becker, Helmut, David J. Fritzsche(1987), Business ethics: A cross-cultural comparison of managers' attitudes, *Journal of Business Ethics*, 6(4):289—293.

[3] Bowen, H. R. (1953), *Social Responsibility of the Businessman*, New York: Harper & Row.

[4] Brinkmann, Johannes (2002), Business and marketing ethics as professional ethics: Concepts, approaches and typologies, *Journal of Business Ethics*, 41 (1/2): 159—177.

[5] Dodd, E. M. (1932), For whom are corporate managers trustees? *Harvard Law Review*, 45(7):1145—1163.

[6] Donaldson, T., and T. W. Dunfee(1994), Toward a unified conception of business ethics: Integrative social contracts theory, *Academy of Management Review*, 19(2): 252—284.

[7] Dubinsky, A. J., and Loken, B. (1989), Analyzing ethical decision making in marketing, *Journal of Business Research*, 19(2):83—107.

[8] Ferrell, O. C., Larry G. Gresham(1985), A contingency framework for understanding ethical decision making in marketing, *Journal of Marketing*, 49(3):87—96.

[9] Freeman, R. Edward; Daniel R. Gilbert Jr., Edwin Hartman(1988), Values and the foundations of strategic management, *Journal of Business Ethics*, 7 (11): 821—834.

[10] Freeman, R. Edward, Andrew C. Wicks, Bidhan Parmar(2004), Stakeholder theory and "the corporate objective revisited", *Organization Science*, 15(3):364—369.

[11] Gilbert, Daniel R. Jr. (2002), Ethics, management and the existentialist entrepreneur, in R. E. Freeman and S. Venkataraman (eds.), *Ethics and Entrepreneurship*, Ruffin Series in Business Ethics, 113—124.

[12] Goodpaster, Kenneth E. (1985), Business ethics, ideology and the naturalistic fallacy, *Journal of Business Ethics*, 4(4):227—232.

[13] Jennings, Bruce(1991), The regulation of virtue: Cross-currents in professional ethics, *Journal of Business Ethics*, 10(8):561—568.

[14] Jones, Thomas M. (1991), Ethical decision making by individuals in organizations: An issue-contingent model, *Academy of Management Review*, 16(2):366—394.

[15] Lodge, George C. (1982), The connection between ethics and ideology, *Journal of Business Ethics*, 1(2):85—98.

[16] Neilsen, Richard P. (1994), Toward an action philosophy for managers based on Arendt and Tillich, *Journal of Business Ethics*, 3(2):153—161.

[17] Rest, J. R. (1986), *Moral Development: Advancement in Research and Theory*, New York: Preager.

[18] Trevino, L. K. (1986), Ethical decision making in organizations: A person-situation interactionist model, *Academy of Management Review*, 11(3):601—607.

[19] Ulrich, Peter; Ulrich Thielemann(1993), How do managers think about market economies and morality? Empirical enquiries into business-ethical thinking patterns, *Journal of Business Ethics*, 12(11):879—898.

[20] Watrick, Steven L., Philip L. Cochran (1985), The evolution of the corporate social performance model, *The Academy of Management Review*, 10(4): 758—769.

[21] Wilensky, Harold(1964), The professionalization of everyone? *American Journal of Sociology*, 70(2):137—158.

[22]〔美〕C. I. 巴纳德著,孙耀君等译,《经理人员的职能》,中国社会科学出版社 1997年版。

[23] 陈春花、张春阳,《借鉴儒家文化 建立有效商业伦理体系》,《企业经济》,2002年第 2 期,第 32—33 页。

[24] 陈宏辉,《企业利益相关者的利益要求:理论与实证研究》,经济管理出版社 2004年版。

[25] 戴木材,《论管理的道德性》,《吉首大学学报》(社会科学版),2004 年第 25 卷第1 期,第 35—39 页。

[26] 卢代富,《企业社会责任的经济学与法学分析》,法律出版社 2002 年版。

[27]〔美〕阿拉斯代尔·麦金太尔著,龚群译,《伦理学简史》,商务印书馆 2004 年版。

[28] 黄昱芳、赵曙明,《经理人职能与职业化发展研究》,《南开管理评论》,2006 年第 9卷第 3 期,第 34—37 页。

[29]〔美〕小艾尔弗雷德·D. 钱德勒著,重武译,《看得见的手》,商务印书馆 2001年版。

[30]〔德〕霍尔斯特·施泰因曼、阿尔伯特·勒尔著,李兆雄译,《企业伦理学基础》,上海社会科学院出版社 2001 年版。

[31] 武经伟、方盛举,《经济人、道德人、全面发展的社会人》,人民出版社 2002 年版。

[32] 杨江、戴林,《中国企业家精神与企业家行为理性化》,《管理世界》,2000 年第 5期,第 116—121 页。

[33] 杨瑞龙、周业安,《论利益相关者合作逻辑下的企业共同治理机制》,《中国工业经济》,1998 年第 1 期,第 38—45 页。

[34] 赵康,《专业、专业属性及判断成熟专业的六条标准:一个社会学角度的分析》,《社会学研究》,2000 年第 4 期,第 30—39 页。

[35] 朱金瑞,《当代中国企业伦理的历史演进》,江苏人民出版社 2005 年版。

[36] 《中共中央、国务院关于进一步加强人才工作的决定》,《中国青年报》,2003 年 1 月 1 日。

第四章

管理者胜任素质模型构建的方法、流程与研究设计

管理者职业化是企业所有权与经营权分离、企业形态的变化、生产社会化程度提高、市场经济发展、管理职能分化的必然结果，同时，也是社会分工协作对企业管理科学化的客观要求。有研究表明，我国管理者目前处于半职业化或非职业化状态。管理者职业化的重要表现就是管理者的胜任素质要求科学化和标准化，即管理者要具备哪些能力和素质才能胜任工作。关于管理者胜任素质的标准，国内外许多学者进行了研究，但因国情不同及随着时间的推移，企业管理者的胜任素质标准是有差异的。本章对管理者胜任素质模型构建的方法、流程及其测评进行了探索。

第一节　管理者胜任素质模型构建的方法与流程

用胜任素质评价来代替传统能力测验，对管理者工作绩效进行预测这一思路的提出为人事选拔与评价注入了新的活力，引发了国内外对胜任素质模型的识别和评价的大量研究，其中管理者胜任素质模型的研究最引人注目。

一、管理者胜任素质模型建构的方法

（一）构建胜任素质模型的思路与途径

综观研究者托克斯沃斯（Tuxworth，1989 等）对胜任素质模型开发途径的论述，胜任素质建模的基本思路和途径有三种：

第一种思路是确定与组织核心观点和价值观相一致的胜任素质。

这种思路确定的胜任素质更关注塑造与所在组织文化相适应的员工。其前提是组织必须有经过检验的核心价值观并已形成相对稳定且鲜明的组织文化,最大的优点是揭示了"冰山"模型中的深层胜任素质。它采用的途径是职业分析方法。基于对某一职业或专业及其必需的职责和任务的职能分析,它通常会产生一个广泛的胜任素质清单,常常要建立绩效标准。采用这种思路,建立胜任素质模型,在国内大企业中已有许多商业实践(彭剑峰,2003)。

第二种思路和途径源于麦克利兰和 McBer 咨询公司、哈佛商学院等的研究(Klemp,1980;Spencer, 1993)。这种思路通常使用关键事件访谈法,选择那些高绩效的岗位角色,从中抽取其特征。这种开发途径隐含的前提是已经确定出"正确的事",余下的任务就是"正确做事",即提高在职员工的绩效,改善其胜任素质。这种思路要求模型开发人员要达到很专业的访谈技能水平,这种方法在英美两国管理教育中产生了一些影响。

第三种思路是根据行业关键成功因素(key success factors, KSFs)开发胜任素质模型。汤姆森等(Thompson,2001)指出,这种方法的关键之一就是要识别并获取行业的关键成功因素。其原理是"人——职——组织"匹配原理。在管理实践中,开发企业的核心胜任素质时,通常采用KSFs 方法。

这几种途径各自发展,常常被视为是相互独立的。目前,在我国,建立胜任素质模型的基本途径有两种:一种是研究途径,另一种是实践途径。许多研究人员主持开发模型的途径沿袭的都是经典的实证研究路线,而在更多的企业胜任素质模型开发中应用的是实践途径。胜任素质建模的研究途径强调系统的数据采集和分析,对有关证据的数量,也要预先设定一个原则,以保证在模型中能够尽量包括各种胜任素质和模型。研究途径也强调区分由各种个人特点联结在一起的结构。从概念或经验上,这些特点能够与其他人有所区分。麦克利兰及其同事采用的是研究途径,工业心理学在实践中除了运用传统的工作分析,也使用了研究途径。

研究途径一个最大的优势是对建构的胜任素质模型效度有很好的保证。研究途径能够精确地识别出高绩效者经常表现出来的行为,与管理人员、专家们认为高绩效者通常最为重要的因素之间的差别。正是由于它的效度较好,使用研究途径建构的胜任素质模型能够经受住挑战。

（二）胜任素质模型构建中收集数据的方法

目前,胜任素质建模中,经常广泛使用的获取数据的具体方法有很多,主要有行为事件访谈法、问卷调查法、情景测验法和专家评定法。这些方法有着不同的应用背景及使用程序。

1. 行为事件访谈法

目前得到公认且最有效的方法是美国心理学家麦克利兰(1973)结合关键事件法和主题视觉测验而提出来的行为事件访谈法。行为事件访谈法是和关键事件访谈法相适应的一种研究形式,最早由福来纳戈(Flanagan, 1954)发展起来,波亚齐斯(1982)则把这种方法应用到了实际研究中。行为事件访谈法是区分两种不同工作职务差别最灵活的方式:被专家提名为优秀的(O)和被提名为平常的或不优秀的(T)。使用这种方法研究胜任素质是因为,对于哪些人优秀、哪些人平常,人们通常有共同的态度,但对于哪些特质使他们优秀,人们的观点却是不一致的。并且,使用典型的和成功有关的胜任素质作为判断等级(而不是把实际的人分等级)可能是一个有失偏颇的标准。一般来说,O组是最优秀的5%—10%的管理者,T组则是接下来的11%—25%的管理者。行为事件访谈法采用开放式的行为回顾探索技术,通过让被访谈者找出和描述他们在工作中最成功和最不成功的三件事,然后详细报告当时发生了什么。具体包括:这个情境是怎样引起的?牵涉到哪些人?被访谈者当时是怎么想的,感觉如何?在当时的情境中想完成什么,实际上又做了些什么?结果如何?然后,对访谈内容进行内容分析,来确定访谈者所表现出来的胜任素质。通过对比担任某一任务角色的卓越成就者和表现平平者所体现出的胜任素质差异,确定该岗位的胜任素质模型。行为事件访谈法的可信性和有效性得到了很多研究的支持。有研究表明,受过训练的不同编码者采用最高分数和频次进行编码,其一致性介于74%—80%之间。摩托维德罗(Motowidlo, 1992)等的研究表明,对同一组人员进行两次访谈所得的胜任素质评价结果具有较高稳定性。麦克利兰等(1998)对美国国务院外事局两组情报信息官员分别进行了行为事件访谈,发现所建立的胜任素质模型基本一致。麦克利兰还采用行为事件访谈技术,帮助两家跨国公司建立高层管理人员的胜任素质模型。

行为事件访谈法是一种专业性很强的访谈分析方法,可以在有限的时间内全面、深入地了解被访谈者,挖掘大量有价值的信息,是揭示胜任素质的主要途径。但行为事件访谈法也存在着一定的局限性。在访谈过程中,对不同访谈者之间如何更好地保持一致性,而不掺杂主观因素影响,是需要进一步探讨的问题。另外对访谈结果进行编码评定,要求具有相当的专业领域知识,并且要求在编码训练过程中达到较高的编码一致性。如果编码者把自己主观因素掺杂在评定结果中或是编码者之间存在较大编码差异,就必然会影响胜任素质研究结果的准确性。以上局限在一定程度上限制了这一方法的广泛应用。

2. 问卷调查法

问卷法是通过书面形式,以严格设计的心理测量项目或问题,向研究对象收集研究资料和数据的一种方法。采用问卷法来研究胜任素质也是使用得比较多的方法之一。它主要采用量表方式进行定量化的测定,也可以运用提问方式,让受试者自由地做出书面问答。采用问卷调查法研究胜任素质,首先是要编制初始量表,通常采用结构化访谈、半结构化访谈或是开放式问卷的方式来收集胜任素质的项目。其次是对所获得的胜任素质项目进行筛选,筛选的过程可以运用问卷初测或是专家评定的方式进行。然后将保留下来的胜任素质项目编制成问卷,进行施测,最后是对问卷进行统计分析。一般对问卷数据进行探索性因素分析和验证性因素分析,从而得到胜任素质的结构模型。采用问卷法来研究胜任素质的优点是客观统一、效率较高,可以用团体方式进行;结果统计高度数量化、规范化;费用低,不必花很多力气去训练施测人员;由于问卷不记名,使得答卷人更加开放、真实地反映自己的各种观点和态度;因为胜任素质的研究对象一般都是以中高层管理人员为主,他们都具备一定的文化程度,所以拓宽了问卷法在胜任素质中的应用范围。但用问卷法研究胜任素质同样存在着不足,它不够灵活,多数问卷要求以结构性的方式比较封闭地去回答问题,使人感觉不能充分表明自己的态度,有时还会由于许多项目没有回答而使问卷失效。此外,问卷的回收率低、数据缺失、答问卷时随机反应都是问卷法在胜任素质研究中应注意的问题。

3. 情景测验法

胜任素质与工作职位是密切相关的,其评价和测量离不开实际的工作情景,因此情景测验就成为胜任素质评价的一种重要的研究方法。以往的研究支持了情景测验能较好地捕捉胜任素质的观点。情景测验就是设置一个社会实际工作(生活)的问题情景,并提供出几个解决这一情景条件下具体问题的可能行为反应,令被试者针对这些行为反应进行判断、评价与选择,选出其中最有效(最无效)或被试者最愿采取(最不愿采取)的行为反应,或对每一行为反应在有效、无效,最愿意、最不愿意等级量表上评定等级,然后根据被试者的判断、评价与选择予以评分,并推论其实有的解决社会工作(生活)问题实践能力水平的测验。采用情景测验方法来研究胜任素质是由于情景测验不能单靠纯抽象逻辑推理,所测的东西是实践性智力或智慧,而这恰好符合胜任素质的内涵。情景测验从情景提供方式来看一般可以分为文字描述、录音口语描述与影视短片展现三种。而现阶段对胜任素质的研究主要采用文字描述式的情景测验,最早应用这一方法研究胜任素质的是斯滕伯格等,由此激起了人们广泛的兴趣。经研究与实践,人们普遍认为情景测验可以较好地测察实践智力、内隐知识,是测量个体"胜任素质"的良好工具,是重要的评价中心技术。

用情景测验方法来研究胜任素质,能较好地保证研究问题的实践指向性。这是因为设置和提供的实践情景与实际胜任素质行为反应选项是相对应的。此外,由于当前情景测验主要是以文字呈现试题,以选、评方式作答,这要比评价中心技术中的公文筐、无领导小组讨论等要更好施测与评分,测验所能包含的试题个数也要增加很多,以这一方法施测操作十分简便高效。但情景测验方法也存在局限。如情景问题并非是现实条件下的实际反应,而是对指定的少数行为选项的判断评估,属于在非实际中操作的定向反应,因此要求使用者具备一定的抽象思维能力。这也限制了情景测验的使用范围。

4. 专家评定法

采用专家评定法研究胜任素质,就是由该研究领域权威专家组成的小组通过对每个胜任素质项目作详细分析和比较,然后再由专家们经过几轮删除或合并获得胜任素质指标的方法。采用这一方法,首先是收集相关胜任素质条目。一方面可以采用文献法,即通过收集大量研究文献对涉及的条目进行详细的分析,根据条目的概念内涵进行归纳、合并来获得胜任素质条目;另一方面也可以通过开放式问卷来进行收集。其次,要注意选择合适的专家来进行评定。最后,要把专家评定后的项目编制成评价量表,对研究群体进行施测,然后在此基础上对结果进行统计分析,得到相应的胜任素质结构模型。

采用专家评定法研究胜任素质有着和问卷调查法相同的优点,但是同样也存在着不足之处:一方面,在专家的选择上,怎样才能保证专家的权威性和专家小组组成的合理性,是在实际研究中需要解决的问题;另一方面,由专家们来对胜任素质项目进行筛选必然带有一定的主观倾向性。这也是采用专家小组评定法来研究胜任素质需要注意的问题。

回顾上述这些方法，可以发现，建立胜任素质模型的基本原理其实就是通过各种技术性较强的手段辨别业绩优秀者和普通胜任者在知识技能、人格特点、态度、内驱力等方面的差异，并将发现的数据量化，从而形成可用来对照、判断胜任素质及相应水平的可操作化的模型体系。

胜任素质模型的建立思路、方案及其具体方法的选择，因组织的目的、规模、资源、组织文化中又存在不同亚文化等条件的区别而有所不同。一般都在保留核心步骤的前提下，使用简化方法，如采用由熟悉组织情况和相关岗位具体工作和任职要求的专业人士组成的专家小组采集数据，以代替经典方法中的行为事件访谈。但由于数据收集和处理的方法比较单一，缺少不同样本的对比分析，主观性较强，从而削弱了胜任素质模型的准确度和相关性，只适合于较小规模的组织。因此，在进行胜任素质研究时，不可能存在一个怎样去选择最佳方法的普遍规则，研究者只能根据自己研究的需要和实际条件，并根据每一种方法的特点去加以选择。

二、管理者胜任素质模型建模的流程

关于管理者胜任素质模型建模，美国蒙大拿州（Montana）2000 年发布了一个名为《将胜任素质整合入蒙大拿州的人力资源规划——创建胜任素质模型》的指导手册，其中有一个图例可供参考，见图 4-1。

根据图 4-1，我们对胜任素质模型建构描述如下：

（一）确认企业战略目的和目标

根据企业的使命、愿景和经营战略与价值观，确定企业的核心胜任素质模型，然后对企业中每个职位建立胜任素质模型，并根据环境的变化、企业的发展、业务的需要和在岗者的情况，对每个职位的胜任素质模型不断地进行动态修订以适应新的变化和要求。建构恰当的胜任素质模型不仅包括与工作绩效紧密相关的行为表现，而且还包括支持组织文化和战略方针所需的行为模式。前者即特定岗位任职者胜任素质，是个人为胜任某一具体职位而必须具备的知识、技能、性格特质及其他个性化能力要素；后者是组织内所有职位的任职者都必须具备的、由组织的文化和战略决定并与之契合的行为特征，是组织为实现其全部愿景、战略和目标所需的胜任素质，可称为文化胜任素质。不同企业组织对不同测评指标强调的重

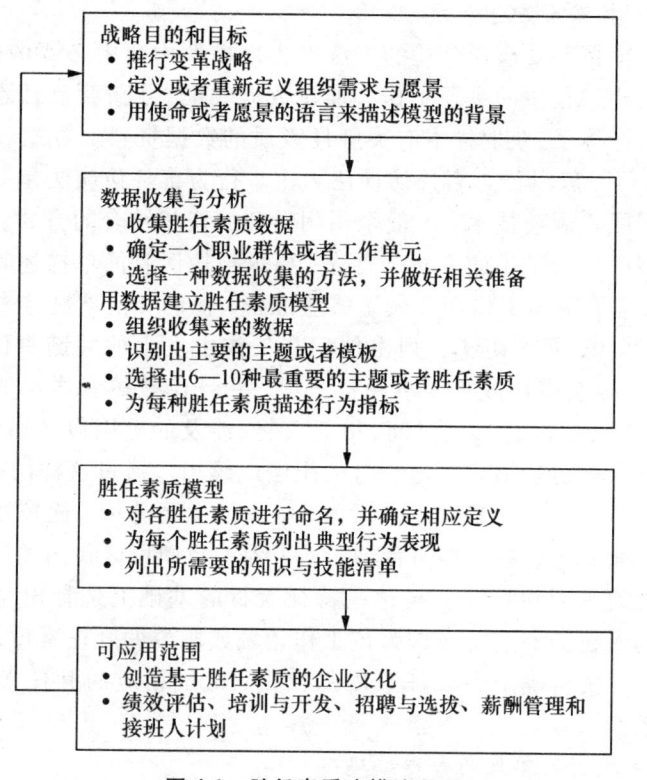

图 4-1 胜任素质建模流程图

注:上述流程是职业胜任素质建模的典型流程,但是根据建模方式(收集数据)的不同,流程也会有所不同。研究者和实践者可根据实际情况自行选择和决定。

资料来源:A Guide to integrating competencies into Montana's human resource programs, Creating competency model, 2000. 转引自宋婵蓉,《企业中层管理人员胜任特征初探》,暨南大学 2003 年硕士学位论文。

点是不一样的,如不同的组织所有制性质,或组织的不同发展阶段等,这就需要对组织面临的竞争挑战和组织的文化进行研究。同时明确胜任素质模型将主要运用在何处,侧重于工作分析、人员招聘、员工培训、职业发展还是绩效考核。在人才测评中,由于测评的目的往往不是单一的,而是十分复杂的,这就需要对测评的内容、对象和用途等进行综合分析,才能设计相应的人才测评指标体系。因此,只有了解企业战略目的和目标,才能了解组织与员工的目标与共同利益,发展出符合组织文化和员工可接受的有效胜任素质模型。

（二）数据收集与分析

这个步骤需要选择合适的方法来收集模型构建中必要的数据信息，是模型建构过程中的主要工作。通过数据收集，了解到胜任素质的主要模块和指标体系，获取样本有关胜任素质的数据资料。数据收集有许多种方式，但一般以行为事件访谈法为主。行为事件访谈法是一种开放式的行为回顾式调查技术，一般采用问卷和面谈相结合的方式，这是构建素质模型时最为常见的方法。首先，要求被访谈者简单描述其职位和责任，以及他们为该工作职务做了哪些准备，他们如何被挑选来担任这些职务的；其次，要求访谈者列出他们在工作中发生的关键事例，包括成功事件、不成功事件或负面事件各三项，并且让被访者详尽地描述整个事件的起因、过程、结果、时间、相关人物、涉及的范围以及影响层面等，同时也要求被访者描述自己当时的想法或感想。通过这样的访谈，获得关于过去事件的全面报告，然后通过独立的主题分析，比较绩效优秀者与绩效一般者的绩效差距方面或行为特征，我们可以找出关键的支持高绩效的行为主题和特征。在这些特征素材的基础上选择出与工作要求关系特别明显的那些特征作为该工作领域或职位的胜任素质，并根据多方面的实际资料确定各胜任素质的权重，组成相应的胜任素质（指标）模型体系。

（三）数据的整理与分类编码

这主要是通过行为访谈报告提炼胜任素质，对行为事件访谈报告内容进行分析、归纳，找出共性和差异特征，统计出各种胜任素质在报告中出现的频次，并对行为表现的复杂度和广度水平进行编码。而在进行信息整理和归类编码后，还要进行以下几个方面的分析，并做出相应的适当处理：

（1）行为事件访谈资料归纳的各项素质特征是否都整合到一起了？有无因为素质特征名称或其他措辞定义的原因造成的疏漏？

（2）考虑到素质特征出现的频率、具备该素质特征时能够取得的成效或者缺乏时会产生的后果、在未来工作中的必要性、对企业业务及战略执行的影响等方面的因素，哪些素质特征是最重要的，是企业最关注的，或是企业中的员工最薄弱与缺乏的？

（3）素质特征的各种表现是否具有典型性？是多数绩优人员都具备，还是仅有一部分人员具备？是大多数绩效一般的人员都不具备，还是只有一部分人员不具备？

（4）访谈及其他相关资料是否真实可信？有无什么特殊情况或遗漏？

（四）构建测评指标体系

根据整理、归纳的数据，对特定岗位任职者胜任素质内容进行分析，得出对应于各个工作领域或职位的胜任素质模型。胜任素质模型测评指标体系由测评维度层、测评内容层和指标权重层三个层次组成。下面以某大型企业总经理职位的胜任素质模型为例，介绍构造测评指标体系的过程（如表4-1）。

表4-1　××企业总经理职位胜任素质模型测评指标体系

胜任素质模型															
测评维度层	知识素质				能力素质						个性				动机		
测评内容层	学历	本学科专业知识	相关专业知识	其他生活常识	岗位工作经验	决策思维能力	应变能力	团队合作能力	创新能力	组织能力	责任心	自信心	包容心	亲和力	事业成就感	影响他人的欲望	求职欲	其他动机
指标权重层	量化可操作性指标				量化可操作性指标						量化可操作性指标				量化可操作性指标		

资料来源：张明，《基于胜任力概念的人才测评指标体系构建》，《沿海企业与科技》，2006年第12期，第60页。

（1）测评维度层是指测评所指向的具体对象与范围。它具有相对性，往往由数个不同维度组成，反映了该测评指标体系所测的对象各类素质的宽度、深度和层次关系。对于不同群体，测评维度层的要素存在着差异。该企业总经理职位的胜任素质模型测评维度层主要包括知识素质、能力素质、个性与动机。

（2）测评内容层是根据测评维度的要求给出的，是对测评维度的明确规定和细化。如测评维度层的能力素质，要通过以下测评内容来体现：决策能力、应变能力、团队合作能力、创新能力、岗位工作经验、组织能力和影响力。而能力素质只是对测评内容的一个综合说明。

（3）指标权重层是测评内容层的量化可操作性的表现形式，即测评指标在测评指标体系中的重要性或测评指标在总分中应占的比重。确定指标权重的方式通常有德尔菲法、层次分析法、主观加权法等。对于测评指标体系，必须认真分析研究，给予清楚、准确的表述，使测评各方均能明确测评维度层、测评内容层和指标权重层的含义，不会因对测评指标体系的不同理解而导致标准掌握不一，产生测评结果误差。

测评指标体系的三个层次不但要具有实际价值，还要切实可行。由于各企业各岗位之间存在差异，因而其评价的指标体系的设定也要因企业和岗位而异。

（五）有效性分析

模型初步成型之后，构建过程并没有结束，还需要通过绩效考评进行效度检验。验证胜任素质模型并不复杂，开展一项验证研究一般需要三个步骤。第一，将一系列的胜任能力转变成一份360度反馈的调查问卷；第二，从不同部门中选择处于三个绩效等级的员工，分别让他们参与进来，将问卷发给直接下属、同事、老板和顾客；第三，分析收集到的数据，并对胜任素质模型进行完善与修改，而这一步骤往往被很多组织所忽视，以至于构建出的模型失去其区分绩效的效用。

（六）胜任素质模型的应用

管理者胜任素质模型可以为企业管理者的选拔、考核、绩效管理、开发、连续发展计划、储备等工作提供理论指导和操作工具，有助于提高企业管理的成本收益，保证企业管理的效能，从而提升企业的竞争优势。

第二节　管理者的通用胜任素质模型

一、模型的总体介绍

胜任素质模型（competency model）是针对特定工作岗位的表现优异的行为特征组合而成的胜任素质结构。心理学家斯班瑟（Spencer and Spencer，1993）在其专著《工作中的胜任素质》（Competency at Work）中，将胜任素质词典中21项胜任素质按照内容或作用的相似程度划分为6个基本的特征族，即成就与行动族、帮助与服务族、认知族、管理族、自我效能族以及冲击和影响族；然后利用胜任素质词典结合组织具体岗位建构了5种胜任素质模型，分别是：技术人员与专业人士的胜任素质模型、业务人员的胜任素质模型、服务工作者的胜任素质模型、管理人员胜任素质模型以及企业家的胜任素质模型。这些模型已被广泛地应用于人力资源开发与管理的实践领域。

斯班瑟建构的管理者通用胜任素质模型是以 36 种不同的管理职务模式为基础,包括各种等级的工作(从第一线主管至总经理)、各种部门(制造、业务、营销、人力资源、教育等),以及各种环境(军事、教育、保健、工业、金融服务等)。管理者通用胜任素质模型凸显出所有管理类工作的相似性,同时显示出不同等级、部门与环境工作下的特质。这个模式并不适用于任何一个特定的管理工作。在这个模型中,每项胜任素质与指标都依照频率排列,频率最高或最重要的首先列出,如表 4-2 所示。

表 4-2　管理者通用胜任素质模型

加权	胜任素质
× × × × × ×	冲击与影响
× × × × × ×	成就导向
× × ×	团队合作
× × × ×	分析性思维
× × × ×	主动性
× × ×	培育他人
× ×	自信心
× ×	命令
× ×	信息搜寻
× ×	团队领导
× ×	概念性思维
基本要求	(对组织的了解与关系的建立)专业知识/专门技术

资料来源:斯班瑟等著,魏梅金译,《才能评鉴法》,汕头大学出版社 2003 年版,第 247 页。

斯班瑟建构的管理者通用胜任模型,可以作为对我国管理者胜任素质研究的理论基础。这里分别对管理者胜任素质模型的 12 个胜任素质的定义、级别分类定义及典型行为特征进行介绍。

(一) 冲击与影响(impact and influence,IMP)

冲击与影响也被称为战略影响力、印象管理、表演能力、目标说服合作影响。冲击与影响力表明了一种试图支配和统率他人的倾向,这种倾向使管理者采取各种劝诱说服甚至是强迫的行动来影响他人的思想情感或行为。最佳的管理者会使用合理的冲击与影响力来改善公司的运作,而不是想尽一切办法为个人牟利。冲击与影响的级别定义如表 4-3 所示。

表 4-3　冲击与影响的级别定义

级别	行为描述
A	为了影响他人而采取的行动
A.-1	个人化的权力。在组织内进行激烈的人际竞争,无视对组织的伤害,只关心个人的地位。
A.0	不适合。或未表现出任何影响或劝导他人的意图。
A.1	表现出意图但未采取特别的行动。意图具有特定的影响或冲击;表现出对声誉、地位和外表的关心。
A.2	采取单一行动进行劝导。未做出配合观众层级和利益的任何尝试。在讨论或演示会议中,使用直接劝导的方式(例如通过推理、资料、更高的目标;利用具体事例、视觉辅助、材料示范说明等)。
A.3	采用一两个步骤的行动进行劝导。未做出配合观众层级和利益的任何明显尝试,包括仔细准备含有各种资料的演示文稿,或在讨论会议中提出两个或两个以上的论据。
A.4	预计一个人行动或言语的冲击。调整演示文稿或会议讨论,以配合他人的利益和层级,预先考虑到一个行动或其他细节在人们对说话者的印象上所造成的影响。
A.5	设计一个戏剧性的行动。以身作则展示想要他人做出的行为,或采取一个经过认真考虑的不寻常或戏剧性的行动,以便制造一个特定的冲击。(评分注意事项:愤怒的威力或表现不算是为影响而采取的戏剧性的行动;见命令等级 A.8。)
A.6	采取两个步骤以造成影响。每个步骤都配合特定观众,或为一个特定的效果而策划,或是预先考虑到他人的反应并提前做准备。
A.7	三个行动或间接影响。利用专家或其他第三者造成影响,或采取三个不同的行动,提出复杂的经过策划的论据,组成政治联盟,为使自己的想法成立赢得"幕后"支持,从容而谨慎地提供或保留信息以获得特定效果。
A.8	复杂的影响策略。让他人觉得他们拥有某些解决方案的所有权。

资料来源:斯班瑟等著,魏梅金译,《才能评鉴法》,汕头大学出版社 2003 年版,第 56 页。

管理者的冲击与影响的常见行为包括:关切个人的影响力,努力建立个人信用,或让他人对自己保留特定的印象;考虑到自己的某些言语或行动会对他人产生何种影响;使用资料或其他信息;向他人指出优点在哪里;使用具体的范例、视觉辅助或示范;以道理或逻辑来解释;以不同的特别技巧来说服;使用专家或第三者;让他人觉得他们拥有某些解决方案的所有权。

（二）成就导向(achievement orientation,ACH)

成就导向又可以称为结果导向、效率导向、关注标准、专注改善、资源的充分利用。对管理者来说,成就导向包含绩效评估、改善效率或绩效、设定目标、为部属或团队与个人计算成本和利益。大多数的范例都牵涉到他人的绩效,管理者若要保持高效率,成就导向必须为大家所认同,包括团队与部属,并包含对权力的需求。成就导向的级别定义如表4-4所示。

表4-4　成就导向的级别定义

级别	行为描述
A	激励成就行动的强度与完整性
A.-1	不符合工作上的标准。在工作上漫不经心,只符合基本要求(却很关心工作以外的事,如社交活动、地位、兴趣、家庭、运动和朋友关系)。在访谈过程中,受访者对于自己的工作内容无法生动描述有关的工作细节,却热切地谈论一些工作以外的活动。
A.0	只专注在任务上。虽然努力工作,但对于产出却没有证据显示达到杰出的标准。
A.1	想把工作做好,想要努力工作以符合工作上要求的标准。试想要把工作做好与做对,偶尔对于浪费与无效率表现出沮丧(例如抱怨时间浪费和想要做得更好),但实际上没有实质性的进步。
A.2	工作符合其他人的标准。工作符合管理上的标准(例如预算管理、销售业绩、品质的要求等)。
A.3	自己设立衡量优异的标准。使用自己特定的方法来衡量产出,而不是使用一套来自上面管理要求的优异标准。例如,费用、考绩、时间管理、淘汰率(scrap rates)、打击竞争者等,或是设立的目标达不到 A.5 设立的程度,都归纳在这个部分。
A.4	持续不断地改善绩效。在系统上或工作方法上做出改变,以改善绩效。(例如降低成本、提高效率、改善品质、顾客满意、士气提升、收益增加),而没有设定任何特别的目标。
A.5	设定及达成挑战性的目标(例如6个月改善销售/品质/生产力15%)。"挑战"表示目标有一定的难度,但并不是不可能达成的。开始设定及执行挑战的目标就可以计分,即使目标没有达成也给予计分。(设定所谓安全目标不具备挑战性,不予计分。)
A.6	成本收益的分析。根据对投入与产出的衡量来做决策、设立优先级或选择目标;对潜在利润、投资报酬率或成本效益做出明确的评估。
A.7	评估企业的风险。投入组织重要的资源和时间来进行绩效的改善,尝试全新并具有挑战性的目标。例如开发新产品和服务,进行革新的操作方式;同时减低风险性,例如利用市场调查,预先分析客户的需求;或鼓励及支持部属承担创新的风险。
A.8	坚持不断创新的精神。采取积极充分的行动面对挫折和失败,达成创新的目标。

资料来源:斯班瑟等著,魏梅金译,《才能评鉴法》,汕头大学出版社2003年版,第34—35页。

（三）团队合作（teamwork and cooperation, TW）

团队合作也被称为群体管理、群体促进、化解冲突、管理部门的气氛、激励他人。团队合作指与他人通力合作，作为团队中的一部分一起工作，而不是分开工作或相互竞争。团队成员的身份不需要正式定义，只要是来自不同层级和部门的人员彼此相互沟通，以便解决问题或完成计划，就是以团队形态运作。团队合作的级别定义如表4-5所示。

表4-5　团队合作的级别定义

级别	行为描述
A	团队合作强度
A.-1	不合作。造成分裂，导致问题产生。
A.0	中立。中立、被动、不参与，或不属于任何团队。
A.1	合作。自愿参与，支持团队的决定，是个"好的团队成员"，恪尽职守。
A.2	分享信息。不断向人们提供有关群体进展的新信息，分享所有相关或有用的信息。
A.3	表达出正面的期待。表达出对他人的正面期待。用正面的词语谈论团队成员。凭借理性表现出对他人才智的尊重。
A.4	恳求人们提供意见。真的重视他人的意见和专业知识，愿意向他人学习（尤其是下属）。恳求他人提供意见和看法，协助执行特定的决策或计划。激励团队所有成员一起为过程做出奉献。
A.5	给予他人动力。公开表扬他人的良好表现，鼓励并给予他人动力，让他们感觉到自身的价值。
A.6	团队结构。采取行动增进友善的气氛、良好的士气及合作。维护并提升团队在外部的声誉。
A.7	化解冲突。公开团队里的冲突，并鼓励或促成有利的冲突解决方案（必须要有化解冲突的行动，而不是隐藏或避开问题）。

资料来源：斯班瑟等著，魏梅金译，《才能评鉴法》，汕头大学出版社2003年版，第77页。

典型的团队合作的行为包括：恳求他人提供意见和建议协助完成特定的任务或计划；不断向人们提供有关团队进展的最新信息，分享所有相关或有价值的信息；表达出对他人的正面期待；公开表扬他人的成绩；鼓励他人，使他人认识到自身的价值。

（四）分析性思维（analytical thinking, AT）

分析性思维也被称为为自己着想、实际智力、分析问题、推理、计划能力。分析式思维指通过将一个事物分解为若干部分，或通过层层因果关系描述其内在联系的方式来理解该事物。通常表现为系统地组织与拆分事物的各个部分,然后通过系统的比较,确定相互间的因果关系与时间顺序等内容。分析性思维的级别定义如表4-6所示。

表4-6　分析性思维的级别定义

级别	行为描述
A	分析的复杂度
A.0	不适用或没有。事情一旦发生就应付,响应立即的需要或要求;或是完成由他人安排的工作。
A.1	化解问题。将问题化为简单的任务或活动。
A.2	看出基本关系。分析一个问题或情况当中几个部分之间的关系。得出简单因果关系(A 导致 B)或赞成与反对的决定。按照重要程度设定先后次序。
A.3	看出多重关系。分析一个问题或情况当中几个部分之间的关系,把复杂的任务有系统地分解成几个可处理的部分。找出几个相似的事件原因或几个行为的后果。对可能的障碍进行预测并事先设想接下来的步骤。
A.4	做复杂的计划或分析。有系统地将复杂的问题或处理过程分解成小部分。利用几个分析技巧分解复杂的问题,并加以解决;或发现较长的因果关系。
A.5	做非常复杂的计划或分析。有系统地将多维度的问题或处理过程分解成小部分;利用几个分析技巧找出几个解决方案并衡量每个方案的价值。
A.6	做极度复杂的计划或分析。组织、依序排列和分析极度复杂、互相依赖的系统。

资料来源:斯班瑟等著,魏梅金译,《才能评鉴法》,汕头大学出版社 2003 年版,第87—88 页。

常见的分析性思维行为包括:按照重要程度设定先后顺序;系统地将重要任务分解成可以处理的小部分;找出几个事件的可能原因或几个可能的行为后果;预料可能产生的障碍并事先设想接下来的步骤;运用分析技巧找出多个解决方案并衡量每个方案的价值。

（五）主动性(initiative,INT)

主动性也被称为行动、果断、未来战略导向、把握机会、前瞻。主动性的重点在于采取行动,即在没有人要求的情况下,付出超出工作预期和原有层级需要的努力,通过这些付出可以改善并增加效益,避免问题的发生,或创造出一些新的机会。主动性的级别定义如表4-7所示。

表 4-7　主动性的级别定义

级别	行为描述
A	时间幅度
A.-1	只会回想过去,错失良机。
A.0	一点也不主动。
A.1	发现问题,采取两个或更多的步骤,来克服障碍及困难。虽然事情进展未必顺利但也不轻言放弃。
A.2	只面对目前的机会与问题。辨认和应对目前的机会或问题。
A.3	危机的决策。在遇到危机时快速采取行动并做出决策。
A.4	提前 2 个月前采取行动,通过特别的努力来发现机会或减低潜在问题。
A.5	提前 3—12 个月前采取行动,在问题尚未出现的时候,采取避免未来危机发生的措施并创造良机。
A.6	提前 1—2 年采取行动,避免问题发生及创造良机。
A.7	提前 2—5 年采取行动,避免问题发生及创造良机。
A.8	提前 5—10 年采取行动,避免问题发生及创造良机。
A.9	提前 10 年以上的时间采取行动,避免问题发生及创造良机。
B	自我激励
B.-1	逃避必要的工作。想办法逃避自己的工作。
B.0	只做一般性必要的工作。
B.1	完成工作。
B.2	付出额外的心力去完成工作,即使没有受到要求。
B.3	完成超出工作说明书中规定的工作。
B.4	承担远超过要求的新项目的任务。
B.5	表现出对工作的狂热,不需任何正式的授权方式,承担个人的风险,努力完成工作。
B.6	加入他人的力量,付出额外的努力去从事工作。

资料来源:斯班瑟等著,魏梅金译,《才能评鉴法》,汕头大学出版社 2003 年版,第 40 页。

在管理职位上,主动性表示在未来的一些关键点上采取行动,避免问题或创造机会。第一个评价维度是"时间幅度"(A),从被动适应到采取行动获取机会避免问题发生,并能创造良机完成工作任务。第二个评价维度是"自我激励"(B),付出额外的时间以及不是组织要求的努力,完成与工作相关的任务。

通常的主动性行为表现是:面对障碍与困难时坚持不放弃;认识并把握机会;超出工作要求的绩效表现;对一项尚未发生的特殊机会或问题进行事先准备。

（六）培养他人（developing others，DEV）

培养他人也被称为教导与训练、确保下属能够成长和发展、指导他人、提供支援。培养他人表明了一种帮助他人成功的倾向与意图，每一个培养他人的正面含义，都有促成他人学习或发展的真实意图。培养他人的关键在于培养他人的意愿和影响力，而不仅仅在于是否承担了培训者的身份或角色，因此在衡量结果时关注的是培养他人的结果，而不仅仅是采取了什么样的形式。培养他人的级别定义如表4-8所示。

表4-8　培养他人的级别定义

级别	行为描述
A	培养他人的强度与培养行动的完成度
A.-1	使人气馁。表达出刻板或个人的负面期待，讨厌下属、学生、客户。具有"带步人"（竞赛时为人定步调的人）的管理风格。
A.0	不适当，或未做出培养他人的明确努力。焦点放在做好自己的工作，成为良好的典范。
A.1	表达对他人的正面期待。对他人的能力或潜能提出正面的看法，即使在"困难的"情况下也是如此。相信他人想要学习也有能力学习。
A.2	提供详细的指导或示范说明。说明如何完成任务，提出明确有用的建议。
A.3	提供理论方面或其他方面的帮助。给予实际的支持或协助，让工作进行得更顺利（即义务提供额外的资源、工具、信息、专家建议）。提出问题，通过测验或利用其他方法，确认他人了解说明或指示。
A.4	基于培养的目的，给予肯定或适当否定的反馈意见。
A.5	安慰与鼓励。在挫折之后安慰他人。针对行为而非个人给予负面反馈，并对未来绩效表达出正面期待或给予个别化的改进建议；或将困难的任务分成较小的部分，或利用其他策略，以利于问题的解决。
A.6	进行长期的指导或培训。安排适当的任务、正式培训或其他体验，促成他人的学习与发展。包括让人们自己设法找出问题的答案，这样他们才能真正知道怎么做，而不是仅仅提供答案。纯粹为了政府或企业要求而做的正式培训不包含在内。
A.7	创造新的教育培训方式。明辨培训或开发的需求，并设计新的计划或准备好相关资料以满足需求；设计新的有效的培训方式，改变传统的思维方式；或安排他人体验成功，以培养他们的技巧，树立他们的信心。
A.8	充分授权。评估部属的能力之后，据此充分授予权利和责任，让他们按照自己的方法完成任务，包括在无关紧要的条件背景下犯错，以及从错误中学习的机会。
A.9	给予奖励。晋升特别有能力的部属，或针对良好绩效给予其他奖励。

资料来源：斯班瑟等著，魏梅金译，《才能评鉴法》，汕头大学出版社2003年版，第68—69页。

表达出培养他人意图的常见行为包括：表达对他人的正面期待，即使在

"困难的"情况下也是如此;相信他人想要学习也有能力学习;培养内容包含原理或理论,培养方式包含指导或示范等;给予负面反馈时只针对行为并对未来绩效表达正面的期待;辨明培训与开发的需求,设计新的培养计划或准备好相关资料以满足需求;基于培养他人的能力而授予任务或责任。

（七）自信(self-confidence,SCF)

自信也被称为果断力、自尊、独立、强烈的自我概念(strong self-concept)、愿意承担责任。自信是一个人面对挑战或各种挫折时,对完成一项任务或采取某种手段完成任务或解决问题所表现出来的信念。自信是大多数杰出表现者模型的一项要素。自信的级别定义如表4-9所示。

表4-9 自信的级别定义

级别	行为描述
A	自信强度
A.-1	无力。没有自信,在一般的事情上怀疑自己的能力;表达出"无力"或无助。尽量避免冲突或避免让别人不同意自己的看法(结果对工作表现产生负面影响),给别人的印象为软弱无能。
A.0	不承受或逃避挑战。对他人让步、缺乏信心。
A.1	表现出有自信的样子。独立做决定,工作上不需要上级频繁监督。
A.2	以让人产生强烈印象的方式来呈现自己。即使别人或其他有权威的人不同意,还是会按照决定行事(如果不同意的人是主管或客户,或如果采取行动是为了完成工作而违反规定,属于等级A.5)。
A.3	对自己的能力有信心。视自己为专家,认为自己的能力优于其他人。视自己为成功的关键、重要推动者、催化剂或发起人。对自己的判断有信心。
A.4	证明自己的看法有理。在冲突中清楚表达自己的立场,以行动来支持或证明自己所表达的自信心。
A.5	自愿接受挑战。对于具有挑战性的任务感到高兴或兴奋。愿意承担额外的责任。以有技巧或礼貌的方式表达与主管或客户不同的意见;与上级有冲突时以清楚、自信的方式表达自己的立场。
A.6	将自己置于极具挑战性的情况下。直接质疑主管或客户的看法,或选择承担极具挑战性的任务。
B	面对与处理失败
B.-2	不断责备都是自己的错。对失败的原因给予个人/内部的解释,而且认为"我就是这样"而不是"这个错是我犯的"。只要是带有无力感、无法改变或持续有这种感觉的个人解释或内部解释,都归于这个等级。(附注:若表达出任何想要改变的暗示或措施,或"我不会再犯了"或"下次我会……"就不属于这个等级。)

（续表）

级别	行为描述
B.-1	将失败合理化或将失败的原因归因于他人或环境。这项指标常见于业务职务与其他经常遭受失败的杰出表现者身上。他们会将自己视为受害者。
B.0	没有被观察到。
B.1	承担责任。以某种特定的方式承认失败或缺点，比方说"我错误地估计了形势"。
B.2	从错误中学习。分析自己的表现来了解失败，以改善未来绩效。"因为我害羞"、"因为我不小心"不能属于这个等级，除非清楚表达出未来改进的方式。
B.3	向他人承认自己的错误，采取行动改正问题。

资料来源：斯班瑟等著，魏梅金译，《才能评鉴法》，汕头大学出版社 2003 年版，第 101 页。

描述自信的主要维度是"自信强度"（A），即一个人有信心克服的挑战或风险有多少，从日常工作的简单独立运作到承担极具风险的任务，甚至质疑老板或客户的看法。第二个维度是"面对与处理失败"（B），指某个人愿意为可以纠正的失败原因负起责任。

自信的一般行为表现包括：即使别人不同意还是会下决心或采取行动；通过让人产生强烈印象的方式来表现自己；通过个人的判断或能力来表达自信；与上级有冲突时以清晰自信的方式表达自己的立场；为错误失败或缺点承担起个人责任；总结失败的教训并改善未来的表现。

（八）命令：果断与职位权力的运用（directiveness：assertiveness and use of positional power，DIR）

命令也被称为果断、权力的运用、积极影响力的运用、主导、坚持提升品质标准、维持秩序。命令表达出个人促使他人依照其希望行事的意图。命令的行为带有"告诉人们做什么"的主题或语调。命令的语调从坚定指示到苛求甚至是威胁而各有不同。如果要在正面的等级得分，则必须是从组织的长远利益出发，适当且有效运用个人的权力或个人职位上的权力。命令的级别定义如表 4-10 所示。

表 4-10　命令的级别定义

级别	行为描述
A	命令的强度
A.-1	服从。服从他人的要求,即使这样做会干扰主要工作的完成。比较在乎被人喜爱(或者不让他人失望或生气),而不是恰当地完成工作。可能害怕打扰或阻碍他人。
A.0	不发号施令。或者在被要求(或不是该职位所需)时,不给予指示。当经理人表现出这一等级时,即使他人直接提出要求,他们可能还是不清楚要求的内容。典型的表现是下属抱怨说,他们不知道某某人想要他们做什么。
A.1	给予基本例行的指示。给予适当的指示,相当清楚地表明需要和要求。
A.2	给予详细的指示。将例行任务授权分派给他人,以便自己有时间思索更有价值或长远的事务,或者给予细节非常明确的指示。(如果授权分派是为了增进他人的能力或知识,则列入"培养他人"当中予以评分。如果授权分派的目的是让自己成为领袖,则参见"团队领导"。此处的企图通常只是为了完成工作。)
A.3	说话果断。对于不合理的要求,坚定地说"不",或是对他人的行为设定限制。
A.4	要求较高的绩效。单方面设定标准;要求较高的绩效、品质或资源;以"一丝不苟"或"坚持立场"的态度,坚持他人遵守自己的命令或要求。
A.5	明显的监督绩效。干涉地(或公开地)依照清楚的标准监督绩效(例如把不足数额的销售成果用红笔圈出,并张贴在个人目标旁边)。
A.6	面对面质问他人。坦率直接地与他人面对面讨论绩效问题。(如果讨论包括安慰、对未来绩效的正面期待或提出明确有用的改进建议,即评定为发展导向的第五级。)
A.7	陈述行为的后果。利用惩罚或奖励管制行为(例如"如果你表现好的话,我会奖励你,要不然……")。
A.8	利用受控制的愤怒表现或威胁激发服从。大叫或威胁:再这么做我就炒你鱿鱼。(如果不是受控制的愤怒,或说话者表现出后悔或提出负面后果,则不予计分。)
A.9	在使他人改进的适当努力已失败,或在依照适当法律程序处理之后,毫不犹豫地解雇绩效不佳者。(如果说话者表现出内心矛盾或后悔,则不予计分。)

资料来源:斯班瑟等著,魏梅金译,《才能评鉴法》,汕头大学出版社 2003 年版,第 72—73 页。

　　命令不是优秀管理者平常的风格,而是在特定的情况下(尤其在组织出现危机或变革的情况)谨慎使用。常见的行为包括:坦率直接地与他人面对面讨论绩效问题;单方面设定标准;要求高绩效、高品质;以"一丝不苟"或"坚持立场"的态度,坚持他人遵守自己的命令或要求;对于不合理的要求坚决地说"不"或是对他人的行为设定限制。

（九）信息搜集（information seeking，INFO）

信息搜集也被称为问题定义、诊断焦点、客户/市场敏感度、探究真相。由于强烈的好奇心及渴望，而主动进行信息的搜集。通过努力去获取更多的信息，而不是仅仅接受眼前现成的内容。信息搜集的级别定义如表 4-11 所示。

表 4-11　信息搜集的级别定义

级别	行为描述
0	除了已经给的资料，完全没有搜寻任何其他的相关信息。
1	向有利益关系的人直接询问一些相关问题（这些人可能不曾出现过但却是相关的），咨询有价值的信息源，甚至不怕遇到障碍。表现优异的人通常会在行动之前，花一点时间搜集有用的资料。
2	个人的调查。直接观察现场，如工场、机舱、客户设备情况、申贷人的业务、教室等等。现场观察有利于发现问题。
3	挖掘真相。通过一系列的深入询问可以探知情况及问题的核心。
4	接触其他的渠道或对象，掌握他们的观点、背景资料及经验。
5	研究。在一个特定期间，通过一项系统的方法获得资料或反馈，或通过正式研究渠道，例如通过报纸、杂志或其他来源。
6	运用自己持续不断的方式搜集信息，可能基于对某种资料的兴趣与偏好。
7	其他的人加入，一起进行非正式探访获取信息。

资料来源：斯班瑟等著，魏梅金译，《才能评鉴法》，汕头大学出版社 2003 年版，第 43 页。

信息搜集只有单一维度，说明一个人搜集信息的深度及类别，从对问题涉及的人进行研究到进行更深刻的研究，甚至去寻访其他不相关的人以获得信息。典型的信息搜集行为包括：对一系列的问题进行探究，针对矛盾之处，不断挖掘真正的解决方法；探察未来可以利用的潜在机会或各种信息；对现场进行直接观察。

（十）团队领导（team leadership，TL）

团队领导也被称为指挥、负责管理、远见、群体管理和激励、建立群体目标、真心关心下属。团队领导指担任团队或其他群体的领导者角色的意图，含有想要领导他人的意思。团队领导通常与团队合作相结合，尤其是最高主管和较高层级的经理人更是这样。团队领导的级别定义如表 4-12 所示。

表 4-12　团队领导的级别定义

级别	行为描述
A	领导角色的强度
A.-1	放弃和退让。拒绝或不能领导,例如在下属有需要时,不提供指示或陈述任务。
A.0	不适用。工作不需要领导。
A.1	掌控会议。陈述计划和目标,控制时间,分配工作,等等。
A.2	通知人们。让受到决策影响的人们知道发生什么事。确保新群体拥有所有必需的信息。可能为决定说明原因。
A.3	公平运用权威。以公平和平等的态度运用正式的职权和权力。
A.4	提升团队绩效。运用复杂的策略提升团队的士气和生产力(录用和解雇的决定、团队任务分配、交叉训练,等等)。
A.5	照顾群体。保护群体及其声誉。取得群体所需的人员、资源、信息。确保群体的实际需要得到满足。
A.6	将自己定位为领导者。确保他人接受领导者的任务、目标、计划、语调、政策等。"树立模范"(即以身作则)。确保群体任务的完成(是个值得信赖的领导者)。
A.7	提出令人折服的远见。拥有真实的号召力,提出令人折服的远见,激发人们对团队使命的认同、热情和承诺(该等级的例子很少,不容易从活动结果、他人的报告以及访问者的观察和印象中推断出来)。

资料来源:斯班瑟等著,魏梅金译,《才能评鉴法》,汕头大学出版社 2003 年版,第 80 页。

典型的领导行为包括:通知人们让受到决策影响的人们知道发生什么;公平对待团队中的所有成员;运用较复杂的策略提升团队的士气和生产力(录用和解雇的决定、团队任务的分配、交叉训练等等);确保群体的需求得到满足;确保他人接受领导者的任务目标计划政策等。

(十一)概念性思维(conceptual thinking,CT)

概念式思维也被称为概念的使用、辨别模式、洞察力、批判性思维、定义问题、形成理论的能力。概念性思维指通过组合片断和着眼大局来了解一个状况或问题,包括找出复杂情况中的关键或根本问题,为关系并不明显的情况理出头绪等。概念性思维的级别定义如表 4-13 所示。

表 4-13　概念式思维的级别定义

级别	行为描述
A	概念的复杂度和原创性
A.0	不使用抽象概念。非常具体地思考。
A.1	使用基本定理。使用常识和过去的经验,分辨问题和情况。看到现在和过去情况之间基本的相似处。
A.2	辨别模式。观察到资料中不一致的地方、相关趋势和相互关系,或看到现在的情况和过去发生的事情之间的重大差异。
A.3	应用复杂的概念(例如"因果分析"、"柏拉图分析"、"自然淘汰")或应用过去的相关知识,观察不同的情况,适当地应用并修改复杂的已知概念或方法。
A.4	简化复杂度。把通过思考、讨论和观察所发现的事物,归纳为单一的概念或清晰的陈述。找出复杂情况中的关键问题。
A.5	创造新的概念。发现新的问题和情况,它们不是从以前的教育或经验中学到的问题和情况。
A.6	为复杂的问题创造新的概念。为复杂的问题、情况或机会设计出有用的解释;形成一个假设情况的多重概念、推测或解释;或从不相关的领域当中找出复杂资料中的有用关系。
A.7	创造新的模式。创造解释复杂情况或问题的新模式或理论,并使不一致的资料变成一致。

资料来源:斯班瑟等著,魏梅金译,《才能评鉴法》,汕头大学出版社 2003 年版,第 88 页。

典型的概念性思维行为包括:运用常识或过去的经验分析问题和情况;发现现状与过去所发生的事情之间的重大差异;适当运用并修改复杂的已知概念或方法;从不相关的领域中找出复杂资料内有价值的关系。

（十二）技术/职业/管理的专业知识（EXP）

专业知识也被称为法律知识、产品知识、专家助手形象、诊断技巧、学习热情。专业知识包括对一系列与工作相关的知识的精通了解(可能是技术职业或管理方面),以及延伸利用和传播知识给别人的动机。技术/职业/管理的专业知识的级别定义如表 4-14 所示。

表 4-14　技术/职业/管理的专业知识的级别定义

级别	行为描述
A	知识的深度
A.1	原始的。从事通常几小时到几天时间即可学会的简单、重复性工作。例如:不需要技能的装卸工、清洁工等。
A.2	初级职业性质。从事通常遵循一定顺序,需要几周到几个月时间才能完全掌握的各种工作。例如:半技能性的工匠、初级行政职务。

（续表）

级别	行为描述
A.3	职业性质。从事需要一些计划和组织才能有效完成的各种工作;通常需要中学教育程度或同等学力,以及半年到两年的工作经验。例如:存货控管、技术支持、秘书工作、放款和收款活动、后勤协助、计算机操作等。
A.4	高等职业性质。以高等技能从事多重、复杂的工作。需要仔细计划和组织才能得到最后结果。通常需要特殊课程训练或大约两到四年的工作经验。例如:技术人员、行政主管、领班等。
A.5	基本职业性质。提供专业或管理服务(例如设计和执行正式计划或政策,提供领导和专家建议给其他经理人和专业人士)。通常需要大学或初级专业学位之类的正式教育或同等学力;或是几年实际工作经验得来的高等职业技能。例如:会计师、工程师、律师、销售主管等。
A.6	适用的职业性质。提供高度先进或专门化的专业或管理服务。通常需要很长时间训练(例如毕业学位:硕士、博士),之后经过几年在专门或技术领域的实际工作经验。例如:外科医生、总经理、部门负责人、资深营运经理等。
A.7	专业/专门能力。基本的工作成果是,被视为组织内一个技术或专业领域的权威,具有专门知识或技术的领导地位。例如:资深科学家、总经理、人事经理、执行官。
A.8	超群的权威。在异常复杂专业或科学领域当中,全国/国际公认的权威(例如首席科学家)。
B	管理专业知识的幅度
B.1	无。无须担负协调或监督他人工作责任的个别贡献者。
B.2	同一性质的工作单位或功能:从事类似活动的工作单位一线主管(例如一个生产、行政或专业工作群体的主管;区域销售经理;零售商店部门工作人员);整合相关工作人员的服务(例如生产计划、财务分析和规划)。 团队/计划:在同一性质单位内的团队/计划领导人(例如首席操作员、软件开发团队领导人)。
B.3	部门/不同性质/交叉职务 路线:管理几个由下属主管负责的工作单位或计划(例如区域销售经理阶层,管理小型工厂)。 工作人员:负责对一个业务单位有影响的职务,如财务、人力资源。 团队/计划:管理成员来自几个工作单位的计划团队。
B.4	几个部门/不同性质的工作单位 路线:管理一个由下属主管(例如区域销售经理、小公司的执行官)负责的工厂、区域或分部,包括几个部门或职务(例如财务、生产和人力资源)。 工作人员:整合几个工作人员的服务(例如财务和行政,影响一家分公司内一个业务单位的议题或事件)。 团队/计划:协调由下属主管负责的大型、多重学科团队或计划。

（续表）

级别	行为描述
B.5	大范围——业务单位 路线：管理一个业务单位、一个分公司内的子公司或群体（总裁或总经理），中型公司的执行官。 工作人员：负责一个职务，例如财务、市场营销、人力资源。 团队/计划：在业务单位层级上管理主要计划产品，协调研发、生产、财务、营销、人力资源。
B.6	大范围——分公司、战略性的业务团体 路线：管理一个分公司或业务团体（大企业的总裁或执行副总裁），规模相当的公司执行官。 工作人员：企业总部或业务开发执行副总裁（财务部长、信息部长等干部、营销、制造、人力资源、公司策划、购并）。 团队/计划：管理执行大型计划。
B.7	大范围——大企业执行官和营运官 管理大型、复杂、拥有多家分公司的组织。
C	专业知识的取得
C.-1	抗拒。避免增加现有的知识，或有"不在这里发明"的表现。抗拒新的想法和技术。
C.0	中立。既不接受增加技术知识，但也不激烈抗拒。
C.1	维持现有的技术知识。自己会留意最新的信息，积极更新技能。
C.2	扩展知识基础。取得较小规模的新信息（即与现有计划相关的信息），表现出积极探索新事物、发掘当前领域以外事物的好奇心。
C.3	取得新的或不同的知识。付出很大的努力获得新的技能和知识，或维持广泛的技术/专业联系网络，快速获知最新的概念。
D	专业知识的传播
D.-1	藏匿。守住技术知识，把技术改良当做秘密，不让同事知道。
D.0	不适用。没有特殊知识可以分享。
D.1	回答问题。以专家角色传播现有的信息。
D.2	应用技术知识造成额外的冲击，而不仅仅是回答问题（即影响客户）；或帮忙解决他人的技术问题。
D.3	提供技术帮助。如同"自由顾问"，提供个人的专门知识以提升绩效，或解决他人的技术问题。
D.4	提倡和传播新技术。有如技术传教士或变革顾问那样，积极在公司内部传播新技术。
D.5	发表新技术。在专业或技术期刊上发表介绍新技术或新方法的文章。

注：知识的深度（A）中虽以正式教育学位的词语表述，但每个等级都包含通过工作经验或非正式学习而得到的同等学力。

资料来源：斯班瑟等著，魏梅金译，《才能评鉴法》，汕头大学出版社 2003 年版，第 92—94 页。

技术/职业/管理的专业知识通过四个维度来描述。第一个维度是"知识的深度"（A），通过正式教育学位来描述，但每个等级都包含通过工作经验或非正式学习而来的同等学力。第二个维度是"管理专业知识的幅度"（B），是通过管理、协调或整合多样化的人员、组织功能和单位，以达成共同目标所需要的管理与组织的专业知识。第三个维度是"专业知识的取得"（C），从简单的维持到精通新的领域。第四个维度是"专业知识的传播"（D），常见的行为包括：愿意帮助他人解决技术问题；通过上课或自学掌握新的知识；像技术传教士或变革顾问那样积极在组织内部传播新技术。

第三节　企业管理者胜任素质模型及其测评研究设计

从管理者的通用胜任素质模型我们得出企业管理者胜任素质是多维度、多层次、跨职业的。一个人的性格、能力、动机、价值观、知识和技术等个人的深层特性，将决定这个人的行为，而且这些行为可以被旁观者观察到。好的行为将导致成功的工作表现。国内外的研究情况表明，企业管理者胜任素质的维度和要素尚无统一的结论，企业管理者胜任素质的研究也存在着实证性数据不足的问题。另外，因国情不同及随着时间的推移，企业管理者的胜任素质标准是有差异的，因而对我国企业管理者胜任素质模型以及标准和评估的研究具有非常重要的理论价值和实践意义。针对我国的实际情况，我们将进行企业管理者胜任素质的模型及测评研究，具体实证研究方案如下：

一、研究的目标、研究内容以及拟解决的关键问题

（一）研究目标

通过理论分析与实证研究，辨识企业管理者胜任力的维度与要素，构建我国企业管理者的胜任素质模型，编制企业管理者胜任素质测评量表，并对我国企业管理者的胜任状况进行实证研究，为我国企业管理者的招聘、选拔、培训与考核提供理论指导和操作工具。

（二）研究内容

1. 管理者的任务与角色

从我国管理的实际出发,通过理论分析与实证研究,讨论管理者在组织中所承担的任务和扮演的角色,为管理者胜任素质研究奠定基础。具体研究内容包括:

（1）管理者的任务与角色:管理者、直线经理与专家观点的比较;

（2）管理者的任务与角色模型;

（3）管理者对其任务与角色的认知和管理绩效的关联性研究。

2. 管理者胜任素质要素的探索性研究

管理者面临的新任务与新角色对其知识、技能以及其他特质提出了新的要求,管理者胜任素质中也应增加新的要素。在归纳已有研究成果的基础上,通过德尔菲调查法,采集管理者胜任素质的构成要素,并分析管理者、直线经理、专家等不同类群人员在这些管理者胜任素质要素上的认识差异。具体研究内容包括:

（1）基于已有研究成果的内容分析;

（2）对高绩效管理者的访谈;

（3）管理者胜任素质要素的德尔菲法调查;

（4）不同类群人员对管理者胜任素质要素的认识差异分析。

3. 管理者胜任素质模型

根据调查所得的管理者胜任素质要素,编制管理者胜任素质问卷,通过问卷采集管理者的胜任素质与管理绩效信息,利用统计方法研究管理者胜任素质的维度、要素、重要性程度以及相互关系,并比较不同所有制、不同行业、不同规模的组织管理者胜任素质的差异,建立管理者胜任素质模型。具体研究内容包括:

（1）管理者胜任素质问卷的编制;

（2）管理者胜任素质的维度、要素及其权重;

（3）管理者胜任素质指标的因素分析;

（4）不同所有制、行业、规模组织中的管理者胜任素质比较;

（5）管理者胜任素质模型。

4. 管理者胜任素质的测评

根据管理者胜任素质模型,构建管理者胜任测评指标体系,并将管理者胜任素质问卷进一步修订,形成管理者胜任量表,并分析人口统计变量等因素对管理者胜任素质的影响。具体研究内容包括:

（1）管理者胜任素质测评指标体系；

（2）管理者胜任量表的编制及修订；

（3）人口统计变量等因素对管理者胜任素质的影响。

5. 我国管理者胜任状况的实证研究

以管理者胜任量表为研究工具,对我国管理者进行大范围的测评,研究我国管理者的胜任状况。具体内容包括:

（1）不同所有制企业管理者胜任状况比较；

（2）不同行业企业管理者胜任状况比较；

（3）不同规模企业管理者胜任状况比较。

（三）拟解决的关键问题

1. 管理者胜任素质模型

管理者胜任素质究竟应该包含哪些维度和要素？不同维度与要素之间的关系如何？国内外的专家与学者们提出了不同的观点。在综合国内外相关研究成果的基础上,根据我国的实际情况,通过广泛调查和实证分析,揭示我国管理者胜任素质的维度与要素,分析我国不同所有制、不同行业和不同规模的企业中管理者胜任素质上的差异,最终建立一个具有一定通用性的管理者胜任素质模型,这不仅是研究中要解决的一个关键问题,也是研究中的一个难点问题。

2. 管理者胜任素质测评

编制出管理者胜任素质的测评量表,建立我国管理者胜任素质模型,是本研究从理论走向应用的关键环节。

3. 研究假设

假设 1：管理者胜任素质是一个多维度的结构；

假设 2：不同层级管理者的胜任素质模型存在差异；

假设 3：不同岗位管理者的胜任素质模型存在差异；

假设 4：不同行业管理者的胜任素质模型存在差异；

假设 5：不同区域管理者的胜任素质模型存在差异；

假设 6：人口统计学变量对各胜任素质模型不同维度的影响差异显著。

二、研究方案

（一）研究方法

本研究项目拟采用"探测性研究 + 描述性研究 + 预测性研究"的研究

方法。在整个项目研究中,拟采用的具体研究方法将包括:(1)内容分析;(2)德尔菲调查法;(3)相关分析;(4)因素分析;(5)单因素方差分析;(6)回归分析。

在探测性研究中,坚持理论分析与实证研究相结合,通过对已有相关研究成果的内容分析与对专家、直线经理、企业管理者的德尔菲调查,明确企业管理者的任务与角色,找出企业管理者胜任素质要素,并形成研究假设;在描述性研究中,坚持定性分析与定量分析相结合,围绕研究假设编制问卷,通过调查采集相关研究变量的数据,利用相关分析、因素分析、单因素方差分析等统计手段来确定企业管理者胜任素质的维度和要素,构建企业管理者胜任素质模型;在预测性研究中,坚持理论验证和实际应用相结合,根据企业管理者胜任素质模型编制企业管理者胜任量表,通过实证研究建立企业管理者胜任素质常模,并对我国企业管理者胜任状况进行调查与评估,以提升对策与建议。

(二)技术路线

本研究项目的技术路线如图 4-2 所示。其具体步骤是:

(1)在文献收集与分析的基础上,综合关于企业管理者的任务和角色以及企业管理者胜任素质的已有研究成果,形成本研究的理论基础。

(2)通过德尔菲调查,进一步明确企业管理者所应承担的任务和所应扮演的角色,采集企业管理者胜任素质的要素。

(3)对企业管理者的任务与角色和企业管理者胜任素质要素进行分析,形成“企业绩效——企业管理者任务与角色——企业管理者胜任素质”的分析框架。

(4)编制企业管理者胜任素质问卷。通过问卷调查采集企业管理者胜任素质和管理绩效信息,以管理绩效为效标,利用统计方法研究企业管理者胜任素质的维度、要素、重要性程度以及相互关系。

(5)比较不同所有制、不同行业、不同规模的企业管理者胜任素质的差异,建立企业管理者胜任素质模型。

(6)以企业管理者胜任素质模型为基础,构建企业管理者胜任素质测评指标体系,编制并修订企业管理者胜任量表。

(7)通过实证研究建立企业管理者胜任素质常模,并分析人口统计变量等因素对企业管理者胜任素质的影响。

(8)利用企业管理者胜任量表,进行我国企业企业管理者胜任状况的实证研究。

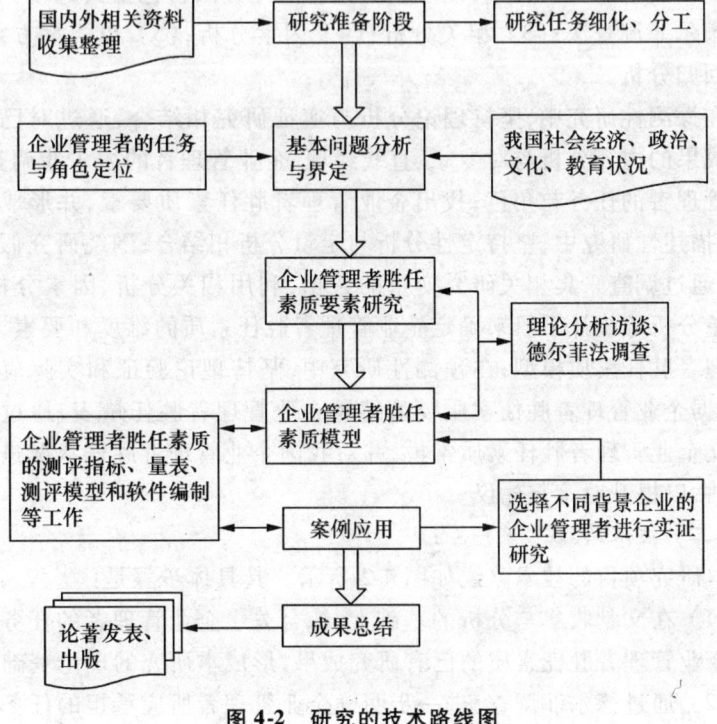

图 4-2　研究的技术路线图

参 考 文 献

[1] Athey, T. R., and Orth, M. S. (1999), Emerging competency methods for the future, *Human Resource Management*, 38(3), 215—225.

[2] Boyatzis, R. S. (1982), *The Competent Manager: A Model for Effective Performance*, New York: Wiley.

[3] Brownell, J. (2006), Meeting the competency needs of global leaders: A partnership approach, *Human Resource Management*, 45(3), 309—336.

[4] Flanagan, J. C. (1954), The critical incident technique, *Psychological Bulletin*, 51, 327—358.

[5] Klemp, G. O., Jr. (Ed) (1980), The assessment of occupational competence, Report to the National Institute of Education, Washington, DC.

[6] McClelland, D. C. (1973), Testing for competence rather than for intelligence, *American Psychologist*, 28 (1): 1—14.

[7] McClelland, D. C. (1998), Identifying competencies with behavioral event interviews, *Psychological Science*, 9 (5): 331—339.

［8］ Motowidlo, S. J., Gary W. C., Dunnette, M. D., and Tippins, N. (1992), Studies of the structured behavioral interview, *Journal of Applied Psychology*, 77 (5): 571—587.

［9］ Spencer, L. M. and Spencer, S. M. (1973), *Competence at Work: Models for Superior Performance*, New York: John Wiley & Sons, Inc.

［10］ Thompson, A. A., and Strickland, A. J. (2001), *Strategic Management: Concepts and Cases* (12th ed), New York: McGraw-Hill/Irwin.

［11］ Tuxworth E., Competence based education and training: Background and origins, in Burke, J. W., *Competency Based Education and Training*, London: Falmer Press. 1989, 18—19.

［12］ Ulrich, D., Brockbank, W., Yeung, A. K. and G. Lake, D. (1995), Human resource competencies: An empirical assessment, *Human Resource Management*, 34 (4): 473—495.

［13］ 彭剑锋、荆小娟,《员工素质模型设计》,中国人民大学出版社 2003 年版。

［14］ 时勘,《基于胜任特征模型的人力资源开发》,《心理科学进展》,2006 年第 4 期,第 586—595 页。

［15］ 斯班瑟等著,魏梅金译,《才能评鉴法》,汕头大学出版社 2003 年版。

［16］ 宋婵蓉,《企业中层管理人员胜任特征初探》,暨南大学 2003 年硕士学位论文。

［17］ 徐建平,《教师胜任力模型与测评研究》,北京师范大学 2004 年博士学位论文。

［18］ 叶茂林、杜瀛,《胜任特征研究方法综述》,湖南师范大学教育科学学报,2006 年第 4 期,第 101—104 页。

［19］ 张明,《基于胜任力概念的人才测评指标体系构建》,《沿海企业与科技》,2006 年第 12 期,第 58—60 页。

［20］ 赵曙明,《人力资源管理理论研究现状分析》,《外国经济与管理》,2005 年第 1 期,第 15—26 页。

［21］ 赵曙明、杜娟,《企业经营者胜任能力及测评理论研究》,《外国经济与管理》,2007 年第 1 期,第 33—40 页。

第二篇

实 证 篇

第五章

企业管理者胜任素质实证研究

在前面的理论篇中,我们主要介绍了管理者职业化的胜任素质理论,并在此基础上,从理论上对管理者职业化的胜任素质模型进行了建构。在本章中,我们首先对胜任素质的理论模型进行实际的验证,然后对我国企业管理者的胜任素质总体状况进行实证分析研究。

第一节 企业管理者胜任素质模型的建构与测量

为了能在实际验证中对管理者的胜任素质模型进行可操作化的测量,我们首先对管理者的胜任素质进行操作性定义。我们认为,管理者胜任素质是指企业管理者所具有的那些胜任工作任务,并有助于获得较高的工作绩效的个体素质或基本特征,如个体的动机、品质、技能、信念、知识体系等,这些素质可以帮助管理者提高工作绩效。

一、企业管理者胜任素质测量指标的确定与检验

（一）企业管理者胜任素质测量指标的确定

为确定管理者的胜任素质结构,我们首先到企业进行调研。我们的研究首先采用访谈法,对企业的管理者进行了深度访谈。访谈分两部分:一是开放式访谈,让企业管理者说明对胜任素质的理解和认识,以及胜任素质水平对管理者绩效的影响和作用等。二是结构化访谈,为此设计了两个访谈问题,分别是:"作为企业的高层/中层/基层管理者,你认为自己的哪些胜任素质决定了你在工作中获得成功,缺乏哪些胜任素质影响/降低了你的工作绩效?""根据你的认识和经验,对于企业的高层/中层/基层管理者,你认为具有哪些胜任素质可以使他们胜任自己的工作?"前一个问题要

求管理者根据自己的实际体验,总结出使自己获得成功/失败的胜任素质,后一个问题要求管理者根据已有的直接和间接经验,提出不同管理层次的管理者胜任其管理岗位所必需的胜任素质。通过对随机选取的 25 名企业管理者(其中,高层 10 人,中层 10 人,基层 5 人)获得的访谈资料,并在查阅大量文献的基础上,我们构建了企业管理者胜任素质体系的初始测评指标(15 个),然后随机选择了 54 名企业的高层和中层管理者对构建的不同管理层级的管理者(高层、中层、基层)的胜任素质,分别按照它们对胜任不同管理层级的管理工作的重要性进行等级评定(以阿拉伯数字作为等级的标志,最重要的等级记为"1"。随重要性降低而数字依次增大,最不重要的等级记为"15")。根据对不同管理层级的管理者胜任素质的等级评定结果,我们最终选择了等级在企业高层、中层和基层管理者中都排在前 11 位的胜任素质,分别是决策能力(A)、情绪智力(B)、自我效能(C)、成就动机(D)、创新能力(E)、社交能力(F)、学习能力(G)、沟通能力(H)、领导能力(I)、变革能力(J)、知识应用水平(K)。根据研究的需要和出于统计处理的考虑,我们删除了在各层级管理者等级评定中排在最后面的四个初始构建的胜任素质测评指标。表 5-1 为我们最终确定的企业管理者的 11 个胜任素质的等级评定的平均数与标准差。

表 5-1 企业管理者胜任素质等级评定的平均数(M)与标准差(SD)

	高层		中层		基层	
	M	SD	M	SD	M	SD
决策能力(A)	2.28	1.65	6.52	2.56	6.85	4.14
情绪智力(B)	6.50	4.31	5.63	2.89	6.20	2.51
自我效能(C)	6.67	3.40	6.46	2.21	6.13	3.01
成就动机(D)	5.77	2.15	6.25	2.87	6.01	4.00
创新能力(E)	5.83	2.14	6.32	3.10	6.11	3.35
社交能力(F)	6.15	3.61	5.74	3.22	5.33	3.56
学习能力(G)	6.00	2.97	6.71	3.46	4.04	2.17
沟通能力(H)	5.17	3.31	5.01	2.63	3.02	1.94
领导能力(I)	3.33	1.68	2.46	1.61	2.70	1.87
变革能力(J)	4.63	2.87	6.58	3.46	5.34	3.10
知识应用(K)	3.93	2.08	3.78	2.72	3.11	1.97

管理者的决策能力是指管理者根据经验和掌握的信息,准确地分析、判断信息,敏锐地揭示事物间的内在关系,从而果断地做出正确决策的能力;管理者的情绪智力是指管理者认识、理解、控制自我及他人情绪和情感的能力;管理者的自我效能是指管理者对有效控制自己各方面能力的知觉或信念;管理者的成就动机是指管理者追求成就、渴望成功的内部需求和动力;管理者的创新能力是指管理者创造性地加工、接受环境中的信息,以新颖、独特的方式创造出成果的能力;社交能力是指管理者掌握人际交往知识、运用人际交往技能,获得良好社会关系的能力;学习能力是指管理者根据环境所需,及时补充最新知识和技能的能力;沟通能力是指管理者有效、适时地向他人传递和反馈信息,善于理解他人传递的信息和增强他人信息交流的能力;领导能力是指管理者指导、影响、激励员工,从而促使个人和组织达到目标的能力;变革能力是指管理者影响、推动员工在思想和行为上发起改变或变革,从而导致整个员工集体或组织发生根本性变化的能力;知识应用水平是指管理者将掌握的知识应用于工作,并促使工作绩效提高的能力。

（二）企业管理者胜任素质测量问卷的编制与检验

本研究首先对 11 种胜任素质分别建立了操作定义,然后根据各种胜任素质的操作定义编制问卷。11 个胜任素质测量问卷除了情绪智力问卷为他人编制问卷(Law & Wong, 2004)外,其余的胜任素质测量问卷皆为自编问卷。所编制的胜任素质测量问卷皆为 Likert 自评量表,采用 5 点记分,为"从不、偶尔、有时、经常、总是"。各胜任素质测量问卷的每个项目(测题)都以陈述句的形式出现,项目所陈述的内容都是个体的行为或行为倾向,要求企业管理者根据自己的实际情况(行为或行为倾向发生的频率),按照 5 点记分规则,对每一个项目陈述的行为或行为倾向所发生的频率进行"五择一"的选择。

第一次预测随机选取 54 名企业管理者,对胜任素质的 11 个测量问卷进行信度分析和探索性因素分析,然后根据预测结果对不符合统计标准的项目进行删除,同时增补个别项目,形成第二次预测的测量问卷。接着对240 名企业管理者进行第二次预测,首先分析编制的各个胜任素质测量问卷的内部结构。利用主成分因素分析,最终在决策能力问卷的测题中抽取出 4 个公共因子(aa,ab,ac,ad),作为测量决策能力的 4 个维度;在自我效能问卷的测题中抽取出 3 个公共因子(ca,cb,cc),作为测量自我效能的 3个维度;在成就动机问卷的测题中抽取出 3 个公共因子(da,db,dc),作为测量成就动机的 3 个维度;在创新能力问卷的测题中抽取出 3 个公共因子(ea,eb,ec),作为测量创新能力的 3 个维度;在社交能力问卷的测题中抽取出 3 个公共因子(fa,fb,fc),作为测量社交能力的 3 个维度;在学习能力问卷的测题中抽取出 4 个公共因子(ga,gb,gc,gd),作为测量学习能力的 4 个维度;在沟通能力问卷的测题中抽取出 3 个公共因子(ha,hb,hc),作为测量沟通能力的 3 个维度;在领导能力问卷的测题中抽取出 3 个公共因子(ia,ib,ic),作为测量领导能力的 3 个维度;在变革能力问卷的测题中抽取出 4 个公共因子(ja,jb,jc,jd),作为测量变革能力的 4 个维度;在知识应用水平问卷的测题中抽取出 3 个公共因子(ka,kb,kc),作为测量知识应用水平的 3 个维度。情绪智力问卷为他人编制问卷,从 4 个维度(ba,bb,bc,bd)测量个体的情绪智力。

利用信度分析和主成分因素分析,对 11 个胜任素质测量问卷的信度和效度情况进行检验,从而形成企业管理者胜任素质的正式测量问卷。各个胜任素质测量问卷的项目数、信度和效度情况见表 5-2。

表 5-2　胜任素质问卷的项目数、信度、效度

胜任素质	项目数	α	r	所解释的总变异量
决策能力	20	0.85		55.39%
情绪智力	16	0.88		61.96%
自我效能	11	0.82		62.67%
成就动机	10	0.78	0.97	64.56%
创新能力	12	0.76	0.96	52.77%
社交能力	16	0.90		58.91%
学习能力	20	0.90		57.26%
沟通能力	14	0.87		59.43%
领导能力	14	0.90		63.79%
变革能力	19	0.90		62.02%
知识应用	15	0.85		59.41%

注:α:内在一致性系数;r:再测信度系数。

随后以 509 名企业管理者为基础进行探索性因素分析,结果表明 11 个胜任素质可以解释的方差总变异量为 61.67%,内在一致性系数(α)为 0.94。为进一步了解企业管理者的 11 个胜任素质结构的稳定性和合理性,在探索性因素分析的基础上,我们另外抽取 600 名管理者进行了验证

性因素分析的检验,模型见图 5-1。

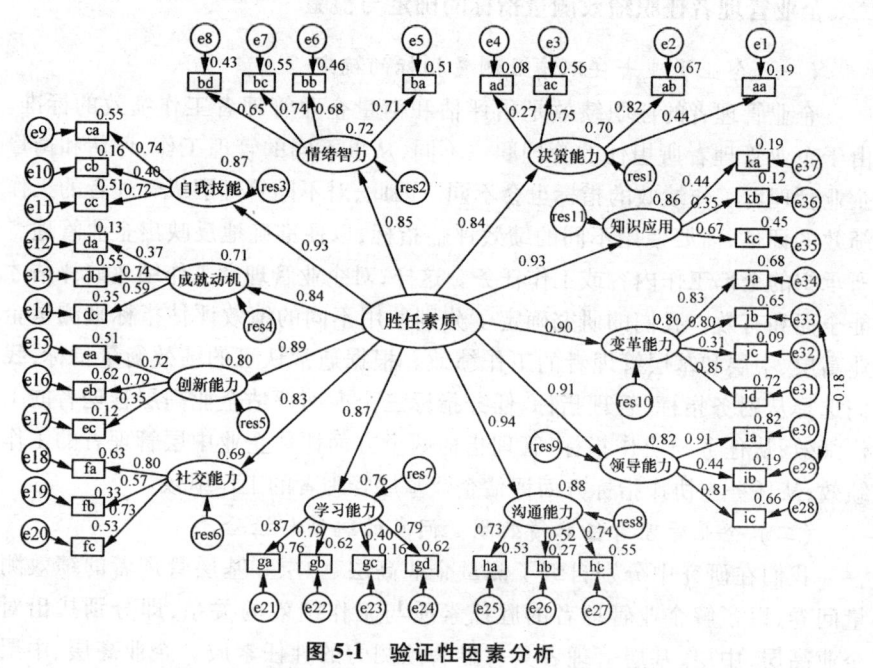

图 5-1 验证性因素分析

检验结果表明,模型的各个拟合指数都良好,说明数据与模型有较好的拟合,见表 5-3。

表 5-3 企业管理者胜任素质的验证性因素分析

	拟合指数				
	NFI	IFI	NNFI	CFI	RMSEA
验证性因子分析	0.96	0.97	0.96	0.97	0.09

注:NFI(normed fit index):标准拟合指数;IFI(incremental fit index):增值拟合指数;NNFI(non-normed fit index):非范拟合指数;CFI(comparative fit index):比较拟合指数;RMSEA(root square error of approximation):近似误差均方根。

显然,探索性因素分析和验证性因素分析都表明,我们研究确定的胜任素质结构有较理想的稳定性和合理性,各个胜任素质测量问卷都具有理想的信度和效度,不仅说明我们较可靠、有效地测量了企业管理者胜任素质的结构体系,同时对我们进一步研究企业管理者的胜任素质特征及其与绩效的关系提供了可靠性和有效性的保证。

二、企业管理者任职绩效测量指标的确定与检验

（一）企业管理者任职绩效测量指标的确定

企业管理者的任职绩效是指评估和衡量企业管理者工作绩效的标准。由于企业管理者所担任的管理职位不同，从事不同的管理工作，评估和衡量企业管理者工作绩效的指标也会不同。因此，对不同管理层级管理者的工作绩效的评估，需要使用不同的绩效评估指标，以便准确地反映出企业管理者所承担的全部工作内容或工作任务。这样，对企业管理者工作绩效的评估才能全面和有效。我们的研究确定了分别使用不同的绩效评估指标来测量企业高层、中层和基层管理者的工作绩效。根据通常认可的绩效衡量指标，我们选择从财务指标、管理指标、任务指标三个方面评估企业高层管理者的工作绩效；从任务与协作指标、管理指标两个方面评估企业中层管理者的工作绩效；从任务与协作指标方面评估企业基层管理者的工作绩效。

（二）企业管理者任职绩效测量问卷的编制与检验

我们在研究中分别自编了测量企业高层、中层和基层管理者的绩效测量问卷，以了解企业管理者的胜任素质与工作绩效的关系，即分别找出对企业高层、中层、基层管理者具有显著预测力的胜任素质。企业高层、中层和基层管理者的绩效测量问卷，皆为 Likert 自评量表，采用 7 点记分，各个绩效的变化程度从低到高分为 7 点，要求企业管理者根据自己的实际情况（企业管理者在担任管理职务期间，各绩效所处的位置），进行"七择一"的选择。

对在胜任素质测量中随机选取的 240 名管理者，采用三种不同的绩效测量问卷进行测量，分别测量企业高层、中层、基层管理者的绩效表现。利用信度分析和主成分因素分析，分别对企业高层、中层、基层管理者的绩效测量问卷的信度和效度进行检验，从而形成企业高层、中层、基层管理者绩效的正式测量问卷。企业高层、中层、基层管理者绩效测量问卷的项目数、信度和效度情况见表 5-4。

表 5-4　企业管理者绩效测量指标问卷的项目数、信度、效度

绩效	项目数	α	所解释的总变异量
高层指标	15	0.83	68.47%
中层指标	8	0.81	60.06%
基层指标	5	0.88	67.31%

注：α 为内在一致性系数。

从表 5-4 可知,企业高层、中层、基层管理者的绩效测量问卷都具有较理想的信度和结构效度,从而保证了管理者绩效测量结果的可靠性和有效性。

第二节　企业管理者胜任素质与绩效的关系研究

一、引言

国内外研究者已提出了有关管理者的各种胜任素质或胜任特征的理论模型以及对模型的测量和验证(Barnard,1938;Bray,1956;McClelland,1973;Lawler,1994;Sackett, et al.,1998;Seibert,Crant,Kraimer,1999;LePine & Dyne,2001;Northouse,2001;Rodriguez, et al.,2002;袁宝华,1998;杨广春,2001;王烈,2001;徐绪松等,2001;赵曙明,2004);同时,企业界、企业管理协会及咨询部门在企业的管理实践中也不断总结企业管理者应该具有的胜任素质和胜任素质模型(美国管理协会,20世纪 70 年代;Eyde, et al.,1999;Schippmann, et al.,2000;麦肯锡咨询公司等)。

近年来,斯班瑟与斯班瑟(Spencer & Spencer,1993)构建的管理者胜任素质特征模型受到研究者的关注。他们认为,管理者的胜任特征有三个层面:个体特质和动机是核心品质,处于结构模型的最里层;态度、价值观和自我概念结构处在中间层;个体的知识和技巧处在结构最外层(表层)。管理者需要在这三个层面开发和培养相应的符合工作特性需要的特质和动机(如情绪特征、成就导向)、态度和自我概念(如自信心、信念)、知识和技能(如业务知识、人际知识和技能、思考力、影响力、领导力),才能胜任管理者的工作。现已有研究者以管理者胜任素质与绩效以及绩效之间的关系构建胜任特征模型(Boyatzis,1982;Judge, Bono,2001;Vancouver,Thompson, Williams,2001;Russell,2001;Lee,Sheldon,Turban,2003;陈学军,王重鸣,2001)。

沃纳(Warner,2002)以其绩效系统为基础,把与绩效相关的企业管理者的素质区分为核心素质(core competencies)、通用素质(generic competencies)、角色素质(role-specific competencies)。他认为管理者的核心素质有四种:顾客承诺、创造力、革新能力、质量导向,围绕这四种核心素质又细分出 36 种可以实际运用于工作并保证工作能够取得绩效的专门技能素质。沃纳认为,核心素质是关键素质,企业组织应该找出与企业业务领域和企业愿景密切相关的管理者的关键素质,并开发和培训成管理者的专门技能,因为它们可以帮助企业完成企业目标和实现企业使命。时勘等人(2002)采用行为事件访谈法探讨了我国通信业高层管理者的胜任特征模型,研究发现,我国通信业高层管理者的胜任特征包括:影响力、组织承诺、信息寻求、成就欲、团队领导、人际洞察力、主动性、客户服务意识、自信和发展他人。仲理峰和时勘(2004)通过对 18 名家族企业高层管理者的关键行为事件访谈,建立了家族企业高层管理者胜任特征模型,研究发现,我国家族企业高层管理者的胜任特征包括:权威导向、主动性、捕捉机遇、信息寻求、组织意识、指挥、仁慈关怀、自我控制、自信、自主学习、影响他人等11 项胜任特征。王重鸣等(2002)认为管理者的胜任特征由管理素质和管理技能两个维度构成,但不同层次的管理者在两个维度上具有不同素质和技能结构。苗青等(2003)提出机遇、关系、概念、组织、战略和承诺是企业家的六大胜任力因素,主张用企业家胜任力来提高企业竞争力,预测长期绩效。

显然,国内外研究者和企业界的实践者都从不同视角来总结、概括、测量、验证企业管理者的各种胜任素质和胜任特征。这些胜任素质是否对不同管理领域的企业管理者具有普遍意义?或不同管理领域的管理者是否具有特异性的胜任素质?不同管理领域的企业管理者的胜任素质的共同性和差异性究竟处于怎样的一种状态平衡?管理者的各项胜任素质究竟能对其管理绩效有多大的预测性?这些问题都值得研究者去探索。

二、研究方法

(一) 被试样本

第一次大规模随机抽取被试样本是在江苏省的南京、无锡地区,广东省的珠海、普宁地区,福建省的泉州、厦门地区进行,共发放问卷 1 000 份;第二次大规模随机抽取被试样本是在江苏省的南京、无锡地区,山东省的青岛地区进行,共发放问卷 1 000 份。两次大规模随机抽取的被试者都是各地的企业高层、中层和基层管理者,来自不同管理岗位(人力资源管理、营销、生产/工程/项目管理、财务/金融、技术管理、决策/战略管理)、不同行业(机械制造、电子信息、化工、轻工、建筑与房地产、商业服务、交通运输等)、不同性质(国有企业、民营企业、三资企业)以及不同规模的大型(员工人数500—2 000人及以上,销售额15 000万—30 000万元及以上,员工人数和销售额在各行业之间有不同标准要求)、中型(员工100—2 000人以下,销售额10 000万—30 000万元以下)、小型(员工100—300人以下,销售额1 000万—3 000万元以下)企业。管理者的年龄大多在25—55岁之间,学历主要为大专以下、大专、本科、硕士或博士。随机抽取的男女管理者的比例符合企业管理者性别的经验分布比例(4:1)。第一次大规模抽取样本后回收的有效问卷为651份,回收率为65.1%;第二次大规模随机抽取样本后回收的有效问卷为471份,回收率为47.1%;两次大规模随机抽取的有效被试的问卷总量为1 122份。第一次随机抽取的被试被用来进行胜任素质的比较性研究以及胜任素质与绩效关系的探索性研究;第二次随机抽取的被试被用来进行胜任素质和绩效的验证性研究。

(二)研究工具

1. 胜任素质测量问卷

我们采用自编的胜任素质测量问卷,共包含11个子问卷,分别是:决策能力问卷(A)、自我效能问卷(C)、成就动机问卷(D)、创新能力问卷(E)、社交能力问卷(F)、学习能力问卷(G)、沟通能力问卷(H)、领导能力问卷(I)、变革能力问卷(J)、知识应用水平问卷(K),它们分别测量管理者的决策能力、自我效能、成就动机、创新能力、社交能力、学习能力、沟通能力、领导能力、变革能力、知识应用水平;对情绪智力的测量采用Law和Wong(2004)编制的情绪智力测量问卷(B)。11个胜任素质在高一阶因子上合成一个因子,它可以解释的方差总变异量为61.67%,内在一致性系数(α)为0.94。验证性因素分析显示,胜任素质结构模型具有良好的拟合指数:NFI(0.96)、IFI(0.97)、NNFI(0.96)、CFI(0.97)、RMSEA(0.09)。由此可见,这11个胜任素质子维度都具有较理想的信度和结构效度,所构建的胜任素质结构模型具有合理性和稳定性(见第五章第一节内容)。

2. 绩效测量问卷

我们采用自编的管理者绩效测量问卷,分别是:(1)企业高层管理者绩效测量问卷(LH),该问卷的内部一致性系数为0.83,可解释的方差总变异量为68.47%;(2)企业中层管理者绩效测量问卷(LM),该问卷的内部一致性系数为0.81,可解释的方差总变异量为60.06%;(3)企业基层管理者绩效测量问卷(LL),该问卷的内部一致性系数为0.88,可解释的方差总变异量为 67.31%。这三个问卷的信度和结构效度较理想,它们分别测量企业高层、中层、基层管理者的工作绩效(见第五章第一节内容)。

（三）施测程序

本研究采用团体施测方式,对先后两次随机抽取的不同地区的被试者(企业高层、中层、基层管理者)分别施测 11 个胜任素质子问卷和 3 个绩效测量问卷。每个管理者需要完成全部 11 个胜任素质子问卷,而对于绩效测量问卷,要求管理者选择填写与自己的管理层级(高层、中层、基层)相对应的绩效测量问卷。第一次大规模抽取样本后回收的有效问卷为 651份,回收率为 65.1%,其中高层、中层、基层的有效问卷分别为 138 份、284份、229 份;从事人力资源管理、营销、生产/项目/工程、财务/金融、技术、决策/战略管理的管理者的有效问卷分别为 78 份、116 份、163 份、68 份、81份、66 份;南京地区、广东地区、福建地区、无锡地区的管理者的有效问卷分别为 175 份、102 份、101 份、270 份。第二次大规模随机抽取样本后回收的有效问卷为 471 份,回收率为 47.1%,其中高层、中层、基层的有效问卷分别为 101 份、211 份、159 份,南京地区、无锡地区、青岛地区的有效问卷分别为 81 份、70 份、320 份。两次在各地区回收的有效问卷共 1 122 份,两次回收的企业高层、中层、基层管理者的有效问卷分别为 239 份、495 份、388 份。

（四）数据处理

采用 SPSS10.0 对第一次回收的有效问卷进行数据统计处理,采用AMOS4.0 对第二次回收的企业高层管理者(101 份)、企业中层管理者(211 份)的有效问卷进行数据统计处理。

三、结果与分析

（一）企业管理者的胜任素质特征比较

为了解不同管理层级的企业管理者在各个胜任素质测评指标上的差异,我们对第一次大规模抽取的 651 名企业高层、中层、基层管理者在各个胜任素质测评指标上得分的差异进行平均数差异的显著性检验,见表 5-5。

表 5-5　不同管理层级的企业管理者胜任素质的平均数(M)与标准差(SD)

	高层		中层		基层	
	M	SD	M	SD	M	SD
决策能力(A)	79.77	7.71	75.86	7.81	73.59	7.95
情绪智力(B)	67.21	7.60	64.20	6.83	63.79	6.82
自我效能(C)	44.64	5.12	42.88	5.31	41.66	5.28
成就动机(D)	35.68	6.01	33.99	4.96	33.83	4.71
创新能力(E)	46.74	5.14	44.20	4.60	43.94	4.96
社交能力(F)	63.85	8.92	59.42	9.01	58.87	7.95
学习能力(G)	80.66	9.11	76.56	8.93	76.06	9.06
沟通能力(H)	57.62	6.66	54.97	6.30	53.95	6.57
领导能力(I)	57.91	6.44	55.48	6.43	53.91	6.85
变革能力(J)	73.61	8.58	70.24	7.84	69.44	8.85
知识应用(K)	60.36	7.33	58.66	7.33	55.77	7.77

研究发现,不同管理层级的企业管理者在 11 个胜任素质测评指标上的平均数之间存在显著差异($A: F_{(2,625)} = 22.98$; $B: F_{(2,647)} = 10.15$; $C: F_{(2,640)} = 12.09$; $D: F_{(2,639)} = 5.58$; $E: F_{(2,646)} = 14.65$; $F: F_{(2,631)} = 13.83$; $G: F_{(2,636)} = 10.97$; $H: F_{(2,643)} = 12.19$; $I: F_{(2,635)} = 13.92$; $J: F_{(2,622)} = 9.62$; $K: F_{(2,584)} = 14.99$; $p < 0.001$, $p < 0.01$),这表明不同管理层级的企业管理者在 11 个胜任素质上存在显著差异。经多重比较发现,高层管理者在 11 个胜任素质测评指标上的平均数都显著高于中层和基层管理者的平均数($p < 0.05$),表明高层管理者在各个胜任素质水平上显著高于中层和基层管理者。中层管理者在决策能力、自我效能、领导能力、知识应用水平四个胜任素质测评指标上的平均数显著高于基层管理者的平均数,在其他胜任素质测评指标之间没有发现中层管理者与基层管理者之间的显著差异,这表明中层管理者在决策能力、自我效能、领导能力、知识应用水平四个胜任素质水平上显著高于基层管理者。

为了解不同管理岗位的企业管理者在各个胜任素质测评指标上的差异,我们对不同管理岗位上的企业管理者在各个胜任素质测评指标上得分的差异进行平均数差异的显著性检验,见表 5-6。

表 5-6　不同管理岗位的企业管理者胜任素质的平均数（M）与标准差（SD）

	人力资源		营销		生产/项目/工程		财务/金融		技术		决策/战略	
	M	SD	M	SD	M	SD	M	SD	M	SD	M	SD
A	74.36	8.01	75.58	7.39	77.03	7.85	72.12	8.06	75.43	8.63	80.83	7.40
B	65.47	6.34	64.63	6.69	64.71	6.79	62.96	7.62	63.46	6.80	67.85	7.04
C	42.92	5.32	43.09	5.00	42.57	4.99	41.43	5.97	42.20	5.54	45.76	4.57
D	32.64	4.56	34.43	5.04	34.61	4.89	33.73	5.08	33.95	5.04	37.02	5.92
E	43.78	4.86	44.75	4.46	44.87	4.48	43.34	4.82	44.65	4.92	47.43	5.40
F	60.84	9.11	61.47	8.67	59.39	8.19	57.03	8.41	59.25	9.02	63.68	9.81
G	75.79	8.19	76.68	8.77	77.21	9.02	76.16	10.32	78.19	8.95	82.47	8.75
H	54.96	5.98	55.78	6.39	55.12	6.38	53.03	7.36	54.99	6.82	58.27	6.46
I	55.56	6.23	55.40	6.38	56.04	6.31	53.19	7.85	55.54	6.29	57.98	6.70
J	70.49	7.79	71.11	8.30	71.17	8.02	68.37	8.90	70.64	8.25	73.86	8.87
K	58.43	7.09	57.95	7.27	57.97	7.55	56.64	8.96	57.78	7.79	61.45	6.40

注：A：决策能力；B：情绪智力；C：自我效能；D：成就动机；E：创新能力；F：社交能力；G：学习能力；H：沟通能力；I：领导能力；J：变革能力；K：知识应用水平。

研究发现，不同管理岗位的管理者在各个测评指标上的平均数之间存在显著差异（A：$F(5,553)=9.42$；B：$F(5,565)=4.38$；C：$F(5,565)=5.51$；D：$F(5,561)=5.79$；E：$F(5,567)=6.15$；F：$F(5,558)=4.81$；G：$F(5,563)=5.22$；H：$F(5,566)=4.60$；I：$F(5,558)=3.70$；J：$F(5,549)=3.04$；K：$F(5,512)=2.86$；$p<0.001$，$p<0.01$，$p<0.05$）。经多重比较发现，擅长决策/战略管理的管理者在各个测评指标上的得分最高，除了在社交能力指标上的得分没有显著高于人力资源管理者和营销管理者，在知识应用水平指标上的得分没有显著高于人力资源管理者外，在其余测评指标上的得分都显著高于其他岗位的管理者（$p<0.05$），说明决策/战略管理者比其他管理岗位的管理者在多项胜任素质上有更高的水平和自我评定。财务/金融岗位的管理者在各个测评指标上的得分最低，除了在自我效能、学习能力测量指标上的得分与人力资源管理、营销、生产/工程/项目管理、技术管理的管理者的得分差异没有达到显著外，在其他测量指标上都显著低于人力资源管理、营销、生产/工程/项目管理、技术管理等其他管理岗位上的管理者（$p<0.05$），说明财务/金融岗位的管理者在多项胜任素质的水平和自我评定上比其他管理岗位上的管理者低。

为了解不同地区的企业管理者在各个胜任素质测评指标上的差异，我们对江苏地区（南京、无锡）、广东地区（珠海，普宁）、福建地区（泉州、厦门)的企业管理者在各个胜任素质测评指标上的差异进行平均数差异的显著性检验。不同地区的企业管理者在各个胜任素质上的平均数与标准差见表5-7。

表5-7　不同地区的企业管理者胜任素质的平均数(M)与标准差(SD)

| | 江苏地区 | | | | 广东地区 | | 福建地区 | |
| | 南京 | | 无锡 | | 珠海/普宁 | | 泉州/厦门 | |
	M	SD	M	SD	M	SD	M	SD
A	73.90	7.70	76.20	8.31	76.11	7.33	78.02	8.21
B	63.21	6.75	64.29	7.18	66.23	6.42	66.65	7.24
C	42.39	5.34	42.13	5.40	43.91	4.75	44.34	5.38
D	33.82	5.24	33.69	4.84	35.01	4.67	35.93	5.83
E	44.32	4.58	44.17	4.85	45.29	4.64	45.67	5.93
F	58.85	8.50	59.54	8.82	61.53	8.77	62.79	9.20
G	76.06	8.48	76.66	9.43	78.79	8.28	78.99	10.01
H	53.35	6.56	54.99	6.71	56.81	5.58	57.03	6.09
I	52.87	6.77	55.64	6.34	56.92	6.53	57.91	6.39
J	69.62	8.21	69.79	8.23	71.81	8.38	73.52	8.86
K	55.58	8.09	58.56	7.47	58.76	7.17	58.81	7.36

注:A:决策能力;B:情绪智力;C:自我效能;D:成就动机;E:创新能力;F:社交能力;G:学习能力;H:沟通能力;I:领导能力;J:变革能力;K:知识应用水平。

研究发现,不同地区的管理者在各个测评指标上的平均数之间存在显著差异(A:$F(3,629)=5.89$;B:$F(3,651)=6.81$;C:$F(3,644)=5.83$;D:$F(3,643)=5.61$;E:$F(3,650)=2.98$;F:$F(3,635)=5.19$;G:$F(3,640)=3.32$;H:$F(3,647)=9.19$;I:$F(3,639)=15.05$;J:$F(3,625)=5.96$;K:$F(3,587)=5.73$;$p<0.001$,$p<0.01$,$p<0.05$)。经多重比较发现,江苏地区的南京和无锡的管理者在胜任素质测评指标上的平均数都较低,南京地区的管理者在11个测评指标上的平均数都显著低于广东地区的珠海和普宁、福建地区的泉州和厦门的管理者的平均数,无锡地区的管理者在情绪智力、自我效能、沟通能力、变革能力上的平均数也显著低于这些地区企业管理者的平均数,并且在社交能力、学习能力、领导能力上的平均数也显著低于泉州和厦门地区管理者的平均数,但无锡地区管理者在沟通能力、领导能力、知识应用水平上的平均数显著高于南京地区的

管理者的平均数。广东地区(珠海和普宁)、福建地区(泉州和厦门)的企业管理者在各个测评指标上的平均数都较高,这两个地区的管理者在各个测评指标上的平均数之间没有发现显著差异。对不同地区企业管理者胜任素质的差异性检验表明,广东地区、福建地区的企业管理者的胜任素质水平以及对自己的胜任素质的自我评定都较高,而江苏地区的企业管理者,尤其是南京地区的企业管理者的胜任素质水平及对自己的胜任素质的自我评定较低。

对不同文化水平的企业管理者在胜任素质测评指标上的 F 检验表明,除了在领导能力上不同文化水平的管理者之间的平均数差异达到显著外($F(3,626)=2.92, p<0.05$),在其他指标之间的平均数差异都未达显著,说明文化水平仅对企业管理者的领导能力有显著影响。在领导能力上,大专($M=55.65, SD=6.96$)与大专以下学历($M=56.36, SD=6.00$)的企业管理者自我评定较高,本科($M=54.81, SD=6.78$)和硕士以上学历($M=53.67, SD=6.75$)的企业管理者自我评定较低。

对不同性别的企业管理者在胜任素质测评指标上的 F 检验表明,在成就动机和创新能力上,不同性别的企业管理者之间存在显著差异($F(1,636)=5.52, p<0.05; F(1,643)=16.36, p<0.001$),男性管理者在成就动机(D)和创新能力(E)上的平均数(D:$M=34.55, SD=5.22$;E:$M=45.07, SD=4.90$)显著高于女性管理者的平均数(D:$M=33.51$,$SD=4.84$;E:$M=43.36, SD=4.75$),说明男性管理者比女性管理者有更高的成就动机和创新能力,对自己的成就动机和创新能力有更高的自我评定。在其他测评指标上男女管理者之间没有发现显著差异,即管理者的性别对其他测评指标没有显著影响。

对不同年龄的企业管理者在胜任素质测评指标上的 F 检验表明,不同年龄的企业管理者在决策能力(A)、成就动机(D)、领导能力(I)、知识应用水平(K)上的平均数之间存在显著差异(A:$F(3,623)=5.41$;D:$F(3,637)=5.86$;I:$F(3,633)=2.79$;K:$F(3,582)=5.39$;$p<0.05, p<0.01$)。不同年龄的企业管理者在这些胜任素质上的平均数与标准差见表5-8。

表 5-8　不同年龄的企业管理者胜任素质的平均数(M)与标准差(SD)

	30 岁以下		31—40 岁		41—50 岁		51 岁以上	
	M	SD	M	SD	M	SD	M	SD
A	74.58	7.91	75.58	8.21	78.08	8.19	77.41	6.87
D	34.44	4.76	34.67	5.34	34.02	5.30	31.44	4.56
I	54.63	6.94	55.25	6.61	56.66	6.30	56.47	6.54
K	56.62	7.50	58.15	7.77	60.25	7.18	58.15	7.68

注:A:决策能力;D:成就动机;I:领导能力;K:知识应用水平。

经多重比较表明,在决策能力上,41—50 岁年龄段的管理者的平均数显著高于 30 岁以下和 30—40 岁年龄段的管理者的平均数,并且 30 岁以下管理者的平均数显著低于 51 岁以上年龄段管理者的平均数,说明 41—50 岁年龄段的管理者的决策能力和自我评定较高,而 30 岁以下和 30—40 岁年龄段的管理者的决策能力和自我评定较低。在成就动机上,51 岁以上年龄段管理者的平均数最低,显著低于其他年龄段管理者的平均数,说明 51 岁以上年龄段管理者对成就的追求和对自我成就动机的评定比其他年龄段的管理者低。在领导能力上,30 岁以下管理者的平均数显著低于 41—50 岁年龄段的管理者的平均数,说明 30 岁以下管理者与其他年龄段的管理者相比,领导能力和对领导能力的自我评定都较低。在知识应用水平上,30 岁以下及 30—40 岁年龄段的管理者的平均数显著低于 41—50 岁年龄段的管理者的平均数,说明 30 岁以下管理者与 30—40 岁年龄段的管理者的知识应用水平及其自我评定都较低。显然,41—50 岁年龄段的管理者的决策能力、成就动机、领导能力、知识应用水平都显著高于其他年龄阶段的管理者。在其他胜任素质测评指标上没有发现年龄间的显著差异,即管理者的年龄对其他胜任素质测评指标没有显著影响。

对处于不同规模企业(按员工人数)的企业管理者在胜任素质测评指标上的 F 检验表明,不同企业规模的企业管理者在社交能力(F)、沟通能力(H)和领导能力(I)上的平均数之间存在显著差异($F:F(2,621)=4.60;H:F(2,632)=3.73;I:F(2,624)=3.37;p<0.05$)。不同企业规模的企业管理者在这三个胜任素质上的平均数与标准差见表 5-9。

经多重比较发现,小型企业的企业管理者在社交能力、沟通能力和领导能力上的平均数都显著高于中型和大型企业的企业管理者的平均数($p<0.05$),说明小型企业的企业管理者在这三个胜任素质上的水平及对这三个胜任素质的自我评定较高,而中型和大型企业的企业管理者的这三

个胜任素质水平及对这三个胜任素质的自我评定较低。

表 5-9 不同企业规模的企业管理者胜任素质的平均数(M)与标准差(SD)

	大型		中型		小型	
	M	SD	M	SD	M	SD
社交能力(F)	59.60	8.68	59.46	8.96	62.07	8.43
沟通能力(H)	53.94	6.66	55.14	6.48	56.10	6.45
领导能力(I)	54.32	6.49	55.40	6.85	56.44	6.31

对处于不同规模企业(按销售额)的企业管理者在胜任素质测评指标上的 F 检验表明,不同企业规模的企业管理者在领导能力上的平均数存在显著差异($F(2,617) = 4.10; p < 0.05$)。大型企业的管理者在领导能力上的平均数($M = 54.04, SD = 6.78$)显著低于中型($M = 55.80, SD = 6.68$)和小型企业里的管理者($M = 55.94, SD = 6.53$)的平均数($p < 0.05$),说明与大型企业的管理者相比,中型和小型企业的管理者的领导能力及对领导能力的自我评定较高。

对处于不同性质企业的管理者在胜任素质测评指标上的 F 检验表明,在成就动机(D)、社交能力(F)、知识应用水平(K)上,处于不同企业性质的企业管理者的平均数之间存在显著差异(D: $F(2,626) = 3.82$; F: $F(2,618) = 4.20$; K: $F(2,572) = 4.14; p < 0.05, p < 0.01$)。处于不同企业性质的企业管理者在这三个胜任素质上的平均数与标准差见表 5-10。民营企业的管理者在成就动机上的平均数显著高于国有企业和三资企业管理者的平均数,在社交能力和知识应用水平上国有企业和民营企业的管理者的平均数显著高于三资企业管理者的平均数。这说明民营企业的管理者较国有企业和三资企业的管理者有更高的成就动机,而在社交能力、知识应用水平上,与三资企业的管理者相比,国有企业和民营企业的管理者有更高的社交能力和对知识的应用水平。

表 5-10 不同企业性质里的管理者胜任素质的平均数(M)与标准差(SD)

	国有企业		民营企业		三资企业	
	M	SD	M	SD	M	SD
成就动机(D)	33.89	5.04	34.97	5.19	33.71	5.14
社交能力(F)	60.66	8.87	60.78	8.86	58.50	8.72
知识应用(K)	58.91	8.13	58.24	6.96	56.68	7.76

对不同行业性质(机械制造、电子信息产业、化工、轻工、商业服务、交通运输等公共事业服务)的企业管理者在胜任素质测评指标上的 F 检验表明,在自我效能(C)、成就动机(D)、创新能力(E)、社交能力(F)上,不同行业之间的企业管理者的平均数之间存在显著差异($C:F(5,577) = 3.70;D:F(5,576) = 3.54;E:F(5,582) = 2.28;F:F(5,569) = 3.57;p < 0.05,p < 0.01$)。不同行业之间的企业管理者在这些胜任素质上的平均数与标准差见表 5-11。

表 5-11　不同行业的企业管理者胜任素质的平均数(M)与标准差(SD)

	机械制造		电子信息		化工		轻工		商业服务		交通运输	
	M	SD	M	SD	M	SD	M	SD	M	SD	M	SD
C	43.62	5.19	43.91	4.67	43.55	4.62	41.63	5.45	44.01	5.37	42.25	5.47
D	35.42	5.21	35.55	5.16	34.43	4.69	33.80	4.98	35.08	4.99	33.33	4.89
E	45.02	5.12	45.86	5.36	44.54	4.03	43.91	5.30	45.56	4.27	44.21	4.65
F	59.13	9.39	60.64	7.78	62.56	8.28	58.33	8.77	62.53	8.65	59.55	8.97

注:C:自我效能;D:成就动机;E:创新能力;F:社交能力。

经多重比较发现,机械制造、电子信息产业、商业服务行业的管理者在自我效能、成就动机上的平均数显著高于轻工行业与交通运输行业的平均数($p < 0.05$);在创新能力上,电子信息产业、商业服务行业的管理者的平均数显著高于轻工行业与交通运输行业的平均数($p < 0.05$);在社交能力上,化工行业、商业服务行业管理者的平均数显著高于机械制造业、轻工、交通运输行业管理者的平均数($p < 0.05$)。这说明机械制造、电子信息产业、商业服务行业的管理者比轻工行业与交通运输行业的管理者有更高的自我效能和成就动机,对自我效能和成就动机的自我评定较高;而电子信息产业、商业服务行业的管理者比其他行业的管理者有更高的创新能力,对创新能力的自我评定较高;化工行业、商业服务行业管理者则比其他行业的管理者有更强的社交能力,对社交能力的自我评定较高。

(二)企业管理者的胜任素质与绩效的关系

为了解各个胜任素质对管理者的工作或管理绩效的预测力,以 11 个胜任素质为自变量,分别以高层、中层、基层管理者的绩效测评指标为因变量,进行 ENTER 方式和 STEPWISE 方式的回归分析(所有自变量的 VIF 值在 1.4—3.3 之间,自变量之间存在共线性的可能性很小)。以 ENTER 方式进入高层管理者回归方程($F = 4.33$, $p < 0.001$)的 11 个胜任素质的 R^2 为 0.322,即这 11 个测评指标对高层管理者绩效的预测力为 32.2%;进入

中层管理者回归方程($F = 11.14$，$p < 0.001$)的 11 个胜任素质的 R^2 为 0.303，即这 11 个测评指标对中层管理者绩效的预测力为 30.3%；进入基层管理者回归方程($F = 8.73$，$p < 0.001$)的 11 个胜任素质的 R^2 为 0.297，即这 11 个测评指标对基层管理者绩效的预测力为 29.7%。

以 STEPWISE 方式进行回归分析，结果见表 5-12。

表 5-12　企业管理者胜任素质与绩效关系的回归分析

模型	R^2	调整 R^2	F	Beta
高层 J、H、G	0.290 (0.216,0.024,0.051)	0.274	18.24***	0.47***、−0.35**、0.35**
中层 I、K、D、F	0.274 (0.199,0.036,0.021,0.018)	0.264	27.28***	0.26***、0.25**、−0.19**、0.17**
基层 J	0.248	0.245	78.22***	0.50***

注：括号内数值为模型中各胜任素质的 R^2，其净 F 值(F Change)皆达到显著。** 表示 $p < 0.01$，*** 表示 $p < 0.001$。

依次进入高层管理者回归方程的胜任素质是变革能力(J)、沟通能力(H)、学习能力(G)，这 3 个胜任素质的 R^2 为 0.290，对高层管理者绩效的预测力为 29%，其中变革能力对高层管理者绩效的预测力最大($R^2 = 0.216$)，为 21.6%，沟通能力($R^2 = 0.024$)和学习能力($R^2 = 0.051$)对高层管理者绩效的预测力分别为 2.4%、5.1%。由这 3 个胜任素质的 Beta 系数可知，高层管理者的变革能力和学习能力对其绩效有正向预测力，而沟通能力对高层管理者的绩效有负向预测力。进入中层管理者回归方程的胜任素质依次是领导能力(I)、知识应用水平(K)、成就动机(D)、社交能力(F)，这 4 个胜任素质的 R^2 为 0.274，对中层管理者绩效的预测力为 27.4%，其中，领导能力($R^2 = 0.199$)对中层管理者绩效的预测力最大，为 19.9%，知识应用水平($R^2 = 0.036$)、成就动机($R^2 = 0.021$)、社交能力($R^2 = 0.018$)对中层管理者绩效的预测力分别为 3.6%、2.1%、1.8%。由这 4 个胜任素质的 Beta 系数可知，领导能力、知识应用水平、社交能力对中层管理者的绩效有正向预测力，成就动机对中层管理者的绩效有负向预测力。进入基层管理者回归方程的胜任素质是变革能力(J)，它的 R^2 为 0.248，对基层管理者绩效的预测力为 24.8%，由 Beta 系数可知，变革能力对基层管理者的绩效有正向预测力。

为进一步了解回归分析获得的企业高层和中层管理者的胜任素质与绩效关系模型的合理性和稳定性，我们对第二次抽取的被试样本进行统计处理，以对两个模型进行验证性检验，两个模型的结构图分别见图 5-2、图

5-3,拟合指数的检验结果见表 5-13。

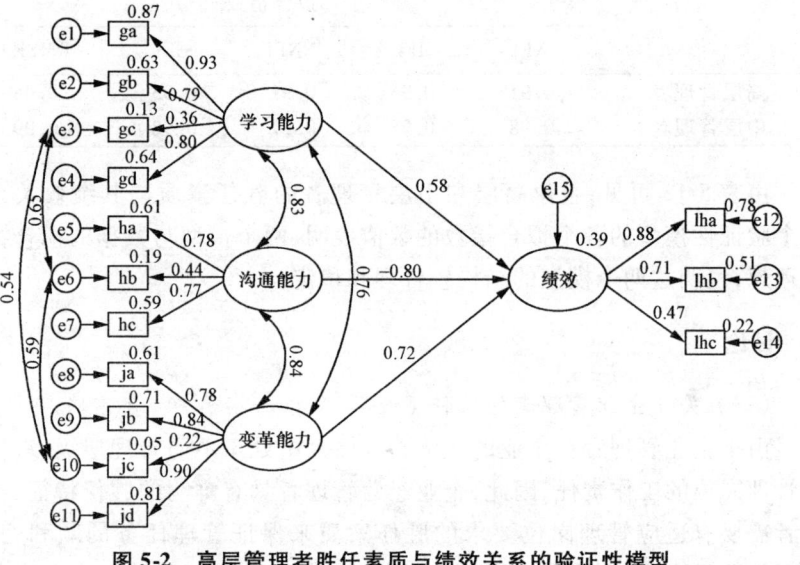

图 5-2　高层管理者胜任素质与绩效关系的验证性模型

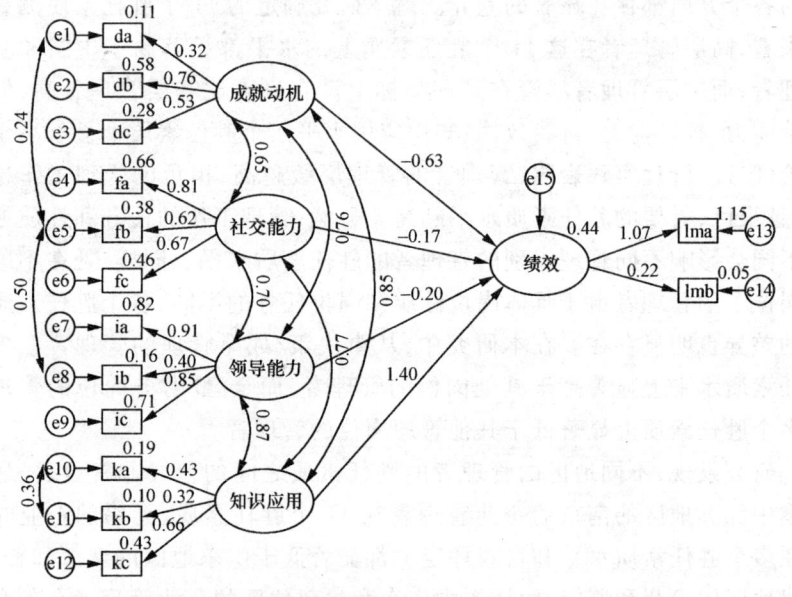

图 5-3　中层管理者胜任素质与绩效关系的验证性模型

表 5-13　　企业管理者胜任素质与绩效关系的验证性模型

	拟合指数				
	NFI	IFI	NNFI	CFI	RMSEA
高层管理者	0.91	0.93	0.91	0.93	0.08
中层管理者	0.98	0.98	0.97	0.98	0.09

由表 5-13 可见,企业高层和中层管理者的胜任素质与其绩效关系的两个验证性模型的各个拟合指数的数值表明,两个模型与数据的拟合都比较理想,说明这两个模型的结构较合理和稳定。

四、讨论

(一)关于企业管理者的胜任素质

由于企业管理者在企业的经营管理活动中处于不同管理层级,承担不同管理岗位的工作责任,因此,企业经营管理者具有鲜明的胜任特征,即管理者需要有适应管理岗位要求的胜任素质来保证管理任务的顺利完成。我们的研究表明,不同管理层级、不同管理岗位上的企业管理者在胜任素质的各个方面都存在显著的差异。就本研究确定的 11 个胜任素质测评指标来看,高层管理者在这 11 个胜任素质上的水平都显著高于中层和基层管理者,而中层管理者尽管在某些指标上没有显著比基层管理者高,但在决策能力、领导能力、自我效能、知识应用水平四个胜任素质上显著高于基层管理者。管理实践表明,管理者的管理层级越高,担负的管理工作越复杂、越艰巨,需要的胜任素质水平越高。显然,管理工作的任务和性质方面的不同会影响不同管理级别的管理者的胜任素质水平。同样,处在不同管理岗位上的管理者由于具体岗位性质和岗位任务的不同,各个胜任素质方面的差异也明显存在。在本研究中,从事决策/战略管理的管理者在多个胜任素质水平上显著高于其他岗位的管理者,而金融/财务岗位的管理者在多个胜任素质上显著低于其他管理岗位的管理者。

研究发现,不同地区的管理者的胜任素质之间的差异非常显著,研究样本中江苏地区的南京的企业管理者在 11 个胜任素质、无锡的企业管理者在多个胜任素质水平和自我评定上都显著低于广东地区的珠海和普宁、福建地区的泉州和厦门,而样本中广东和福建地区的企业管理者在各个胜任素质水平和自我评定之间的差异不显著。造成不同地区的管理者胜任素质水平和自我评定之间显著差异的原因,可能与不同地区的经济发展状况和发展水平有关。经济发达地区的经营管理活动面临的经营环境更灵活和复杂,更注重追求经济效益,这就会对企业管理者的经营管理能力有更高的要求,因而客观上可能导致经济发达地区企业管理者的胜任素质水平相对较高。这一点在对南京、珠海、泉州和厦门企业管理者的访谈中得到证实。对不同企业规模和不同企业性质中的企业管理者胜任素质的研究表明,小型企业、民营企业的管理者在多个胜任素质上,如领导能力、沟通能力、社交能力、成就动机等方面都显著比大型和中型企业、国有企业的管理者有更高的自我评定,因此,我国小型企业、民营企业近年来的迅速发展可能与管理者胜任素质的提高有一定的关系。调查中以员工规模计算,企业规模为大型、中型、小型企业(有效问卷分别为 140 份、375 份、146 份)的比例分别为 21.2%、56.7%、22.1%;以销售额计算,企业规模为大型、中型、小型企业(有效问卷分别为 159 份、380 份、114 份)的比例分别为24.3%、58.2%、17.5%;国有企业、民营企业、三资企业(有效问卷分别为217 份、235 份、207 份)的比例分别为 32.9%、35.7%、31.4%。显然,大中型企业和国有企业在我国企业类型的构成中占据相当的比例。因此,对它们来说,关注管理者胜任素质的提高是非常重要的工作。只有管理者的胜任素质得到提高,经营管理活动的绩效才可能提高。

我们在研究中发现,管理者的性别对管理者的成就动机和创新能力有显著影响。女性管理者对成就的追求和创新能力显著低于男性管理者。女性管理者的这些特点可能与传统文化的影响密切相关,东、西方国家在传统文化上都不鼓励妇女对更高成就或更高职位的追求(Davies, Spencer, Steele, 2005)。研究还发现,管理者的文化水平对管理者的领导能力有显著影响。大专和大专以下学历的管理者领导能力的得分显著高于本科和硕士、博士学历的管理者,这可能说明大专和大专以下学历的管理者可能在管理实践中有更多的领导下属的管理经验。大专和大专以下学历的管理者的人数在调查中所占比例为 54.9%,本科和硕士、博士学历的管理者所占比例为 45.1%,显然,高学历的管理者在将来的管理者队伍中的比例会不断增加,因此需要高学历的管理者在管理实践中加强自身领导能力的培养,提高领导下属的能力。对管理者年龄特征的研究发现,41—50 岁年龄段的管理者在多个胜任素质上的得分都显著高于其他年龄阶段的管理者,说明管理者在这个年龄阶段在各个胜任素质上都达到了较高水平。在研究中也发现不同行业中的管理者之间在胜任素质上也存在显著差异,说明企业行业经营活动之间的差异可能对管理者胜任素质之间的差异有一定影响。

（二）关于企业管理者的胜任素质与绩效的关系

本项研究表明，11 个胜任素质对高层、中层、基层管理者的绩效有不同的预测力。11 个胜任素质共同对高层、中层、基层管理者绩效的解释力分别为 32.2%、30.3%、29.7%。显然，这 11 个胜任素质对高层管理者绩效的预测力最大，对中层管理者次之，对基层管理者绩效的预测力最小。我们认为，管理者绩效的高低是由多种因素决定的，管理者所处的内在和外在环境对管理者的绩效有重要影响。在研究中确定的 11 个胜任素质仅仅是从管理者个体特质角度分析它们对管理者绩效的影响，没有考虑环境因素的作用，因此这 11 个胜任素质对高层、中层、基层管理者绩效的解释力是可以接受的。

另外，通过 STEPWISE 回归分析表明，在 11 个胜任素质中，对企业高层、中层、基层管理者的绩效具有显著预测力的胜任素质有所不同，企业高层、中层、基层管理者都有各自的胜任素质与绩效关系的结构模型，这要求在实践中，应该重视和培养能够显著提高管理者绩效的胜任素质，把对管理者晋升、选拔等人力资源管理活动建立在关注与绩效提高显著相关的胜任素质上。只有这样，管理者才是高绩效的管理者。研究发现，对企业高层管理者绩效有显著预测力的胜任素质是变革能力、沟通能力、学习能力。变革能力和学习能力有正向预测力，并且变革能力对企业高层管理者绩效有最大预测力。沟通能力在模型中对企业高层管理者绩效有负向预测力，然而当沟通能力单独与企业高层管理者绩效建立模型时，沟通能力对企业高层管理者绩效有显著的正向预测力（$R^2 = 0.38, F = 7.23, p < 0.01$；Beta $= 0.20, p < 0.01$），说明在变革能力和学习能力对高层管理者绩效的影响下（即在自变量之间的相互控制和影响下），沟通能力对企业高层管理者绩效具有负向预测力，表明由于变革能力和学习能力对高层管理者绩效的贡献较大，因而沟通能力对高层管理者绩效的影响变小。11 个胜任素质中对企业中层管理者绩效有显著预测力的胜任素质是领导能力、知识应用水平、成就动机、社交能力。领导能力、知识应用水平、社交能力有正向预测力，并且领导能力对企业中层管理者绩效有最大预测力。成就动机对企业中层管理者绩效有负向预测力，然而当成就动机单独与企业中层管理者绩效建立模型时，成就动机对企业中层管理者绩效有显著的正向预测力（$R^2 = 0.12, F = 5.42, p < 0.05$；Beta $= 0.11, p < 0.05$），说明在自变量之间的相互作用下，成就动机对中层管理者绩效的影响发生变化。对获得的高层和中层管理者胜任素质与其绩效关系的探索性模型的验证性检验说明

了这两个模型的合理性和稳定性。研究表明,对企业基层管理者绩效有显著预测力的胜任素质是变革能力,它对企业基层管理者绩效有正向预测力,说明企业基层管理者只有在工作中不断寻求变革,主动参与企业的变革,才能使工作绩效最大化。因此,鉴于变革能力同样对企业高层管理者的绩效有最大的正向预测力,企业的变革无论是从高层管理者开始还是从基层管理者开始,都会提高企业的组织绩效。

五、结论

我们通过研究得出以下结论:

1. 企业管理者的管理层级、管理岗位、文化水平、性别、年龄,以及管理者所在企业的规模、企业性质、企业所属行业、企业所在地区等,都对管理者的胜任素质有显著影响。不同管理层级、管理岗位、文化水平、性别、年龄,处在不同规模、性质、行业以及地区企业的管理者都在胜任素质上存在显著差异。

2. 胜任素质对高层、中层、基层管理者的绩效有不同的预测力。11个胜任素质对高层管理者绩效的预测力最大,中层管理者次之,基层管理者最小。对高层管理者绩效有显著预测力的胜任素质是变革能力、沟通能力、学习能力,其中变革能力的预测力最大;对中层管理者绩效有显著预测力的胜任素质是领导能力、知识应用水平、成就动机、社交能力,其中领导能力的预测力最大;对基层管理者绩效有显著预测力的胜任素质是变革能力。

对我国企业管理者胜任素质模型的构建、验证以及对企业管理者各胜任素质的差异性检验表明,企业管理者的胜任素质模型具有通用性的特点,这是由企业管理者管理工作的共同性特征决定的;同时由于企业管理者的管理层级、管理岗位、文化水平、性别、年龄,管理者所在企业的规模、所有权属性、行业、地区,以及管理者的绩效水平等诸多因素的不同影响,企业管理者的胜任素质模型又具有特异性的特点,即某个特定领域的企业管理者的胜任素质特征有别于其他领域的企业管理者的胜任素质特征。因此,企业管理者胜任素质模型是以通用性为基础,以特异性为特征的模型,它要求在企业实践中企业管理者胜任素质标准(常模)的制定需要考虑管理者胜任素质的通用标准,更要考虑制定特定管理领域的特殊标准,这样才能全面地理解和运用企业管理者的胜任素质模型。

科学选拔和任用企业管理者是企业组织取得高绩效和获得迅速发展的重要前提,企业管理者胜任素质的科学确定对企业实现战略性发展有重要的指导作用。不同企业可以根据自己企业对管理者胜任素质的不同要求，制定管理者胜任素质标准，为企业选择符合标准的管理者。这样既能满足企业对特定管理人才的需求，同时又能使被选择的管理者在管理岗位上取得更好的工作绩效。

参 考 文 献

[1] Barnard, C. I. (1938), *The Functions of The Executive*, Cambridge, MA: Harvard University Press.

[2] Boyatzis, R. E. (1982), *The Competent Manager: A Model Far Effective Performance*, New York: John Wiley & Sons.

[3] Bray, D. W. (1956), Research & insights: Douglas W. Bray, Ph. D., Chairman of the Board, Emeritus, http://www. ddiworld. com/research/d_bray. asp.

[4] Eyde, L. D., Gregory, D. J., et al. (1999), *Leadership competencies for high performing organizations* (PRDC-02-99), Washington, DC: U. S. Office of Personnel Management, Personnel Resources and Development Center.

[5] Judge, T. A., Bono, J. E. (2001), Relationship of core self-evaluation traits—self-esteem, generalized self-efficacy, locus of control, and emotional stability—with job satisfaction and job performance: A meta-analysis, *Journal of Applied Psychology*, 86 (1): 80—92.

[6] Law, K. S., Wong, Chi-Sum, et al. (2004), The construct and validity of emotional intelligence and its potential utility for management studies, *Journal of Applied Psychology*, 89(3): 483—496.

[7] Lawler, E. (1994), From job-based to competency-based organizations, *Journal of Organizational Behavior*, 15(1):3—16.

[8] Lee, K. F., Sheldon, K. M., Turban, D. B. (2003), Personality and the goal-striving process: The influence of achievement goal patterns, goal level, and mental focus on performance and enjoyment, *Journal of Applied Psychology*, 88(2): 256—265.

[9] LePine, J. A., Dyne, L. V. (2001), Voice and cooperative behavior as contrasting forms of contextual performance: Evidence of differential relationships with big five personality characteristics and cognitive ability, *Journal of Applied Psychology*, 86 (2): 326—336.

[10] McClelland, D. C. (1973), Testing for competence rather than for intelligence, *American Psychologist*, 28(1):1—14.

[11] Northouse, P. G. (2001), *Leadership: Theory and Practice* (2nd Edition), Sage Publications, Inc.

[12] Rodriguez, D. et al. (2002), Developing competency models to promote integrated human resource practices, *Human Resource Management*, 41(3): 309—324.

[13] Russell, C. J. (2001), A longitudinal study of top-level executive performance, *Journal of Applied Psychology*, 86(4): 560—573.

[14] Sackett, P. R., et al. (1998), Ability-personality interactions when predicting job performance, *Journal of Applied Psychology*, 83(4): 545—556.

[15] Schippmann, J. S., et al. (2000), The practice of competency modeling, *Personnel Psychology*, 53(3):703—740.

[16] Seibert, S. E., Crant, J. M., Kraimer, M. L. (1999), Proactive personality and career success, *Journal of Applied Psychology*, 84(3): 416—427.

[17] Spencer, L. M., Spencer, S. M. (1993), *Competence at Work—Models for Superior Performance*, John Wiley & Sons, Inc.

[18] Vancouver, J. B., Thompson, C. M., Williams, A. A. (2001), The changing sign in the relationships among self-efficacy, personal goals, and performance, *Journal of Applied Psychology*, 86(4): 605—620.

[19] Warner, J. (2002), *The Janus Performance Management System* (Vol. 3): *Performance Competencies*, HRD Press, Inc.

[20] 陈学军、王重鸣,《绩效模型的最新研究进展》,《心理科学》,2001 年第 6 期,第 737—738 页。

[21] 苗青、王重鸣,《基于企业竞争力的企业家胜任力模型》,《中国地质大学学报》(社会科学版),2003 年第 3 期,第 18—20 页。

[22] 时勘、王继承、李超平,《企业高层管理者胜任特征模型评价的研究》,《心理学报》,2002 年第 3 期,第 306—311 页。

[23] 王烈,《企业家能力结构的社会学分析》,《华东经济管理》,2001 年第 3 期,第 32—34 页。

[24] 王重鸣、陈民科,《管理胜任力特征分析:结构方程模型检验》,《心理科学》,2002 年第 5 期,第 513—516 页。

[25] 徐绪松、吴健谋、李文耀,《企业家以什么样的素质迎接新经济时代》,《技术经济》,2001 年第 8 期,第 4—5 页。

[26] 杨广春,《企业家的心理模式与能力结构》,《昭乌达蒙族师专学报》,2001 年第 2 期,第 14—15 页,第 30 页。

[27] 袁宝华,《再论企业家的修养》,《企业管理》,1998 年第 5 期,第 4—9 页。

[28] 赵曙明,《论管理者的职业化、市场化和国际化》,林泽炎主编《中国人力资源发展报告》,中国劳动社会保障出版社 2004 年版,第 442—450 页。

[29] 仲理峰、时勘,《家族企业高层管理者胜任特征模型》,《心理学报》,2004 年第 1 期,第 110—115 页。

第六章

不同管理层级的企业管理者
胜任素质研究

管理层级是区别管理者的一个重要维度,不同管理层级(高层、中层、基层)的管理者所承担的管理职责有所不同。管理者的职责之间的差异客观上要求管理者应该具有其职责所需要的胜任素质,因为管理者顺利完成职责的过程就是管理者在工作中运用和发挥自己具有的胜任素质的过程。因此,了解和掌握不同管理层级的管理者所具有的胜任素质具有重要的现实意义,这不仅有利于管理者个体的职业生涯规划和发展,而且能够让组织更容易识别、培训、获得有效的管理者。目前,国内外的研究多集中在对企业高层或中层管理者胜任素质的研究上,获得的具体胜任素质也存在一些不一致的地方。另外,已有研究也很少涉及企业基层管理者的胜任素质,而企业基层管理者在整个管理层级体系中所占的人数最多,并且他们直接管理企业实践中的各类具体工作,对问题解决的质量有直接影响。企业基层管理者胜任素质的提高有助于组织及时、高效地解决各类出现的问题,而忽视企业基层管理者的胜任素质则会持续降低组织的绩效。因此,重视企业基层管理者胜任素质的研究非常必要。我们的研究在确定的企业管理者胜任素质体系的基础上,寻找企业高层、中层和基层管理者在胜任素质上的具体特征,其研究结果对企业进行晋升、选拔、培训管理者都有重要的指导作用。

第一节　企业高层管理者胜任素质研究

一、引言

2000 年《中国企业家调查报告》显示,我国的企业高层管理者的主要来源是企业基层管理人员、党政干部和技术人员,他们几乎占了总数的一半,其各方面的素质也有了较大的提高。但由于历史原因及我国转型期对企业高层管理者的特殊要求,我国企业高层管理者在诸多方面还存在不足,难以适应改革开放的需要。此次调查也表明:企业经营者队伍中有近79.5%的人是由于组织部门安排或上级指派走上领导岗位的,他们中间仅有1/4的企业经营者认为其任职的重要条件是自身的经营管理能力。显然,以这种选拔机制产生的企业高层管理者,难以具有管理职位的胜任素质。目前虽然这种现象已经得到了一定的改善,企业高层管理者的市场化和职业化程度在不断扩大,但是对于企业高层管理者应该具备何种胜任素质,哪些因素会对这些素质产生影响,一直是管理学者和心理学家探讨的问题。本节通过对不同企业性质、不同行业、不同地区的企业高层管理者的调查研究,试图探索企业高层管理者在胜任素质上的特征,从而在实践中能够切实有效地对企业高层管理者的胜任素质进行培训,提高他们的任职水平。

二、研究方法

(一)研究对象

在江苏省的南京、无锡地区,广东省的珠海、普宁地区,福建省的泉州、厦门地区,山东省的青岛地区,我们选取各地企业中来自不同管理岗位、不同行业、不同企业性质以及不同企业规模的高层管理者进行问卷调查。管理者的年龄大多在30—55岁之间,学历分为大专以下、大专、本科、硕士或博士(被试样本的具体特征见第五章第二节对样本特征的具体介绍)。最后获得的企业高层管理者的有效问卷为239份,回收率为58%。

(二)研究工具

1. 胜任素质测量问卷

我们采用自编的胜任素质测量问卷,共包含11个子问卷,分别是:决策能力问卷(A)、自我效能问卷(C)、成就动机问卷(D)、创新能力问卷(E)、社交能力问卷(F)、学习能力问卷(G)、沟通能力问卷(H)、领导能力问卷(I)、变革能力问卷(J)、知识应用水平问卷(K),它们分别测量管理者的决策能力、自我效能、成就动机、创新能力、社交能力、学习能力、沟通能力、领导能力、变革能力、知识应用水平;对情绪智力的测量采用Law和Wong(2004)编制的情绪智力测量问卷(B)。11个胜任素质在高一阶因子上合成一个因子,它可以解释的方差总变异量为61.67%,内在一致性系数（α）为0.94。验证性因素分析显示胜任素质结构模型具有良好的拟合指数：NFI（0.96）、IFI（0.97）、NNFI（0.96）、CFI（0.97）、RMSEA（0.09），由此可见，这11个胜任素质子问卷都具有较理想的信度和结构效度，所构建的胜任素质结构模型具有合理性和稳定性（见第五章第一节内容）。

2. 企业高层管理者绩效测量问卷（LH）

问卷由15个测题组成，测量企业高层管理者的工作绩效。问卷的内部一致性系数为0.83，可解释的方差总变异量为68.47%，说明该问卷有较理想的信度和结构效度（见第五章第一节内容）。

（三）施测程序及数据处理

采用团体施测方式，对在各地区随机抽取的企业高层管理者施测管理者胜任素质问卷和企业高层管理者绩效测量问卷，每个企业高层管理者需要单独完成。最后在各地区回收的企业高层管理者的有效问卷共239份。采用SPSS10.0对这些问卷进行数据统计处理。

三、结果与分析

对企业高层管理者的管理岗位、文化水平、性别、年龄以及企业高层管理者所在企业的规模、性质、行业、地区等变量对企业高层管理者胜任素质特征的影响进行比较研究，研究结果如下：

（一）不同管理岗位的企业高层管理者的胜任素质特征

不同管理岗位的企业高层管理者各项胜任素质的平均数与标准差见表6-1。

表6-1 不同管理岗位的企业高层管理者胜任素质的平均数（M）与标准差（SD）

	人力资源		营销		生产/项目/工程		财务/金融		技术		决策/战略	
	M	SD	M	SD	M	SD	M	SD	M	SD	M	SD
A	82.72	7.45	78.06	8.11	79.00	6.45	75.34	10.19	76.71	8.62	81.79	7.09
B	69.26	6.74	66.21	7.65	66.46	6.47	62.52	8.19	62.39	8.65	68.27	7.21
C	45.14	4.59	44.12	5.61	42.78	4.65	40.36	4.86	42.11	4.53	46.00	4.51
D	33.26	6.56	36.27	5.74	33.81	5.46	35.21	4.26	33.14	4.35	36.66	5.89
E	44.91	5.27	46.68	4.98	45.85	3.48	44.83	5.85	44.07	6.15	47.71	5.57

（续表）

	人力资源		营销		生产/项目/工程		财务/金融		技术		决策/战略	
	M	SD	M	SD	M	SD	M	SD	M	SD	M	SD
F	64.91	7.81	64.12	9.19	62.16	7.34	58.03	8.89	60.32	8.26	64.76	9.95
G	79.97	9.09	79.97	8.47	77.05	8.98	73.89	10.66	78.96	6.75	82.60	9.02
H	59.68	5.56	57.73	5.75	56.08	5.63	51.69	8.78	56.18	6.77	58.22	6.69
I	60.06	5.33	57.94	5.78	57.00	5.54	54.45	7.86	55.54	5.78	59.43	6.59
J	74.59	8.96	72.30	8.23	71.51	5.52	70.48	9.63	71.44	5.73	75.53	8.92
K	58.77	6.19	59.40	6.07	58.94	7.76	54.32	9.20	58.69	6.12	60.54	7.01

注：A：决策能力；B：情绪智力；C：自我效能；D：成就动机；E：创新能力；F：社交能力；G：学习能力；H：沟通能力；I：领导能力；J：变革能力；K：知识应用水平。

对决策能力（A）进行的方差分析发现，不同管理岗位的企业高层管理者在决策能力上的平均数之间存在显著差异（$F(5,215)=4.67$，$p<0.001$），这说明不同管理岗位的企业高层管理者在决策能力上有显著差异。进一步进行多重比较（Tamhane）发现，人力资源管理者在决策能力的平均数最高，财务/金融岗位的企业高层管理者在决策能力上的平均数最低；人力资源管理与财务/金融管理岗位的企业高层管理者在决策能力上的平均数之间的差异达到显著，而其他管理岗位的企业高层管理者在决策能力上的平均数之间没有发现显著差异。这说明人力资源管理岗位的企业高层管理者比财务/金融管理岗位的企业高层管理者对自己的决策能力有更高的自我评定，而其他管理岗位的企业高层管理者之间在决策能力上的差异不显著。

对情绪智力（B）的方差分析发现，不同管理岗位的企业高层管理者在情绪智力上的平均数之间存在显著差异（$F(5,220)=5.05$，$p<0.001$），这说明不同管理岗位的企业高层管理者在情绪智力上有显著差异。进一步进行多重比较（LSD）发现，人力资源管理岗位的企业高层管理者的情绪智力的平均数最高，技术管理岗位的企业高层管理者的情绪智力的平均数最低；人力资源管理、生产/项目/工程管理、决策/战略管理岗位的企业高层管理者在情绪智力上的平均数显著高于财务/金融管理、技术管理岗位的企业高层管理者的平均数；营销管理岗位的企业高层管理者在情绪智力上的平均数也显著高于技术管理岗位的企业高层管理者；其他管理岗位上的企业高层管理者之间在情绪智力的平均数上没有发现显著差异。这说明从事人力资源管理、生产/项目/工程管理、决策/战略管理工作的企业高层管理者的情绪智力水平较高，对自己的情绪智力有更高的自我评定；从事

财务／金融管理的企业高层管理者的情绪智力水平较低,而从事技术管理工作的企业高层管理者的情绪智力水平最低,对自己的情绪智力有最低的自我评定。

对自我效能(C)进行方差分析发现,不同管理岗位的企业高层管理者在自我效能上的平均数之间存在显著差异($F(5,217)=7.22,p<0.001$),这说明不同管理岗位的企业高层管理者在自我效能上有显著差异。进一步进行多重比较(LSD)发现,决策／战略管理岗位的企业高层管理者在自我效能上的平均数最高,财务／金融管理岗位的企业高层管理者在自我效能上的平均数最低;人力资源管理、决策／战略管理岗位的企业高层管理者在自我效能上的平均数显著高于生产／项目／工程管理、财务／金融管理、技术管理岗位的企业高层管理者的平均数;营销管理、生产／项目／工程管理岗位的企业高层管理者在自我效能上的平均数也显著高于在财务／金融管理岗位上的企业高层管理者的平均数;其他管理岗位上的企业高层管理者之间在自我效能上的平均数之间没有发现显著差异。这说明与其他管理岗位上的企业高层管理者相比,从事人力资源管理、决策／战略管理岗位的企业高层管理者有较高的自我效能,在自我效能上有更高的自我评定;财务／金融管理岗位的企业高层管理者有最低的自我效能,在自我效能上的自我评定最低;其他管理岗位的企业高层管理者的自我效能水平介于他们之间。

对成就动机(D)的方差分析发现,不同管理岗位的企业高层管理者在成就动机上的平均数之间存在显著差异($F(5,219)=3.14,p<0.01$),这说明不同管理岗位的企业高层管理者在成就动机上有显著差异。进一步进行多重比较(LSD)发现,决策／战略管理岗位的企业高层管理者的成就动机的平均数最高,技术管理岗位的企业高层管理者的成就动机的平均数最低;决策／战略管理、营销管理岗位上的企业高层管理者在成就动机上的平均数显著高于技术管理、人力资源管理岗位上的企业高层管理者;并且,在决策／战略管理岗位上的企业高层管理者在成就动机上的平均数还显著高于在生产／项目／工程管理岗位上的企业高层管理者的平均数;其他管理岗位上的企业高层管理者在成就动机上的平均数之间没有发现显著差异。这说明决策／战略管理、营销管理岗位上的企业高层管理者有较高的成就动机,对成就动机有更高的自我评定;而技术管理岗位、人力资源管理岗位上的企业高层管理者有较低的成就动机,对成就动机有较低的自我评定;其他管理岗位的企业高层管理者的成就动机水平介于他们之间。

对创新能力(E)进行方差分析发现,不同管理岗位的企业高层管理者在创新能力上的平均数之间的差异未达显著,这说明不同管理岗位之间的企业高层管理者在创新能力上没有显著差异。

对社交能力(F)的方差分析发现,不同管理岗位的企业高层管理者在社交能力上的平均数之间存在显著差异($F(5,219)=3.35,p<0.01$),这说明不同管理岗位的企业高层管理者在社交能力上有显著差异。进一步进行多重比较发现,人力资源管理岗位的企业高层管理者的社交能力的平均数最高,财务/金融管理岗位的企业高层管理者的社交能力的平均数最低;人力资源管理、决策/战略管理岗位的企业高层管理者在社交能力上的平均数显著高于在财务/金融管理岗位的企业高层管理者的平均数;其他管理岗位的企业高层管理者在社交能力上的平均数之间没有发现显著差异。这说明人力资源管理、决策/战略管理岗位的企业高层管理者比财务/金融管理岗位的企业高层管理者有更高的社交能力,对自己的社交能力有更高的自我评定;而其他管理岗位的企业高层管理者在社交能力上没有显著差异。

对学习能力(G)进行方差分析发现,不同管理岗位的企业高层管理者在学习能力上的平均数之间存在显著差异($F(5,217)=4.34,p<0.01$),这说明不同管理岗位的企业高层管理者在学习能力上有显著差异。进一步进行多重比较(LSD)发现,决策/战略管理岗位的企业高层管理者在学习能力上的平均数最高,财务/金融管理岗位的企业高层管理者在学习能力上的平均数最低;决策/战略管理、人力资源管理、营销管理、技术管理岗位上的企业高层管理者在学习能力上的平均数显著高于财务/金融管理岗位上的企业高层管理者的平均数;并且,决策/战略管理岗位上的企业高层管理者在学习能力上的平均数还显著高于生产/项目/工程管理岗位上的企业高层管理者的平均数;其他管理岗位的企业高层管理者在学习能力上的平均数之间没有显著差异。这说明财务/金融管理岗位上的企业高层管理者在学习能力上有最低的自我评定,而其他管理岗位的企业高层管理者对学习能力都有较高的自我评定,其中决策/战略管理岗位上的企业高层管理者对学习能力的自我评定相对更高。

对沟通能力(H)的方差分析发现,不同管理岗位的企业高层管理者沟通能力的平均数之间存在显著差异($F(5,216)=5.55,p<0.001$),这说明不同管理岗位的企业高层管理者的沟通能力有显著差异。进一步的多重比较发现,人力资源管理岗位的企业高层管理者在沟通能力上的平均数最

高,财务/金融管理岗位的企业高层管理者在沟通能力上的平均数最低;人力资源管理、营销管理、决策/战略岗位的企业高层管理者在沟通能力上的平均数显著高于财务/金融管理岗位的企业高层管理者的平均数;其他管理岗位上的企业高层管理者在沟通能力上的平均数之间没有显著差异。这说明人力资源管理、决策/战略管理及营销管理岗位的企业高层管理者有较高的沟通能力,对沟通能力的自我评定较高;财务/金融管理岗位的企业高层管理者有较低的沟通能力,对沟通能力有较低的自我评定,而其他管理岗位的企业高层管理者在沟通能力上没有显著差异。

对领导能力(I)的方差分析发现,不同管理岗位的企业高层管理者在领导能力上的平均数之间存在显著差异($F(5,219) = 4.29, p < 0.001$),这说明不同管理岗位的企业高层管理者在领导能力上有显著差异。进一步进行多重比较发现,人力资源管理岗位的企业高层管理者在领导能力上的平均数最高,财务/金融岗位的企业高层管理者在领导能力上的平均数最低;人力资源管理岗位的管理者在领导能力上的平均数显著高于财务/金融管理、技术管理岗位的企业高层管理者;其他管理岗位的企业高层管理者在领导能力上的平均数之间没有显著差异。这说明人力资源管理岗位的企业高层管理者比财务/金融管理、技术管理岗位的企业高层管理者对领导能力有更高的自我评定,而其他管理岗位的企业高层管理者在领导能力上的差异不显著。

对变革能力(J)的方差分析发现,不同管理岗位的企业高层管理者在变革能力上的平均数之间的差异未达显著,这说明不同管理岗位的企业高层管理者之间在变革能力上的差异不显著。

对知识应用水平(K)的方差分析发现,不同管理岗位的企业高层管理者在知识应用水平上的平均数之间存在显著差异($F(5,199) = 2.72, p < 0.05$),这说明不同管理岗位的企业高层管理者在知识应用水平上有显著差异。进一步进行多重比较(LSD)发现,决策/战略管理岗位的企业高层管理者的知识应用水平的平均数最高,财务/金融管理岗位的企业高层管理者的知识应用水平的平均数最低;财务/金融管理岗位的企业高层管理者在知识应用水平上的平均数显著低于其他管理岗位上的企业高层管理者的平均数,而其他不同管理岗位上的企业高层管理者在知识应用水平上的平均数之间没有发现显著差异。这说明与其他管理岗位上的企业高层管理者相比,财务/金融管理岗位上的企业高层管理者有较低的知识应用水平,对知识应用水平的自我评定较低。

（二）不同年龄的企业高层管理者的胜任素质特征

对不同年龄的企业高层管理者在胜任素质测评指标上的 F 检验表明，在成就动机（D）上，不同年龄段的企业高层管理者的平均数之间存在显著差异（$F(3,119) = 6.06, p < 0.001$）。30 岁以下年龄段的企业高层管理者（$M = 38.10, SD = 4.77$）和 31—40 岁年龄段的企业高层管理者（$M = 36.11, SD = 5.66$）在成就动机（D）上的平均数都显著高于 41—50 岁年龄段的企业高层管理者（$M = 34.27, SD = 5.97$）和 51 岁以上年龄段的企业高层管理者（$M = 32.26, SD = 5.19$）的平均数。这说明 40 岁以下年龄段的企业高层管理者有较高的成就动机，41 岁以上年龄段的企业高层管理者的成就动机较低。

另外，尽管不同年龄段的企业高层管理者在学习能力上的平均数之间在总体上没有发现显著差异，但多重比较（LSD）发现，30 岁以下年龄段的企业高层管理者在学习能力（G）上的平均数（$M = 82.38, SD = 8.86$）显著高于 51 岁以上年龄段的企业高层管理者的平均数（$M = 76.81, SD = 8.48$），这说明 30 岁以下年龄段的企业高层管理者比 51 岁以上年龄段的企业高层管理者对学习能力有更高的自我评定的倾向。

在其他胜任素质上，不同年龄的企业高层管理者之间没有发现显著差异。

（三）不同企业规模的企业高层管理者的胜任素质特征

对不同企业规模（按生产总值）的企业高层管理者在胜任素质测评指标上的 F 检验表明，在 11 个胜任素质上，不同企业规模的企业高层管理者的平均数之间总体上不存在显著差异，但多重比较（LSD）发现，在学习能力上，中型企业的企业高层管理者的平均数最高（$M = 80.17, SD = 9.10$），其次是大型企业的企业高层管理者（$M = 77.92, SD = 9.41$），小型企业的企业高层管理者（$M = 77.75, SD = 9.20$）的平均数最低；并且中型企业的企业高层管理者的平均数显著高于小型企业的企业高层管理者平均数。这说明尽管不同企业规模的企业高层管理者的学习能力总体上差异不显著，但中型企业的高层管理者比小型企业的高层管理者对学习能力有更高的自我评定的倾向。

（四）不同企业性质的企业高层管理者的胜任素质特征

对处在不同企业性质的企业高层管理者在胜任素质测评指标上的 F 检验表明，在决策能力上，处在不同性质企业的高层管理者的平均数之间存在显著差异（$F(2,224) = 3.44, p < 0.05$），三资企业的高层管理者在决

策能力上的平均数最高($M = 81.70, SD = 8.12$),其次是国有企业的高层管理者($M = 79.82, SD = 8.14$),民营企业的高层管理者的平均数最低($M = 77.74, SD = 7.96$);并且,三资企业的高层管理者在决策能力上的平均数显著高于民营企业的高层管理者的平均数,这说明三资企业的高层管理者有较高的决策能力,民营企业的高层管理者的决策能力较低。

在成就动机和领导能力上,虽然不同性质企业的高层管理者的平均数之间的差异总体上不显著,但进一步多重比较(LSD)发现,民营企业的高层管理者($M = 36.02, SD = 5.33$)在成就动机上的平均数显著高于国有企业的高层管理者($M = 34.31, SD = 6.17$)的平均数;在领导能力上,国有企业的高层管理者($M = 58.62, SD = 6.44$)的平均数显著高于民营企业的高层管理者($M = 56.51, SD = 6.33$)的平均数,这说明民营企业的高层管理者比国有企业的高层管理者有更高的成就动机的倾向,而国有企业的高层管理者比民营企业的高层管理者有更高的领导能力的倾向。

在其他胜任素质上,国有企业、民营企业及三资企业的高层管理者之间没有发现显著差异。

(五)不同行业的企业高层管理者的胜任素质特征

F 检验表明,不同行业的企业高层管理者在成就动机上的平均数之间存在显著差异($F(3, 206) = 3.89, p < 0.01$),机械及电子制造业的企业高层管理者($M = 37.38, SD = 5.24$)在成就动机上的平均数显著高于轻工及化工行业($M = 34.35, SD = 4.95$)、商业服务($M = 34.96, SD = 5.71$)、交通运输业($M = 33.96, SD = 5.76$)的企业高层管理者的平均数。这说明机械及电子制造业的企业高层管理者比轻工及化工行业、商业服务、交通运输业的企业高层管理者有更高的成就动机。

另外,F 检验表明,不同行业的企业高层管理者在自我效能上的平均数之间的差异总体上未达显著,但进一步多重比较(LSD)发现,机械及电子制造业的企业高层管理者($M = 45.02, SD = 4.94$)在自我效能上的平均数显著高于交通运输业的企业高层管理者($M = 42.93, SD = 4.86$)的平均数,这说明机械及电子制造业的企业高层管理者比交通运输业的企业高层管理者有更高的自我效能的倾向。

在其他胜任素质上,不同行业的企业高层管理者之间没有发现显著差异。

(六)不同地区的企业高层管理者的胜任素质特征

不同地区的企业高层管理者在胜任素质测评指标上的 F 检验表明,在自我效能（C）、成就动机（D）、社交能力（F）、知识应用水平（K）上，不同地区的企业高层管理者的平均数之间存在显著差异（C：$F(3,228)=2.89$，$p<0.05$；D：$F(3,230)=6.27$，$p<0.001$；F：$F(3,230)=3.62$，$p<0.05$；K：$F(3,209)=3.50$，$p<0.05$），这说明不同地区的企业高层管理者在自我效能、成就动机、社交能力、知识应用水平上存在显著差异。不同地区的企业高层管理者在这些胜任素质上的平均数与标准差见表6-2。

表6-2　不同地区的企业高层管理者胜任素质的平均数（M）与标准差（SD）

| | 江苏地区 | | | | 广东/福建 | | 青岛地区 | |
| | 南京 | | 无锡 | | | | | |
	M	SD	M	SD	M	SD	M	SD
C	44.79	4.77	42.23	4.61	44.87	5.34	43.36	5.17
D	36.02	5.53	32.53	4.84	37.00	5.83	34.00	5.54
F	62.03	8.79	61.00	9.13	66.19	8.74	61.88	8.70
K	60.49	6.72	60.22	7.32	59.44	7.32	56.85	6.87

注：C：自我效能；D：成就动机；F：社交能力；K：知识应用水平。

经进一步多重比较（LSD）发现，在自我效能上，广东/福建地区、南京地区的企业高层管理者的平均数显著高于无锡地区的企业高层管理者的平均数，这说明广东/福建地区、南京地区的企业高层管理者有较高的自我效能，无锡地区的企业高层管理者的自我效能较低。在成就动机（D）上，广东/福建地区、南京地区的企业高层管理者的平均数显著高于青岛和无锡地区的企业高层管理者的平均数，这说明广东/福建地区、南京地区的企业高层管理者有较高的成就动机，青岛和无锡地区的企业高层管理者的成就动机较低。在社交能力上，广东/福建地区的企业高层管理者的平均数显著高于南京、青岛和无锡地区的企业高层管理者的平均数，这说明与其他地区的企业高层管理者相比，广东/福建地区的企业高层管理者有更高的社交能力。在知识应用水平（K）上，南京、广东/福建、无锡地区的企业高层管理者的平均数显著高于青岛地区的企业高层管理者的平均数，这说明与其他地区的高层管理者相比，青岛地区的企业高层管理者的知识应用水平较低。

在其他胜任素质上，不同地区的企业高层管理者之间没有发现显著差异。

（七）不同绩效水平的企业高层管理者的胜任素质特征

把企业高层管理者在企业高层管理者绩效测量问卷的得分由高到低

排序,然后分别从最高分向下、最低分向上各取 27% 的高层管理者组成两个组:高绩效组和低绩效组,然后对不同绩效水平的高绩效组和低绩效组企业高层管理者的胜任素质进行比较研究。F 检验表明,除了在决策能力(A)、沟通能力(H)上高绩效组与低绩效组的平均数之间的差异没有达到显著外,在其他 9 个胜任素质上高绩效组与低绩效组的平均数之间的差异都达到了显著或极显著水平(见表 6-3),高绩效组在情绪智力、自我效能、成就动机、创新能力、社交能力、学习能力、领导能力、变革能力、知识应用水平 9 个胜任素质上的平均数显著或极显著高于低绩效组的平均数,这说明高绩效的企业高层管理者的这 9 个胜任素质水平显著高于低绩效的企业高层管理者。我们也看到,尽管高绩效组在决策能力和沟通能力上的平均数没有显著高于低绩效组的平均数,但他们在这 2 个胜任素质上的差异已接近显著的临界点,这说明高绩效的企业高层管理者在决策能力和沟通能力上也有高于低绩效的企业高层管理者的倾向。

表6-3　不同绩效水平的企业高层管理者胜任素质的平均数(M)与标准差(SD)

	高绩效组		低绩效组		F
	M	SD	M	SD	
决策能力(A)	82.19	8.97	78.41	7.60	3.83
情绪智力(B)	69.68	6.07	65.92	7.53	5.58*
自我效能(C)	45.32	5.35	42.35	4.87	6.24*
成就动机(D)	37.32	5.61	33.86	5.66	6.98**
创新能力(E)	48.73	4.53	44.78	4.27	14.88***
社交能力(F)	66.73	8.75	60.70	9.11	8.43**
学习能力(G)	84.22	9.13	74.27	8.91	22.50***
沟通能力(H)	59.30	7.17	56.16	6.97	3.64
领导能力(I)	60.76	6.42	56.51	5.81	8.88**
变革能力(J)	79.00	8.11	69.11	7.23	30.64***
知识应用(K)	61.32	7.56	56.62	6.81	7.90**

注:*表示 $p < 0.05$,**表示 $p < 0.01$,***表示 $p < 0.001$。

对管理者的性别和文化水平变量上的 F 检验表明,没有发现不同性别和不同文化水平的企业高层管理者在胜任素质上的显著差异,说明性别和文化水平对高层管理者的胜任素质没有显著影响。

四、讨论

（一）关于不同管理岗位、年龄的企业高层管理者的胜任素质特征

管理者的管理岗位不同，所承担的管理任务则不同，管理者胜任岗位所需要的胜任素质也因此会有差异。前述研究表明，不同管理岗位的企业高层管理者在胜任素质上存在显著差异，如营销管理岗位的企业高层管理者有较高的沟通能力、成就动机；人力资源管理者有较高的决策能力、情绪智力、自我效能、社交能力、沟通能力、领导能力、学习能力等；决策/战略管理岗位的高层管理者在所有胜任素质上的水平都较高；而技术管理岗位的企业高层管理者有较低的情绪智力、领导能力；金融/财务管理岗位的企业高层管理者在所有胜任素质上的水平都较低。管理岗位的差异对企业高层管理者所具有的胜任素质的影响显而易见。决策/战略管理岗位的企业高层管理者由于在企业发展中承担核心和首脑角色，掌控企业发展的整体格局，管理岗位的工作更艰巨和复杂，因此与其他管理岗位的企业高层管理者比较，他们在各项胜任素质上普遍具有较高的水平。人力资源管理岗位的企业高层管理者由于在企业发展中所扮演的战略合作伙伴角色日益凸显，他们更多地参与到企业战略发展规划的制定与实现战略目标的管理中去，客观上对高层人力资源管理者的岗位要求已经提高，因此，高层人力资源管理者的胜任素质水平也在不断提高和增强。研究也发现，财务/金融管理、技术管理岗位的企业高层管理者在各项或多项胜任素质水平上相对较低，这可能是与这些岗位的高层管理者偏重专业技术水平的提高而忽视管理岗位胜任素质的提高有密切关系，这种现象显然对企业的整体发展有不利影响，因为企业的整体、持续的发展要依赖所有管理岗位的管理者的岗位胜任素质的提高，因此企业需要加强对财务/金融管理、技术管理岗位的高层管理者进行有针对性的管理岗位胜任素质的培训工作。

另外，研究还发现，不同管理岗位的企业高层管理者在创新能力、变革能力上没有显著差异，这表明不同管理岗位的企业高层管理者在创新能力和变革能力上的差距不明显。在今天，管理者的创新能力和变革能力已成为企业赖以生存和持续发展的核心动力，而中国企业的发展能力与经济发达国家的企业相比尚有相当距离，因此，鼓励变革和创新，提高中国企业管理者尤其是企业高层管理者的创新和变革能力迫在眉睫。

研究发现，40 岁以下年龄段的企业高层管理者的成就动机较高，访谈中发现他们对所在企业的发展有更高的要求和更大的期望，对自己则有更

高的学习要求和把事业做大的期望;而 41 岁以上的企业高层管理者对自己事业进一步成功的动力减弱,学习新知识和新的管理理念的渴求偏弱,更重视已经获取的成功。企业的持续发展需要高层管理者时刻保持进取的斗志、积极主动的学习习惯,提高胜任素质,带领企业向前快速发展,因此,我国企业中年龄较大的企业高层管理者需要继续保持适度的成就动机和学习热情,这样才能使企业在已经取得成功的基础上再进一步。

（二）关于不同企业性质、行业、地区的企业高层管理者的胜任素质特征

前述研究表明,三资企业的高层管理者比国有企业、民营企业的高层管理者有更高的决策能力,民营企业的高层管理者的决策能力水平最低。决策能力是管理者重要的任职能力,直接影响管理者管理行为的有效性,而高层管理者的决策能力更是影响企业战略发展的重要因素,高层管理者决策的失误往往给企业的发展带来致命的冲击和影响。中国民营企业尽管在蓬勃发展,但发展能力较弱,企业寿命较短,大多在经历了原始积累后,就走向衰落或灭亡。民营企业高层管理者的短视行为是造成企业迅速走向灭亡的重要原因,因此,提高民营企业高层管理者的决策能力,使其具有前瞻性和战略性的决策行为是民营企业得以生存和健康发展的非常关键的因素。而国有企业高层管理者由于长期处在计划经济模式的束缚中,他们的决策行为也不能适应市场经济发展的要求,因此进一步解放思想,提高战略决策能力,按照市场经济发展规律大胆决策,规划和制定企业的发展战略,也是国企高层管理者必须要面对的迫切问题。研究也发现,三资企业、国有企业、民营企业的高层管理者在其他胜任素质上不存在显著差异,这也说明随着中国经济的发展和壮大对管理者必须具有高水平的胜任素质的客观要求日益强烈,国有企业和民营企业的管理者在注重培养和提高自己的胜任素质水平上的努力取得了较大的成效。

研究表明,不同行业的企业高层管理者仅在成就动机上有显著差异,在其他胜任素质上不存在显著差异,这表明行业对高层管理者胜任素质的影响并不很大,这一研究结果对跨行业选拔和任命企业高层管理者提供了重要的理论依据。

研究表明,不同地区的企业高层管理者在多个胜任素质上存在显著差异,总体来看,广东/福建地区的企业高层管理者比南京、无锡、青岛地区的企业高层管理者有较高的胜任素质水平。地区经济的发展水平对管理者的胜任素质水平有重要的影响。我们选择的广东省的珠海、普宁地区,福建省的泉州、厦门地区,都是经济发展相对较快的南方地区,这些地区的管

理者有强烈的经商意识,善于寻找企业发展机遇,与不同地区和不同国家的企业有较多的合作经验和机会,在激烈变化的商业竞争实践中培养了经营管理能力,因此这些地区的企业高层管理者的胜任素质相对较高。而南京、无锡、青岛地区的企业高层管理者相对处在商业环境较平稳、简单、少变化的状态下,计划经济模式的影响仍然存在,管理者在激烈竞争的商业环境里锻炼和提高胜任素质的机会较少,因此,他们的胜任素质水平相对较低。

（三）关于不同绩效水平的企业高层管理者的胜任素质特征

前述研究发现,高绩效的企业高层管理者除了在决策能力和沟通能力上没有显著高于低绩效的企业高层管理者外,在其他 9 个胜任素质水平上都显著高于低绩效的企业高层管理者。因此可见,高绩效的企业高层管理者在绝大多数胜任素质水平上高于低绩效的企业高层管理者,而企业高层管理者的决策能力和沟通能力对其绩效的贡献较小。在后续访谈时我们发现,国有企业的高层管理者的决策权限和决策特征仍然带有计划经济下的特征,不善于抓住机遇,在面临决策风险时容易采取保守态度,不敢大胆决策;民营企业的高层管理者的决策水平整体上较低,容易陷入短视决策与盲目性决策中,缺少战略决策的能力;而三资企业的高层管理者由于受到外方决策特征的影响,在决策上较理性,善于权衡追求利润与承担决策风险之间的关系,能够取得较高的决策效益。因此,整体上看,中国企业高层管理者的决策水平有待提高。在沟通能力上,我们已有的研究表明(见第五章第二节),沟通能力对企业高层管理者的绩效有负向预测力,在访谈中发现,绩效高和绩效低的企业高层管理者都存在一种现象,认为与下属之间的沟通应该适度,尤其是在人际沟通上。与下属沟通得太多,会削弱管理者在下属面前威严和强有力的形象,不利于领导下属的工作,因此认为管理者与下属之间应该保持一定的沟通距离。企业高层管理者对沟通能力的这种认识缘于我国传统文化中高权力距离的影响,然而在现代企业中,充分、有效地与下属进行管理和人际沟通已成为管理者高效工作的必备素质,我国企业高层管理者这种落后的认识和行为显然阻碍了管理者任职能力的提高,对组织绩效会产生不利影响,因此,改变我国企业高层管理者目前的沟通模式非常重要。

五、结论

通过研究,我们可以得出以下结论:

1. 企业高层管理者的管理岗位、年龄、所在企业的企业性质、行业、地区、不同绩效水平对其胜任素质水平有显著影响。

(1) 不同管理岗位的企业高层管理者除了在创新能力、变革能力上不存在显著差异外,在决策能力、情绪智力、自我效能、成就动机、社交能力、学习能力、沟通能力、领导能力、知识应用水平上都存在显著差异;决策/战略管理、人力资源管理岗位的管理者在多项胜任素质上有较高的水平,财务/金融管理、技术管理岗位的管理者在多项胜任素质上有较低的水平。

(2) 不同年龄的企业高层管理者仅在成就动机上存在显著差异。40岁以下年龄段的企业高层管理者有较高的成就动机。

(3) 不同企业性质的企业高层管理者仅在决策能力上存在显著差异。与国有企业、民营企业的企业高层管理者相比,三资企业的企业高层管理者有较高的决策能力。

(4) 不同行业的企业高层管理者仅在成就动机上存在显著差异。与轻工及化工行业、商业服务、交通运输业的企业高层管理者相比,机械及电子制造业的企业高层管理者有更高的成就动机。

(5) 不同地区的企业高层管理者在自我效能、成就动机、社交能力、知识应用水平上存在显著差异。与南京、无锡、青岛地区的企业高层管理者相比,广东/福建地区的企业高层管理者有更高的自我效能、成就动机、社交能力和知识应用水平。

(6) 不同绩效水平的企业高层管理者在情绪智力、自我效能、成就动机、创新能力、社交能力、学习能力、领导能力、变革能力、知识应用水平9个胜任素质上存在显著差异,高绩效的企业高层管理者的这9个胜任素质水平显著高于低绩效的企业高层管理者。在决策能力和沟通能力上,没有发现高绩效与低绩效企业高层管理者之间的显著差异。

2. 企业高层管理者的性别、文化水平以及他们所在企业的规模对高层管理者的胜任素质没有显著影响。

第二节　企业中层管理者胜任素质研究

一、引言

全球化、信息化以及市场需求的多样性与多变性,使得企业之间的竞争日益激烈。目前,越来越多的研究和实践表明,企业要想获取竞争优势,必须高度重视人力资源。企业的管理者作为企业人力资源的重要组成部分,由于其在企业管理决策活动中的特殊地位,其作用显得尤为重要。

传统的人力资源和企业组织理论的研究大多关注于企业高层管理者,企业高层管理者被视为组织的领导者、战略的制定者和变革的发起者,而其他层级的管理者只是执行和实施战略(Hambrick,1981)。然而,近些年许多学者开始重新审视企业中层管理者在组织中的作用。据麦肯锡公司的一项调查表明:有的公司能保持持续发展和改革,达到更高的业绩,关键因素不在于企业高层管理者,而在于一批具有改革才能的企业中层管理者。另一项对法国电信公司的变革项目统计,在受到资助的 117 个项目中,企业高层管理者提议的有 80% 未达到预期或完全失败;而企业中层管理者提议的项目却有 80% 获得成功。这些研究表明,企业中层管理者在企业战略的决策和执行中,尤其是在组织变革中占据了重要的地位。因此,采用什么标准来选拔和培养企业中层管理者借而提升组织的竞争力,受到了越来越多人力资源管理学家和组织行为学家的关注和重视。

二、研究方法

(一) 研究对象

在江苏省的南京、无锡地区,广东省的珠海、普宁地区,福建省的泉州、厦门地区,我们对各地企业的中层管理者进行问卷调查,这些中层管理者来自不同管理岗位(人力资源管理、营销、生产/工程/项目管理、财务/金融、技术管理、决策/战略管理)、不同行业(机械制造、电子制造、化工、轻工、建筑与房地产、商业服务、交通运输等)、不同性质(国有企业、民营企业、三资企业)以及不同规模的大型(员工人数 500—2 000 人及以上,销售额 15 000 万—30 000 万元以上,员工人数和销售额在各行业之间有不同标准要求)、中型(员工 100—2 000 人以下,销售额 1 000 万—30 000 万元以下)、小型(员工 100—300 人以下,销售额 1 000 万—3 000 万元以下)企业。管理者的年龄大多在 25—50 岁之间,学历分为大专以下、大专、本科、硕士或博士。随机抽取的男女管理者的比例符合企业管理者性别的经验分布比例(4:1)。最后回收企业中层管理者的有效问卷为 495 份,回收率为 55%。

（二）研究工具

1. 胜任素质测量问卷

我们采用自编的胜任素质测量问卷,共包含 11 个子问卷,分别是:决策能力问卷(A)、自我效能问卷(C)、成就动机问卷(D)、创新能力问卷(E)、社交能力问卷(F)、学习能力问卷(G)、沟通能力问卷(H)、领导能力问卷(I)、变革能力问卷(J)、知识应用水平问卷(K),它们分别测量管理者的决策能力、自我效能、成就动机、创新能力、社交能力、学习能力、沟通能力、领导能力、变革能力、知识应用水平;对情绪智力的测量采用 Law 和 Wong(2004)编制的情绪智力测量问卷(B)。11 个胜任素质在高一阶因子上合成一个因子,它可以解释的方差总变异量为 61.67%,内在一致性系数(α)为 0.94。验证性因素分析显示,胜任素质结构模型具有良好的拟合指数:NFI(0.96)、IFI(0.97)、NNFI(0.96)、CFI(0.97)、RMSEA(0.09),由此可见,这 11 个胜任素质子问卷都具有较理想的信度和结构效度,所构建的胜任素质结构模型具有合理性和稳定性(见第五章第一节内容)。

2. 企业中层管理者绩效测量问卷

采用自编的企业中层管理者绩效测量问卷(LM),测量企业中层管理者的工作绩效。该问卷由 8 个测题(绩效)构成,8 个测题的内在一致性系数为 0.81,可解释的方差总变异量为 60.06%,说明该问卷有较理想的信度和效度(见第五章第一节内容)。

（三）施测程序及数据处理

采用团体施测方式,对在各地区随机抽取的企业中层管理者施测管理者胜任素质问卷和企业中层管理者绩效测量问卷。每个企业中层管理者需要单独完成 11 个胜任素质问卷和企业中层管理者绩效测量问卷。最后在各地区回收的企业中层管理者的有效问卷共 495 份。采用 SPSS10.0 对这些问卷进行数据统计处理。

三、结果与分析

对企业中层管理者的管理岗位、文化水平、性别、年龄、所在企业的规模、性质、行业、地区等变量对企业中层管理者胜任素质特征的影响进行比较研究,研究结果如下:

（一）不同管理岗位的企业中层管理者的胜任素质特征

F 检验表明,不同管理岗位的企业中层管理者在决策能力(A)上的平均数之间存在显著差异($F(5,415) = 3.90, p < 0.01$)。在决策/战略管理

岗位的企业中层管理者在决策能力上的平均数最高($M = 79.59, SD = 7.29$),而财务/金融管理岗位的企业中层管理者的平均数最低($M = 74.11, SD = 8.57$)。决策/战略管理、生产/项目/工程管理($M = 77.91, SD = 7.06$)、技术管理岗位($M = 77.48, SD = 7.34$)的企业中层管理者的平均数显著高于财务/金融、人力资源管理岗位($M = 74.80, SD = 8.66$)的企业中层管理者的平均数;并且,决策/战略管理岗位的企业中层管理者在决策能力上的平均数上还显著高于在营销管理岗位的企业中层管理者($M = 76.37, SD = 8.45$)的平均数。这说明不同管理岗位的企业中层管理者在决策能力上存在显著差异,决策/战略管理、生产/项目/工程管理、技术管理岗位的企业中层管理者有较高的决策能力,对自己的决策能力的自我评估较高;财务/金融管理岗位和人力资源管理岗位的企业中层管理者有较低的决策能力,对自己决策能力的自我评估较低。

另外,经 F 检验表明,尽管在自我效能、成就动机、社交能力、学习能力、沟通能力、领导能力上,不同管理岗位之间的企业中层管理者的平均数在总体上不存在显著差异,但进一步多重比较(LSD)发现,某些管理岗位之间的企业中层管理者在这些胜任素质上的差异达到显著($p < 0.05$)。具体来看,在自我效能上,决策/战略岗位的企业中层管理者的平均数最高($M = 44.73, SD = 4.42$),财务/金融岗位的企业中层管理者的平均数最低($M = 42.63, SD = 5.26$),两者之间的平均数差异达到显著($p < 0.05$);并且决策/战略管理岗位的企业中层管理者在自我效能上的平均数与人力资源管理($M = 42.67, SD = 5.17$)、生产/项目/工程管理($M = 42.59, SD = 4.95$)岗位的企业中层管理者的平均数之间的差异达到显著水平($p < 0.05$)。这说明决策/战略岗位的企业中层管理者有较高的自我效能,财务/金融管理、人力资源管理、生产/项目/工程管理岗位的企业中层管理者有较低的自我效能。在成就动机上,决策/战略管理岗位的企业中层管理者的平均数最高($M = 35.90, SD = 5.25$),人力资源管理岗位的企业中层管理者的平均数最低($M = 33.54, SD = 4.70$)。决策/战略管理岗位的企业中层管理者在成就动机上的平均数与人力资源管理、营销管理($M = 33.90, SD = 4.59$)、财务/金融管理($M = 33.69, SD = 5.85$)、技术管理($M = 33.60, SD = 4.58$)岗位的企业中层管理者的平均数之间的差异达到显著($p < 0.05$)。这说明与其他管理岗位的企业中层管理者相比,决策/战略管理岗位的企业中层管理者有较高的成就动机。在社交能力上,人力资源管理岗位的企业中层管理者的平均数($M = 60.62, SD = 9.25$)显著高于财务/

金融岗位的企业中层管理者的平均数($M = 57.55, SD = 8.11$)。这说明与其他管理岗位的企业中层管理者相比,尤其是与财务/金融管理岗位的企业中层管理者相比,人力资源管理岗位的企业中层管理者有较高的社交能力。在学习能力上,决策/战略岗位的企业中层管理者的平均数最高($M = 78.88, SD = 8.83$),营销管理岗位的企业中层管理者的平均数最低($M = 75.06, SD = 9.28$);并且决策/战略管理、技术管理岗位($M = 78.16, SD = 8.84$)的企业中层管理者在学习能力上的平均数,与营销管理岗位上的企业中层管理者的平均数之间的差异达到显著($p < 0.05$)。这说明从事决策/战略管理、技术管理工作的企业中层管理者有较高的学习能力,对学习能力的自我评定较高,而营销管理岗位的企业中层管理者对学习能力的自我评定较低。在沟通能力上,决策/战略管理岗位的企业中层管理者的平均数最高($M = 56.85, SD = 6.13$),财务/金融管理岗位的企业中层管理者的平均数最低($M = 53.97, SD = 6.77$);并且决策/战略管理岗位的企业中层管理者在沟通能力上的平均数与财务/金融管理、人力资源管理岗位($M = 54.31, SD = 6.10$)上的企业中层管理者的平均数之间的差异达到显著,说明决策/战略管理岗位的企业中层管理者有较高的沟通能力,而财务/金融管理、人力资源管理岗位的企业中层管理者对自己沟通能力的自我评估较低。在领导能力上,决策/战略管理岗位的企业中层管理者的平均数最高($M = 57.40, SD = 5.90$),营销管理岗位的企业中层管理者的平均数最低($M = 54.33, SD = 6.3$),并且决策/战略岗位、生产/工程/项目管理岗位($M = 56.33, SD = 6.18$)的企业中层管理者在领导能力上的平均数与营销管理岗位的企业中层管理者的平均数之间的差异达到显著($p < 0.05$)。这说明从事决策/战略管理、生产/工程/项目管理岗位的企业中层管理者有较高的领导能力,而从事营销管理工作的企业中层管理者对自己的领导能力的自我评定较低。

在情绪智力、创新能力、变革能力、知识应用水平上,不同管理岗位的企业中层管理者之间没有发现显著差异。

（二）不同文化水平的企业中层管理者的胜任素质特征

F 检验表明,不同文化水平的企业中层管理者在成就动机（D）、创新能力（E）、学习能力（G）上的平均数之间存在显著差异（$F(1,480) = 4.35, p < 0.05; F(1,485) = 6.06, p < 0.05; F(1,481) = 3.72, p < 0.05$）。具体来看,本科及本科以上学历的企业中层管理者在成就动机（D）和创新能力（E）上的平均数（D:$M = 34.52, SD = 4.75$;E:$M = 44.76, SD = 4.39$;G:$M = $

77.28，$SD=8.99$）显著高于大专及大专以下的企业中层管理者的平均数（D：$M=34.52$，$SD=4.75$；E：$M=44.76$，$SD=4.39$；G：$M=75.71$，$SD=8.86$）。这说明本科及本科以上学历的企业中层管理者有较高的成就动机、创新能力、学习能力；而大专及大专以下学历的企业中层管理者在这3个胜任素质上的自我评定较低。

在其他胜任素质上，不同管理岗位的企业中层管理者之间没有发现显著差异。

（三）不同年龄的企业中层管理者的胜任素质特征

对不同年龄的企业中层管理者在胜任素质测评指标上的 F 检验表明，在成就动机（D）上，不同年龄的企业中层管理者的平均数之间存在显著差异（$F(3,462)=4.56$，$p<0.01$），31—40 岁的企业中层管理者在成就动机上的平均数最高（$M=34.57$，$SD=4.85$），51 岁以上的企业中层管理者在成就动机上的平均数最低（$M=31.95$，$SD=4.78$）；并且 30 岁以下年龄段（$M=34.47$，$SD=5.03$）、31—40 岁年龄段、41—50 岁年龄段（$M=34.05$，$SD=4.90$）的企业中层管理者在成就动机上的平均数显著高于 51 岁以上年龄段的企业中层管理者（$p<0.01$）。这说明不同年龄的企业中层管理者的成就动机有显著差异，50 岁以下，尤其是 31—40 岁年龄段的企业中层管理者有较高的成就动机；而 51 岁以上的企业中层管理者的成就动机水平较低。

另外，尽管 F 检验表明，不同年龄的企业中层管理者在自我效能上的平均数之间的差异在总体上未达显著，但进一步多重比较（LSD）发现，在自我效能上，31—40 岁年龄段的企业中层管理者的平均数（$M=43.20$，$SD=5.11$）显著高于 51 岁以上年龄段的企业中层管理者的平均数（$M=41.50$，$SD=5.61$）。这说明尽管总体上不同年龄层的企业中层管理者在自我效能上的差异不显著，但是 31—40 岁年龄段的企业中层管理者的自我效能显著高于 51 岁以上年龄段的企业中层管理者的自我效能。

在其他胜任素质上，不同年龄的企业中层管理者之间没有发现显著差异。

（四）不同企业性质的企业中层管理者的胜任素质特征

F 检验表明，处在不同性质企业的中层管理者在决策能力上的平均数之间的差异显著（$F(2,464)=3.32$，$p<0.05$）。三资企业的中层管理者在决策能力上的平均数最高（$M=77.21$，$SD=7.28$），民营企业的中层管理者在决策能力（A）上的平均数最低（$M=74.64$，$SD=8.51$）；并且三

资企业、国有企业($M=76.78,SD=7.95$)的中层管理者在决策能力上的平均数显著高于民营企业的中层管理者的平均数。这说明三资企业、国有企业的中层管理者有较高的决策能力,而民营企业的中层管理者的决策能力较低。

在其他胜任素质上,处在不同性质企业的中层管理者之间没有发现显著差异。

（五）不同地区的企业中层管理者的胜任素质特征

对不同地区的企业中层管理者在胜任素质测评指标上的 F 检验表明,在决策能力（A）、情绪智力（B）、成就动机（D）、沟通能力（H）、领导能力（I）、知识应用水平（K）上,不同地区的企业中层管理者的平均数之间存在显著差异（A:$F(3,472)=5.06,p<0.01$;B:$F(3,491)=4.22,p<0.01$;D:$F(3,485)=4.11,p<0.01$;H:$F(3,490)=4.01,p<0.01$;I:$F(3,482)=8.17,p<0.001$;K:$F(3,460)=6.41,p<0.001$)。不同地区的企业中层管理者胜任素质的平均数与标准差见表6-4。

表 6-4　不同地区的企业中层管理者胜任素质的平均数（M）与标准差（SD）

	江苏地区				广东/福建		山东地区	
	南京		无锡				青岛	
	M	SD	M	SD	M	SD	M	SD
A	73.93	6.90	76.54	8.11	75.68	8.05	78.00	7.96
B	62.35	6.60	64.12	6.90	65.83	6.66	65.01	6.72
D	32.75	4.85	33.80	4.83	35.33	5.03	34.42	4.96
H	52.99	5.92	55.22	6.47	56.19	5.54	55.32	6.45
I	52.65	6.57	56.02	6.05	57.26	6.20	56.09	6.58
K	55.38	8.08	59.39	7.31	58.73	6.36	56.99	6.73

注:A:决策能力;B:情绪智力;D:成就动机;H:沟通能力;I:领导能力;K:知识应用水平。

多重比较发现（LSD）,在决策能力（A）上,青岛、无锡地区的企业中层管理者的平均数显著高于南京地区的企业中层管理者的平均数（$p<0.05$）,并且青岛地区的企业中层管理者的平均数还显著高于广东/福建地区的企业中层管理者的平均数。这说明与其他地区的企业中层管理者相比,青岛地区的企业中层管理者有较高的决策能力,而南京地区的企业中层管理者对自己的决策能力有较低的自我评定。

多重比较发现（LSD）,在情绪智力（B）上,广东/福建地区的企业中层管理者的平均数最高,南京地区的企业中层管理者的平均数最低;并且广东/福建、青岛、无锡地区的企业中层管理者在情绪智力上的平均数都显著高于南京的企业中层管理者的平均数。这说明与其他地区的企业中层管理者相比,南京地区的企业中层管理者对自己情绪智力的自我评定较低。

多重比较发现(LSD),在成就动机(D)上,广东/福建、青岛地区的企业中层管理者的平均数显著高于南京地区的企业中层管理者的平均数,广东/福建地区的企业中层管理者的平均数还显著高于无锡地区的企业中层管理者的平均数,这说明广东/福建、青岛地区的企业中层管理者有较高的成就动机,而南京和无锡地区的企业中层管理者的成就动机较低。

多重比较发现(LSD),在沟通能力(H)和领导能力(I)上,广东/福建、青岛、无锡地区的企业中层管理者的平均数都显著高于南京地区的企业中层管理者的平均数,说明与其他地区的企业中层管理者相比,南京地区的企业中层管理者对自己的沟通能力、领导能力有较低的自我评定。

多重比较发现,在知识应用水平(K)上,无锡、广东/福建地区的企业中层管理者的平均数都显著高于南京地区的企业中层管理者的平均数,无锡地区的企业中层管理者的平均数还显著高于青岛地区的企业中层管理者的平均数,说明无锡、广东/福建地区的企业中层管理者的知识应用水平较高,而南京与青岛地区的企业中层管理者有较低的知识应用水平。

在其他胜任素质上,不同地区的企业中层管理者之间没有发现显著差异。

（六）不同绩效水平的企业中层管理者胜任素质特征

按照企业中层管理者绩效测量问卷的得分总分高低排序,然后分别从最高分向下、最低分向上各取27%的中层管理者组成两个组:高绩效组和低绩效组,然后对不同绩效水平的高绩效组和低绩效组的企业中层管理者的胜任素质进行比较研究。F检验表明,除了在成就动机(D)上高绩效组与低绩效组的平均数之间的差异没有达到显著外,在决策能力、情绪智力、自我效能、创新能力、社交能力、学习能力、沟通能力、领导能力、变革能力、知识应用水平10个胜任素质上高绩效组与低绩效组的平均数之间的差异都达到显著或极显著水平(见表6-5),高绩效组在这10个胜任素质上的平均数显著高于低绩效组的平均数,这说明高绩效组的企业中层管理者除了在成就动机上没有显著高于低绩效组的企业中层管理者外,在其他 10 个胜任素质的水平上都显著高于低绩效组的企业中层管理者。

表 6-5　不同绩效水平的企业中层管理者胜任素质的平均数(M)与标准差(SD)

	高绩效组		低绩效组		F
	M	SD	M	SD	
决策能力(A)	79.61	7.32	73.67	7.97	28.55 ***
情绪智力(B)	67.41	6.38	62.80	7.03	22.40 ***
自我效能(C)	44.59	4.98	41.32	5.38	18.92 ***
成就动机(D)	34.59	5.35	33.34	4.05	3.31
创新能力(E)	45.55	5.17	43.42	4.65	8.88 **
社交能力(F)	62.37	8.34	55.57	7.94	33.13 ***
学习能力(G)	80.89	8.47	73.06	7.52	45.43 ***
沟通能力(H)	57.46	5.88	53.04	6.17	25.55 ***
领导能力(I)	58.97	5.84	52.77	6.13	50.95 ***
变革能力(J)	74.05	7.22	66.37	6.85	56.58 ***
知识应用(K)	61.34	7.63	54.29	5.87	50.89 ***

注:** 表示 $p < 0.01$,*** 表示 $p < 0.001$。

对管理者的性别、管理者所在的企业规模和行业变量上的 F 检验表明,没有发现不同性别、不同企业规模、不同行业的企业中层管理者之间在胜任素质上存在显著差异。

四、讨论

（一）关于不同管理岗位、文化水平、年龄的企业中层管理者胜任素质特征

企业中层管理者是企业实现战略目标的执行层,负责把高层管理者(决策层)制定的战略决策、战略任务具体化并领导部门员工执行,因此,各个管理岗位的中层管理者是企业的中坚力量,他们的工作绩效对企业发展有直接影响。研究发现,不同管理岗位的企业中层管理者在多项胜任素质上都存在显著差异,决策/战略管理岗位的中层管理者的胜任素质水平较高,财务/金融管理岗位的中层管理岗位的胜任素质水平较低,其他管理岗位的中层管理者的胜任素质水平介于这两者之间。我们发现,不同管理岗位的企业中层管理者胜任素质差异特征与企业高层管理者胜任素质差

异特征(见本章第一节内容)基本一致,这可能说明尽管管理者的管理层级存在差异,但是管理岗位一定程度上的相似性却使管理者在胜任素质上的相似点较多,而相同管理层级、不同管理岗位的管理者在胜任素质上的差异性可能较多,如决策/战略管理岗位的高、中层管理者的胜任素质有较多的相似性,而中层或高层的决策/战略管理岗位的管理者与同为中层或高层的人力资源管理岗位或财务/金融管理岗位管理者的胜任素质的差异性可能会较多,这种胜任素质特征显然与管理岗位工作内容的相似性或差异性有关。

前述研究发现,本科及以上学历的企业中层管理者有较高的成就动机、创新能力、学习能力,大专及以下学历的企业中层管理者的这三个胜任素质水平较低。无论从个体层面还是从组织层面来说,成就动机、创新能力、学习能力都是管理者和组织获得成功的最重要的三个因素,而目前大专及低学历的企业中层管理者在我国企业中占相当大的比例,因此,重视加强对管理者这些胜任素质的培养不仅有利于促进企业中层管理者个人胜任素质的提高,更重要的是能对企业组织的发展带来极大的效益。

前述研究表明,50岁以下,尤其是31—40岁年龄段的企业中层管理者相对51岁以上的中层管理者有较高的成就动机。我们发现,年龄是影响企业管理者成就动机的一个重要因素,成就动机水平随着企业管理者年龄的增长而降低。企业中层管理者与企业高层管理者一样,其成就动机特征的年龄趋势均较为显著(见本章第一节内容)。成就动机是驱动人行为的内在推动力,管理者成就动机水平的下降会导致管理者自觉追求组织发展的行为减少,不利于组织的持续发展。而年龄处在四五十岁左右的中高层管理者不仅是个体知识、经验积累最丰富的时期,更是在组织中承担主要的决策和管理的责任,他们的成就动机的降低会影响企业发展的速度和规模,因此,持续提高和激发这些中高层管理者的成就动机水平是值得关注的工作。

(二) 关于不同企业性质、地区的企业中层管理者的胜任素质特征

前述研究发现,企业中层管理者仅在决策能力上存在显著差异,三资企业、国有企业的中层管理者比民营企业的中层管理者的决策能力高,这要求民营企业的中层管理者需要提高决策能力水平。我们发现,与此相对应的是,民营企业的高层管理者的决策能力也显著低于三资企业、国有企业高层管理者的决策能力(见本章第一节内容),这说明民营企业管理者

的决策能力整体上水平较低,大力培养民营企业管理者的决策能力,提高其决策水平是民营企业发展要进一步重视的问题。我们也看到,在其他胜任素质上三资企业、国有企业、民营企业中层管理者之间的差异总体上不显著,这表明国有企业、民营企业中层管理者的胜任素质水平在最近几年我国经济的快速发展过程中已经得到较大的提高。

本研究发现,不同地区的企业中层管理者在多项胜任素质上有显著差异,广东/福建企业中层管理者的胜任素质水平较高,其次是青岛地区、无锡地区,南京地区的中层管理者的胜任素质水平最低。显然,地区经济发展水平的差异可能是造成管理者胜任素质水平具有差异的一个重要原因。经济发达地区的管理者面临的职业挑战更大,胜任素质水平较高才能胜任;而经济发展速度较慢地区的管理者面临的压力相对较小,管理者对提高胜任素质水平的需求相对不足,因而胜任素质水平也较低。所以,努力提高各地区企业各层级管理者的胜任素质是促进各地经济发展的重要保障。

(三) 关于不同绩效水平的企业中层管理者的胜任素质特征

前述研究发现,高绩效的企业中层管理者除了在成就动机上没有显著高于低绩效的企业中层管理者外,在其他10个胜任素质水平上都显著高于低绩效的企业中层管理者,这说明企业中层管理者的绩效与其胜任素质水平之间有密切的关系,高绩效的中层管理者有较高的胜任素质水平,企业中层管理者的胜任素质对其绩效的预测力显而易见(见第五章第二节内容)。因此,进一步提高中层管理者的胜任素质水平确属当务之急,实践也证明,企业中层管理者高绩效的管理工作有助于增进组织效益。

五、结论

通过研究,我们可以得出以下结论:

1. 企业中层管理者的管理岗位、文化水平、年龄、所在企业的企业性质、地区、不同绩效水平对其胜任素质水平有显著影响。

(1) 不同管理岗位的企业中层管理者在决策能力上存在显著差异,战略/决策管理岗位的中层管理者的决策能力较高,财务/金融管理和人力资源管理岗位的企业中层管理者有较低的决策能力。在其他胜任素质上,不同管理岗位的企业中层管理者之间的差异总体上不显著。

(2) 不同文化水平的企业中层管理者在成就动机、创新能力、学习能力上存在显著差异,本科及以上学历的企业中层管理者有较高的成就动机、创新能力、学习能力。

(3)不同年龄的企业中层管理者在成就动机上存在显著差异,50岁以下年龄段的企业中层管理者有较高的成就动机。

(4)不同性质企业的中层管理者在决策能力上存在显著差异。三资企业、国有企业的中层管理者的决策能力高于民营企业的中层管理者。

(5)不同地区的企业中层管理者在决策能力、情绪智力、成就动机、沟通能力、领导能力、知识应用水平上存在显著差异。广东/福建、青岛地区的企业中层管理者有较高的胜任素质水平,南京与无锡地区的企业中层管理者的胜任素质水平较低。

(6)不同绩效水平的企业中层管理者在10个胜任素质上存在显著差异。高绩效的企业中层管理者的10个胜任素质水平高于低绩效的企业中层管理者。在成就动机上,高绩效与低绩效的企业中层管理者之间的差异不显著。

2. 企业中层管理者的性别以及他们所在企业的企业规模、行业对其胜任素质水平没有显著影响。

第三节　企业基层管理者胜任素质研究

一、引言

随着现代企业制度的建立,企业基层的组织结构、管理方式、工作要求都会发生变化,努力提高企业基层管理者的胜任素质,建立完善的选拔和培训机制,已成为新时期日益紧迫的任务。

企业基层管理者作为企业战略的运作核心层,直接影响到企业执行力的强弱,而且在组织结构扁平化的变革中,许多企业将权力下放给企业基层管理者,企业基层管理者的素质和管理能力更是与企业的命运息息相关。然而,目前我国大部分的企业基层管理者是从一线团队中直接提拔上来的,许多人并没有经过管理方面的专门培训,他们在基层团队中的绩效并不能代表其具有良好的管理者素质。因此,加强对企业基层管理者的胜任素质的探讨,对于企业加强执行力和培养优秀的管理者人才,都具有积极而重要的意义。

二、研究方法

（一）研究对象

在江苏省的南京、无锡地区，广东省的珠海、普宁地区，福建省的泉州、厦门地区，我们对各地企业的基层管理者进行问卷调查，这些基层管理者来自不同管理岗位（人力资源管理、营销、生产/工程/项目管理、财务/金融、技术管理、决策/战略管理）、不同行业（机械制造、电子制造、化工、轻工、建筑与房地产、商业服务、交通运输等）、不同性质（国有企业、民营企业、三资企业）以及不同规模的大型（员工人数 500—2 000 人及以上，销售额 15 000 万—30 000 万元以上，员工人数和销售额在各行业之间有不同标准要求）、中型（员工 100—2 000 人以下，销售额 1 000 万—30 000 万元以下）、小型（员工 100—300 人以下，销售额 1 000 万—3 000 万元以下）企业。管理者的年龄大多在 25—45 岁之间，学历分为大专以下、大专、本科、硕士或博士。最后回收企业基层管理者的有效问卷为 388 份，回收率为 54%。

（二）研究工具

1. 胜任素质测量问卷

我们采用自编的胜任素质测量问卷，共包含 11 个子问卷，分别是：决策能力问卷（A）、自我效能问卷（C）、成就动机问卷（D）、创新能力问卷（E）、社交能力问卷（F）、学习能力问卷（G）、沟通能力问卷（H）、领导能力问卷（I）、变革能力问卷（J）、知识应用水平问卷（K），它们分别测量管理者的决策能力、自我效能、成就动机、创新能力、社交能力、学习能力、沟通能力、领导能力、变革能力、知识应用水平；对情绪智力的测量采用 Law 和 Wong（2004）编制的情绪智力测量问卷（B）。11 个胜任素质在高一阶因子上合成一个因子，它可以解释的方差总变异量为 61.67%，内在一致性系数（α）为 0.94。验证性因素分析显示胜任素质结构模型具有良好的拟合指数：NFI（0.96）、IFI（0.97）、NNFI（0.96）、CFI（0.97）、RMSEA（0.09），由此可见，这 11 个胜任素质子问卷都具有较理想的信度和结构效度，所构建的胜任素质结构模型具有合理性和稳定性（见第五章第一节内容）。

2. 企业基层管理者绩效测量问卷

采用自编的企业基层管理者绩效测量问卷（LL），测量企业基层管理者的工作绩效。该问卷由 5 个测题（绩效）构成，5 个测题的内在一致性系数为 0.88，可解释的方差总变异量为 67.31%，说明该问卷有较理想的信度和效度(见第五章第一节内容)。

（三）施测程序及数据处理

采用团体施测方式,对在各地区随机抽取的企业基层管理者施测管理者胜任素质问卷和企业基层管理者绩效测量问卷。每个企业基层管理者需要单独完成 11 个胜任素质问卷和企业基层管理者绩效测量问卷。最后在各地区回收的企业基层管理者的有效问卷共 388 份。采用 SPSS10.0 对这些问卷进行数据统计处理。

三、结果与分析

（一）不同管理岗位的企业基层管理者的胜任素质特征

方差分析发现,不同管理岗位的企业基层管理者之间在社交能力(F)上的平均数存在显著差异($F_{(4,296)} = 3.47, p < 0.01$)。营销管理岗位的企业基层管理者在社交能力上的平均数最高($M = 62.81, SD = 8.24$),生产/项目/工程管理岗位的企业基层管理者的平均数最低($M = 58.22, SD = 7.65$);营销管理岗位的企业基层管理者在社交能力上的平均数显著高于生产/项目/工程管理、财务/金融管理($M = 58.56, SD = 8.63$)、技术管理($M = 58.92, SD = 8.68$)岗位的企业基层管理者的平均数。这说明不同管理岗位的企业基层管理者在社交能力上的自我评定存在显著的差异,与其他管理岗位的企业基层管理者相比,营销管理岗位的企业基层管理者有较高的社交能力。

在决策能力、创新能力、知识应用水平上,F 检验表明不同管理岗位的企业基层管理者之间总体上在这些胜任素质上平均数的差异未达显著,但多重比较(LSD)发现,某些管理岗位的企业基层管理者之间在这些胜任素质上平均数的差异达到显著。具体来看,人力资源管理岗位的企业基层管理者($M = 77.43, SD = 8.88$)在决策能力上的平均数显著高于财务/金融管理岗位的企业基层管理者($M = 74.26, SD = 8.13$)的平均数($p < 0.05$);技术管理岗位的企业基层管理者($M = 45.52, SD = 4.98$)在创新能力上的平均数显著高于财务/金融管理岗位的企业基层管理者($M = 43.19, SD = 5.66$)的平均数($p < 0.05$);人力资源管理岗位的企业基层管理者($M = 57.91, SD = 7.38$)在知识应用水平上的平均数显著高于财务/金融管理岗位的企业基层管理者($M = 54.76, SD = 8.17$)的平均数($p < 0.05$)。这说明与其他管理岗位的企业基层管理者相比,人力资源管理岗位的企业基层管理者有较高的决策能力和知识应用水平,财务/金融管理岗位的企业基

层管理者在这两个胜任素质上的自我评定较低;而技术管理岗位的企业基层管理者有较高的创新能力,财务/金融管理岗位的企业基层管理者对创新能力的自我评定则较低。

在其他胜任素质上,不同管理岗位的企业基层管理者之间没有发现显著差异。

(二) 不同文化水平的企业基层管理者的胜任素质特征

F 检验表明,不同文化水平的企业基层管理者在决策能力(A)和领导能力(I)上的平均数存在显著差异(A:$F(1,361) = 6.96$,$p < 0.01$;I:$F(1,373) = 3.93$,$p < 0.05$),大专及大专以下的企业基层管理者(A:$M = 75.98$,$SD = 8.14$;I:$M = 55.05$,$SD = 7.09$)在这两个胜任素质上的平均数显著高于本科及本科以上学历的企业基层管理者(A:$M = 73.71$,$SD = 7.99$;I:$M = 53.55$,$SD = 7.33$),这说明大专及大专以下学历的企业基层管理者对自己决策能力和领导能力的自我评定高于本科及本科以上学历的企业基层管理者。

在其他胜任素质上,不同文化水平的企业基层管理者之间没有发现显著差异。

(三) 不同性别的企业基层管理者的胜任素质特征

F 检验表明,不同性别的企业基层管理者在成就动机(D)和创新能力(E)上的平均数存在显著差异($F(1,374) = 4.583$,$p < 0.05$;$F(1,379) = 7.848$,$p < 0.01$),男性企业基层管理者在成就动机(D)和创新能力(E)上的平均数(D:$M = 35.01$,$SD = 5.53$;E:$M = 44.73$,$SD = 5.28$)显著高于女性企业基层管理者的平均数(D:$M = 33.81$,$SD = 5.17$;E:$M = 43.22$,$SD = 5.10$)。这说明男性企业基层管理者比女性企业基层管理者有更高的成就动机和创新能力。

在其他胜任素质上,不同性别的企业基层管理者之间没有发现显著差异。

(四) 不同年龄的企业基层管理者的胜任素质特征

F 检验表明,不同年龄层的企业基层管理者在决策能力(A)上平均数存在显著差异($F(2,367) = 2.99$,$p < 0.05$),多重比较(LSD)发现,41 岁以上的企业基层管理者的平均数($M = 77.08$,$SD = 7.93$)显著高于 30 岁以下年龄段的企业基层管理者的平均数($M = 74.22$,$SD = 7.78$)。尽管 F 检验表明不同年龄的企业基层管理者在领导能力总体差异不显著,但 41 岁以上年龄段的企业基层管理者的平均数($M = 56.46$,$SD = 7.56$)显著高于 30

岁以下年龄段的企业基层管理者($M = 54.08, SD = 7.06$)的平均数($p < 0.05$)。这说明41岁以上年龄段的企业基层管理者对决策能力和领导能力的自我评定较高,而30岁以下年龄段的企业基层管理者在这2个胜任素质上的自我评定较低。

在其他胜任素质上,不同年龄的企业基层管理者之间没有发现显著差异。

（五）不同企业性质的企业基层管理者的胜任素质特征

F检验表明,不同企业性质的企业基层管理者在11个胜任素质上的平均数之间都不存在显著差异,但多重比较（LSD）分析发现,国有企业的基层管理者在情绪智力（B）上的平均数($M = 65.15, SD = 7.29$)显著高于民营企业的基层管理者($M = 63.38, SD = 6.86$)的平均数($p < 0.05$)。在社交能力（F）上,民营企业($M = 60.71, SD = 8.38$)和国有企业($M = 60.39, SD = 8.94$)的基层管理者的平均数都显著高于三资企业($M = 58.07, SD = 8.18$)的基层管理者的平均数($p < 0.05$)。这说明在总体上看,不同企业性质的企业基层管理者在胜任素质水平上的差异未达总体上的显著,但国有企业的基层管理者在情绪智力水平上显著高于民营企业的基层管理者;民营企业和国有企业的基层管理者有较高的社交能力,而三资企业的基层管理者社交能力的自我评定较低。

（六）不同行业的企业基层管理者的胜任素质特征

不同行业的企业基层管理者在胜任素质测评指标上的F检验表明,在决策能力（A）上,不同行业的企业基层管理者的平均数之间存在显著差异（$F(3, 326) = 3.01, p < 0.05$）,交通运输业的企业基层管理者在决策能力（A）上的平均数($M = 76.89, SD = 8.68$)显著高于机械及电子制造业的企业基层管理者的平均数($M = 73.00, SD = 7.77$)。这说明与其他行业的企业基层管理者相比,交通运输业的企业基层管理者对决策能力的自我评定较高,机械及电子制造业的企业基层管理者对自己决策能力的自我评定较低。

在其他胜任素质上,不同行业的企业基层管理者之间没有发现显著差异。

（七）不同地区的企业基层管理者的胜任素质特征

F检验表明,不同地区的企业基层管理者之间在决策能力（A）、自我效能（C）、社交能力（F）、沟通能力（H）、领导能力（I）、知识运用水平（K）上存在显著差异（A:$F(3, 366) = 10.50, p < 0.001$;C:$F(3, 384) = 3.34,$

$p < 0.05$；F：$F(3,373) = 3.43, p < 0.05$；H：$F(3,380) = 4.84, p < 0.01$；I：$F(3,377) = 6.82, p < 0.001$；K：$F(3,353) = 3.67, p < 0.05$）。不同地区的企业基层管理者胜任素质的平均数与标准差见表6-6。

表6-6　不同地区的企业基层管理者胜任素质的平均数（M）与标准差（SD）

	江苏地区				广东/福建		山东地区	
	南京		无锡				青岛	
	M	SD	M	SD	M	SD	M	SD
A	70.36	6.86	74.26	8.69	75.29	7.28	77.11	7.99
C	41.20	5.58	40.74	5.48	42.84	4.71	42.46	5.02
F	57.78	7.78	58.08	7.63	60.92	8.14	60.90	9.40
H	51.73	6.58	53.79	6.92	55.45	5.93	55.42	7.31
I	50.75	6.27	54.31	6.85	55.42	6.71	55.59	7.71
K	52.60	7.58	55.89	7.09	56.96	8.12	56.08	7.27

注：A：决策能力；C：自我效能；F：社交能力；H：沟通能力；I：领导能力；K：知识应用水平。

进一步多重比较（LSD）发现，在决策能力（A）上，青岛、广东/福建、无锡地区的企业基层管理者的平均数显著高于南京地区的企业基层管理者的平均数，并且青岛地区的企业基层管理者在决策能力上的平均数还显著高于无锡地区的企业基层管理者的平均数，这说明与其他地区的企业基层管理者相比，南京地区的企业基层管理者在决策能力上的自我评定较低；在自我效能上，广东/福建、青岛地区的企业基层管理者的平均数显著高于无锡地区企业基层管理者的平均数，这说明无锡地区企业基层管理者的自我效能低于其他地区的企业基层管理者；在社交能力上，广东/福建、青岛地区的企业基层管理者的平均数显著高于南京、无锡地区企业基层管理者的平均数，这说明南京、无锡地区企业基层管理者的社交能力显著低于广东/福建、青岛地区的企业基层管理者；在沟通能力上，广东/福建、青岛地区的企业基层管理者的平均数显著高于南京地区企业基层管理者的平均数，这说明与其他地区的企业基层管理者相比，南京地区的企业基层管理者沟通能力的自我评定较低；在领导能力和知识应用水平上，广东/福建、青岛、无锡地区的企业基层管理者的平均数都显著高于南京地区的企业基层管理者的平均数，这说明与其他地区的企业基层管理者相比，南京地区的企业基层管理者在这两个胜任素质上的自我评定较低。

在其他胜任素质上,没有发现不同地区的企业基层管理者之间的显著差异。

（八）不同绩效水平的企业基层管理者胜任素质特征

将企业基层管理者绩效测量问卷的得分按总分高低排列,然后分别从最高分向下、最低分向上各取 27% 的基层管理者组成两个组:高绩效组和低绩效组,然后对不同绩效水平的高绩效组和低绩效组的企业基层管理者的胜任素质进行比较研究。F 检验表明,在所有 11 个胜任素质上高绩效组与低绩效组的平均数之间的差异都达到极显著水平(见表6-7),高绩效组在决策能力、情绪智力、自我效能、成就动机、创新能力、社交能力、学习能力、沟通能力、领导能力、变革能力、知识应用水平这 11 个胜任素质上的平均数都极显著高于低绩效组的平均数,这说明高绩效的企业基层管理者在所有胜任素质水平上都显著高于低绩效的企业基层管理者。

表 6-7　不同绩效水平的企业基层管理者胜任素质的平均数（M）与标准差（SD）

	高绩效组		低绩效组		F
	M	SD	M	SD	
决策能力（A）	78.35	7.85	71.60	7.61	28.54***
情绪智力（B）	66.44	7.14	61.87	7.56	14.50***
自我效能（C）	44.05	4.50	40.03	4.77	25.45***
成就动机（D）	36.92	5.92	33.01	5.14	18.61***
创新能力（E）	45.77	5.58	42.57	5.13	13.37***
社交能力（F）	62.79	8.45	57.81	8.43	13.03***
学习能力（G）	80.89	8.63	72.84	9.69	28.90***
沟通能力（H）	57.05	6.80	52.63	6.94	15.56***
领导能力（I）	57.73	6.76	51.52	7.00	30.56***
变革能力（J）	74.75	8.55	64.23	8.06	60.12***
知识应用（K）	58.32	7.80	53.41	6.19	18.21***

注:*** 表示 $p < 0.001$。

在企业规模变量上,F 检验表明,没有发现处在不同规模企业中的基层管理者在各个胜任素质上存在显著差异。

四、讨论

（一）关于不同管理岗位、文化水平、性别、年龄的企业基层管理者胜任素质特征

前述研究发现,与其他管理岗位的基层管理者相比,营销管理岗位的

企业基层管理者有较高的社交能力,这与基层营销管理者需要积极主动地开拓产品市场、扩大客户群,善于建立工作关系的人际网络有密切联系。在其他胜任素质上,不同管理岗位的基层管理者之间的差异总体上不显著,这表明不同管理岗位的基层管理者胜任素质水平的差异性较小,基层管理岗位对基层管理者胜任素质水平的影响较小。

研究发现,大专及以下学历的企业基层管理者比本科及以上学历的基层管理者有较高的决策能力和领导能力。这可能是因为较低学历的基层管理者有较长时间管理工作的实践经验,善于根据企业的实际情况作出一些切实可行的决策,并善于激励下属完成;而较高学历的管理者管理实践经验较少,在实际管理工作中不善于领导下属,所作的决策也常脱离企业的实际情况。我们推测的这种现象在访谈中也得到证实。

研究发现,男性企业基层管理者比女性企业基层管理者有更高的成就动机和创新能力。这种差异可能与我国传统的性别教育影响有关。传统教育中,女性不被鼓励有更高的事业、成就方面的追求,鼓励顺从、听话、循规蹈矩。在这种背景下,女性的创新与成就意识就比较淡薄。

研究还发现,41 岁以上年龄段的企业基层管理者有较高的决策能力。这与这个年龄段的基层管理者已经积累了丰富的管理经验,因此能够有效率地、正确地作出一些决策有关。

(二)关于不同行业、地区、绩效水平的企业基层管理者胜任素质特征

前述研究发现,交通运输业的企业基层管理者的决策能力高于机械及电子制造业的企业基层管理者,而在其他胜任素质上各行业基层管理者的胜任素质水平差异不显著,这表明行业对基层管理者胜任素质的影响较小。

研究发现,不同地区的企业基层管理者在多项胜任素质上存在显著差异,广东/福建、青岛地区的企业基层管理者有较高的胜任素质水平,南京地区的基层管理者的胜任素质水平较低,经济发展速度和经济环境对不同地区企业基层管理者胜任素质水平的影响显然是主要原因。

研究还发现,高绩效企业基层管理者在所有 11 个胜任素质水平上都极显著地高于低绩效的企业基层管理者,这说明绩效高的企业基层管理者的胜任素质水平与绩效低的企业基层管理者的胜任素质水平之间有极大的差距,前者的胜任素质水平显著高于后者。因此,基层管理者绩效的提高关键在于他们的胜任素质水平的提高,否则,企业基层管理者不可能在管理工作中创造高绩效。

五、结论

通过研究,我们可以得出以下结论:

1. 企业基层管理者的管理岗位、文化水平、性别、年龄、所在企业的行业、地区、绩效水平对其胜任素质水平有显著影响。

(1) 不同管理岗位的企业基层管理者在社交能力上存在显著差异,与其他管理岗位的基层管理者相比,营销管理岗位的基层管理者有较高的社交能力。

(2) 不同文化水平的企业基层管理者在决策能力和领导能力上存在显著差异,大专及大专以下学历的基层管理者有较高的决策能力和领导能力。

(3) 不同性别的企业基层管理者在成就动机和创新能力上存在显著差异,男性基层管理者比女性基层管理者有更高的成就动机和创新能力。

(4) 不同年龄的企业基层管理者在决策能力上存在显著差异,41 岁以上年龄段的基层管理者有较高的决策能力。

(5) 不同行业的企业基层管理者在决策能力上存在显著差异,交通运输业的基层管理者的决策能力较高,机械及电子制造业企业基层管理者的决策能力较低。

(6) 不同地区的企业基层管理者在决策能力、自我效能、社交能力、沟通能力、领导能力、知识运用水平上存在显著差异,广东/福建、青岛地区的企业基层管理者有较高的胜任素质水平。

(7) 不同绩效水平的企业基层管理者在所有 11 个胜任素质上存在显著差异,高绩效的企业基层管理者的 11 个胜任素质水平高于低绩效的企业基层管理者。

2. 企业基层管理者所在企业的规模、性质对基层管理者的胜任素质没有显著影响。

对我国企业高层、中层、基层管理者的大规模随机抽样调查结果显示,企业管理者的胜任素质不仅在管理层级之间存在显著差异(见第五章第二节),在各管理层级内部,企业管理者的胜任素质特征也存在不同;企业管理者的管理岗位、文化水平、性别、年龄,管理者所在企业的企业规模、所有权属性、行业、地区,以及管理者的绩效水平对管理者的胜任素质特征都有显著影响。同一管理层级的管理者由于在这些因素上的不同,他们的胜任素质特征也具有独特性。管理层级是组织结构中重要的组成部分,不同管理层级的管理者承担组织中不同的管理任务,高层管理者处于战略决策层,中层管理者处于执行层,基层管理者处于操作层,因此,企业在选拔、评价、培训不同管理层级的企业管理者时,需要结合管理者所具有的内在和外在条件,科学地、客观地认识不同管理层级的企业管理者的胜任素质特征,确立适合不同管理层级的企业管理者的胜任素质标准,并且,努力为管理者创造合适的条件,使其具有的管理素质得到最大的发挥和运用。

显然,鉴于我国企业管理者,尤其是高层和中层管理者在胜任素质水平上与西方发达国家企业高层和中层管理者之间的较大差距,根据企业不同管理层级的管理者胜任素质特征,建立一套科学的、完善的企业管理者培训体系势在必行。

参 考 文 献

[1] Boyatzis R. E. (1982), *The Competent Manager*: *A Model for Effective Performance*, New York: John Wiley & Sons.

[2] Hambrick, D. C. (1981), Strategic awareness within top management teams, *Strategic Management Journal*, 2(3): 263—279.

[3] Lawler E. (1994), From job-based to competency based organizations, *Journal of Organizational Behavior*, 15(1): 3—15.

[4] McClelland D. C. (1973), Testing for competence rather than for intelligence, *American Psychologist*, 28(1):1—14.

[5] Russell C. J. (2001), A longitudinal study for top-level executive performance, *Journal of Applied Psychology*, 86(4):560—573.

[6] Shippmann J. S., Ash R. A., Battista M., et al. (2000), The practice of competency modeling, *Personnel Psychology*, 53(3): 703—740.

[7] Spencer Jr, L. M., Spencer S. M. (1993), *Competence at Work*: *Models for Superior Performance*, New York: John Wiley & Sons, Inc.

[8] Weekley J. A., Jones C. (1999), Further studies of situational tests, *Personnel Psychology*, 52(3): 679—700.

[9] 金杨华、陈卫旗、王重鸣,《管理胜任特征与工作绩效关系研究》,《心理科学》,2004 年第 6 期,第 1349—1351 页。

[10] 申作青,《中层管理者:提升组织执行力的中坚力量》,《管理现代化》,2005 年第 3 期,第 31—33 页。

[11] 斯蒂芬・P. 罗宾斯著,孙健敏等译,《组织行为学》(第七版),中国人民大学出版社 2002 年版。

[12] 唐春勇、周颖，《企业高层管理者胜任特征的物元分析》，《西南交通大学学报》，2005年第1期，第99—103页。

[13] 王萍、宋合义，《不同所有制企业高层管理者的差异研究》，《西安科技学院学报》，2004年第3期，第126—129页。

[14] 王重鸣，《管理心理学》，人民教育出版社2001年版。

[15] 徐联仓、陈龙、王登等，《心理学为提高企业素质服务》，《心理学报》，1985年第4期，第339—345页。

[16] 赵曙明、翟俊生等，《国有企业人力资源管理战略研究》，《管理世界》，1998年第3期，第196—201页。

[17] 中国企业家调查系统，《中国企业经营者队伍制度化建设的现状与发展——2000年中国企业经营者成长与发展专题调查报告》，《管理世界》，2000年第4期，第92—102页。

第七章

不同管理岗位的企业管理者
胜任素质研究

波亚齐斯(1982)提出,工作绩效与工作要求以及组织环境之间存在着相互影响的关系,组织内部的任务环境是影响胜任素质形成及发展的重要因素。所谓任务环境,是指胜任力与完成一个具体工作任务时的相关程序,与工作者所在的岗位特征紧密联系。对于企业管理者来说,不同的管理职能拥有特定的岗位知识和技能,在岗位之间存在很大的差异和多样化的要求,这同时也构成了不同的任务环境,影响着组织管理者胜任素质的构成与发展。因此,分析不同管理岗位的管理者胜任素质的差异性,对于了解企业管理者胜任素质的整体构成与差异性研究有重要的意义,同时也对不同管理岗位上管理者的招募、选拔和培养有着重要的指导作用。

第一节　人力资源管理者胜任素质研究

一、人力资源管理者胜任素质概况

随着人力资源及其管理理论的发展,越来越多的企业认识到人力资源才是形成和保持竞争力的根本和关键,因而更加重视企业内部的人力资源管理。管理学大师德鲁克指出:"企业管理最终就是人力管理;人力管理就是企业管理的代名词。"但是对于企业,人力资源管理不仅是一种理念、理论和方法的传播和普及,更是一种应用、提高和再创新的实践,由此也对人力资源管理者的胜任素质提出了新的和更高的要求。人力资源管理者应该具备怎样的素质、能力才能更好地发挥其管理作用、提高其管理绩效,已成为学术界和企业界共同关注的重要课题。

目前我国人力资源管理工作仍显得十分薄弱。传统的人力资源管理者只满足于处理好组织的内部事务，这与目前企业在竞争环境中持续发展对相关人员提出的要求存在着相当大的差距。主要存在以下几类人力资源的管理者：

1. 对劳动政策和人力资源管理知识知之甚少或者基本不懂。这类人力资源管理人士大多分布在小型或民营（股份）企业中。由于部分企业经理只知道技术、产品与市场的重要性，而对人力资源管理工作的重要性还认识不够，所以在选用人力资源管理人员时随意性很强。由于既不懂劳动人事政策，又没有任何劳动人事管理专业知识与经验，或是惧怕失去工作职位，所以只得完全依照老板的旨意行事，根本不考虑是否符合法律、政策的规定。

2. 有一定基础知识，但实际经验很少。这类管理者基本上是人力资源管理或相关专业近期毕业的学生，主要分布在各种类型的企业中，特别是外资企业和高新技术企业中聘用的较多。他们有系统的专业知识，有十分活跃的头脑，敢想敢干，可塑性较强。但是，人力资源管理是一个知识与经验并重的工作。一个优秀的人力资源管理者不仅要懂得专业知识，还要十分熟悉劳动法律、法规与相关的政策，更要有大量的实践经验，这些都需要较长时间的刻苦钻研和积累才能掌握。

3. 有经验但管理方式老化，观念陈旧，需要更新。这类管理者曾长期在国营企业中工作，年龄差不多在 40 岁至 55 岁之间。计划经济时期形成的管理经验与模式，在他们的头脑中留有深深的时代印痕。他们有经验、会管理，但缺乏市场意识与现代企业管理知识，面对当前人力资源市场的流动性和劳动关系的复杂性，知识储备不足，处理新问题的相对经验不足，适应性差，处事被动，而且不少人对外语、计算机、网络等方面知识的掌握也不够理想，面对加入 WTO 以后的新情况、新问题，需要有一个更新观念、学习新知识、新的管理方法的适应过程。

这些问题的存在使我们有必要去研究人力资源管理者的胜任素质，以帮助人力资源管理者改进胜任素质，提高管理绩效。

二、研究方法

（一）研究对象

在我们两次大规模在南京、无锡、珠海、普宁、泉州、厦门、青岛随机抽取的有效样本 1122 名企业管理者中，选取人力资源管理岗位的管理者作为被试,他们的有效问卷为 165 份。

（二）研究工具

我们采用自编的胜任素质测量问卷,共包含 11 个子问卷,分别是:决策能力问卷（A）、自我效能问卷（C）、成就动机问卷（D）、创新能力问卷（E）、社交能力问卷（F）、学习能力问卷（G）、沟通能力问卷（H）、领导能力问卷（I）、变革能力问卷（J）、知识应用水平问卷（K）,它们分别测量管理者的决策能力、自我效能、成就动机、创新能力、社交能力、学习能力、沟通能力、领导能力、变革能力、知识应用水平;对情绪智力的测量采用 Law 和 Wong（2004）编制的情绪智力测量问卷（B）。11 个胜任素质在高一阶因子上合成一个因子,它可以解释的方差总变异量为 61.67%,内在一致性系数（α）为 0.94。验证性因素分析显示胜任素质结构模型具有良好的拟合指数:NFI(0.96)、IFI(0.97)、NNFI(0.96)、CFI(0.97)、RMSEA(0.09),这表明我们所编制的 11 个胜任素质子问卷都具有较理想的信度和结构效度,所构建的胜任素质结构模型具有合理性和稳定性（见第五章第一节内容）。

（三）施测程序及数据处理

我们采用团体施测方式,让管理者独立完成胜任素质问卷。本节选取人力资源管理者的 165 份企业管理者胜任素质问卷,利用 SPSS10.0 进行数据处理。

三、结果与分析

（一）不同管理层级的人力资源管理者的胜任素质特征

对不同管理层级的人力资源管理者在各胜任素质测评指标上的 F 检验表明,高层、中层、基层人力资源管理者在决策能力（A）、情绪智力（B）、自我效能（C）、社交能力（F）、沟通能力（H）、领导能力（I）和变革能力（J）上的平均数之间存在显著差异。（A:$F(2,157)=9.91,p<0.001$;B:$F(2,160)=4.41,p<0.05$;C:$F(2,162)=3.25,p<0.05$;F:$F(2,159)=3.01,p<0.05$;H:$F(2,159)=8.92,p<0.001$;I:$F(2,159)=5.93,p<0.01$;J:$F(2,155)=3.48,p<0.05$）。不同管理层级的人力资源管理者在这些胜任素质上的平均数和标准差见表 7-1。

表7-1　不同管理层级的人力资源管理者胜任素质的平均数(M)与标准差(SD)

	高层		中层		基层	
	M	SD	M	SD	M	SD
决策能力(A)	82.72	7.45	74.80	8.66	77.43	8.88
情绪智力(B)	69.26	6.74	65.30	6.94	65.13	7.42
自我效能(C)	45.14	4.59	42.67	5.17	42.63	5.40
社交能力(F)	64.91	7.81	60.62	9.25	60.60	9.23
沟通能力(H)	59.68	5.56	54.31	6.10	54.90	6.54
领导能力(I)	60.06	5.33	55.34	6.81	55.86	7.58
变革能力(J)	74.59	8.96	69.80	7.88	71.30	9.78

经进一步的多重比较(LSD)发现,高层人力资源管理者在决策能力、情绪能力、自我效能、社交能力、沟通能力、领导能力上的平均数显著高于中层和基层人力资源管理者的平均数($p < 0.05$),而中层和基层人力资源管理者之间在这些胜任素质上的差异未见显著,这说明高层人力资源管理者的决策能力、情绪能力、自我效能、社交能力、沟通能力、领导能力都显著强于中层和基层人力资源管理者,在这些胜任素质上有更高的水平和自我评定;而中层和基层人力资源管理者在这些胜任素质水平和自我评定上没有显著的差异。高层人力资源管理者在变革能力上的平均数显著高于中层人力资源管理者,但与基层人力资源管理者的平均数之间的差异未达到显著,这说明高层人力资源管理者的变革能力较高,中层人力资源管理者的变革能力较低,而基层人力资源管理者也有较高的变革能力。

(二)不同文化水平的人力资源管理者的胜任素质特征

对不同文化水平的人力资源管理者在胜任素质测评指标上的 F 检验表明,不同文化水平的人力资源管理者在领导能力上的平均数之间存在显著差异($F(1, 160) = 4.21, p < 0.05$),大专及以下学历的人力资源管理者在领导能力上的平均数($M = 57.46$, $SD = 6.81$)显著高于本科及以上学历的人力资源管理者的平均数($M = 55.21$, $SD = 7.06$),这说明大专及以下学历的人力资源管理者比本科及以上学历的人力资源管理者具有更强的领导能力。在其他测评指标上,不同学历的管理者之间没有发现显著差异。

(三)不同年龄的人力资源管理者的胜任素质特征

对不同年龄的人力资源管理者在胜任素质测评指标上的 F 检验表明,在决策能力上,不同年龄的人力资源管理者的平均数之间存在显著差异

$(F(2,156) = 3.87, p < 0.05)$，41 岁以上年龄段的人力资源管理者在决策能力上的平均数 $(M = 79.49, SD = 8.79)$ 显著高于 31—40 岁年龄段的人力资源管理者的平均数 $(M = 75.40, SD = 9.16)$，这说明 41 岁以上年龄段的人力资源管理者的决策能力高于 31—40 岁年龄段的人力资源管理者。其他年龄段的人力资源管理者之间在决策能力上没有发现显著差异，不同年龄段的人力资源管理者在其他胜任素质测评指标上也没有发现显著差异。

（四）不同地区的人力资源管理者的胜任素质特征

对不同地区的人力资源管理者在胜任素质测评指标上的 F 检验表明，不同地区的人力资源管理者在决策能力（A）和领导能力（I）上的平均数存在显著差异（A: $F(3,156) = 6.17, p < 0.001$; I: $F(3,158) = 3.47, p < 0.05$）。经多重比较（LSD）发现，青岛地区的人力资源管理者在决策能力上的平均数 $(M = 80.20, SD = 8.65)$ 显著高于南京、广东/福建、无锡地区人力资源管理者的平均数（南京: $M = 74.76, SD = 7.45$; 广东/福建: $M = 75.61, SD = 8.83$; 无锡: $M = 73.41, SD = 8.89$）。这说明，青岛地区的人力资源管理者比其他地区的人力资源管理者在决策能力上具有更高的水平和自我评定。在领导能力上，广东/福建、青岛地区的人力资源管理者的平均数（广东/福建: $M = 58.03, SD = 6.58$; 青岛: $M = 57.34, SD = 7.47$）显著高于南京地区的人力资源管理者的平均数 $(M = 52.76, SD = 7.22)$，这说明这两个地区的人力资源管理者比南京地区的人力资源管理者具有更高的领导能力，对领导能力有更高的自我评定。

另外，在学习能力、变革能力、知识应用水平测评指标上，尽管不同地区的人力资源管理者在总体上不存在显著差异，但经多重比较（LSD）发现，某些地区的人力资源管理者在这些胜任素质上的差异达到显著（$p < 0.05$）。具体来说，广东/福建、青岛地区的人力资源管理者在学习能力上的平均数显著高于南京地区的人力资源管理者的平均数，广东/福建地区的人力资源管理者在变革能力上的平均数显著高于无锡地区的人力资源管理者的平均数，广东/福建、无锡地区的人力资源管理者在知识应用水平上的平均数显著高于南京地区的人力资源管理者的平均数。这说明与其他地区的人力资源管理者相比，广东/福建地区的人力资源管理者在学习能力、变革能力、知识应用水平上的能力相对较高，青岛地区的人力资源管理者的学习能力相对较高，无锡地区的人力资源管理者的知识应用水平相对较高，但变革能力较低；而南京地区的人力资源管理者则在学习能力、知

识应用水平方面相对较低。

在其他胜任素质上,没有发现不同地区的人力资源管理者之间的显著差异。

四、讨论

前述研究发现,与其他岗位的管理者相比,高层人力资源管理者在多项胜任素质水平上都显著强于中层和基层人力资源管理者,如决策能力、情绪能力、自我效能、社交能力、沟通能力、领导能力;另外,研究还发现,高层、基层人力资源管理者的变革能力较高,而中层人力资源管理者的变革能力较低,这说明管理层级的差异也可能造成人力资源管理者在胜任素质水平上的差异;而高层、中层人力资源管理者较高的变革能力则表明在人力资源管理变革方面有很好的支持系统,但中层人力资源管理者较低的变革能力说明在人力资源管理变革中会遇到中层人力资源管理者的抵制,由于中层管理者有较丰富的知识经验和技能,在员工中有较大的影响力,因而他们对变革的不积极或抵制的态度和行为可能对企业人力资源管理上的变革活动造成非常不利的影响,所以重视提高中层人力资源管理者的变革意识,培养他们的变革能力也就非常重要。

人力资源管理者的胜任素质在文化水平、年龄、地区变量上的显著差异表明,人力资源管理者需要根据自己目前的胜任素质特征和水平,有针对性地学习和接受培训,提高自己胜任素质的整体水平,从而提高自己的管理绩效。

目前,人力资源管理已经发展为战略性的人力资源管理,成为企业战略管理的重要组成部分,因此,我国人力资源管理者的胜任素质水平亟待提高,以便有力地执行人力资源管理的各项职能,有效地应对企业迅速发展对各类人才的需求和管理,真正体现人力资源管理者在企业发展中的战略伙伴地位。

五、结论

1. 高层人力资源管理者在多项胜任素质水平上都显著高于中层和基层人力资源管理者;高层和基层人力资源管理者的变革能力较高,中层人力资源管理者的变革能力较低。

2. 大专及以下学历的人力资源管理者比本科及以上学历的人力资源管理者具有更强的领导能力。

3. 41 岁以上年龄段的人力资源管理者的决策能力高于 31—40 岁年龄段的人力资源管理者。

4. 不同地区的人力资源管理者在决策能力和领导能力上存在极其显著的差异。

第二节　决策∕战略管理者胜任素质研究

一、决策∕战略管理者胜任素质概况

决策∕战略管理者作为企业的决策层,是制定企业战略决策、主导企业战略发展方向的关键角色,他们的胜任素质水平的高低,直接影响到企业的生产经营和发展。因而,研究决策∕战略管理者的胜任素质具有重要的现实意义。

就目前企业决策∕战略管理者的任职现状来看,主要存在以下问题:

(1) 大部分企业缺乏针对决策∕战略管理者的有效管理和激励机制,使得决策∕战略管理者的自我效能降低,导致决策∕战略管理者大量流失,对企业的发展造成不利影响。

(2) 企业中的决策∕战略管理人员缺乏管理经验。一些决策∕战略管理者由在业务部门表现出色的技术骨干提拔起来,这些技术骨干在公司工作时间长、技术精湛,但由于缺乏管理经验,或者不具备管理素质和系统的管理知识,在担任领导职责时往往显得力不从心。

(3) 企业的决策∕战略管理者缺乏有效的监督执行能力。如,企业战略在执行过程中出现决策方案的标准降低,决策的执行力度减弱,或者不能在有效时间内完成必要的任务等情况。决策∕战略管理者监督执行能力的缺乏,严重地影响了企业的发展和竞争力的提升。

(4) 决策层与执行层之间缺乏良好的沟通。决策∕战略管理者缺乏有效的沟通意识和沟通能力,使企业的沟通渠道不够畅通,不能做到"上情下达或下情上报",导致企业的战略决策在具体执行时不能被完全理解和贯彻执行。

目前对决策∕战略管理者胜任素质的研究并不多,而在企业实践中,决策∕战略管理者的胜任素质水平对企业发展有直接影响,这使我们有必要去研究决策∕战略管理者的胜任素质特征,以帮助决策∕战略管理者提高管理绩效,促进企业的发展。

二、研究方法

（一）研究对象

我们在江苏省的南京、无锡地区,广东省的珠海、普宁地区,福建省的泉州、厦门地区,山东省青岛地区随机抽取不同类型的企业管理者作为被试,选取其中的决策/战略管理岗位的企业管理者的问卷进行调查,有效问卷为 106 份,其中高层为 65 份,中、基层为 41 份。

（二）研究工具

我们采用自编的胜任素质测量问卷,共包含 11 个子问卷,分别是:决策能力问卷(A)、自我效能问卷(C)、成就动机问卷(D)、创新能力问卷(E)、社交能力问卷(F)、学习能力问卷(G)、沟通能力问卷(H)、领导能力问卷(I)、变革能力问卷(J)、知识应用水平问卷(K),它们分别测量管理者的决策能力、自我效能、成就动机、创新能力、社交能力、学习能力、沟通能力、领导能力、变革能力、知识应用水平;对情绪智力的测量采用 Law 和 Wong(2004)编制的情绪智力测量问卷(B)。11 个胜任素质在高一阶因子上合成一个因子,它可以解释的方差总变异量为 61.67%,内在一致性系数(α)为 0.94。验证性因素分析显示,胜任素质结构模型具有良好的拟合指数:NFI(0.96)、IFI(0.97)、NNFI(0.96)、CFI(0.97)、RMSEA(0.09),这表明我们所编制的 11 个胜任素质子问卷都具有较理想的信度和结构效度,所构建的胜任素质结构模型具有合理性和稳定性(见第五章第一节内容)。

（三）施测程序及数据处理

在采用团体施测方式对在各地区随机抽取的企业管理者施测管理者胜任素质问卷后,选取在各地区回收的 106 份决策/战略管理者的有效问卷,利用 SPSS10.0 进行数据统计处理。

三、结果与分析

（一）不同管理层级的决策/战略管理者的胜任素质特征

由于在决策/战略管理岗位中,企业中层管理者和企业基层管理者在决策/战略的管理职能上有较大的相似性,因此我们将管理层级分为两层:高层决策/战略管理和中、基层决策/战略管理,据此对不同管理层级的决策/战略管理岗位的管理者的胜任素质之间的差异进行比较。

为了解不同层级的决策/战略管理岗位的管理者在各个胜任素质测评指标上的差异,我们对不同管理层级的决策/战略管理岗位的管理者在各个测评指标上得分的差异进行平均数差异的显著性检验。F检验表明,高层和中基层决策/战略管理岗位的管理者在创新能力(E)、社交能力(F)、学习能力(G)、变革能力(J)上的平均数之间存在显著差异(E:$F(1,104)$ = 4.71,$p < 0.05$;F:$F(1,100) = 4.26$,$p < 0.05$;G:$F(1,101) = 4.25$,$p < 0.05$;J:$F(1,103) = 6.03$,$p < 0.05$),这说明高层决策/战略管理岗位的管理者与中基层决策/战略管理岗位的管理者在这些胜任素质上有显著差异。不同管理层级的决策/战略管理者在创新能力、社交能力、学习能力、变革能力上的平均数与标准差见表7-2。

表7-2　不同管理层级的决策/战略管理者胜任素质的平均数(M)与标准差(SD)

	高层		中、基层	
	M	SD	M	SD
创新能力(E)	47.71	5.57	45.39	4.98
社交能力(F)	64.76	9.95	60.72	9.04
学习能力(G)	82.60	9.02	78.88	8.83
变革能力(J)	75.53	8.92	71.56	6.54

F检验发现,高层决策/战略管理岗位的管理者在创新能力、社交能力、学习能力、变革能力上的平均数都显著高于中基层决策/战略管理岗位的管理者的平均数,这说明高层决策/战略管理岗位的管理者比中基层决策/战略管理岗位的管理者具有更高的创新能力、社交能力、学习能力、变革能力。

(二) 不同规模企业的决策/战略管理者的胜任素质特征

对所在不同规模企业(按员工人数)的决策/战略管理岗位的管理者在胜任素质测评指标上的F检验表明,在成就动机上,不同规模企业的决策/战略管理者的平均数之间存在显著差异($F(2,99) = 3.68$,$p < 0.05$),这说明不同规模企业的决策/战略管理岗位的管理者的成就动机有显著差异。中、小型企业的决策/战略管理岗位的管理者在成就动机上的平均数(中型企业:$M = 37.28$, $SD = 5.57$;小型企业:$M = 37.28$,$SD = 5.47$)显著高于大型企业决策/战略管理岗位的管理者的平均数($M = 33.93$, $SD = 5.20$),这说明中小型企业的决策/战略管理岗位的管理者比大型企业的决策/战略管理岗位的管理者有更高的成就动机。

另外,尽管不同规模企业(按员工人数)的决策/战略管理岗位的管理者在创新能力上的差异在总体上未见显著,但中型企业的决策/战略管理岗位的管理者($M = 47.84, SD = 6.19$)在创新能力上的平均数显著高于大型企业的决策/战略管理岗位的管理者($M = 45.14, SD = 4.83$)的平均数,这说明尽管总体上不同规模企业的决策/战略管理岗位的管理者之间在创新能力上没有显著差异,但中型企业的决策/战略管理岗位的管理者相对大型企业的决策/战略管理岗位的管理者有较高的创新能力的倾向。在其他胜任素质测评指标上,不同规模企业(按员工人数)的决策/战略管理岗位的管理者之间没有发现显著差异。

对在不同规模企业(按生产总值)的决策/战略管理岗位的管理者在胜任素质测评指标上的 F 检验表明,在成就动机上,不同企业规模的决策/战略管理岗位的管理者的平均数之间存在显著差异($F(2,98) = 4.31, p < 0.05$),这说明不同规模企业的决策/战略管理岗位的管理者的成就动机有显著差异。中、小型企业的决策/战略管理岗位的管理者在成就动机上的平均数(中型企业:$M = 37.28, SD = 5.47$;小型企业:$M = 37.40, SD = 5.65$)显著高于大型企业决策/战略管理岗位的管理者的平均数($M = 33.54, SD = 5.41$),这说明中小型企业的决策/战略管理岗位的管理者比大型企业的决策/战略管理岗位的管理者有更高的成就动机。

另外,尽管不同规模企业(按生产总值)的决策/战略管理岗位的管理者在创新能力上的平均数之间的差异在总体上未见显著,但中型企业的决策/战略管理岗位的管理者的平均数($M = 47.74, SD = 5.65$)显著高于大型企业的决策/战略管理岗位的管理者的平均数($M = 44.96, SD = 5.19$),而小型企业的决策/战略管理岗位的管理者的平均数($M = 46.76, SD = 4.83$)没有显著高于大型企业的决策/战略管理岗位的管理者的平均数。这说明尽管总体上不同规模企业的决策/战略管理岗位的管理者之间在创新能力上没有显著差异,但中型企业的决策/战略管理岗位的管理者相对大型企业的决策/战略管理岗位的管理者具有较高的创新能力的倾向。在其他胜任素质测评指标上,不同规模企业(按生产总值)的决策/战略管理岗位的管理者之间没有发现显著差异。

(三)不同地区的决策/战略管理者的胜任素质特征

对不同地区的决策/战略管理岗位的管理者在胜任素质测评指标上的 F 检验表明,不同地区的决策/战略管理岗位的管理者在学习能力(G)、领导能力(I)和知识应用水平(K)上的平均数之间存在显著差异($G: F(3,99) = 3.27, p < 0.05; I: F(3,99) = 4.09, p < 0.01; K: F(3,94) =$

3.70, $p < 0.05$),这说明不同地区的决策/战略管理岗位的管理者在学习能力、领导能力、知识应用水平上有显著差异。不同地区的决策/战略管理岗位的管理者在学习能力、领导能力、知识应用水平上的平均数和标准差见表 7-3。

表 7-3 不同地区的决策/战略管理者胜任素质的平均数(M)与标准差(SD)

| | 江苏地区 | | | | 广东/福建地区 | | 山东地区 | |
| | 南京 | | 无锡 | | | | 青岛 | |
	M	SD	M	SD	M	SD	M	SD
B	65.88	7.10	66.68	6.11	70.26	7.50	67.34	6.51
D	35.33	5.42	36.67	6.26	38.91	5.55	35.25	5.13
E	46.63	4.73	46.83	5.26	49.13	5.74	45.44	5.54
F	60.88	9.74	62.43	10.35	67.17	8.32	62.68	9.97
G	81.00	7.82	81.27	9.46	85.61	8.72	78.18	9.06
I	55.17	7.23	58.18	4.97	60.78	6.31	59.94	5.76
J	72.04	9.90	72.36	7.87	77.13	8.34	74.25	6.88
K	60.56	6.88	62.86	5.46	61.09	6.63	57.29	6.84

注:B:情绪智力;D:成就动机;E:创新能力;F:社交能力;G:学习能力;I:领导能力;J:变革能力;K:知识应用水平。

经多重比较(LSD)发现,广东/福建地区的决策/战略管理岗位的管理者在学习能力上的平均数显著高于青岛地区的决策/战略管理岗位的管理者的平均数,这说明广东/福建地区的决策/战略管理岗位的管理者在学习能力上显著高于青岛地区的决策/战略管理岗位的管理者;广东/福建地区和青岛地区的决策/战略管理岗位的管理者在领导能力上的平均数显著高于南京地区的决策/战略管理岗位的管理者的平均数,这说明广东/福建地区和青岛地区的决策/战略管理岗位的管理者的领导能力显著高于南京地区的决策/战略管理岗位的管理者;广东/福建地区和无锡地区的决策/战略管理岗位的管理者在知识应用水平上的平均数显著高于南京地区的决策/战略管理岗位的管理者的平均数,这说明广东/福建地区和无锡地区的决策/战略管理岗位的管理者的知识应用水平显著高于南京地区的决策/战略管理岗位的管理者。

另外,在情绪智力(B)、成就动机(D)、创新能力(E)、社交能力(F)、变革能力(J)上,尽管不同地区的决策/战略管理岗位的管理者的平均数之间的差异(平均数和标准差见表 7-3)在总体上未达显著,但在某些地区的决策/战略管理岗位的管理者之间的差异达到显著。具体来看,广东/福建地区的决策/战略管理岗位的管理者在这几项胜任素质上的平均数都显著高于南京地区的决策/战略管理岗位的管理者的平均数,并且,广东/福建地区的决策/战略管理岗位的管理者在成就动机和创新能力上的平均数还显著高于青岛地区的决策/战略管理岗位的管理者的平均数。这说明广东/福建地区的决策/战略管理岗位的管理者在这几个胜任素质上的能力或水平有高于南京地区的决策/战略管理岗位的管理者的倾向,并且在成就动机和创新能力上有高于青岛地区的决策/战略管理岗位的管理者的倾向。在其他胜任素质测评指标上,不同地区的决策/战略管理岗位的管理者之间没有发现显著差异。

F 检验表明,在各项胜任素质测评指标上,不同文化水平、性别、年龄以及在不同企业性质、行业的决策/战略管理岗位的管理者之间没有发现显著差异,这说明决策/战略管理岗位的管理者的文化水平、性别、年龄,以及他们所在企业的不同企业性质、行业等变量对决策/战略管理岗位的管理者的胜任素质没有显著影响。

四、讨论

处在决策或战略决策角色地位的管理者对企业经营业绩有直接的影响,通过对他们的决策行为的执行以及获得的执行结果进行分析,有助于决策/战略管理岗位的管理者验证自己决策行为的正确性和有效性。可以说,企业的成功是管理者的决策行为的成功,企业的发展是完全建立在管理者的战略决策及具体决策的正确性和有效性基础之上的,没有管理者长期的成功的决策行为,企业最终只能走向灭亡。由于决策/战略管理岗位的管理者所处的管理层级不同,他们所承担的决策任务也会不同,高层决策层所做的决策多为前瞻性的战略决策,而中基层的管理者的决策多为执行层或操作层的具体决策,因此,他们在胜任素质或胜任素质水平上势必会存在显著差异。前述研究发现,高层决策/战略管理岗位的管理者在多项胜任素质上的能力或水平都显著高于中基层的决策/战略管理岗位的管理者,这表明高层决策/战略管理岗位的管理者所承担的远远复杂于中基层的决策/战略管理岗位的管理者的管理职责,客观上会对高层决策/战略管理岗位的管理者提出更高的胜任素质的要求。同时,我们也看到,随着新的管理理念在管理实践中不断被运用,中基层负责具体决策工作的管理者更多地参与到企业战略决策制定的过程中来,并在战略决策的制定和执行方面做出了重要贡献,中基层的管理者的胜任素质水平也在不断提高。

前述研究发现,中小型企业的决策/战略管理者比大型企业的决策/战略管理者有更高的成就动机,说明处在成长发展中的中小企业的决策/战略管理者致力于追求企业的发展和壮大,有强烈的进取心,而大型企业的决策/战略管理者在追求企业发展上可能更趋向于保持企业的稳定,因此不断创新和发展的动力不足。企业的活力和持续发展需要作为决策/战略管理层面的管理者具有前瞻、不断进取和创新的精神,否则企业在日益激烈的竞争中可能很快陷入困境,因此,尽快提高我国大型企业中决策/战略管理者的成就动机水平就显得非常重要。

研究还发现,我国经济较发达地区(广东、福建)的决策/战略管理者在学习能力、领导能力、知识应用水平上显著高于其他地区的决策/战略管理者,这表明地区的经济发展水平对决策/战略管理者胜任素质的需求可能是影响决策/战略管理者胜任素质水平的因素,由于经济较发达地区的决策/战略管理者面临更激烈的竞争环境,对决策/战略管理者的胜任素质有更高的要求,从而促使决策/战略管理者有更高的胜任素质水平。提高国民经济发展水平是我国经济发展的战略目标,提高决策/战略管理者的胜任素质水平是促进我国地区经济发展的关键因素,因此,需要各地区政府采取措施,加强对本地区企业管理者的培训工作,尤其注重提高决策/战略管理者的胜任素质水平,为本地区的经济发展提供高素质的决策/战略管理人员。

五、结论

1. 高层决策/战略管理者在创新能力、社交能力、学习能力、变革能力上显著高于中、基层的决策/战略管理者。

2. 中小型企业的决策/战略管理者比大型企业的决策/战略管理者有更高的成就动机。

3. 不同地区的决策/战略管理者在学习能力、领导能力、知识应用水平上存在显著差异。

第三节　营销管理者胜任素质研究

一、营销管理者胜任素质概况

营销管理者的胜任素质是企业界一直关注的研究内容,这与营销管理者在推动产品走向市场最终转化为利润的过程中所发挥的重要作用有密切关系。营销管理者是满足顾客需求和扩大市场份额的最关键的管理人员，因而企业向来重视营销管理者营销技能和素质的提高，在企业实践中各企业根据具体营销任务的需要也对营销管理人员提出了不同的素质要求。然而，很多营销管理者并没有如企业所期望的那样在营销技能和素质水平上有很大的提高，他们往往缺乏作为管理者的一般胜任素质，而企业较狭隘的培训理念正是阻碍营销管理者提高胜任素质水平的最大障碍。在这里，我们以管理者胜任素质的一般模型为基础，探求不同营销管理者之间在胜任素质上的差异，从而为提高营销管理者的胜任素质水平提供有效的培训途径。

二、研究方法

（一）研究对象

在江苏省南京、无锡地区，广东省珠海、普宁地区，福建省泉州、厦门地区，山东省青岛地区，我们在随机大规模抽取各类型的企业管理者后，选取其中的营销管理者作为被试，有效人数为 177 人。

（二）研究工具

我们采用自编的胜任素质测量问卷，共包含 11 个子问卷，分别是：决策能力问卷（A）、自我效能问卷（C）、成就动机问卷（D）、创新能力问卷（E）、社交能力问卷（F）、学习能力问卷（G）、沟通能力问卷（H）、领导能力问卷（I）、变革能力问卷（J）、知识应用水平问卷（K），它们分别测量管理者的决策能力、自我效能、成就动机、创新能力、社交能力、学习能力、沟通能力、领导能力、变革能力、知识应用水平；对情绪智力的测量采用 Law 和 Wong（2004）编制的情绪智力测量问卷（B）。11 个胜任素质在高一阶因子上合成一个因子，它可以解释的方差总变异量为 61.67%，内在一致性系数（α）为 0.94。验证性因素分析显示胜任素质结构模型具有良好的拟合指数：NFI（0.96）、IFI（0.97）、NNFI（0.96）、CFI（0.97）、RMSEA（0.09），这表明我们所编制的 11 个胜任素质子问卷都具有较理想的信度和结构效度，所构建的胜任素质结构模型具有合理性和稳定性（见第五章第一节）。

（三）施测程序及数据处理

在采用团体施测方式对在各地区随机抽取的企业管理者施测管理者胜任素质问卷后，选取在各地区回收的营销管理者问卷，有效问卷共 177份，其中高层、中层、基层营销管理者的有效问卷分别为 34 份、70 份、73

份。然后,采用 SPSS10.0 对回收的 177 名营销管理者的问卷进行数据统计处理。

三、结果与分析

(一)不同管理层级的营销管理者的胜任素质特征

对不同管理层级的营销管理者的胜任素质的 F 检验表明,不同管理层级的营销管理者在创新能力(E)、社交能力(F)、学习能力(G)、领导能力(I)上的平均数之间存在显著差异(E: $F(2,174) = 3.12$, $p < 0.05$; F: $F(2,172) = 3.49$, $p < 0.05$; G: $F(2,171) = 3.32$, $p < 0.05$; I: $F(2,169) = 3.43$, $p < 0.05$)。不同管理层级的营销管理者在这些素质上的平均数与标准差见表 7-4。

表 7-4　不同管理层级的营销管理者胜任素质的平均数(M)与标准差(SD)

	高层		中层		基层	
	M	SD	M	SD	M	SD
成就动机(D)	36.27	5.74	33.90	4.59	34.65	5.20
创新能力(E)	46.68	4.98	44.09	4.72	44.90	5.18
社交能力(F)	64.12	9.19	59.78	9.03	62.81	8.24
学习能力(G)	79.97	8.47	75.06	9.28	77.30	9.25
沟通能力(H)	57.73	5.75	54.77	6.70	55.71	6.93
领导能力(I)	57.94	5.78	54.33	6.73	55.31	6.61
知识应用(K)	59.40	6.07	57.10	7.39	55.96	7.81

经多重比较(LSD)发现,高层营销管理者在这几个胜任素质上的平均数最高,其次是基层营销管理者,中层营销管理者在这几个胜任素质上的平均数最低;并且,高层营销管理者在这几个胜任素质上的平均数显著高于中层营销管理者的平均数。另外,在社交能力上,基层营销管理者的平均数也显著高于中层营销管理者的平均数。这说明高层营销管理者有较高的创新能力、社交能力、学习能力、领导能力,而中层营销管理者有较低的创新能力、社交能力、学习能力、领导能力,基层营销管理者在创新能力、社交能力、学习能力、领导能力上介于高层与中层营销管理者之间。

在成就动机(D)、沟通能力(H)、知识应用水平(K)上,尽管不同层级的营销管理者的平均数(见表 7-4)之间在总体上没有显著差异,但多重比较发现,高层营销管理者在成就动机、沟通能力的平均数显著高于中层营销管理者的平均数,高层营销管理者在知识应用水平上的平均数显著高于基层营销管理者的平均数,这说明高层营销管理者的成就动机和沟通能力显著高于中层和基层营销管理者。

（二）不同文化水平的营销管理者的胜任素质特征

F 检验表明,不同文化水平的营销管理者在领导能力上的平均数之间存在显著差异（$F(1,169)=4.19,p<0.05$）,大专及以下学历营销管理者在领导能力上的平均数（$M=56.44,SD=6.01$）显著高于本科及以上学历的营销管理者的平均数（$M=54.39,SD=7.06$）,这说明大专及以下学历营销管理者在领导能力上高于本科及以上学历的营销管理者。

（三）不同年龄的营销管理者的胜任素质特征

F 检验表明,尽管不同年龄层次的营销管理者在决策能力上平均数的差异没有达到总体上的显著,但多重比较（LSD）发现,41 岁以上年龄段的营销管理者的平均数（$M=77.89,SD=8.03$）显著高于 30 岁以下年龄段的营销管理者的平均数（$M=74.67,SD=6.97$）,而这两个年龄段的营销管理者的平均数都与 31—40 岁年龄段的营销管理者的平均数（$M=76.91,SD=8.78$）未达到显著差异,这说明 41 岁以上年龄段的营销管理者在决策能力上的水平显著高于 30 岁以下年龄段的营销管理者。

（四）不同规模企业的营销管理者的胜任素质特征

F 检验表明,不同规模企业（按生产总值）的营销管理者在成就动机上的平均数之间存在显著差异（$F(2,174)=3.41,p<0.05$）。多重比较（LSD）发现,小型企业的营销管理者在成就动机上的平均数（$M=36.69,SD=6.44$）显著高于中型企业的营销管理者的平均数（$M=33.91,SD=4.77$）,而大型企业的营销管理者的平均数（$M=34.85,SD=4.68$）与中型、小型企业的营销管理者的平均数未达到显著差异,这说明小型企业的营销管理者的成就动机水平显著高于中型企业的营销管理者。

（五）不同性质企业的营销管理者的胜任素质特征

F 检验表明,不同性质企业的营销管理者在决策能力上的平均数之间存在显著差异（$F(2,168)=4.16,p<0.05$）。多重比较（LSD）发现,三资企业（$M=79.76,SD=6.98$）的营销管理者在决策能力的平均数显著高于国有企业（$M=76.16,SD=8.55$）和民营企业（$M=74.57,SD=7.21$）的营销管理者的平均数。这说明三资企业的营销管理者的决策能力显著高于国有企业和民营企业的营销管理者。F 检验还表明,不同性质企业的营销

管理者在情绪智力上的平均数之间的差异总体上不显著,但三资企业的营销管理者的平均数显著高于民营企业的营销管理者,这说明总体上不同性质企业的营销管理者在情绪智力的差异不显著,但三资企业的营销管理者的情绪智力显著高于民营企业的营销管理者。

（六）不同行业的营销管理者的胜任素质特征

F 检验表明,不同行业的营销管理者在成就动机上的平均数之间的差异显著（$F(3,156) = 2.64, p < 0.05$）。多重比较（LSD）发现,电子及机械制造业（$M = 36.40, SD = 5.41$）、商业服务行业（$M = 35.81, SD = 5.29$）营销管理者的平均数显著高于交通运输业的营销管理者（$M = 33.50, SD = 4.27$）的平均数,而化工及轻工行业营销管理者的成就动机的平均数（$M = 34.18, SD = 5.10$）与其他行业的营销管理者的平均数之间的差异未达显著。这说明电子及机械制造业、商业服务行业的营销管理者的成就动机较高,而交通运输行业的营销管理者的成就动机较低。另外,F 检验表明,在决策能力、创新能力、领导能力上,不同行业的营销管理者之间平均数的差异在总体上不显著,但在决策能力上,交通运输行业营销管理者的平均数（$M = 78.86, SD = 8.81$）显著高于电子及机械制造行业营销管理者的平均数（$M = 74.33, SD = 7.4433$）;商业服务行业营销管理者在创新能力上的平均数（$M = 46.2703, SD = 5.70$）显著高于化工及轻工行业营销管理者的平均数（$M = 44.13, SD = 4.49$）;化工及轻工行业营销管理者在领导能力上的平均数（$M = 57.04, SD = 6.02$）显著高于电子及机械制造行业营销管理者的平均数（$M = 53.50, SD = 5.81$）。这说明,尽管不同行业的营销管理者在决策能力、创新能力、领导能力上总体上差异不显著,但个别行业间的营销管理者在这几个胜任素质上的差异明显。

（七）不同地区的营销管理者的胜任素质特征

F 检验表明,不同地区的营销管理者在决策能力（A）、社交能力（F）、沟通能力（H）、领导能力（I）、知识应用水平（K）上的平均数之间的差异显著（A: $F(3,169) = 3.38, p < 0.05$; F: $F(3,171) = 4.24, p < 0.01$; H: $F(3,171) = 2.98, p < 0.05$; I: $F(3,168) = 5.63, p < 0.001$; K: $F(3,153) = 4.83, p < 0.01$）。不同地区的营销管理者在这些胜任素质上的平均数与标准差见表7-5。

表 7-5　不同地区的营销管理者胜任素质的平均数(M)与标准差(SD)

| | 江苏地区 | | | | 广东/福建地区 | | 山东地区 | |
| | 南京 | | 无锡 | | | | 青岛 | |
	M	SD	M	SD	M	SD	M	SD
A	73.61	8.49	79.32	7.08	75.83	6.31	76.90	9.00
B	62.59	7.61	66.00	5.79	65.91	6.46	64.58	6.84
C	42.31	5.91	44.44	4.14	43.38	4.65	41.78	5.61
F	58.22	8.98	63.10	8.18	64.16	7.81	61.84	9.54
H	53.51	7.16	57.13	5.10	57.04	6.09	55.30	7.38
I	52.39	7.02	57.80	4.85	56.75	5.41	55.12	7.63
K	54.53	8.21	60.75	5.30	57.88	7.00	55.37	7.55

注:A:决策能力;B:情绪智力;C:自我效能;F:社交能力;H:沟通能力;I:领导能力;K:知识应用水平。

经多重比较(LSD)表明,在决策能力上,青岛和无锡地区营销管理者的平均数显著高于南京地区营销管理者的平均数;广东/福建、无锡地区营销管理者在社交能力、沟通能力、领导能力、知识应用水平上的平均数显著高于南京地区营销管理者的平均数,并且广东/福建地区营销管理者在知识应用水平上的平均数还显著高于青岛地区营销管理者的平均数。这说明,与其他地区的营销管理者相比,无锡地区、广东/福建地区的营销管理者有较高的决策能力、社交能力、沟通能力、领导能力、知识应用水平,青岛地区的营销管理者和广东/福建地区的营销管理者的决策能力较高,而南京地区的营销管理者有较低的决策能力、社交能力、沟通能力、领导能力、知识应用水平。

另外,F 检验表明,不同地区的营销管理者在情绪智力(B)、自我效能(C)上的平均数(见表 7-5)之间的差异总体上不显著,但多重比较(LSD)发现,广东/福建地区、无锡地区营销管理者在情绪智力、自我效能上的平均数显著高于南京地区的营销管理者的平均数,无锡地区营销管理者在自我效能上的平均数也显著高于青岛地区营销管理者的平均数。这说明尽管不同地区的营销管理者的情绪智力、自我效能总体上差异不显著,但某些地区的营销管理者之间的差异达到显著,广东/福建地区、无锡地区营销管理者有较高的情绪智力、自我效能,而南京地区营销管理者有较低的情绪智力,青岛地区营销管理者有较低的自我效能。

四、讨论

营销管理者在企业将产品推向市场、争夺市场份额、扩大市场占有率中扮演着重要的角色。营销管理者向来是企业界重视的培训对象。前述研究表明,中层营销管理者在创新能力、社交能力、学习能力、领导能力上显著低于高层营销管理者,并且在社交能力上还显著低于基层营销管理者。中层营销管理者在营销管理中担负着承上启下的领导职责,他们的胜任素质水平较低会对企业营销工作的深入开展带来不利的影响,也会严重影响基层营销管理者的工作积极性,因此查明原因、了解中层营销管理者的需求、提高他们的胜任素质水平是不能忽视的工作。

营销管理者的胜任素质在文化水平,企业的规模、属性、行业、所在地区等变量上的显著差异表明,需要重视不同营销管理者在胜任素质之间的差异,根据他们具有的胜任素质特征和水平,建立不同的培训模式,培养营销管理者适应公司发展、善于洞察顾客需求的营销管理技能和素质。

五、结论

1. 不同管理层级的营销管理者在创新能力、社交能力、学习能力、领导能力上存在显著差异,中层营销管理者有较低的胜任素质水平。

2. 文化水平,所在企业的规模、属性和行业对营销管理者的某些胜任素质有显著影响。

3. 不同地区的营销管理者在决策能力、社交能力、沟通能力、领导能力、知识应用水平上存在显著差异。

第四节 生产/工程/项目管理者胜任素质研究

一、生产/工程/项目管理者胜任素质概况

信息化和全球化时代的到来,使得生产/工程/项目管理得到了迅猛的发展,从而对生产/工程/项目管理者也提出了更高的要求。然而目前我国的生产/工程/项目管理者尽管在专业技术上具有较高的任职水平,但他们大多缺少管理专业的知识和技能,难以对生产/工程/项目实施有效的管理,从而导致生产/工程/项目陷入困境或遭遇失败。生产/工程/项目管理是企业管

理环节中的重要内容,这就需要生产/工程/项目管理者具备专门的管理能力,具有较高的管理素质,因此,必须重视对生产/工程/项目管理者的胜任素质进行研究,揭示现代生产/工程/项目管理者必须具备的素质特征,帮助他们提高管理绩效,促进企业生产技术水平的提高和企业的快速发展。

二、研究方法

(一)研究对象

在江苏省的南京、无锡地区,广东省的珠海、普宁地区,福建省的泉州、厦门地区,山东省青岛地区,我们在随机大规模抽取各类型的企业管理者后,选取其中的生产/工程/项目管理者作为被试,有效人数为 224 人。

(二)研究工具

我们采用自编的胜任素质测量问卷,共包含 11 个子问卷,分别是:决策能力问卷(A)、自我效能问卷(C)、成就动机问卷(D)、创新能力问卷(E)、社交能力问卷(F)、学习能力问卷(G)、沟通能力问卷(H)、领导能力问卷(I)、变革能力问卷(J)、知识应用水平问卷(K),它们分别测量管理者的决策能力、自我效能、成就动机、创新能力、社交能力、学习能力、沟通能力、领导能力、变革能力、知识应用水平;对情绪智力的测量采用 Law 和 Wong(2004)编制的情绪智力测量问卷(B)。11 个胜任素质在高一阶因子上合成一个因子,它可以解释的方差总变异量为 61.67%,内在一致性系数(α)为 0.94。验证性因素分析显示胜任素质结构模型具有良好的拟合指数:NFI(0.96)、IFI(0.97)、NNFI(0.96)、CFI(0.97)、RMSEA(0.09),这表明我们所编制的 11 个胜任素质子问卷都具有较理想的信度和结构效度,所构建的胜任素质结构模型具有合理性和稳定性(见第五章第一节)。

(三)施测程序及数据处理

在采用团体施测方式对在各地区随机抽取的企业管理者施测管理者胜任素质问卷后,选取在各地区回收的生产/工程/项目管理者问卷,有效问卷共 224 份,利用 SPSS10.0 对这些有效问卷进行数据处理。

三、结果与分析

(一)不同管理层级的生产/工程/项目管理者的胜任素质特征

对不同管理层级的生产/工程/项目的管理者在胜任素质测评指标上的 F 检验表明,高层、中层、基层生产/工程/项目管理者在决策能力和知识应用水平上存在极其显著的差异(A:$F(2,214)=5.14,p<0.05$;K:

$F(2,202)=4.16,p<0.05)$，他们在这 2 个胜任素质上的平均数与标准差见表 7-6。

表 7-6 不同管理层级的生产/项目/工程管理者胜任素质的平均数(M)与标准差(SD)

	高层		中层		基层	
	M	SD	M	SD	M	SD
决策能力(A)	79.00	6.45	77.91	7.06	74.73	8.60
社交能力(F)	62.16	7.34	59.40	8.30	58.22	7.65
知识应用(K)	58.94	7.76	58.34	6.79	55.28	8.11

经多重比较(LSD)发现，高层和中层生产/工程/项目管理者在决策能力和知识应用水平上的平均数显著高于基层生产/工程/项目管理者的平均数，高层和中层的生产/工程/项目管理者在这两个胜任素质上的平均数之间没有显著差异，这说明高层和中层生产/工程/项目管理者的决策能力和知识应用水平要显著高于基层生产/工程/项目管理者。F 检验还表明，尽管不同管理层级管理者的社交能力的平均数(见表 7-6)之间总体上没有达到显著差异，但接近显著($F=2.30,p=0.052$)，因此使得高层生产/工程/项目管理者的平均数显著高于基层生产/工程/项目管理者的平均数，这说明高层生产/工程/项目的管理者比基层生产/工程/项目的管理者有更强的社交能力。在其他胜任素质测评指标上未发现不同管理层级的生产/工程/项目管理者之间的显著差异。

（二）不同年龄的生产/工程/项目管理者的胜任素质特征

对不同年龄的生产/工程/项目管理者在胜任素质测评指标上的 F 检验表明，不同年龄的生产/工程/项目管理者在成就动机和知识应用水平上的平均数之间存在显著的差异($A:F(2,214)=5.15,p<0.05;K:F(2,202)=3.20,p<0.05$)，不同年龄的生产/工程/项目管理者在这两个胜任素质上的平均数与标准差见表 7-7。

表 7-7 不同年龄的生产/项目/工程管理者胜任素质的平均数(M)与标准差(SD)

	30 岁以下		31—40 岁		41 岁以上	
	M	SD	M	SD	M	SD
决策能力(A)	75.23	8.52	77.32	6.99	78.38	7.43
成就动机(D)	34.91	4.55	35.31	4.36	32.93	5.62
知识应用(K)	55.42	7.94	57.90	7.06	58.78	7.41

经多重比较(LSD)发现,30岁以下及31—40岁年龄段的生产/工程/项目的管理者在成就动机上的平均数显著高于41岁及以上年龄段的生产/工程/项目的管理者的平均数;而41岁及以上年龄段的生产/工程/项目的管理者在知识应用水平上的平均数显著高于30岁以下年龄段的生产/工程/项目的管理者的平均数。这说明与其他年龄段的生产/工程/项目的管理者相比,40岁以下年龄的生产/工程/项目的管理者有较高的成就动机,而41岁以上年龄的生产/工程/项目的管理者有较高的知识应用水平。另外,尽管在决策能力上不同年龄段的生产/工程/项目管理者之间的平均数(见表7-7)差异总体上未达显著,但41岁以上年龄段的生产/工程/项目的管理者的平均数显著高于30岁以下年龄段的生产/工程/项目的管理者,这说明41岁以上年龄段的生产/工程/项目的管理者比30岁以下年龄段的生产/工程/项目的管理者有更高的决策能力。在其他胜任素质测评指标上未发现不同年龄的生产/工程/项目的管理者之间有显著差异。

（三）不同规模企业的生产/工程/项目管理者的胜任素质特征

对不同规模企业(按员工人数)的生产/工程/项目管理者在胜任素质上的F检验说明,在社交能力上,大型、中型和小型企业的生产/工程/项目管理者的平均数之间存在显著的差异($F(2,218)=3.51,p<0.05$)。小型企业的生产/工程/项目管理者在社交能力上的平均数($M=61.72,SD=8.84$)显著高于中型企业的生产/工程/项目管理者的平均数($M=58.24,SD=7.91$),这说明小型企业的生产/工程/项目管理者比中型企业的生产/工程/项目管理者具有更高的社交能力。尽管不同规模企业的生产/工程/项目管理者在创新能力上的平均数差异没有达到总体上显著,但大型企业的生产/工程/项目管理者在创新能力上的平均数($M=45.70,SD=4.56$)显著高于中型企业的生产/工程/项目管理者的平均数($M=44.15,SD=4.58$),这说明大型企业的生产/工程/项目管理者比中型企业的生产/工程/项目管理者有更高的创新能力。在其他胜任素质测评指标上,不同规模企业的生产/工程/项目管理者之间没有发现显著差异。

（四）不同性质企业的生产/工程/项目管理者的胜任素质特征

对不同性质企业的生产/工程/项目管理者胜任素质的F检验说明,在成就动机上,国有企业、民营企业和三资企业的生产/工程/项目的管理者之间的平均数存在显著的差异($F(2,213)=4.07,p<0.05$)。民营企业的生产/工程/项目的管理者在成就动机上的平均数($M=35.90,SD=4.79$)

显著高于国有企业($M = 34.05, SD = 4.86$)和三资企业($M = 33.55, SD = 5.03$)的生产/工程/项目的管理者的平均数,这说明民营企业的生产/工程/项目的管理者比国有企业和三资企业的生产/工程/项目的管理者具有更高的成就动机。另外,尽管不同性质企业的生产/工程/项目的管理者在变革能力的平均数之间的差异总体上未达到显著,但民营企业的生产/工程/项目的管理者在变革能力上的平均数($M = 72.04, SD = 7.85$)显著高于三资企业的生产/工程/项目的管理者的平均数($M = 68.93, SD = 8.43$),这说明与三资企业相比,我国民营企业的生产/工程/项目的管理者有更高的变革能力。在其他胜任素质测评指标上,不同性质企业的生产/工程/项目的管理者之间没有发现显著差异。

（五）不同地区的生产/工程/项目管理者的胜任素质特征

对不同地区的生产/工程/项目管理者在胜任素质测评指标上的 F 检验表明,南京地区、广东(珠海/普宁)/福建(泉州/厦门)地区、青岛和无锡地区的生产/工程/项目管理者在自我效能(C)、成就动机(D)和领导能力(I)的平均数之间存在显著差异($C: F(3, 215) = 4.32, p < 0.05; D: F(3, 213) = 4.63, p < 0.05; I: F(3, 214) = 3.57, p < 0.05$)。不同地区的生产/工程/项目管理者在自我效能、成就动机和领导能力上的平均数与标准差见表7-8。

表7-8　不同地区的生产/工程/项目管理者胜任素质的平均数(M)与标准差(SD)

| | 江苏地区 | | | | 广东/福建地区 | | 山东地区 | |
| | 南京 | | 无锡 | | | | 青岛 | |
	M	SD	M	SD	M	SD	M	SD
A	74.03	6.32	77.65	8.01	78.16	7.97	77.59	6.97
C	42.31	4.09	41.52	4.92	44.39	5.11	41.38	5.05
D	34.44	4.56	33.37	4.52	36.57	4.97	34.04	5.34
I	53.66	5.50	55.80	6.19	58.15	6.16	56.08	6.80
K	56.58	7.60	57.96	7.70	59.02	7.02	56.00	7.39

注:A:决策能力;C:自我效能;D:成就动机;I:领导能力;K:知识应用水平。

广东/福建地区的生产/工程/项目管理者在自我效能上的平均数显著高于青岛和无锡地区的生产/工程/项目管理者的平均数,这说明广东/福建地区的生产/工程/项目管理者比青岛和无锡地区的生产/工程/项目管理者具有更高的自我效能;广东/福建地区的生产/工程/项目管理者在成就动机上的平均数显著高于南京、青岛和无锡地区的生产/工程/项目管理者的平均数,这说明与其他地区的生产/工程/项目管理者相比,广东/福建地区的生产/工程/项目管理者有更高的成就动机;广东/福建地区的生产/工程/项目管理者在领导能力上的平均数显著高于南京和无锡地区的生产/工程/项目管理者的平均数,这说明广东/福建地区的生产/工程/项目管理者的领导能力要显著高于南京和无锡地区的生产/工程/项目管理者。

尽管不同地区的生产/工程/项目管理者在决策能力(A)、知识应用水平(K)上的平均数之间的差异总体上未达显著(平均数与标准差见表7-8),但广东/福建、青岛、无锡地区的生产/工程/项目管理者在决策能力上的平均数都显著高于南京地区的生产/工程/项目管理者的平均数,广东/福建地区的生产/工程/项目管理者的平均数显著高于青岛地区的生产/工程/项目管理者的平均数。这说明与其他地区的生产/工程/项目管理者相比,南京地区的生产/工程/项目管理者的决策能力最低,而青岛地区的生产/工程/项目管理者在知识应用水平上最低。在其他胜任素质测评指标上未发现不同地区的生产/工程/项目管理者之间的显著差异。

四、讨论

本研究表明,生产/工程/项目管理者的管理层级、年龄、所在企业的规模、属性、地区等都对生产/工程/项目管理者的某些胜任素质存在显著影响,生产/工程/项目管理者在胜任素质水平上的差异显著存在。企业应认真对待生产/工程/项目管理者的胜任素质的差异,有区别性地帮助生产/工程/项目管理者培训自己需要提高的胜任素质水平。同时也应该看到,生产/工程/项目管理者在多数胜任素质上的差异并未达到显著,这也说明生产/工程/项目管理者群体的胜任素质具有很大的相似性,企业应该关注生产/工程/项目管理者群体的整体胜任素质水平的提高。

五、结论

1. 不同管理层级的生产/工程/项目管理者在决策能力和知识应用水平上存在显著差异。

2. 不同年龄的生产/工程/项目管理者仅在成就动机上存在显著差异,不同规模企业的生产/工程/项目管理者仅在社交能力上存在显著差异,不同性质企业的生产/工程/项目的管理者仅在成就动机上存在显著差异。

3. 不同地区的生产/工程/项目管理者在自我效能、成就动机和领导能力上存在显著差异。

第五节　财务/金融管理者胜任素质研究

一、财务/金融管理者胜任素质概况

财务管理是企业经营管理系统中最重要的组成部分,渗透在企业管理系统的其他分支(营销管理、决策管理等)当中并发挥主导作用。随着国民经济的发展,很多企业面临改制、重组、并购,在这一过程中,企业财务管理的独立性越来越强,覆盖面越来越广,作用也越来越大。由此带来的是财务/金融管理者的职能也发生了一些转变,对其胜任素质也提出了新的和更高的要求。

目前国内很多企业对于财务管理的认识还不够全面,甚至认为财务管理就是"账房先生",这主要是由于对现代企业财务管理概念的内涵及外延认识不清所造成的。在很多企业内部,财务/金融管理者是在扮演决策执行者的角色,而不是所应当扮演的决策者的角色。很多财务管理人员是基层财务人员出身,早期受的专业教育都是会计、财务等,缺乏从公司战略高度整合财务管理问题的理论知识和实践经验,而这其中又有许多财务/金融管理者属于"财会技术人员",不具备"商业运作"的现代财务管理思想。从这个意义上讲,我国的财务/金融管理者的胜任素质相对于国际上成熟的财务/金融管理者而言尚有一定差距。

作为企业财务/金融管理者,首先要了解企业所处行业的特点及发展现状和趋势、企业目前的经营规模、发展阶段、公司的整体管理水平、现行的财务制度和实际管理状况以及存在的具体问题等,以便对企业目前的财务管理状态、运行能力和可供操作实践的模式有一个初步的判断。至于企业财务管理实现流程,应以公司现时存在的具体财务问题为切入点,以标准流程为基础,结合企业实际运作方式,深入了解具体操作过程及其整体财务运行状况并做出客观的分析与评价,同时还要充分考虑到公司的发展趋势,制定符合公司现实情况与发展需要的科学规范的财务流程和处理方法,逐步理顺财务变革过程中的信息收集渠道,达到财务信息的畅通、有效、及时、公开的效果,从而实现将企业的财务工作从事后核算转变为事前

和过程的控制和监督,最后上升到全面预算管理,这样才能充分发挥财务在企业经营和资本运作决策中不可替代的作用。

本节将针对财务/金融管理者存在的这些问题以及新形势下对财务/金融管理者的要求,对财务金融管理者的胜任素质展开实证研究,以期帮助他们实现角色的转变,提高企业的管理绩效,改善企业的财务状况,增进企业的资金效益。

二、研究方法

(一)研究对象

在江苏省的南京、无锡地区,广东省的珠海、普宁地区,福建省的泉州、厦门地区,山东省青岛地区,我们在随机大规模抽取各类型的企业管理者后,选取其中的财务/金融管理者作为被试,有效人数为152人。

(二)研究工具

我们采用自编的胜任素质测量问卷,共包含11个子问卷,分别是:决策能力问卷(A)、自我效能问卷(C)、成就动机问卷(D)、创新能力问卷(E)、社交能力问卷(F)、学习能力问卷(G)、沟通能力问卷(H)、领导能力问卷(I)、变革能力问卷(J)、知识应用水平问卷(K),它们分别测量管理者的决策能力、自我效能、成就动机、创新能力、社交能力、学习能力、沟通能力、领导能力、变革能力、知识应用水平;对情绪智力的测量采用Law和Wong(2004)编制的情绪智力测量问卷(B)。11个胜任素质在高一阶因子上合成一个因子,它可以解释的方差总变异量为61.67%,内在一致性系数(α)为0.94。验证性因素分析显示胜任素质结构模型具有良好的拟合指数:NFI(0.96)、IFI(0.97)、NNFI(0.96)、CFI(0.97)、RMSEA(0.09),这表明我们所编制的11个胜任素质子问卷都具有较理想的信度和结构效度,所构建的胜任素质结构模型具有合理性和稳定性(见第五章第一节)。

(三)施测程序及数据处理

在采用团体施测方式对在各地区随机抽取的企业管理者施测管理者胜任素质问卷后,选取在各地区回收的财务/金融管理者问卷,有效问卷共152份。利用SPSS10.0对152份有效问卷进行数据处理。

三、结果与分析

(一)不同管理层级的财务/金融管理者的胜任素质特征

对不同管理层级的财务/金融管理者在各胜任素质测评指标上的F检

验说明,在知识应用水平上,高层、中层、基层财务/金融管理者的平均数之间存在显著的差异($F(2,135)=3.30,p<0.05$)。中层财务金融管理者在知识应用水平测评指标上的平均数($M=58.29,SD=7.82$)显著高于高层财务/金融管理者的平均数($M=54.32,SD=9.20$)和基层财务/金融管理者的平均数($M=54.76,SD=8.17$),高层和基层财务/金融管理者的知识应用水平的平均数之间没有显著差异,这说明中层财务/金融管理者的知识应用水平显著高于高层和基层财务/金融管理者。在其他胜任素质上未发现不同管理层级的财务/金融管理者之间的显著差异。

（二）不同文化水平的财务/金融管理者的胜任素质特征

对不同文化水平的财务/金融管理者在各胜任素质测评指标上的 F 检验说明,在成就动机上,大专及以下学历的财务/金融管理者和本科及以上学历的财务/金融管理者的平均数之间存在显著的差异($F(1,147)=5.058,p<0.05$)。本科及以上学历的财务/金融管理者在成就动机上的平均数($M=35.09,SD=5.29$)显著高于大专及以下学历的财务金融管理者的平均数($M=33.20,SD=4.91$),这说明本科及以上学历的财务/金融管理者比大专及以下学历的财务/金融管理者具有更高的成就动机。在其他胜任素质上未发现不同文化水平的财务/金融管理者之间的显著差异。

（三）不同地区的财务/金融管理者的胜任素质特征

对不同地区的财务/金融管理者在各胜任素质测评指标上的 F 检验表明,不同地区的财务/金融管理者的决策能力的平均数之间存在极其显著的差异($F(3,141)=5.55,p<0.001$)。经多重比较(LSD)发现,青岛地区的财务/金融管理者在决策能力上的平均数($M=77.46,SD=8.75$)显著高于南京、广东/福建、无锡地区的财务金融管理者的平均数(南京:$M=71.82,SD=7.70$;广东/福建:$M=72.00,SD=7.16$;无锡:$M=71.73,SD=8.74$),这说明,青岛地区的财务/金融管理者比其他地区的财务/金融管理者在决策能力上有更高的自我评定。尽管不同地区的财务/金融管理者的领导能力在总体上没有显著差异,但青岛地区的财务/金融管理者在领导能力上的平均数显著高于南京地区的财务/金融管理者的平均数,这说明青岛地区的财务/金融管理者比南京地区的财务/金融管理者有更高的领导能力。在其他胜任素质上没有发现不同地区的财务/金融管理者之间的显著差异。

四、讨论

（一）关于不同管理层级的财务/金融管理者胜任素质

通过以上对不同管理层级财务/金融管理者胜任素质的方差分析,可以得出,中层财务/金融管理者的知识应用水平显著高于高层和基层财务/金融管理者。这可能是由于企业中的高层财务/金融管理者多为以前的财会人员,其知识结构和财务管理理念较为老化,在新形势下适应新的财务管理要求需要一定的时间和过程,所以导致其对知识的应用水平明显低于中层财务/金融管理者。

（二）关于不同文化水平的财务/金融管理者胜任素质

通过以上对不同学历的财务/金融管理者胜任素质的方差分析,可以得出,本科及以上学历的财务/金融管理者比大专及以下学历的财务/金融管理者具有更高的成就动机。这是由于本科及以上学历的财务/金融管理者的现代财务管理知识更加丰富和专业,对财务管理在企业中的地位的认识更加清晰,接受了更多的现代财务管理理念,使其在个人发展上也有着更高的追求,有着更强烈的成就动机。

（三）关于不同地区的财务/金融管理者胜任素质

通过以上对不同地区的财务/金融管理者胜任素质的方差分析,可以得出,青岛地区财务/金融管理者比其他地区财务/金融管理者在决策能力上具有更高的水平和自我评定。其主要原因可能在于,各地区的文化环境氛围及人才结构特质不同。青岛地区的国有大型企业较多,财务管理较为规范,理念也较为成熟,使得在决策能力上,青岛地区的财务/金融管理者也更加富有经验、准确和果断。

五、结论

从本节的实证研究中我们得出了现阶段财务/金融管理者在胜任素质特征方面的差异。不同管理层级、不同学历、不同地区的财务/金融管理者在某些测评指标上有显著差异。中层财务/金融管理者的知识应用水平显著高于高层和基层财务/金融管理者,本科及以上学历的财务/金融管理者比大专及以下学历的财务/金融管理者具有更高的成就动机,青岛地区财务/金融管理者比其他地区财务/金融管理者在决策能力上具有更高的水平和自我评定。财务/金融管理者的胜任素质在性别、年龄、所在企业的规模、性质、行业这些变量上未发现显著差异。

这些结论将对财务/金融管理者如何改变财务管理理念、提高综合素质提供重要的参考价值。

第六节 技术管理者胜任素质研究

一、技术管理者胜任素质概况

随着技术成为社会进步和发展的第一生产力,人们在关注技术发展和进步的同时,也开始重视对技术的管理,技术管理成为管理环节中重要的一环。然而,目前我国大部分企业的技术管理者严重缺乏管理技术的专业管理能力和素质。技术管理工作一般由技术专家负责,而技术专家常常是技术领域的领导者,却在技术管理上缺少高水平的专业素质;并且,技术专家大多有重视发展专业技术、轻视培养管理技术的倾向,因而很难使技术管理者自觉地培养与自己的专业相适应的管理技术和技能。然而,信息全球化的趋势客观上要求技术管理者改变原有的思维方式,建立技术管理的思维模式,从而促进技术的不断发展和提高。因此,研究技术管理者的胜任素质特征,了解不同技术管理者胜任素质之间的差异,对促进和提高我国技术管理者的胜任素质水平具有重要的意义。

二、研究方法

（一）研究对象

在江苏省南京、无锡地区,广东省珠海、普宁地区,福建省泉州、厦门地区,山东省青岛地区,我们在随机大规模抽取各类型的企业管理者后,选取其中的技术管理者作为被试,有效人数为146人。

（二）研究工具

我们采用自编的胜任素质测量问卷,共包含11个子问卷,分别是:决策能力问卷（A）、自我效能问卷（C）、成就动机问卷（D）、创新能力问卷（E）、社交能力问卷（F）、学习能力问卷（G）、沟通能力问卷（H）、领导能力问卷（I）、变革能力问卷（J）、知识应用水平问卷（K）,它们分别测量管理者的决策能力、自我效能、成就动机、创新能力、社交能力、学习能力、沟通能力、领导能力、变革能力、知识应用水平;对情绪智力的测量采用 Law 和 Wong（2004）编制的情绪智力测量问卷（B）。11个胜任素质在高一阶因子上合成一个因子,它可以解释的方差总变异量为 61.67%,内在一致性系数(α)为 0.94。验证性因素分析显示胜任素质结构模型具有良好的拟合指数:NFI(0.96)、IFI(0.97)、NNFI(0.96)、CFI(0.97)、RMSEA(0.09),这表明我们所编制的 11 个胜任素质子问卷都具有较理想的信度和结构效度,所构建的胜任素质结构模型具有合理性和稳定性(见第五章第一节内容)。

(三) 施测过程与数据处理

在采用团体施测方式对在各地区随机抽取的企业管理者施测管理者胜任素质问卷后,选取在各地区回收的技术管理者问卷,有效问卷共 146 份。利用 SPSS10.0 对 146 份有效问卷进行数据处理。

三、结果与分析

(一) 不同文化水平的技术管理者的胜任素质特征

对不同文化水平的技术管理者在各胜任素质测评指标上的 F 检验说明,在自我效能上,大专及以下学历的技术管理者和本科及以上学历的技术管理者的平均数之间存在显著的差异($F(1,137) = 4.31, p < 0.05$)。本科及以上学历的技术管理者在自我效能上的平均数($M = 41.53, SD = 5.00$)显著高于大专及以下学历的技术管理者的平均数($M = 43.32, SD = 5.19$),这说明本科及以上学历的技术管理者比大专及以下学历的技术管理者具有更高的自我效能。在其他测评指标上未发现不同学历的技术管理者之间的显著差异。

(二) 不同年龄的技术管理者的胜任素质特征

对不同年龄的技术管理者在各胜任素质测评指标上的 F 检验表明,不同年龄的技术管理者在成就动机上存在极其显著的差异($F(2,138) = 3.09, p < 0.05$)。经事后多重比较发现,30 岁以下的技术管理者在成就动机上的平均数($M = 35.29, SD = 5.06$)显著高于 41 岁及以上年龄的技术管理者的平均数($M = 32.84, SD = 4.28$),这说明 30 岁以下的技术管理者比 41 岁及以上年龄的技术管理者具有更高的成就动机。在其他胜任素质测评指标上未发现不同年龄的技术管理者之间的显著差异。

(三) 不同规模企业的技术管理者的胜任素质特征

对不同规模企业(按员工人数)的技术管理者在各个胜任素质测评指标上的 F 检验表明,不同规模企业的技术管理者在决策能力(A)、沟通能力(H)和领导能力(I)上的平均数存在显著差异(A:$F(3,134) = 3.95, p <$

$0.05；H:F(3,141)=3.21,p<0.05；I:F(3,140)=3.16,p<0.05）$。不同规模企业的技术管理者在这 3 个胜任素质上的平均数与标准差见表 7-9。

表 7-9　不同规模企业的技术管理者胜任素质的平均数(M)与标准差(SD)

	大型企业		中型企业		小型企业	
	M	SD	M	SD	M	SD
决策能力(A)	79.25	5.55	74.91	8.42	78.11	9.19
沟通能力(H)	56.03	6.61	54.03	6.18	57.28	6.48
领导能力(I)	57.36	6.07	54.44	5.95	56.55	7.03

经多重比较(LSD)发现,大型企业的技术管理者在决策能力上的平均数显著高于中型企业的技术管理者的平均数,这说明大型企业的技术管理者比中型企业的技术管理者具有更高的决策能力;小型企业的技术管理者在沟通能力上的平均数显著高于中型企业的技术管理者的平均数,这说明小型企业的技术管理者比中型企业的技术管理者具有更强的沟通能力;大型企业的技术管理者在领导能力上的平均数显著高于中型企业的技术管理者的平均数,这说明大型企业的技术管理者的领导能力要显著高于中型企业的技术管理者。在其他胜任素质测评指标上未发现不同规模企业的技术管理者之间的显著差异。

（四）不同性质企业的技术管理者的胜任素质特征

对不同性质企业的技术管理者在各胜任素质测评指标上的 F 检验表明,不同性质企业的技术管理者在情绪智力(B)和自我效能(C)上存在显著的差异（B:$F(2,138)=4.55,p<0.05$；C:$F(2,134)=3.21,p<0.05$）,他们在这 2 个胜任素质上的平均数与标准差见表 7-10。

表 7-10　不同性质企业的技术管理者胜任素质的平均数(M)与标准差(SD)

	国有企业		民营企业		三资企业	
	M	SD	M	SD	M	SD
情绪智力(B)	65.97	6.05	61.94	8.44	62.81	7.25
自我效能(C)	43.63	4.93	41.97	5.02	41.12	5.46

经多重比较(LSD)发现,国有企业的技术管理者在情绪智力上的平均数显著高于民营企业和三资企业的技术管理者的平均数,国有企业的技术管理者在自我效能上的平均数要显著高于三资企业的技术管理者的平均数,这说明国有企业的技术管理者在情绪智力上显著高于民营和三资企业

的技术管理者,国有企业的技术管理者还在自我效能上高于三资企业的技术管理者。在其他胜任素质测评指标上未发现不同性质企业的技术管理者之间的显著差异。

（五）不同行业的技术管理者的胜任素质特征

对不同行业的技术管理者在各胜任素质测评指标上的 F 检验表明,不同行业的技术管理者在情绪智力上有显著差异 $(F(3,131)=3.08,p<0.05)$。经多重比较(LSD)发现,商业服务业的技术管理者 $(M=67.12, SD=5.78)$、交通运输业的技术管理者 $(M=65.12,SD=5.69)$ 在情绪智力上的平均数显著高于机械及电子制造业的技术管理者 $(M=61.10, SD=8.26)$ 的平均数,商业服务业的技术管理者的平均数还显著高于轻工及化工行业技术管理者 $(M=63.42,SD=8.44)$ 的平均数。这说明商业服务业、交通运输业的技术管理者有较高的情绪智力,而机械及电子制造业的技术管理者则对自己的情绪智力的自我评定较低。在其他胜任素质测评指标上未发现不同行业技术管理者之间的显著差异。

（六）不同地区的技术管理者的胜任素质特征

对不同地区的技术管理者在胜任素质上的 F 检验表明,不同地区的技术管理者在情绪智力上的平均数之间存在显著差异 $(F(3,142)=4.06, p<0.05)$,他们在情绪智力上的平均数与标准差见表 7-11。

经多重比较(LSD)发现,青岛地区的技术管理者在情绪智力(B)上的平均数显著高于南京、广东/福建和无锡地区的技术管理者的平均数,这说明青岛地区的技术管理者比其他地区的技术管理者有更高的情绪智力。另外,尽管在决策能力(A)和成就动机(D)上不同地区的管理者的平均数之间(见表 7-11)的差异未在总体上达到显著差异,但某些地区之间在这两个胜任素质上的平均数的差异达到显著。具体来说,青岛地区的技术管理者在决策能力和成就动机上的平均数都显著高于南京地区的技术管理者的平均数,并且青岛地区的技术管理者在决策能力上的平均数还显著高于无锡地区的技术管理者的平均数。这说明,总体上看,不同地区之间的技术管理者在决策能力和成就动机上的差异不显著,但与其他地区的技术管理者相比,青岛地区的技术管理者的决策能力和成就动机相对较高,而南京地区的技术管理者的决策能力和成就动机相对较低。在其他胜任素质测评指标上未发现不同地区的技术管理者之间存在显著差异。

表 7-11　不同地区的技术管理者胜任素质的平均数（M）与标准差（SD）

	江苏地区				广东/福建地区		山东地区	
	南京		无锡				青岛	
	M	SD	M	SD	M	SD	M	SD
A	74.30	8.21	75.33	8.34	76.71	9.50	78.98	6.87
B	61.22	8.29	63.29	6.32	62.43	9.16	66.62	5.99
D	32.23	4.42	33.88	5.31	34.10	4.25	35.09	4.73

注：A：决策能力，B：情绪智力，D：成就动机。

四、讨论

本研究表明，管理层级对技术管理者的胜任素质没有显著影响，这显然与技术管理者重视专业技术而轻视管理工作的特征有关。管理者如果缺乏管理技术的专业技能，技术就不可能得到更快的发展和更新，也不能更好地被人们利用，创造更大价值。因此，处在不同管理层级的技术管理者迫切需要改变重技术轻管理的落后观念，提高自己管理技术的能力和素质，以适应日新月异、更新迅速的庞大的技术体系的需要。

技术管理者的胜任素质在文化水平、年龄、所在企业的规模、性质、行业、地区变量上的显著差异说明，企业应关注不同技术管理者的胜任素质的特征，对症下药，采取有特色的培训方式，提高技术管理者的胜任素质水平。

五、结论

1. 文化水平对技术管理者的自我效能有显著影响，年龄对技术管理者的成就动机有显著影响。

2. 企业规模对技术管理者的决策能力、沟通能力和领导能力有显著影响。

3. 企业性质对技术管理者的情绪智力和自我效能有显著影响。

4. 行业及地区变量对技术管理者的情绪智力有显著影响。

小　结

我们对从事人力资源管理、决策/战略管理、营销管理、生产/工程/项目管理、财务/金融管理、技术管理的我国企业管理者的大规模随机抽样调查结果显示，企业管理者的胜任素质不仅在管理岗位之间存在显著差异（见第五章第二节），在各管理岗位内部也存在显著差异。企业管理者的管理层级、文化水平、性别、年龄，以及管理者所在企业的企业规模、所有权属性、所属行业、地区等，对管理者的胜任素质特征和水平都有不同程度的影响。因此，即使是同一管理岗位的管理者，由于其他众多因素的不同影响，他们的胜任素质特征和水平也有较大不同。这要求在对企业管理者进行管理岗位培训时，应密切注意影响管理者胜任素质的因素，考虑管理者本人的特点，采用适当的方法进行培训。由于各管理岗位上的管理者承担具体的管理任务，他们的胜任素质特征和水平对其管理绩效的影响是直接的、明显的，因此各企业非常重视提高不同管理岗位上管理者的胜任素质水平。然而，我们也发现，管理岗位的岗位工作要求和岗位工作特征对管理者胜任素质的发展倾向有重要影响，管理者在管理实践中发展出了适应自己岗位工作要求和岗位工作特征的较稳定的胜任素质特征。因此，我们认为，在培养管理者在某个具体管理岗位上的胜任素质时，应该同时注重发展和培养管理者在不同管理岗位上的胜任素质，这既是现代企业对管理者提出的发展不同管理岗位上的胜任素质、提高综合胜任素质水平的要求，也是管理者拓展个体职业发展空间的要求。

参 考 文 献

[1] Boyatzis R. E. (1982), *The Competent Manager: A Model for Effective Performance*, New York: John Wiley & Sons, Inc.

[2] McClelland D. C. (1973), Testing for competence rather than for intelligence, *American Psychologist*, 28(1):1—14.

[3] Spencer Jr L. M., Spencer S. M. (1993), *Competence at Work: Models for Superior Performance*, New York: John Wiley & Sons, Inc.

[4] 冯德雄，《新经济时代人力资源经理的特质》，《湖北教育学院学报》，2002 年第 8 期，第 67—73 页。

[5] 顾平，《掌握项目管理知识，做新世纪合格管理者》，《通讯企业管理》，2005 年第 1 期。

[6] 刘文纲，《国际营销管理》，经济科学出版社 2006 年版。

[7] 吕庆华，《现代商学理论与营销管理》，华龄出版社(北京)2006 年版。

[8] 马克·休斯，《口碑营销》，中国人民大学出版社 2006 年版。

[9] 时堪、王继承,《通讯业管理干部测评及其量化评估方法》,信息产业部部级项目总结报告,1998 年。

[10] 王霞,《试论国有企业核心技术员工的界定》,《煤炭经济研究》,2005 年第 2 期,第 69—70 页,第 81 页。

[11] 占德干,《企业管理人才基本素质与能力要素实证研究》,《中国人力资源开发》,2001 年第 4 期,第 29—31 页。

[12] 张炜、王重鸣,《中小高技术企业创业者组合模式与胜任特征研究》,《科学学与科学技术管理》,2004 年第 3 期,第 90—93 页,第 135 页。

[13] 赵曙明、翟俊生等,《国有企业人力资源管理战略研究》,《管理世界》,1998 年第 3 期,第 196—201 页。

[14] 赵曙明,《人力资源管理研究》,中国人民大学出版社 2001 年版。

[15] 赵曙明,《论管理者的职业化、市场化和国际化》,载林泽炎主编:《中国人力资源发展报告》,中国劳动社会保障出版社 2004 年版,第 442—450 页。

[16] 赵曙明,《人力资源经理职业化的发展》,《南开管理评论》,2003 年第 5 期,第 73—77 页。

第八章

不同行业的企业管理者胜任素质研究

组织的行业环境包括行业技术状况、行业市场稳定性、行业市场集中程度、产品特征以及行业相关政策环境等,这些因素都影响到管理者胜任素质的构成、发展与培养。一般来说,不同的企业,对企业管理者的要求不同,管理者的胜任素质也不同。即使在相同或类似的岗位上,也是如此。此外,不同行业之间供应链的复杂程度也会影响到管理者胜任素质的结构。例如,供应链越复杂,管理者处理信息的能力和对不确定性的忍耐能力就会越强(Nandini, 1992, 1998)。因此,了解行业特征及差异是掌握管理者胜任素质构成的基础。本章结合目前我国各行业发展的现实状况,通过实地调研,探讨了制造业、交通运输业、轻工/化工业以及服务业管理者胜任素质的差异性。

第一节　制造业管理者胜任素质研究

一、引言

制造业是现代工业经济的主体,是国民经济持续发展的基础,是现代文明的支柱之一,它既是国民经济的基础产业,又是我国经济发展的关键领域,也是生产工具、生活资料、科技手段、国防装备等的提供者及其依托,是现代化的动力源之一。党的十六大报告提出了制造业应该融合制造技术、信息技术和管理科学,大力发展以科学技术为依托的先进制造业。目前我国劳动力整体状况距先进制造业对劳动力素质的要求仍存在较大的差距。技能人才状况存在总体水平偏低、高技能人才匮乏、技能结构不合理等问题。与传统的制造业相比,先进制造业应该更加趋向于市场化、灵活化、柔性化和国际化,更加注重虚拟技术的发展和以人为本观念的推进。人才竞争在制造业中更是体现得淋漓尽致,这对于我国制造业企业管理者的选任机制来说无疑是一个新的挑战。目前,国内大部分制造业企业多采用传统的招聘甄选方式,注重教育背景和工作经验,往往忽视了员工综合素质在生产经营过程中的重要作用。其原因一方面在于,员工的综合素质不好把握,判断过于主观,不如学历证书和工作经验来得具体;另一方面也在于现行的人才选拔机制不够科学、合理,没有一套科学、规范的人才甄选方法。鉴于行业内不同岗位、不同管理领域、不同年龄、不同教育背景以及处于不同性质和规模企业的管理者的胜任素质之间存在一定的差异,如何把握这些差异、合理分配和使用现有的人力资源,将成为中国制造业构建竞争优势的关键一步。本研究正是针对这些问题,通过对制造业企业管理者的实际调研,分析他们胜任素质上的差异以及制造业不同层级管理者的胜任素质模型,这对先进制造业的人才选拔机制有着重要的现实意义。

二、研究方法

(一)研究对象

我们在研究中,在江苏省南京、无锡地区,广东省珠海、普宁地区,福建省泉州、厦门地区,山东省青岛地区的制造行业(电子及机械制造行业)的企业中随机抽取管理者(包括高层、中层、基层管理者)进行问卷调查,他们来自不同管理岗位(人力资源管理、营销、生产/工程/项目管理、财务/金融、技术管理、决策/战略管理)、不同性质(国有企业、民营企业、三资企业)以及不同规模的大型(员工人数 500—2 000 人及以上,销售额 15 000万—30 000 万元以上,员工人数和销售额在各行业之间有不同标准要求)、中型(员工人数 100—2 000 人以下,销售额 1 000 万—30 000 万元以下)、小型(员工人数 100—300 人以下,销售额 1 000 万—3 000 万元以下)企业。管理者的年龄大多在 25—55 岁之间,学历分为大专以下、大专、本科、硕士或博士。随机抽取的男女管理者的比例适当。最后回收的有效问卷为208 份,回收率为 45%。

(二)研究工具

我们采用自编的胜任素质测量问卷,包括:决策能力问卷(A)、自我效能问卷(C)、成就动机问卷(D)、创新能力问卷(E)、社交能力问卷(F)、学习能力问卷(G)、沟通能力问卷(H)、领导能力问卷(I)、变革能力问卷(J)、知识应用水平问卷(K),它们分别测量管理者的决策能力、自我效能、成就动机、创新能力、社交能力、学习能力、沟通能力、领导能力、变革能力、知识应用水平。对情绪智力的测量采用 Law 和 Wong(2004)编制的情绪智力测量问卷(B)。这 11 个胜任素质问卷经过探索性因素分析和验证性因素分析证明都具有较理想的信度和效度,并且 11 个胜任素质在高一阶因子上合成一个因子(见第五章第一节内容)。

（三）施测程序及数据处理

采用团体施测方式,对在各地区(南京、无锡、厦门、泉州、珠海、普宁、青岛)随机抽取的 1 122 名各类型的企业管理者施测管理者胜任素质问卷及绩效测量问卷后,选取其中制造业的企业管理者胜任素质问卷,最后获得制造业的企业管理者的有效问卷共 208 份。采用 SPSS10.0 对回收的208 份制造行业的企业管理者的问卷进行数据统计处理。

三、结果与分析

（一）不同管理层级的制造业管理者的胜任素质特征

为了解制造业中不同管理层级的管理者在各个胜任素质上的差异,对其在各个胜任素质上得分的差异进行平均数差异的显著性检验,不同管理层级的管理者在各个胜任素质上的平均数与标准差见表 8-1。

表 8-1　不同管理层级的制造业管理者胜任素质的平均数(M)与标准差(SD)

	高层		中层		基层	
	M	SD	M	SD	M	SD
决策能力(A)	78.67	8.26	76.33	7.67	73.02	7.71
情绪智力(B)	66.42	7.37	64.72	7.46	63.07	6.82
自我效能(C)	44.92	4.76	42.78	5.19	42.44	4.56
成就动机(D)	37.10	5.22	34.70	5.43	34.30	4.18
创新能力(E)	46.35	5.30	44.21	4.99	44.53	5.49
社交能力(F)	63.33	7.35	57.93	8.70	58.73	8.41
学习能力(G)	81.42	7.66	75.93	8.57	76.80	9.32
沟通能力(H)	57.25	6.39	54.37	6.27	53.90	7.26
领导能力(I)	56.87	6.46	55.03	6.22	53.46	7.10
变革能力(J)	73.75	8.42	69.01	8.22	70.91	9.39
知识应用(K)	59.51	6.85	57.10	7.15	54.76	9.04

对不同管理层级的制造业管理者在各个胜任素质测评指标上的 F 检验表明,除了创新能力(E)外,高层、中层、基层制造业管理者在其他胜任

素质上的平均数之间都存在显著的差异（A：$F(2,199)=7.85,p<0.001$；B：$F(2,205)=3.18,p<0.05$；C：$F(2,199)=4.29,p<0.05$；D：$F(2,201)=5.16,p<0.01$；F：$F(2,203)=7.40,p<0.001$；G：$F(2,203)=7.10,p<0.001$；H：$F(2,205)=4.31,p<0.05$；I：$F(2,205)=3.93,p<0.05$；J：$F(2,203)=4.90,p<0.01$；K：$F(2,186)=4.94,p<0.01$）。

经多重比较（LSD）发现，在决策能力（A）上，制造业的高层和中层管理者的平均数显著高于基层管理者的平均数，而他们之间在决策能力上的平均数上没有发现显著差异，这说明制造业的高层和中层管理者都有较高的决策能力，而制造业的基层管理者的决策能力较低。在情绪智力（B）、领导能力（I）、知识应用水平（K）上，制造业的高层管理者的平均数都显著高于基层管理者的平均数，这说明制造业的高层管理者有较高的情绪智力、领导能力、知识应用水平，而制造业的基层管理者在这些胜任素质上的水平较低。在自我效能（C）、成就动机（D）、社交能力（F）、学习能力（G）、沟通能力（H）上，制造业的高层管理者的平均数都显著高于中层和基层管理者的平均数，这说明制造业的高层管理者有较高的自我效能、成就动机、社交能力、学习能力、沟通能力，而制造业的中层和基层管理者在这些胜任素质上的水平较低。在变革能力（J）上，制造业的高层管理者的平均数显著高于中层管理者的平均数，这说明制造业的高层管理者有较高的变革能力，而制造业的中层管理者的变革能力较低。

另外，尽管制造业不同管理层级的管理者在创新能力（E）上的平均数之间的差异在总体上未达显著（$F(2,204)=2.91,p>0.05$），但制造业高层管理者的平均数高于中层管理者的平均数，两者的平均数之间的差异达到显著，这说明制造业高层管理者的创新能力有高于中层管理者的倾向。

（二）不同管理岗位的制造业管理者的胜任素质特征

对不同管理岗位的制造业管理者在各胜任素质测评指标上的 F 检验表明，制造业不同管理岗位的管理者在决策能力（A）、自我效能（C）、成就动机（D）、创新能力（E）、学习能力（G）上的平均数之间的差异达到差异（A：$F(5,183)=2.86,p<0.05$；C：$F(5,184)=3.00,p<0.05$；D：$F(5,185)=2.27,p=0.05$；E：$F(5,188)=2.25,p=0.051$；G：$F(5,187)=2.61,p<0.05$），不同管理岗位的制造业管理者在这几个胜任素质上的平均数与标准差见表 8-2。

表 8-2　不同管理岗位的制造业管理者胜任素质的平均数(M)与标准差(SD)

	人力资源		营销		生产/项目/工程		财务/金融		技术		决策/战略	
	M	SD	M	SD	M	SD	M	SD	M	SD	M	SD
A	76.00	8.01	74.33	7.44	76.63	7.64	73.90	7.63	75.24	8.45	81.50	9.00
C	42.63	5.02	44.17	5.71	43.23	4.86	42.58	4.96	41.67	5.06	46.70	3.84
D	35.04	5.06	36.40	5.41	35.23	5.00	35.36	4.54	32.64	4.46	37.40	5.62
E	44.86	4.56	45.71	5.43	44.98	4.48	43.90	5.54	43.59	5.72	48.10	5.84
G	76.04	9.48	77.53	8.69	77.31	8.91	76.59	9.85	78.05	5.58	84.25	7.49

注:A:决策能力;C:自我效能;D:成就动机;E:创新能力;G:学习能力。

经多重比较(LSD)发现,制造业的决策/战略管理者除了在自我效能上的平均数没有显著高于营销管理者外,他们在自我效能、决策能力、学习能力上的平均数都显著高于其他管理岗位上的制造业管理者的平均数,这说明相对于制造业人力资源管理、营销管理、生产/项目/工程管理、财务/金融管理、技术管理岗位的管理者来说,制造业决策/战略管理岗位的管理者有较高的决策能力、自我效能、学习能力。在成就动机上,制造业技术管理岗位管理者的平均数除了没有显著低于人力资源管理岗位的管理者的平均数外,其平均数显著低于其他管理岗位的管理者的平均数,这说明与制造业其他管理岗位的管理者相比,制造业技术管理岗位的管理者有较低的成就动机。在创新能力上,制造业决策/战略管理岗位的管理者的平均数除了没有显著高于人力资源管理岗位的管理者的平均数外,其平均数显著高于其他管理岗位的管理者的平均数,这说明与制造业其他管理岗位的管理者相比,制造业决策/战略管理岗位的管理者有较高的创新能力。

另外,尽管制造业不同管理岗位的管理者在情绪智力、社交能力、沟通能力、领导能力、变革能力、知识应用水平上的平均数之间的差异在总体上未达显著,但决策/战略管理岗位的管理者在这几个胜任素质上的平均数都与其他管理岗位的管理者的平均数之间的差异达到显著,这说明制造业决策/战略管理岗位的管理者在这几个胜任素质上也有高于其他管理岗位管理者的胜任素质水平的倾向。

（三）不同性别的制造业管理者的胜任素质特征

对不同性别的制造业管理者在各胜任素质测评指标上的 F 检验表明,不同性别的制造业管理者仅在创新能力上的平均数之间存在显著差异($F(1,205)=4.57,p<0.05$),制造业男性管理者的平均数显著高于女性管理者的平均数(男性:$M=45.38,SD=5.22$;女性:$M=43.71,SD=5.28$),这说明在制造行业,男性管理者比女性管理者有更高的创造能力。

在其他胜任素质上,没有发现不同性别的制造业管理者的平均数之间存在显著差异,这说明性别对制造业管理者的多数胜任素质没有显著影响。

（四）不同年龄的制造业管理者的胜任素质特征

对不同年龄的制造业管理者在各胜任素质测评指标上的 F 检验表明,不同年龄的制造业管理者仅在变革能力上的平均数之间存在显著差异（ $F(2,203)=4.87,p<0.01$ ）,30 岁以下年龄段的制造业管理者的平均数显著高于 30—41 岁年龄段的制造业管理者的平均数（30 岁以下: $M=73.36,SD=8.83$;30—41 岁: $M=69.21,SD=8.13$;41 岁以上: $M=70.64,SD=10.11$ ）,其他年龄段管理者的平均数之间的差异未达显著。这说明 30 岁以下年龄段的制造业管理者有较高的变革能力,而 31—40 岁年龄段的制造业管理者的变革能力较低。

在其他胜任素质上,没有发现不同年龄的制造业管理者的平均数之间存在显著差异,说明年龄对制造业管理者的多数胜任素质没有显著影响。

（五）不同规模企业的制造业管理者的胜任素质特征

对不同规模企业（按员工人数）的制造业管理者在各胜任素质测评指标上的 F 检验表明,不同规模企业的制造业管理者在决策能力（A）和自我效能（C）上的平均数之间存在显著差异（A: $F(2,199)=3.59,p<0.05$;C: $F(2,199)=3.88,p<0.05$ ）。小型制造业企业在决策能力和自我效能上的平均数（A: $M=78.51,SD=8.08$;C: $M=44.90,SD=4.80$ ）都显著高于大型（A: $M=74.82,SD=6.56$;C: $M=42.57,SD=5.16$ ）和中型（A: $M=75.07;SD=8.48$;C: $M=42.71,SD=4.81$ ）制造业企业的平均数,这说明小型制造业企业的管理者有较高的决策能力和自我效能,而大型和中型制造业企业管理者的这 2 个胜任素质水平较低。

对不同规模企业（按生产总值）的制造业管理者在各胜任素质测评指标上的 F 检验表明,不同规模企业的制造业管理者在领导能力（I）、知识应用水平（K）上的平均数之间存在显著差异（I: $F(2,202)=3.59,p<0.05$;K: $F(2,183)=3.11,p<0.05$ ）,中型制造企业管理者在领导能力和知识应用水平上的平均数（I: $M=56.09,SD=6.91$;K: $M=58.14,SD=7.92$ ）都显著高于大型制造企业管理者的平均数（I: $M=53.32,SD=6.98$;K: $M=54.93,SD=8.45$ ）,而小型制造企业的管理者在这两个胜任素质上的平均数（I: $M=54.43,SD=4.78$;K: $M=56.33,SD=6.40$ ）都未与中型和大型制造企业管理者的平均数的差异达到显著,这说明生产总值为中型规模的制

造企业的管理者有较高的领导能力和知识应用水平，而生产总值为大型规模制造企业的管理者的领导能力和知识应用水平较低。另外，尽管不同规模企业的制造业管理者在情绪智力上的平均数之间的差异在总体上未达显著，但中型制造企业管理者的平均数（$M = 65.59, SD = 7.21$）与大型制造企业管理者的平均数（$M = 62.94, SD = 7.17$）之间的差异达到显著，而小型制造企业管理者的平均数（$M = 64.49, SD = 7.70$）与中型和大型制造企业管理者的平均数之间的差异未达到显著，这说明中型制造企业管理者的情绪智力水平高于大型制造企业管理者的情绪智力水平。

在其他胜任素质上，没有发现不同规模企业（按员工人数、生产总值）的制造业管理者的平均数之间存在显著差异。

（六）不同性质企业的制造业管理者的胜任素质特征

对不同性质企业的制造业管理者在各胜任素质测评指标上的 F 检验表明，国有企业、民营企业和三资企业的制造业管理者在成就动机（D）、领导能力（I）和知识运用水平（K）上的平均数之间存在显著差异（D：$F(2,199) = 3.24, p < 0.05$；I：$F(2,203) = 5.22, p < 0.01$；K：$F(2,184) = 4.35, p < 0.05$），它们在这 3 个胜任素质上的平均数与标准差见表 8-3。

表 8-3　不同性质企业的制造业管理者胜任素质的平均数（M）与标准差（SD）

	国有企业		民营企业		三资企业	
	M	SD	M	SD	M	SD
D	34.55	5.17	36.42	4.89	34.54	5.07
F	59.76	8.50	61.08	8.20	58.07	8.70
I	53.62	6.97	56.93	6.43	54.10	6.34
J	69.75	9.09	72.77	8.68	69.94	8.51
K	55.70	8.04	59.15	7.00	55.73	8.27

注：D：成就动机；F：社交能力；I：领导能力；J：变革能力；K：知识应用水平。

经多重比较（LSD）发现，在制造行业，民营企业在成就动机、领导能力和知识应用水平上的平均数都显著高于国有企业和三资企业的平均数，这说明在制造行业，民营企业管理者有较高的成就动机、领导能力和知识应用水平，而国有企业和三资企业的管理者在这 3 个胜任素质上的水平较低。

另外，尽管在社交能力（F）、变革能力（J）上，不同性质企业的制造业管理者的平均数（见表 8-3）之间的差异在总体上未达显著，但民营企业管理者在社交能力上的平均数显著高于三资企业管理者的平均数，在变革能力上的平均数显著高于国有企业管理者的平均数,这说明在制造行业,民营企业的管理者也有较高的社交能力和变革能力。

在其他胜任素质上,没有发现不同性质企业的制造业管理者的平均数之间存在显著差异。

（七）不同地区的制造业管理者的胜任素质特征

对不同地区的制造业管理者在各胜任素质测评指标上的 F 检验表明,不同地区的制造业管理者在学习能力（G）、沟通能力（H）、领导能力（I）、变革能力（J）、知识应用水平（K）上的平均数之间存在显著差异（G: $F(3,202)=3.44, p<0.05$; H: $F(3,204)=4.13, p<0.01$; I: $F(3,204)=6.73, p<0.001$; J: $F(3,202)=4.91, p<0.01$; K: $F(3,185)=3.89, p<0.01$）。不同地区的制造业管理者在这几个胜任素质上的平均数与标准差见表8-4。

表8-4　不同地区的制造业管理者胜任素质的平均数（M）与标准差（SD）

| | 江苏地区 | | | | 广东/福建地区 | | 山东地区 | |
| | 南京 | | 无锡 | | | | 青岛 | |
	M	SD	M	SD	M	SD	M	SD
B	63.03	7.06	65.73	8.09	65.71	7.64	64.94	6.24
C	42.91	4.72	43.62	6.54	44.07	4.99	41.33	4.33
D	34.40	5.08	35.13	5.91	36.18	4.89	34.24	5.08
G	76.05	8.32	77.33	11.15	79.85	8.51	75.26	8.84
H	53.72	6.24	54.87	8.21	56.80	5.99	52.94	7.95
I	53.40	6.11	53.73	7.27	57.38	6.54	53.00	6.30
J	69.28	7.94	69.43	10.48	73.49	8.94	67.91	8.16
K	55.67	7.67	57.15	8.68	58.85	7.66	53.87	7.71

注:B:情绪智力;C:自我效能;D:成就动机;G:学习能力;H:沟通能力;I:领导能力;J:变革能力;K:知识应用水平。

经多重比较（LSD）发现,在制造行业,广东/福建地区的管理者在学习能力、沟通能力、领导能力、变革能力、知识应用水平上的平均数都显著高于南京地区和青岛地区管理者的平均数,并且在领导能力上的平均数还显著高于无锡地区管理者的平均数,这说明在制造行业,广东/福建地区的管理者有较高的学习能力、沟通能力、领导能力、变革能力、知识应用水平,而南京和青岛地区管理者的这几个胜任素质水平较低。

另外,在情绪智力（B）、自我效能（C）、成就动机（D）上,尽管不同地区的制造行业管理者的平均数之间的差异在总体上未达显著,但广东/福建地区的管理者在情绪智力、成就动机上的平均数显著高于南京地区管理者的平均数,在自我效能上的平均数显著高于青岛地区管理者的平均数,这说明与其他地区的制造业管理者相比,广东/福建地区的制造业管理者也具有较高的情绪智力、自我效能、成就动机。

在决策能力(A)、创新能力(E)上,经多重比较,没有发现不同地区的制造行业的管理者之间存在显著差异。

F 检验表明,在文化水平变量上,不同文化水平的制造业管理者在各个胜任素质上不存在显著差异,这说明在制造业,管理者的文化水平(学历)对其胜任素质没有显著影响。

四、讨论

研究表明,管理层级是影响制造业管理者胜任素质的重要变量。不同管理层级的制造业管理者仅在创新能力上没有达到显著差异,在其他 10 个胜任素质上的差异都达到显著,制造业的高层管理者都有较高的胜任素质水平;同时,制造业的中、基层管理者有较高的创新能力。因此,制造业的高层管理者仍需要进一步提高自身的创新能力,做一个致力于支持创新活动的管理者,也就能在更大程度上调动和激发中、基层管理者的创新热情。

制造业管理者的胜任素质在管理岗位、性别、年龄,所在企业的规模、性质、地区等变量上的显著差异表明,制造业管理者的胜任素质之间的差异非常明显,因此,制造业企业在培训管理者时,应根据制造业管理者胜任素质的具体差异和特定管理者群体中胜任素质的具体特征,有针对性地制订培训计划,避免采用单一的培训模式,从而脱离制造业管理者胜任素质的具体情况,导致培训效果不佳。

五、结论

1. 不同管理层级的制造业管理者除在创新能力上的差异未达显著外,在其他 10 个胜任素质上存在显著差异。

2. 不同管理岗位的制造业管理者在决策能力、自我效能、成就动机、创新能力、学习能力上的差异达到显著。

3. 不同性别的制造业管理者仅在创新能力上存在显著差异,不同年龄的制造业管理者仅在变革能力上存在显著差异。

4. 不同规模企业（按员工人数）的制造业管理者在决策能力和自我效能上存在显著差异,不同规模企业（按生产总值）的制造业管理者在领导能力、知识应用水平上存在显著差异。

5. 不同性质企业的制造业管理者在成就动机、领导能力和知识运用水平上存在显著差异。

6. 不同地区的制造业管理者在学习能力、沟通能力、领导能力、变革能力、知识应用水平上存在显著差异。

第二节　交通运输业管理者胜任素质研究

一、引言

我国交通运输业的经营环境近些年来发生了巨大变化,过去交通运输业"老大哥"的优势已经不复存在,这必然要求对交通运输业的管理进行变化和改革。而交通运输业管理者的胜任素质也面临着巨大的挑战。交通运输业管理者只有不断完善自身,提高自己的胜任素质,才能在行业中树立新的形象和威望。因此,交通运输业的管理者需要接受严格的胜任素质培训,在新的胜任素质标准的要求下,提高自身的胜任素质水平和胜任素质修养,努力成为适应交通运输业需求的新型的管理专家,从而使得交通运输行业的管理水平提高到一个新的台阶。

本节根据构建的企业管理者胜任素质测评体系的 11 个测评指标,通过对交通运输企业的问卷调查,分析交通运输业管理者的胜任素质特征,为我国交通运输业管理者的选拔、培养和考核提供理论依据,并为交通运输业用人制度的改革指明方向。

二、研究方法

（一）研究对象

我们在研究中,在江苏省南京、无锡地区,广东省珠海、普宁地区,福建省泉州、厦门地区,山东省青岛地区的交通运输企业中随机抽取管理者(包括高层、中层、基层管理者),进行问卷调查,他们来自不同管理岗位(人力资源管理、营销、生产/工程/项目管理、财务/金融、技术管理、决策/战略管理)、不同性质(国企、民营、三资企业)以及不同规模的大型(员工人数

500—2 000 人及以上,销售额 15 000 万—30 000 万元以上,员工人数和销售额在各行业之间有不同标准要求)、中型(员工 100—2 000 人以下,销售额 1 000 万—30 000 万元以下)、小型(100—300 人以下,销售额 1 000 万—3 000 万元以下)企业。管理者的年龄大多在 25—55 岁之间,学历分为大专以下、大专、本科、硕士或博士。随机抽取的男女管理者的比例适当。最后获得交通运输业管理者的有效人数为 312 人。

(二)研究工具

我们采用自编的胜任素质测量问卷,包括:决策能力问卷(A)、自我效能问卷(C)、成就动机问卷(D)、创新能力问卷(E)、社交能力问卷(F)、学习能力问卷(G)、沟通能力问卷(H)、领导能力问卷(I)、变革能力问卷(J)、知识应用水平问卷(K),它们分别测量管理者的决策能力、自我效能、成就动机、创新能力、社交能力、学习能力、沟通能力、领导能力、变革能力、知识应用水平。对情绪智力的测量采用 Law 和 Wong(2004)编制的情绪智力测量问卷(B)。这 11 个胜任素质问卷经过探索性因素分析和验证性因素分析证明都具有较理想的信度和效度,并且这 11 个胜任素质在高一阶因子上合成一个因子(见第五章第一节)。

(三)施测程序及数据处理

采用团体施测方式,对在各地区随机抽取的 1 122 名企业管理者施测管理者胜任素质问卷和企业管理者绩效测量问卷后,选取其中的交通运输业的胜任素质问卷,最后在各地区获得交通运输业管理者的有效问卷共 312 份,回收率为 62%。采用 SPSS10.0 对回收的 312 份有效问卷进行数据统计处理。

三、结果与分析

(一)不同管理层级的交通运输业管理者的胜任素质特征

对制造业中不同管理层级的管理者在各个胜任素质测评指标上的 F 检验表明,不同管理层级的交通运输业管理者在决策能力(A)、领导能力(I)、变革能力(J)、知识应用水平(K)上的平均数之间存在显著的差异($A:F(2,294)=5.58,p<0.01;I:F(2,298)=5.34,p<0.01;J:F(2,290)=5.79,p<0.01;K:F(2,281)=7.93,p<0.001$),这说明交通运输行业不同管理层级的管理者在这几个胜任素质上有显著的差异,它们的平均数与标准差见表8-5。

表 8-5　不同管理层级的交通运输业管理者胜任素质的平均数(M)与标准差(SD)

	高层		中层		基层	
	M	SD	M	SD	M	SD
A	81.53	7.84	77.21	8.30	76.73	8.74
E	45.71	5.11	44.02	4.56	44.15	5.03
F	62.89	8.95	59.57	8.58	60.45	9.93
I	58.63	6.66	56.19	6.14	54.54	8.22
J	74.67	8.75	70.47	7.55	69.35	9.81
K	60.18	7.39	58.79	7.06	55.38	7.50

注:A:决策能力;E:创新能力;F:社交能力;I:领导能力;J:变革能力;K:知识应用水平。

经多重比较(LSD)发现,在交通运输行业,高层管理者在决策能力、变革能力上的平均数都显著高于中层和基层管理者的平均数,在领导能力、知识应用水平上的平均数显著高于基层管理者的平均数,而中层管理者在知识应用水平上的平均数显著高于基层管理者的平均数。这说明在交通运输行业,高层管理者有较高的决策能力、变革能力、领导能力和知识应用水平,中层管理者有较低的决策能力和变革能力,而基层管理者则有较低的决策能力、变革能力、领导能力和知识应用水平。

另外,尽管在创新能力(E)、社交能力(F)上,不同管理层级的交通运输行业管理者的平均数之间的差异在总体上未达显著,但高层管理者在这2个胜任素质上的平均数都显著高于中层管理者的平均数,这说明交通运输行业的高层管理者倾向于有较高的创新能力、社交能力,而中层管理者则倾向于有较低的创新能力、社交能力。

在其他胜任素质上,F 检验表明,没有发现不同管理层级的交通运输行业管理者的平均数之间存在显著差异。

(二) 不同管理岗位的交通运输业管理者的胜任素质特征

对不同管理岗位的交通运输业管理者在各胜任素质测评指标上的 F 检验表明,交通运输业不同管理岗位的管理者在决策能力(A)、情绪智力(B)、自我效能(C)、社交能力(F)、领导能力(I)、变革能力(J)、知识应用水平(K)上的平均数之间的差异达到差异(A:$F(5,252)=2.36,p<0.05$;B:$F(5,253)=3.49,p<0.01$;C:$F(5,256)=3.96,p<0.01$;F:$F(5,256)=2.37,p<0.05$;I:$F(5,254)=2.32,p<0.05$;J:$F(5,246)=2.35,p<0.05$;K:$F(5,239)=2.58,p<0.05$),不同管理岗位的交通运输业管理者在这几个胜任素质上的平均数与标准差见表 8-6。

表 8-6　不同管理岗位的交通运输业管理者胜任素质的平均数(M)与标准差(SD)

	人力资源		营销		生产/项目/工程		财务/金融		技术		决策/战略	
	M	SD	M	SD	M	SD	M	SD	M	SD	M	SD
A	77.31	9.29	78.86	8.81	78.31	7.54	74.63	9.71	78.00	8.09	81.21	6.68
B	66.86	6.18	65.32	6.84	65.52	6.24	62.24	6.69	65.12	5.69	67.91	6.46
C	43.13	4.77	42.68	5.56	42.43	5.28	40.00	5.59	43.49	4.97	45.00	4.22
F	62.67	8.62	61.03	8.93	59.63	7.69	56.67	8.72	60.48	7.92	61.80	11.62
G	77.58	9.59	75.46	8.68	76.67	9.52	74.36	9.38	78.37	8.27	80.66	9.23
H	56.28	6.58	55.32	6.41	55.74	6.95	53.50	6.74	55.78	5.98	57.41	6.67
I	56.14	7.06	55.50	6.40	56.98	6.20	54.20	7.23	56.95	6.48	59.03	6.25
J	71.35	8.70	70.27	8.05	71.09	8.23	68.44	7.88	71.17	8.79	74.89	8.46
K	59.51	6.80	56.70	7.95	58.07	7.42	55.32	7.38	59.56	6.21	60.20	7.63

注:A:决策能力;B:情绪智力;C:自我效能;F:社交能力;G:学习能力;H:沟通能力;I:领导能力;J:变革能力;K:知识应用水平。

经多重比较(LSD)发现,在交通运输行业,财务/金融管理岗位的管理者在决策能力上的平均数显著低于在营销、生产/项目/工程、决策/战略管理岗位管理者的平均数,而决策/战略管理岗位管理者的平均数显著高于人力资源管理者的平均数;在情绪智力、自我效能上,财务/金融管理岗位管理者的平均数都显著低于其他管理岗位管理者的平均数,而决策/战略管理岗位管理者在自我效能上的平均数显著高于生产/项目/工程管理岗位管理者的平均数;在社交能力上,财务/金融管理岗位管理者的平均数显著低于人力资源管理岗位管理者的平均数;在领导能力上,财务/金融管理岗位管理者的平均数显著低于生产/项目/工程、决策/战略管理岗位管理者的平均数,而决策/战略管理岗位管理者的平均数还显著高于人力资源管理、营销管理岗位管理者的平均数;在变革能力上,决策/战略管理岗位管理者的平均数显著高于营销、生产/项目/工程、财务/金融管理岗位管理者的平均数;在知识应用水平上,财务/金融管理岗位管理者的平均数显著低于人力资源管理、技术管理、决策/战略管理岗位管理者的平均数,决策/战略管理岗位管理者的平均数还显著高于营销管理岗位管理者的平均数。这说明,在交通运输行业,与其他管理岗位的管理者相比,财务/金融管理岗位的管理者有较低的决策能力、情绪智力、自我效能、社交能力、领导能力、变革能力、知识应用水平;而决策/战略管理岗位的管理者在这几个胜任素质上的水平较高,其他管理岗位的管理者在这几个胜任素质上的水平介于决策/战略管理岗位与财务/金融管理岗位的管理者之间。

另外,在学习能力、沟通能力上,不同管理岗位的交通运输行业的管理者平均数之间的差异在总体上未见显著,但决策/战略管理岗位的管理者在学习能力上的平均数显著高于营销、生产/项目/工程、财务/金融管理岗位管理者的平均数;在沟通能力上,人力资源管理、决策/战略管理岗位管理者的平均数显著高于金融/财务管理岗位管理者的平均数。这说明决策/战略管理岗位的管理者倾向于有较高的学习能力和沟通能力。

在其他胜任素质上,F 检验表明,未发现不同管理岗位的交通运输行业管理者的平均数之间存在显著差异。

（三）不同文化水平的交通运输业管理者的胜任素质特征

F 检验表明,交通运输业不同管理文化水平的管理者在成就动机上的平均数之间的差异达到显著($F(1,297) = 4.11, p < 0.05$),大专学历及以下管理者的平均数($M = 33.60, SD = 5.26$)显著低于本科学历及以上的管理者的平均数($M = 34.80, SD = 4.99$),这说明大专学历及以下的管理者的成就动机较低,而本科学历及以上的管理者有较高的成就动机。

（四）不同年龄的交通运输业管理者的胜任素质特征

F 检验表明,交通运输业不同年龄的管理者在决策能力（A）、领导能力（I）、知识应用水平（K）上的平均数之间存在显著差异（A:$F(2,294) = 3.42, p < 0.05$; I:$F(2,298) = 7.30, p < 0.001$; K:$F(2,281) = 5.45, p < 0.01$）。交通运输业不同年龄的管理者在这几个胜任素质上的平均数与标准差见表8-7。

表8-7　不同年龄的交通运输业管理者胜任素质的平均数（M）与标准差（SD）

	30 岁以下		31—40 岁		41 岁以上	
	M	SD	M	SD	M	SD
A	75.79	8.26	77.01	8.88	79.04	8.07
D	34.33	5.17	34.93	5.08	33.60	5.13
H	53.96	6.60	55.25	6.99	56.18	6.58
I	53.56	7.09	55.44	7.06	57.55	6.51
K	55.18	8.27	57.91	7.53	59.21	6.77

注:A:决策能力;D:成就动机;H:沟通能力;I:领导能力;K:知识应用水平。

经多重比较（LSD）发现,在交通运输行业,41 岁以上年龄段的管理者在决策能力上的平均数显著高于 30 岁以下年龄段管理者的平均数,在领导能力上的平均数显著高于 30 岁以下年龄段、31—40 岁年龄段管理者的平均数,在知识应用水平上,31—40 岁年龄段、41 岁以上年龄段的管理者的平均数都显著高于 30 岁以下年龄段的管理者的平均数。这说明,在交通运输行业,41 岁以上年龄段的管理者有较高的决策能力、领导能力、知识应用水平,31—40 岁年龄段的管理者有较高的知识应用水平,而 30 岁以下年龄段的管理者有较低的决策能力、领导能力、知识应用水平。

另外,在成就动机(D)、沟通能力(H)上(见表 8-7),尽管交通运输行业不同年龄的管理者的平均数之间的差异在总体上未达显著,但 31—40 岁年龄段的管理者在成就动机上的平均数显著高于 41 岁以上年龄段的管理者的平均数;在沟通能力上,41 岁以上年龄段的管理者的平均数显著高于 30 岁以下年龄段的管理者的平均数。这说明,31—40 岁年龄段的管理者倾向于有较高的成就动机,而 41 岁以上年龄段的管理者倾向于有较低的成就动机;41 岁以上年龄段的管理者倾向于有较高的沟通能力,而 30 岁以下年龄段的管理者倾向于有较低的沟通能力。

在其他胜任素质上,F 检验表明,没有发现不同年龄的交通运输行业管理者的平均数之间存在显著差异。

（五）不同规模企业的交通运输业管理者的胜任素质特征

F 检验表明,在交通运输行业,处在不同规模企业(按员工人数)的管理者在决策能力(A)、领导能力(I)、知识应用水平(K)上的平均数之间存在显著差异(A:$F(2,291) = 4.00, p < 0.05$;I:$F(2,294) = 3.24, p < 0.05$;K:$F(2,278) = 4.13, p < 0.05$)。交通运输业不同规模企业的管理者在这几个胜任素质上的平均数与标准差见表 8-8。

表 8-8　不同规模企业的交通运输业管理者胜任素质的平均数(M)与标准差(SD)

	大型企业		中型企业		小型企业	
	M	SD	M	SD	M	SD
A	79.02	7.66	76.10	8.82	78.50	9.16
B	65.31	6.58	64.88	6.66	67.63	6.65
I	56.60	6.72	55.04	7.06	57.91	6.83
K	57.26	7.07	57.88	7.60	61.00	7.46

注:A:决策能力;B:情绪智力;I:领导能力;K:知识应用水平。

经多重比较(LSD)发现,在交通运输行业,大型企业的管理者在决策能力上的平均数显著高于中型企业管理者的平均数,而小型企业管理者在领导能力、知识应用水平上的平均数都显著高于中型企业管理者的平均数,并且小型企业管理者在知识应用水平上的平均数还显著高于大型企业管理者的平均数。这说明,大型企业的管理者有较高的决策能力,中型企业的管理者有较低的决策能力、领导能力、知识应用水平,而小型企业的管理者有较高的领导能力和知识应用水平。

另外,尽管在情绪智力(B)上,不同规模企业的交通运输业管理者的平均数之间的差异在总体上未达显著,但小型企业管理者的平均数显著高于大型、中型企业的管理者的平均数,这说明小型企业的管理者倾向于有较高的情绪智力。

在其他胜任素质上,F 检验表明,没有发现不同规模企业管理者的平均数之间存在显著差异。

(六) 不同地区的交通运输业管理者的胜任素质特征

F 检验表明,在交通运输行业,不同地区的管理者在决策能力(A)、情绪智力(B)、成就动机(D)、沟通能力(H)、领导能力(I)、知识应用水平(K)上的平均数之间存在显著差异(A:$F(3,294) = 8.51,p < 0.001$;B:$F(3,299) = 3.24,p < 0.05$;D:$F(3,298) = 5.97,p < 0.001$;H:$F(3,298) = 6.20,p < 0.001$;I:$F(3,298) = 6.69,p < 0.001$;K:$F(3,281) = 7.90,p < 0.001$)。不同地区的交通运输业管理者在这几个胜任素质上的平均数与标准差见表 8-9。

表 8-9　不同地区的交通运输行业管理者胜任素质的平均数(M)与标准差(SD)

| | 江苏地区 | | | | 广东/福建地区 | | 山东地区 | |
| | 南京 | | 无锡 | | | | 青岛 | |
	M	SD	M	SD	M	SD	M	SD
A	72.93	9.14	77.04	7.84	79.40	9.69	79.77	7.96
B	63.37	6.49	64.92	6.62	68.40	7.43	66.33	6.55
D	33.24	4.94	33.02	4.78	37.30	5.62	35.28	5.17
H	51.96	6.42	55.35	6.30	58.40	5.82	56.51	6.89
I	52.07	7.12	56.50	5.36	58.20	6.93	56.96	7.51
K	54.05	9.04	60.80	7.57	57.33	6.72	60.15	6.92

注:A:决策能力;B:情绪智力;D:成就动机;H:沟通能力;I:领导能力;K:知识应用水平。

经多重比较(LSD)发现,在交通运输行业,在决策能力上,南京地区管理者的平均数显著低于其他地区管理者的平均数,无锡地区管理者的平均数也显著低于青岛地区管理者的平均数;在情绪智力上,南京地区管理者的平均数显著低于广东/福建、青岛地区管理者的平均数;在成就动机上,南京、无锡地区管理者的平均数显著低于广东/福建、青岛地区管理者的平均数;在沟通能力上,南京地区管理者的平均数显著低于广东/福建、青岛、无锡地区管者的平均数;在领导能力上,南京地区管理者的平均数显著低于青岛、无锡地区管理者的平均数;在知识应用水平上,南京、青岛地区管理者的平均数显著低于无锡地区管理者的平均数。这说明,南京地区的管理者有较低的决策能力、情绪智力、成就动机、沟通能力、领导能力、知识应用水平,而广东/福建、青岛地区的管理者在这几个胜任素质上的水平较高,无锡地区的管理者则有较低的成就动机和较高的知识应用水平。

在其他胜任素质上,F 检验表明,没有发现不同地区的管理者的平均数之间存在显著差异。

在性别、企业性质变量上,没有发现不同地区管理者在各个胜任素质的平均数之间存在显著差异,说明性别、所处企业的性质对管理者胜任素质水平没有显著影响。

四、讨论

研究显示,交通运输业管理者的胜任素质在管理层级、管理岗位、文化水平、年龄、企业的规模、企业所在的地区等变量上都存在显著差异,说明这些变量对交通运输业管理者的胜任素质有显著影响。我国交通运输业的经营环境近些年来发生了巨大变化,交通运输业管理者只有完善自身,提高自己的胜任素质水平,才能在行业中树立新的形象和威望。因此,交通运输业的管理者需要接受严格的胜任素质培训,在新的胜任素质标准的要求下,提高自身的胜任素质水平和胜任素质修养,努力成为适应交通运输业需求的新型管理专家。

五、结论

1. 不同管理层级的交通运输业管理者在决策能力、领导能力、变革能力、知识应用水平上存在显著的差异。

2. 不同管理岗位的交通运输业管理者在决策能力、情绪智力、自我效能、社交能力、领导能力、变革能力、知识应用水平上存在显著差异。

3. 不同文化水平的交通运输业管理者在成就动机上存在显著差异;不同年龄的交通运输业管理者在决策能力、领导能力、知识应用水平上存在显著差异。

4. 不同规模企业的交通运输业管理者在决策能力、领导能力、知识应用水平上存在显著差异。

5. 不同地区的交通运输业管理者在决策能力、情绪智力、成就动机、沟通能力、领导能力、知识应用水平上存在显著差异。

第三节 轻工/化工行业管理者胜任素质研究

一、引言

在轻工/化工行业中,随着近年的科技发展,轻工行业呈现出向高、精、尖发展的趋势,而化学工业正从石油化工、煤化工等传统领域转向生物、海洋、能源环境、卫生健康、绿色制造、资源再生利用等领域发展,显示出多学科交叉特征。而我国在这些行业的大多数企业都是传统的国有企业,大多数企业正处在改制的转型阶段,在人才选拔和使用方面存在很多问题。首先,轻工/化工企业在选拔人才尤其在选拔管理人员的过程中,过分注重学历,轻视实践经验和管理素质;其次,轻工/化工行业生产经营的规范化、安全性生产的要求高,但许多管理者还缺乏管理专业的知识和技能。本节将对轻工/化工企业管理者的胜任素质特征做一探索,期望对提高轻工/化工企业管理者的胜任素质水平提供帮助。

二、研究方法

(一) 研究对象

我们在研究中,在江苏省南京、无锡地区,广东省珠海、普宁地区,福建省泉州、厦门地区,山东省青岛地区的轻工(纺织、服装、食品、制鞋等)和化工行业(化工、石油化工、医药生产、制盐等)的企业中随机抽取管理者(包括高层、中层、基层管理者)进行问卷调查,他们来自不同管理岗位(人力资源管理、营销、生产/工程/项目管理、财务/金融、技术管理、决策/战略管理)、不同性质(国企、民营、三资企业)以及不同规模的大型(员工人数500—2 000人及以上,销售额15 000万—30 000万元以上,员工人数和销售额在各行业之间有不同标准要求)、中型(员工人数100—2 000人以下,销售额1 000万—30 000万元以下)、小型(员工人数100—300人以下,销售额1 000万—3 000万元以下)企业。管理者的年龄大多在25—55岁之间,学历分为大专以下、大专、本科、硕士或博士。随机抽取的男女管理者的比例适当。最后获得轻工/化工行业管理者的有效人数为307人。

（二）研究工具

我们采用自编的胜任素质测量问卷，分别是决策能力问卷（A）、自我效能问卷（C）、成就动机问卷（D）、创新能力问卷（E）、社交能力问卷（F）、学习能力问卷（G）、沟通能力问卷（H）、领导能力问卷（I）、变革能力问卷（J）、知识应用水平问卷（K），它们分别测量管理者的决策能力、自我效能、成就动机、创新能力、社交能力、学习能力、沟通能力、领导能力、变革能力、知识应用水平。对情绪智力的测量采用 Law 和 Wong（2004）编制的情绪智力测量问卷（B）。这 11 个胜任素质问卷经过探索性因素分析和验证性因素分析证明都具有较理想的信度和效度，并且 11 个胜任素质在高一阶因子上合成一个因子（见第五章第一节）。

（三）施测程序及数据处理

采用团体施测方式，对在各地区随机抽取的企业管理者施测管理者胜任素质问卷和企业管理者绩效测量问卷后，选取其中的轻工/化工行业管理者的胜任素质测量问卷。最后在各地区回收的轻工/化工行业管理者的有效问卷共 307 份，回收率为 45%。采用 SPSS10.0 对回收的 307 份有效问卷进行数据统计处理。

三、结果与分析

（一）不同管理层级的轻工/化工行业管理者的胜任素质特征

对轻工/化工行业中不同管理层级的管理者在各个胜任素质测评指标上的 F 检验表明，不同管理层级的管理者在决策能力（A）、情绪智力（B）、自我效能（C）上的平均数之间存在显著的差异（A：$F(2,286)=4.72, p<0.05$；B：$F(2,302)=3.43, p<0.05$；C：$F(2,304)=4.60, p<0.05$）。这几个胜任素质的平均数与标准差见表 8-10。

表 8-10　不同管理层级的轻工/化工管理者胜任素质的平均数（M）与标准差（SD）

	高层		中层		基层	
	M	SD	M	SD	M	SD
决策能力（A）	78.82	8.41	76.28	7.35	75.19	7.82
情绪智力（B）	67.02	8.69	63.89	6.70	64.42	7.84
自我效能（C）	44.25	5.34	43.24	5.97	42.00	5.38
创新能力（E）	45.47	5.49	44.88	4.60	43.97	5.23
沟通能力（H）	57.08	6.74	55.86	6.06	54.88	6.54

经多重比较(LSD)发现,在决策能力和自我效能上,轻工/化工行业的高层管理者的平均数显著高于基层管理者的平均数;在情绪智力上,轻工/化工行业的高层管理者的平均数显著高于中层和基层管理者的平均数。这说明在轻工/化工行业,高层管理者有较高的决策能力、自我效能、情绪智力,基层管理者的这三个胜任素质水平较低,中层管理者则在情绪智力上有较低水平。

另外,尽管 F 检验表明,轻工/化工行业不同管理层级的管理者在创新能力(E)、沟通能力(H)上的平均数之间的差异在总体上未达显著,但轻工/化工行业的高层管理者在这两个胜任素质上的平均数显著高于基层管理者的平均数,这说明轻工/化工行业的高层管理者比基层管理者有更高的创新能力和沟通能力。

在其他胜任素质上,没有发现轻工/化工行业不同管理层级的管理者之间的显著差异。

(二)不同管理岗位的轻工/化工行业管理者的胜任素质特征

对轻工/化工行业中不同管理岗位的管理者在各个胜任素质测评指标上的 F 检验表明,不同管理岗位的轻工/化工行业管理者在情绪智力(B)、自我效能(C)、创新能力(E)、社交能力(F)、沟通能力(H)上的平均数之间的差异达到显著或边缘显著(B: $F(5, 238) = 2.22, p = 0.053$;C: $F(5, 241) = 3.05, p < 0.05$;E: $F(5, 236) = 2.26, p < 0.05$;F: $F(5, 234) = 3.44, p < 0.01$;H: $F(5, 240) = 2.22, p = 0.053$)。不同管理岗位的轻工/化工行业管理者在这几个胜任素质上平均数与标准差见表 8-11。

表 8-11　不同管理岗位的轻工/化工行业管理者胜任素质的平均数(M)与标准差(SD)

	人力资源		营销		生产/项目/工程		财务/金融		技术		决策/战略	
	M	SD	M	SD	M	SD	M	SD	M	SD	M	SD
A	76.81	8.64	75.80	6.53	76.78	8.09	74.17	9.47	76.53	9.16	80.08	6.65
B	65.50	7.63	65.28	6.34	64.37	6.93	63.73	8.76	63.50	8.35	69.04	6.89
C	44.31	4.81	42.65	4.85	41.56	4.90	42.73	7.32	41.63	5.52	45.52	4.16
E	43.82	5.27	44.13	4.49	44.84	5.61	43.84	5.47	44.90	5.26	47.69	4.45
F	62.50	7.56	62.22	8.60	57.98	8.35	58.71	10.00	57.56	9.00	63.44	9.79
H	55.86	5.56	56.74	6.22	56.46	6.22	52.65	8.01	54.65	6.82	57.54	6.79
J	72.34	7.57	70.87	8.35	71.19	8.40	68.23	11.10	70.44	7.78	74.38	8.29

注:A:决策能力;B:情绪智力;C:自我效能;E:创新能力;F:社交能力;H:沟通能力;J:变革能力。

经多重比较（LSD）发现,在轻工/化工行业,决策/战略管理岗位的管理者除了在情绪智力上的平均数没有显著高于人力资源管理岗位管理者的平均数外,他们在情绪智力和创新能力上的平均数都显著高于其他管理岗位管理者的平均数;在自我效能上,决策/战略管理岗位管理者的平均数显著高于生产/项目/工程管理、技术管理岗位管理者的平均数;在社交能力上,生产/项目/工程管理、技术管理岗位管理者的平均数显著低于营销管理、决策/战略管理岗位管理者的平均数,并且生产/项目/工程管理岗位管理者的平均数还显著低于人力资源管理岗位管理者的平均数;在沟通能力上,财务/金融管理岗位管理者的平均数显著低于营销管理、生产/项目/工程管理、决策/战略管理岗位管理者的平均数。这说明,在轻工/化工行业,决策/战略管理岗位的管理者有较高的情绪智力、自我效能、创新能力、社交能力、沟通能力,而生产/项目/工程管理、技术管理岗位的管理者有较低的社交能力,财务/金融管理岗位的管理者有较低的沟通能力。

另外,尽管 F 检验表明,轻工/化工行业的不同管理岗位的管理者在决策能力、变革能力（平均数与标准差见表8-11）上的平均数之间的差异在总体上未达显著,但决策/战略管理岗位的管理者在这两个胜任素质上平均数都显著高于财务/金融管理岗位的管理者的平均数,并且在决策能力上的平均数也显著高于营销管理岗位管理者的平均数。这说明,决策/战略管理岗位的管理者在决策能力和变革能力上有高于财务/金融管理岗位管理者的倾向,在决策能力上也有高于营销管理岗位管理者的倾向。

在其他胜任素质上,没有发现轻工/化工行业的不同管理岗位的管理者存在显著差异。

（三）不同文化水平的轻工/化工行业管理者的胜任素质特征

对轻工/化工行业不同文化水平的管理者在各胜任素质测评指标上的 F 检验表明,不同文化水平的管理者在情绪智力（B）、自我效能（C）、创新能力（E）、社交能力（F）、学习能力（G）上的平均数之间的差异达到显著或边缘显著（B: $F(1,297) = 3.74, p = 0.054$; C: $F(1,299) = 6.26, p < 0.05$; E: $F(1,294) = 3.74, p = 0.052$; F: $F(1,290) = 5.67, p < 0.05$; G: $F(1,292) = 6.26, p < 0.05$）。轻工/化工行业不同文化水平的管理者在这几个胜任素质上的平均数与标准差见表8-12。

表 8-12　不同文化水平的轻工/化工行业管理者胜任素质的平均数(M)与标准差(SD)

	大专及以下		本科及以上	
	M	SD	M	SD
B	64.10	7.67	65.99	7.84
C	42.25	5.22	43.91	5.29
E	44.08	5.24	45.35	4.81
F	59.25	8.62	61.86	8.71
G	76.05	9.20	79.01	9.71

　　注:B:情绪智力;C:自我效能;E:创新能力;F:社交能力;G:学习能力。

　　研究发现,轻工/化工行业本科及以上学历的管理者在情绪智力、自我效能、创新能力、社交能力、学习能力上的平均数都显著高于大专及以下学历管理者的平均数,这说明,在轻工/化工行业,本科及以上学历的管理者有较高的情绪智力、自我效能、创新能力、社交能力、学习能力,而大专及以下学历的管理者在这几个胜任素质上的水平较低。

　　在其他胜任素质上,没有发现轻工/化工行业的不同文化水平的管理者之间存在显著差异。

　　（四）不同性别的轻工/化工行业管理者的胜任素质特征

　　对不同性别管理者在各胜任素质测评指标上的 F 检验表明,不同性别的轻工/化工行业管理者在创新能力上的平均数之间的差异达到显著($F(1,296)=7.79,p<0.01$),男性管理者的平均数($M=45.20,SD=5.47$)显著高于女性管理者的平均数($M=43.50,SD=4.49$),这说明在轻工/化工行业,男性管理者有较高的创新能力,而女性管理者的创新能力较低。

　　F 检验表明,在其他胜任素质上,没有发现不同性别的轻工/化工行业管理者之间的显著差异,这说明性别对轻工/化工行业管理者的大多数胜任素质没有显著影响。

　　（五）不同年龄的轻工/化工行业管理者的胜任素质特征

　　对不同年龄的轻工/化工行业管理者在各胜任素质测评指标上的 F 检验表明,不同年龄的轻工/化工行业管理者在决策能力（A）、创新能力（E）、社交能力（F）、领导能力（I）、变革能力（J）上的平均数之间存在显著差异（A: $F(2,286)=9.28,p<0.001$;E: $F(2,299)=4.81,p<0.01$;F: $F(2,294)=3.37,p<0.05$;I: $F(2,297)=4.54,p<0.05$;J: $F(2,295)=3.04,p<0.05$）。不同年龄的轻工/化工行业管理者在这几个胜任素质上

的平均数与标准差见表8-13。

表8-13　不同年龄的轻工/化工行业管理者胜任素质的平均数（M）与标准差（SD）

	30 岁以下		31—40 岁		41 岁以上	
	M	SD	M	SD	M	SD
A	74.28	7.48	76.88	8.23	79.00	7.49
B	63.83	7.08	65.17	8.50	66.16	8.09
C	42.17	5.22	42.76	5.43	43.90	5.28
E	43.55	4.92	45.58	4.93	45.09	5.50
F	59.09	8.85	59.83	8.86	62.21	8.05
G	75.88	9.11	78.64	9.35	77.64	10.01
H	54.97	6.56	55.36	6.32	56.88	6.47
I	55.02	6.59	56.39	6.28	57.75	6.50
J	69.42	8.80	72.05	7.70	71.53	8.27

注:A:决策能力;B:情绪智力;C:自我效能;E:创新能力;F:社交能力;G:学习能力;H:沟通能力;I:领导能力;J:变革能力。

经多重比较(LSD)发现,在轻工/化工行业,31—40岁年龄段以及41岁以上年龄段的管理者在决策能力、创新能力上的平均数显著高于30岁以下年龄段的管理者的平均数;41岁以上年龄段的管理者在社交能力、领导能力上的平均数显著高于30岁以下年龄段的管理者的平均数;31—40岁年龄段的管理者在变革能力上的平均数显著高于30岁以下年龄段管理者的平均数。这说明31—40岁年龄段以及41岁以上年龄段的管理者一般有较高的决策能力、创新能力、社交能力、领导能力、变革能力,而30岁以下年龄段的管理者在这些胜任素质上的水平相对较低。

另外,尽管F检验表明,不同年龄的轻工/化工行业管理者在情绪智力、自我效能、学习能力、沟通能力(平均数与标准差见表8-13)上的平均数之间的差异在总体上未达显著,但41岁以上年龄段的管理者在情绪智力、自我效能、沟通能力上的平均数显著高于30岁以下年龄段的管理者的平均数,而31—40岁年龄段的管理者在学习能力上的平均数显著高于30岁以下年龄段的管理者。这说明41岁以上的管理者倾向于有较高的情绪智力、自我效能、沟通能力,31—40岁年龄段的管理者倾向于有较高的学习能力,而30岁以下年龄段的管理者倾向于在这些素质上有较低的水平。

在其他胜任素质上,没有发现轻工/化工行业的不同年龄的管理者之间存在显著差异。

（六）不同规模企业的轻工/化工行业管理者的胜任素质特征

F 检验表明，不同规模企业（按员工人数）的轻工/化工行业管理者在创新能力上的平均数之间存在显著差异（$F(2,297) = 3.38, p < 0.05$），小型企业管理者的平均数（$M = 45.81, SD = 5.35$）显著高于中型企业管理者的平均数（$M = 44.01, SD = 4.98$），大型企业管理者的平均数（$M = 45.46, SD = 5.30$）与小型和中型企业管理者的平均数之间的差异未达显著。这说明在轻工/化工行业，小型企业管理者有较高的创新能力，而中型企业管理者的创新能力较低，大型企业管理者的创新能力介于两者之间。

F 检验表明，不同规模企业（按生产总值）的轻工/化工行业管理者在情绪智力上的平均数之间的差异达到边缘显著（$F(2,296) = 2.98, p = 0.053$），小型企业管理者的平均数（$M = 67.78, SD = 6.47$）显著高于大型企业管理者的平均数（$M = 64.32, SD = 8.06$）和中型企业管理者的平均数（$M = 64.51, SD = 7.85$）。这说明在轻工/化工行业，小型企业的管理者有较高的情绪智力，而大型和中型企业的管理者的情绪智力较低。

在其他胜任素质上，没有发现轻工/化工行业中处在不同规模企业（按员工人数、生产总值）的管理者存在显著差异。

（七）不同性质企业的轻工/化工行业管理者的胜任素质特征

F 检验表明，处在不同性质企业的轻工/化工行业管理者在决策能力（A）、创新能力（E）、沟通能力（H）、领导能力（I）上的平均数之间存在显著差异（A：$F(2,280) = 3.57, p < 0.05$；E：$F(2,293) = 3.48, p < 0.05$；H：$F(2,295) = 2.95, p = 0.054$；I：$F(2,291) = 6.81, p < 0.05$）。不同性质企业的轻工/化工行业管理者在这几个胜任素质上的平均数与标准差见表8-14。

表8-14　不同性质企业的轻工/化工行业管理者胜任素质的平均数（M）与标准差（SD）

	国有企业		民营企业		三资企业	
	M	SD	M	SD	M	SD
A	77.96	7.81	75.03	7.47	75.99	8.57
C	43.59	5.35	42.67	5.11	41.99	5.62
E	45.54	5.42	44.18	4.38	43.59	5.70
H	56.80	6.63	55.34	5.96	54.49	6.96
I	58.08	6.58	54.91	6.06	55.58	6.88

注：A：决策能力；C：自我效能；E：创新能力；H：沟通能力；I：领导能力。

经多重比较（LSD）发现，在轻工/化工行业中，国有企业管理者在决策能力的平均数显著高于民营企业管理者的平均数,在领导能力上的平均数显著高于民营企业和三资企业管理者的平均数,在创新能力、沟通能力上的平均数都显著高于三资企业管理者的平均数。这说明在轻工/化工行业,国有企业管理者有较高的决策能力、创新能力、沟通能力、领导能力,而民营企业管理者的决策能力和领导能力较低,三资企业管理者的创新能力、沟通能力、领导能力较低。

另外,尽管F检验表明,处在不同性质企业的轻工/化工行业的管理者在自我效能上的平均数(见表8-14)之间的差异在总体上未达显著,但国有企业管理者平均数显著高于三资企业管理者的平均数,这说明国有企业管理者倾向于有较高的自我效能,而三资企业管理者倾向于有较低的自我效能。

在其他胜任素质上,没有发现处在不同性质企业的轻工/化工行业的管理者之间的显著差异。

（八）不同地区的轻工/化工行业管理者的胜任素质特征

F检验表明,不同地区的轻工/化工行业管理者在决策能力(A)、自我效能(C)、创新能力(E)、社交能力(F)、沟通能力(H)、领导能力(I)、变革能力(J)上的平均数之间存在显著差异(A:$F(3,285)=4.60,p<0.01$;C:$F(3,303)=7.62,p<0.001$;E:$F(3,298)=3.91,p<0.01$;F:$F(3,293)=6.98,p<0.001$;H:$F(3,300)=4.62,p<0.01$;I:$F(3,296)=4.58,p<0.01$;J:$F(3,294)=3.20,p<0.05$)。不同地区的轻工/化工行业管理者在这些胜任素质上的平均数与标准差见表8-15。

表8-15　不同地区的轻工/化工行业管理者胜任素质的平均数(M)与标准差(SD)

	江苏地区				广东/福建地区		山东地区	
	南京		无锡				青岛	
	M	SD	M	SD	M	SD	M	SD
A	77.17	6.39	74.23	8.40	75.91	7.37	78.25	7.71
B	65.46	8.05	63.17	7.77	65.57	7.02	65.89	8.08
C	44.00	4.39	40.93	5.38	43.88	4.62	43.81	5.39
E	46.29	4.30	43.27	5.18	44.74	4.72	45.26	5.32
F	59.63	8.89	57.36	8.12	63.23	8.97	61.08	8.36
G	80.38	8.23	75.76	9.75	77.17	8.39	77.72	9.94
H	55.46	5.90	53.81	6.69	56.77	5.43	56.71	6.68
I	55.30	6.53	54.49	6.70	56.58	6.01	57.68	6.41
J	72.22	8.91	68.71	8.68	72.08	7.97	71.56	8.05

注:A:决策能力;B:情绪智力;C:自我效能;E:创新能力;F:社交能力;G:学习能力;H:沟通能力;I:领导能力;J:变革能力。

经多重比较（LSD）发现，在轻工/化工行业，无锡地区的管理者在决策能力上的平均数显著低于青岛地区管理者的平均数，在自我效能上的平均数显著低于其他三个地区管理者的平均数，在创新能力的平均数显著低于南京和青岛地区管理者的平均数，在社交能力、沟通能力、领导能力、变革能力上的平均数都显著低于广东/福建、青岛地区管理者的平均数。这说明在轻工/化工行业，无锡地区的管理者有较低的决策能力、自我效能、创新能力、社交能力、沟通能力、领导能力、变革能力；而其他地区的管理者尤其是广东/福建、青岛地区的管理者在这些胜任素质上有较高的水平。

另外，尽管 F 检验表明，不同地区的轻工/化工行业的管理者在情绪智力、学习能力上的平均数（见表 8-15）之间的差异在总体上未达显著，但无锡地区管理者在情绪智力上的平均数显著低于青岛地区管理者的平均数，在学习能力上的平均数显著低于南京地区管理者的平均数。这说明在轻工/化工行业，无锡地区的管理者在情绪智力和学习能力上也倾向于有较低的水平，而青岛地区的管理者在情绪智力上倾向于有较高的水平，南京地区的管理者在学习能力上倾向于有较高的水平。

在其他胜任素质上，没有发现不同地区的轻工/化工行业的管理者之间的显著差异。

四、讨论

研究表明，轻工/化工行业管理者的胜任素质在管理层级、管理岗位、文化水平、性别、年龄、企业规模、企业性质、企业所在的地区等变量上都存在显著差异，这些变量对轻工/化工行业管理者的胜任素质特征有显著的影响。尤其是年龄、企业性质、企业所在的地区对轻工/化工行业管理者的胜任素质的影响较大，这就要求轻工/化工行业的企业更加关注在这些变量影响下管理者的胜任素质特征或水平，研究影响管理者胜任素质提高的不利因素，并积极寻求解决的办法，为加强轻工/化工行业管理者的胜任素质培训、提高他们的胜任素质水平提供坚实的基础。

五、结论

1. 不同管理层级的轻工/化工行业管理者在决策能力、情绪智力、自我效能上的平均数之间存在显著的差异；不同管理岗位的轻工/化工行业管理者在自我效能、创新能力、社交能力上存在显著差异。

2. 不同文化水平的轻工/化工行业管理者在自我效能、社交能力、学习能力上存在显著差异;不同性别的轻工/化工行业管理者在创新能力上的平均数之间的差异达到显著;不同年龄的轻工/化工行业管理者在决策能力、创新能力、社交能力、领导能力、变革能力上存在显著差异。

3. 不同企业规模的轻工/化工行业管理者在创新能力上存在显著差异;不同企业性质的轻工/化工行业管理者在决策能力、创新能力、沟通能力、领导能力上存在显著差异。

4. 不同地区的轻工/化工行业管理者在决策能力、自我效能、创新能力、社交能力、沟通能力、领导能力、变革能力上存在显著差异。

第四节　服务业管理者胜任素质研究

一、引言

服务业是一国国民经济的重要组成部分,服务业的兴旺发达是经济步入现代化阶段的重要标志。随着世界经济一体化进程的加快,作为联系空间分散的经济活动和生产行为纽带的服务业,日益成为经济全球化的核心,现代信息技术的进步又为服务业可贸易边界的扩展和经营手段的变革提供了广阔的发展空间。目前,在知识经济、科学技术突飞猛进以及经济全球化的推动下,服务业的发展出现了新的趋势。主要表现为:服务业呈现加速发展的态势,在经济活动中取得主导地位;服务业从劳动密集型向资本和知识密集型转变,内部结构凸显知识经济的特点;全球范围内服务贸易增长和服务业开放进程不断加快,一些新兴知识密集型服务行业,如金融、保险、咨询、房地产等发展迅速。服务业已成为新技术的重要促进者,服务业的发展越来越离不开自身的创新活动,服务业的内涵日益丰富、经营方式不断创新,正在向全球化进程迈进。毫无疑问,管理人才的激烈竞争已成为服务业竞争中至关重要的因素。在我国的服务业中,传统服务业所占比重偏高,多数是劳动密集型行业,知识和科技含量比较低,管理人员的素质普遍不高,他们很少接受过管理专业的培训。然而,现代服务业的特征给管理者的胜任素质提出了更高的要求,要求管理者具备更完善的胜任素质。本节针对服务性行业管理者的胜任素质特征进行研究,期望对提升我国服务业管理人才的胜任素质水平提供帮助。

二、研究方法

（一）研究对象

我们在研究中，在江苏省南京、无锡地区，广东省珠海、普宁地区，福建省泉州、厦门地区，山东省青岛地区的服务行业（零售、餐饮、旅游、装饰、金融服务）的企业中随机抽取管理者（包括企业高层、中层、基层管理者）进行问卷调查，他们来自不同管理岗位（人力资源管理、营销、生产/工程/项目管理、财务/金融、技术管理、决策/战略管理）、不同性质（国有企业、民营企业、三资企业）以及不同规模的大型（员工人数 500—2 000 人及以上，销售额 15 000 万—30 000 万元以上，员工人数和销售额在各行业之间有不同标准要求）、中型（员工人数 100—2 000 人以下，销售额 1 000 万—30 000 万元以下）、小型（员工人数 100—300 人以下，销售额 1 000 万—3 000 万元以下）企业。管理者的年龄大多在 25—55 岁之间，学历主要为大专以下、大专、本科、硕士或博士。随机抽取的男女管理者的比例适当。最后获得服务行业管理者的人数为 201 人。回收的有效问卷为 201 份，回收率为 40%。

（二）研究工具

我们采用自编的胜任素质测量问卷，包括：决策能力问卷（A）、自我效能问卷（C）、成就动机问卷（D）、创新能力问卷（E）、社交能力问卷（F）、学习能力问卷（G）、沟通能力问卷（H）、领导能力问卷（I）、变革能力问卷（J）、知识应用水平问卷（K），它们分别测量管理者的决策能力、自我效能、成就动机、创新能力、社交能力、学习能力、沟通能力、领导能力、变革能力、知识应用水平。对情绪智力的测量采用 Law 和 Wong（2004）编制的情绪智力测量问卷（B）。经过探索性因素分析和验证性因素分析，证明这 11 个胜任素质问卷都具有较理想的信度和效度，并且 11 个胜任素质在高一阶因子上合成一个因子（见第五章第一节）。

（三）施测程序及数据处理

采用团体施测方式，对在各地区大规模随机抽取的服务业管理者施测管理者胜任素质问卷和企业管理者绩效测量问卷后，选取其中的服务业管理者的胜任素质问卷。最后在各地区回收的服务业管理者的有效问卷共 201 份，回收率为 40%。采用 SPSS10.0 对回收的 201 份有效问卷进行数据统计处理。

三、结果与分析

（一）不同管理层级的服务行业管理者的胜任素质特征

对服务行业中不同管理层级的管理者在各个胜任素质测评指标上的 F 检验表明,服务行业不同管理层级的管理者在决策能力(A)、创新能力(E)、领导能力(I)、变革能力(J)、知识应用水平(K)上的平均数之间存在显著差异(A: $F(2,192)=4.73,p<0.01$;E: $F(2,196)=3.18,p<0.05$;I: $F(2,193)=4.68,p<0.01$;J: $F(2,194)=2.98,p=0.053$;K: $F(2,187)=3.03,p=0.051$)。服务行业不同管理层级的管理者在这几个胜任素质上的平均数与标准差见表 8-16。

表 8-16　不同管理层级的服务业管理者胜任素质的平均数(M)与标准差(SD)

	高层		中层		基层	
	M	SD	M	SD	M	SD
决策能力(A)	79.26	7.78	76.75	7.91	74.12	7.85
情绪智力(B)	66.20	7.38	63.98	6.78	65.41	6.43
创新能力(E)	46.36	5.22	44.67	4.21	44.26	5.12
领导能力(I)	56.80	6.32	55.84	6.52	52.64	6.40
变革能力(J)	72.07	7.27	69.36	8.70	68.18	8.86
知识应用(K)	57.95	7.36	58.52	7.53	54.97	7.01

经多重比较(LSD)发现,在决策能力、创新能力、领导能力、变革能力上,服务行业高层管理者的平均数都显著高于基层管理者的平均数,并且在创新能力、变革能力上的平均数还显著高于中层管理者的平均数;中层管理者在领导能力、知识应用水平上的平均数显著高于基层管理者的平均数。这说明,服务行业的高层管理者有较高的决策能力、创新能力、领导能力、变革能力,中层管理者有较高的领导能力和知识应用水平,而基层管理者在以上胜任素质上的水平较低。

另外,F 检验表明,尽管服务行业不同管理层级的管理者在情绪智力上的平均数(见表 8-16)之间的差异在总体上未达显著,但高层管理者的平均数显著高于中层管理者的平均数,这说明服务行业的高层管理者倾向于比中层管理者有更高的情绪智力。

在其他胜任素质上,没有发现服务行业不同管理层级的管理者之间的显著差异。

（二）不同文化水平的服务行业管理者的胜任素质特征

F 检验表明，在服务行业，不同文化水平的管理者在成就动机（D）、知识应用水平（K）上的平均数存在显著差异（D：$F(1,192)=4.52,p<0.05$；K：$F(1,186)=3.97,p<0.05$），大专及以下学历的管理者在成就动机和知识应用水平上的平均数（D：$M=33.7,SD=5.5$；K：$M=56.5,SD=7.8$）都显著低于本科及以上学历的管理者的平均数（D：$M=35.3,SD=5.1$；K：$M=58.7,SD=7.2$）。这说明在服务行业，大专及以下学历的管理者有较低的成就动机和知识应用水平，而本科及以上学历的管理者则有较高的成就动机和知识应用水平。

在其他胜任素质上，没有发现服务行业的不同文化水平的管理者之间的显著差异。

（三）不同性别的服务行业管理者的胜任素质特征

F 检验表明，在服务行业，不同性别的管理者在决策能力（A）、成就动机（D）、创新能力（E）、社交能力（F）上的平均数（见表 8-17）存在显著差异（A：$F(1,193)=7.77,p<0.01$；D：$F(1,196)=6.22,p<0.05$；E：$F(1,197)=9.54,p<0.01$；F：$F(1,196)=5.21,p<0.05$），男性管理者在决策能力、成就动机、创新能力、社交能力上的平均数都显著高于女性管理者的平均数。这说明在服务行业，男性管理者有较高的决策能力、成就动机、创新能力、社交能力，而女性管理者在这几个胜任素质上的水平较低。

表 8-17　不同性别的服务业管理者胜任素质的平均数（M）与标准差（SD）

| | 男性 | | 女性 | |
	M	SD	M	SD
A	77.89	7.94	74.14	7.61
D	35.04	5.35	32.82	4.87
E	45.65	4.87	43.18	3.85
F	62.07	8.56	58.65	9.19

注：A：决策能力；D：成就动机；E：创新能力；F：社交能力。

在其他胜任素质上，没有发现服务行业的不同性别的管理者之间的显著差异。

（四）不同年龄的服务行业管理者的胜任素质特征

F 检验表明，在服务行业，不同年龄的管理者在自我效能（C）、学习能力（G）、沟通能力（H）、领导能力（L）、变革能力（J）、知识应用水平（K）上的平均数之间存在显著差异（C: $F(2,195) = 5.33, p < 0.01$; G: $F(2,196) = 3.35, p < 0.05$; H: $F(2,198) = 5.60, p < 0.01$; I: $F(2,194) = 4.87, p < 0.01$; J: $F(2,195) = 3.58, p < 0.05$; K: $F(2,188) = 6.45, p < 0.01$）。不同年龄的服务业管理者胜任素质的平均数与标准差见表 8-18。

表 8-18 不同年龄的服务业管理者胜任素质的平均数（M）与标准差（SD）

| | 30 岁以下 | | 31—40 岁 | | 41 岁以上 | |
	M	SD	M	SD	M	SD
C	42.70	5.55	44.26	4.83	41.61	5.01
G	76.76	10.52	79.77	9.74	75.88	9.13
H	54.49	7.07	57.30	6.08	53.85	7.18
I	53.40	6.24	57.10	6.66	55.16	6.39
J	68.07	7.66	71.80	9.33	69.07	7.35
K	55.64	7.48	59.95	7.51	56.45	6.87

注：C: 自我效能；G: 学习能力；H: 沟通能力；I: 领导能力；J: 变革能力；K: 知识应用水平。

经多重比较（LSD）发现，在服务行业，31—40 岁年龄段的管理者在自我效能、学习能力、沟通能力、领导能力、变革能力、知识应用水平上的平均数都显著高于 41 岁以上年龄段的管理者的平均数，并且在沟通能力、领导能力、变革能力、知识应用水平上的平均数也显著高于 30 岁以下年龄段的管理者的平均数。这说明在服务行业，31—40 岁年龄段的管理者有较高的自我效能、学习能力、沟通能力、领导能力、变革能力、知识应用水平，而 41 岁以上年龄段的管理者在这些胜任素质上的水平较低，30 岁以下管理者则有较低的沟通能力、领导能力、变革能力、知识应用水平。

在其他胜任素质上，没有发现服务行业的不同年龄的管理者之间的显著差异。

（五）不同规模企业的服务行业管理者的胜任素质特征

F 检验表明，在服务行业，不同规模企业（按生产总值）的管理者在决策能力（A）、自我效能（C）、沟通能力（H）上的平均数之间存在显著差异（A: $F(2,188) = 4.04, p < 0.05$; C: $F(2,190) = 4.20, p < 0.05$; H: $F(2,193) = 3.39, p < 0.05$）。不同规模企业（按生产总值）的服务业管理者在这几个胜任素质上的平均数与标准差见表 8-19。

表 8-19　不同规模企业的服务业管理者胜任素质的平均数(M)与标准差(SD)

	大型企业		中型企业		小型企业	
	M	SD	M	SD	M	SD
A	77.00	7.27	78.30	8.17	74.47	7.80
C	44.76	4.50	42.84	5.34	41.69	5.20
H	57.11	6.63	55.48	6.52	53.53	7.54
K	59.73	7.77	57.44	7.09	56.34	7.70

注:A:决策能力;C:自我效能;H:沟通能力;K:知识应用水平。

经多重比较(LSD)发现,在服务行业,中型企业管理者在决策能力上的平均数显著高于小型企业管理者的平均数,大型企业管理者在自我效能上的平均数显著高于中型和小型企业管理者的平均数,并且大型企业管理者在沟通能力上的平均数显著高于小型企业管理者的平均数。这说明在服务行业,中型企业的管理者有较高的决策能力和较低的自我效能,大型企业的管理者有较高的自我效能和沟通能力,而小型企业的管理者则有较低的决策能力、自我效能、沟通能力。

另外,尽管不同规模企业(按生产总值)的服务业管理者在知识应用水平上的平均数(见表8-19)之间的差异在总体上未达显著,但大型企业管理者的平均数显著高于小型企业管理者的平均数,这说明大型企业管理者倾向于有较高的知识应用水平,而小型企业管理者则有较低的知识应用水平的倾向。

在其他胜任素质上,没有发现服务行业的不同规模企业的管理者之间的显著差异。

(六)不同性质企业的服务行业管理者的胜任素质特征

F 检验表明,在服务行业,不同性质企业的管理者在决策能力(A)、情绪智力(B)、领导能力(I)、知识应用水平(K)上的平均数之间存在显著差异(A:$F(2,191)=8.39,p<0.001$;B:$F(2,196)=5.35,p<0.01$;I:$F(2,192)=3.45,p<0.05$;K:$F(2,186)=3.79,p<0.05$)。不同企业性质的服务业管理者在这几个胜任素质上的平均数与标准差见表8-20。

经多重比较(LSD)发现,在服务行业,民营企业的管理者在决策能力、情绪智力、领导能力、知识应用水平上的平均数都显著低于国有企业、三资企业的管理者的平均数,这说明在服务行业,国有企业和三资企业的管理者有较高的决策能力、情绪智力、领导能力、知识应用水平,而民营企业的管理者在这几个胜任素质上有较低的水平。

表 8-20　不同性质企业的服务业管理者胜任素质的平均数(M)与标准差(SD)

	国有企业		民营企业		三资企业	
	M	SD	M	SD	M	SD
A	78.01	7.34	74.15	8.77	81.71	5.69
B	65.68	6.37	62.81	7.42	67.63	6.90
G	77.98	9.51	76.44	10.61	81.61	7.10
I	56.18	6.36	53.96	6.88	57.68	5.71
K	58.25	7.33	55.83	7.49	60.78	7.03

注:A:决策能力;B:情绪智力;G:学习能力;I:领导能力;K:知识应用水平。

另外,尽管处在不同性质企业的服务业管理者在学习能力上的平均数(见表 8-20)之间的差异在总体上未达显著,但三资企业管理者的平均数显著高于民营企业管理者的平均数,这说明三资企业的管理者倾向于有较高的学习能力,而民营企业的管理者则有较低的学习能力的倾向。

在其他胜任素质上,没有发现服务行业不同性质企业的管理者之间存在显著差异。

（七）不同地区的服务行业管理者的胜任素质特征

F 检验表明,在服务行业,不同地区的管理者在自我效能(C)、沟通能力(H)、知识应用水平(K)上的平均数之间存在显著差异(C: $F(3,194)=3.16, p<0.05$; H: $F(3,197)=2.79, p<0.05$; K: $F(3,187)=4.76, p<0.01$)。不同地区的服务业管理者在这三个胜任素质上的平均数与标准差见表 8-21。

表 8-21　不同地区的服务行业管理者胜任素质的平均数(M)与标准差(SD)

	江苏地区				广东/福建地区		山东地区	
	南京		无锡				青岛	
	M	SD	M	SD	M	SD	M	SD
C	44.53	4.70	43.62	5.42	43.47	5.64	41.67	4.79
H	55.12	8.29	56.70	7.27	57.23	5.77	53.92	6.23
K	57.74	7.66	60.46	8.18	58.50	6.31	55.56	6.94

注:C:自我效能;H:沟通能力;K:知识应用水平。

经多重比较(LSD)发现,在服务行业,青岛地区的管理者在自我效能上的平均数显著低于南京、无锡地区的管理者的平均数,在沟通能力上的平均数显著低于广东/福建地区的管理者的平均数,在知识应用水平上的平均数显著低于广东/福建、无锡地区的管理者的平均数。这说明在服务行业,青岛地区的管理者有较低的自我效能、沟通能力、知识应用水平,南京、无锡地区的管理者有较高的自我效能,并且无锡地区的管理者也有较高的知识应用水平,而广东/福建地区的管理者则有较强的沟通能力。

在其他胜任素质上,没有发现服务行业中不同地区的管理者之间的显著差异。

四、讨论

研究表明,服务业管理者的胜任素质在管理层级、文化水平、性别、年龄、企业规模、企业性质、企业所在的地区这些变量上存在显著差异,这说明这些变量对服务业管理者的胜任素质有显著影响。其中性别和年龄对服务业管理者的胜任素质有较大的影响,这一特征可能与服务业的行业特征有关。另外,服务业管理者的胜任素质在管理岗位上的差异没有达到显著,这可能也与服务业的行业特征有密切联系。然而,管理岗位特征是区分管理职能的一个重要维度,本研究中服务业管理者的胜任素质特征在管理岗位上的差异不明显,也表明服务业管理者的管理岗位职能还未能明确分化,这种状况对服务业企业的战略发展是非常不利的。因此,应尽快明确服务业不同管理岗位的管理职责,培养和发展服务业管理者与自己管理岗位相适应的胜任素质,这样才能促使服务业的迅速发展。

五、结论

1. 不同管理层级的服务业管理者在决策能力、创新能力、领导能力上存在显著差异。

2. 不同文化水平的服务业管理者在成就动机、知识应用水平上存在显著差异;不同性别的服务业管理者在决策能力、成就动机、创新能力、社交能力上存在显著差异;不同年龄的服务业管理者在自我效能、学习能力、沟通能力、领导能力、变革能力、知识应用水平上存在显著差异。

3. 不同规模企业的服务业管理者在决策能力、自我效能、沟通能力上存在显著差异;不同性质企业的服务业管理者在决策能力、情绪智力、领导能力、知识应用水平上存在显著差异;不同地区的服务业管理者在自我效能、沟通能力、知识应用水平上存在显著差异。

小　结

我们对我国制造业、交通运输业、轻工/化工业、服务业的大规模随机抽样调查结果显示,企业管理者的胜任素质不仅在行业之间存在显著差异(见第五章第二节),在各行业内部,企业管理者的胜任素质水平和特征也存在显著差异;企业管理者的管理层级、管理岗位,管理者的文化水平、性别、年龄,管理者所在企业的企业规模、企业性质,以及企业所在地区对不同行业的管理者胜任素质特征和水平都有显著的影响。由于历史上我国社会和经济发展对不同行业发展的侧重和扶持力度存在差异(如重视第一、第二产业的发展而忽视第三产业的发展,因此制造业得到优先扶持和发展,而服务业的发展较为迟缓),各行业的发展状况和水平也不尽相同,各行业从业人员的素质水平,尤其是管理人员的管理素质也存在较大差异。另外,由于行业特点和行业要求的差异,某个行业管理人员的胜任素质标准也会根据本行业的实际状况,在管理者的各种胜任素质上有不同的侧重和不同的标准,因此,这就要求管理者的胜任素质水平和特征应该满足行业的特殊要求,符合行业对管理者胜任素质的要求和标准,这是在对不同行业的管理者进行管理培训时必须要重视的方面。建设创新型国家的目标使得我国各行业的企业致力于创新、引进、发明先进的科学技术,这必然要求管理者胜任素质水平的进一步提高,以适应行业科学技术的迅速发展和进步所带来的新要求和新标准。因此,加快提高各行业管理者的职业化胜任素质水平,是我国不同行业企业发展共同面临的问题与挑战。

参 考 文 献

[1] Deepak K. D. , Nandini Rajagopalan(1998), Industry structure and CEO characteristics: An empirical study of succession events, *Strategic Management Journal*, 19(9): 833—852.

[2] Guglielmino, P. J. (1979), Developing the top-level executive for the 1980's and beyond, *Training and Development Journal*, 33(4):12—14.

[3] McClelland, D. C. (1973), Testing for competence rather than for intelligence, *American Psychologist*, 28(1):1—14.

[4] Nandini Rajagopalan(1992), Effects of strategic orientation and environmental change on senior management reward systems, *Strategic Management Journal*, 13(2): 127—141.

[5] Spencer, L. M., Spencer, S. M. (1993), *Competence at work—Models for Superior Performance*, John Wiley & Sons, Inc.

[6] 巴纳德,《经理人员的职能》,中国社会科学出版社 1997 年版。

[7] 李同宁,《重化工业阶段促进就业的对策措施》,《经济问题探索》,2004 年第 8 期,第 21—24 页。

[8] 刘翠兰,《企业经营管理者任职资格认定与考核的意义》,《生产力研究》,1999 年第 4 期,第 71—73 页。

[9] 邵祖峰、胡斌、张金隆,《企业管理者任职资格确定的定性模拟方法》,《武汉理工大学学报》,2006 年第 2 期,第 141—144 页。

[10] 施建军,《化学工业新进展对人力资源的要求》,《合肥学院学报》,2006 年第 3 期,第 49—54 页。

[11] 泰罗,《科学管理原理》,团结出版社 1999 年版。

[12] 王巍、冯英浚,《领导者行为素质相对进步效度测评分析》,《中国软科学》,2004 年第 11 期,第 138—141 页。

[13] 王重鸣、陈民科,《管理胜任力特征分析:结构方程模型检验》,《心理科学》,2002 年第 5 期,第 513—516 页。

[14] 赵曙明,《国有企业经营者任职资格测评系统研究》,江苏省省委组织部、江苏省科技厅软课题项目,2003 年。

[15] 赵曙明,《论管理者的职业化、市场化和国际化》,载林泽炎主编,《中国人力资源发展报告》,中国劳动社会保障出版社 2004 年版。

[16] 郑安云,《人才测评理论与方法》,清华大学出版社 2005 年版。

第九章

不同地区的企业管理者胜任素质研究

我国地域广阔,资源丰富,经济发展的区域特征非常明显,各地区的经济发展水平也存在较大差异。相对于我国其他地区,东部沿海、沿江地区拥有丰富的自然资源、社会资源和人力资源优势,是我国经济发展较快、较发达的地区。因此,东部沿海、沿江地区企业的经营管理活动也较活跃,培养了大批优秀的经营管理人员。而且由于地理位置的优势和便利的交通,使得该地区的企业大多与国外企业有着频繁的业务来往和人员交流,因而更加注重发展外向型企业和培养国际化经营管理人才。然而,由于东部沿海、沿江地区各省市在经济和社会文化方面存在诸多差异,企业在经营管理活动上呈现出各自的特点和优势,企业管理人员的管理素质和水平也参差不齐。毋庸置疑,培养企业管理者胜任管理工作的素质或能力应是目前企业在发展中特别关注的问题,尤其是近年来复杂多变的管理实践使人们更加认识到,企业管理者胜任素质的提高有助于企业效益的提高,是企业快速发展和壮大的重要保证。因此培养合格的、具有较高管理素质的企业管理者应当引起我国各地企业的充分重视。

第一节　江苏地区企业管理者胜任素质研究

一、引言

江苏省的经济发展和教育水平一直在全国名列前茅,这也使得江苏省的劳动力素质较好,高级人才的比率较高。由于江苏省地处长江三角洲,占有地理和资源优势,使得无锡、苏州、南京等地区的经济呈现快速发展态势。例如,南京由于背靠经济发达的长江三角洲,交通运输发达,近些年来,吸引了大批国内知名企业,成为外地企业入驻江苏和邻近市场的枢纽。

无锡是日资在中国最聚集的地区之一,日资研究机构的数量占长江三角洲总量的 1/4;无锡的民营经济占经济总量的 1/3,2004 年创造的产值超过 550 亿元人民币。经济的发展和丰富的教育资源使得江苏省建立了较为稳定的企业管理人员的培训体系。然而,由于经济全球化带来的企业竞争环境的迅速变化,原有的企业管理人员的培训体系难以适应企业环境的变化,也难以提供合格的企业管理人员从事竞争日益激烈的经营管理活动,因此,改革现有的企业管理人员的培训模式已成为江苏省目前高度重视的问题。本章以南京和无锡地区的企业管理者为样本,通过实际调查,揭示江苏省企业管理者的胜任素质特征和现状,从而为建立新型的培训机制,提高江苏省企业管理者的胜任素质水平提供新的思路。

二、研究方法

(一) 研究对象

我们在研究中,在江苏省的南京、无锡地区的企业中随机抽取管理者(包括企业高层、中层、基层管理者)进行问卷调查,他们来自不同管理岗位(人力资源管理、营销、生产/工程/项目管理、财务/金融、技术管理、决策/战略管理)、不同性质(国有企业、民营企业、三资企业)以及不同规模的大型(员工人数 500—2 000 人及以上,销售额 15 000 万—30 000 万元以上,员工人数和销售额在各行业之间有不同标准要求)、中型(员工人数 100—2 000 人以下,销售额 1 000 万—30 000 万元以下)、小型(员工人数 100—300 人以下,销售额 1 000 万—3 000 万元以下)企业。管理者的年龄大多在 25—55 岁之间,学历分为大专以下、大专、本科、硕士或博士。随机抽取的男女管理者的比例适当。最后获得的江苏省企业管理者的有效人数为 470 人。

(二) 研究工具

我们采用自编的胜任素质测量问卷,共包含 11 个子问卷,分别是:决策能力问卷(A)、自我效能问卷(C)、成就动机问卷(D)、创新能力问卷(E)、社交能力问卷(F)、学习能力问卷(G)、沟通能力问卷(H)、领导能力问卷(I)、变革能力问卷(J)、知识应用水平问卷(K),它们分别测量管理者的决策能力、自我效能、成就动机、创新能力、社交能力、学习能力、沟通能力、领导能力、变革能力、知识应用水平;对情绪智力的测量采用 Law 和 Wong(2004)编制的情绪智力测量问卷(B)。11 个胜任素质在高一阶因子上合成一个因子,它可以解释的方差总变异量为 61.67%,内在一致性系数(α)为 0.94。验证性因素分析显示胜任素质结构模型具有良好的拟合指数：NFI（0.96）、IFI（0.97）、NNFI（0.96）、CFI（0.97）、RMSEA（0.09），这表明我们所编制的11个胜任素质子问卷都具有较理想的信度和结构效度，所构建的胜任素质结构模型具有合理性和稳定性（见第五章第一节内容）。

（三）施测过程及数据处理

采用团体施测方式，对在江苏地区随机抽取的企业管理者施测管理者胜任素质问卷后，回收江苏地区企业管理者的胜任素质问卷，最后回收的有效问卷共470份。采用SPSS10.0对回收的470份有效问卷进行数据统计处理。

三、结果与分析

（一）不同管理层级的江苏企业管理者的胜任素质特征

对不同管理层级的江苏企业管理者在各胜任素质测评指标上的F检验表明，除了在成就动机上，江苏地区的企业高层、中层、基层管理者平均数之间的差异不显著外，在其他各项胜任素质上的平均数之间均存在显著差异（A：$F(2,446)=16.85$，$p<0.001$；B：$F(2,467)=3.17$，$p<0.05$；C：$F(2,462)=8.82$，$p<0.001$；E：$F(2,467)=11.22$，$p<0.001$，F：$F(2,454)=6.76$，$p<0.01$；G：$F(2,457)=6.52$，$p<0.01$；H：$F(2,465)=8.92$，$p<0.001$；I：$F(2,457)=10.62$，$p<0.001$；J：$F(2,445)=5.70$，$p<0.01$；K：$F(2,406)=16.19\ 16.186$，$p<0.001$）。江苏地区不同管理层级的企业管理者胜任素质的平均数与标准差见表9-1。

表9-1　江苏地区不同管理层级的企业管理者胜任素质的平均数（M）与标准差（SD）

	高层		中层		基层	
	M	SD	M	SD	M	SD
决策能力（A）	79.20	7.41	75.68	7.93	72.66	8.09
情绪智力（B）	65.80	7.47	63.61	6.85	63.51	7.12
自我效能（C）	44.06	4.94	42.53	5.29	40.96	5.47
成就动机（D）	34.55	5.76	33.61	4.88	33.69	4.77
创新能力（E）	46.46	4.36	44.09	4.46	43.39	5.08
社交能力（F）	62.44	8.77	59.06	8.94	57.94	7.64
学习能力（G）	79.81	8.47	76.17	8.92	75.26	9.29
沟通能力（H）	56.90	6.69	54.57	6.46	52.92	6.82
领导能力（I）	57.07	6.26	54.95	6.42	52.86	6.82
变革能力（J）	72.48	8.41	69.78	7.84	68.45	8.59
知识应用（K）	60.72	7.20	58.51	7.67	54.67	7.50

经多重比较(LSD)发现,在决策能力(A)、情绪智力(B)、自我效能(C)、创新能力(E)、社交能力(F)、学习能力(G)、沟通能力(H)、领导能力(I)、变革能力(J)、知识应用水平(K)上,江苏地区的企业高层管理者的平均数都显著或极显著高于中层和基层管理者的平均数($p < 0.05, p < 0.01, p < 0.001$);在决策能力、自我效能、沟通能力、领导能力、知识应用水平上,企业中层管理者的平均数显著或极显著高于企业基层管理者的平均数($p < 0.05, p < 0.01, p < 0.001$)。这说明江苏地区的企业高层管理者的各项胜任素质水平都高于中层和基层管理者,而企业中层管理者则在决策能力、自我效能、沟通能力、领导能力、知识应用水平上高于企业基层管理者。

(二) 不同管理岗位的江苏企业管理者的胜任素质特征

对不同管理岗位的江苏企业管理者在各胜任素质测评指标上的 F 检验表明,江苏地区不同管理岗位的企业管理者在决策能力(A)、情绪智力(B)、自我效能(C)、成就动机(D)、创新能力(E)、学习能力(G)、沟通能力(H)、知识应用水平(K)上的平均数之间存在显著差异(A: $F(5,386) = 6.22, p < 0.001$;B: $F(5,397) = 2.41, p < 0.05$;C: $F(5,397) = 4.338, p < 0.01$;D: $F(5,393) = 2.91, p < 0.05$;E: $F(5,400) = 3.79, p < 0.01$;G: $F(5,395) = 3.01, p < 0.05$;H: $F(5,400) = 2.73, p < 0.05$;K: $F(5,346) = 2.25, p < 0.05$)。江苏地区不同管理岗位的企业管理者胜任素质的平均数与标准差见表9-2。

表9-2　江苏地区不同管理岗位的企业管理者胜任素质的平均数(M)与标准差(SD)

	人力资源		营销		生产/项目/工程		财务/金融		技术		决策/战略	
	M	SD	M	SD	M	SD	M	SD	M	SD	M	SD
A	73.98	8.32	75.39	8.24	76.46	7.80	71.83	8.30	74.81	8.42	80.53	6.53
B	64.89	6.50	63.64	6.98	64.08	6.50	62.27	7.56	63.14	6.99	66.64	6.45
C	42.93	5.31	42.92	5.22	41.71	4.73	40.69	6.17	41.75	5.61	45.14	4.49
D	32.52	4.52	34.34	5.16	33.70	4.57	33.04	5.10	33.83	5.22	36.07	5.88
E	43.45	4.78	45.01	4.51	44.54	4.40	42.96	4.54	44.36	4.56	46.60	5.02
F	59.91	9.68	59.87	8.87	59.12	7.70	57.38	8.51	58.58	8.57	61.91	10.05
G	75.07	8.43	76.54	8.79	76.51	9.07	75.14	10.19	78.09	8.89	81.05	8.46
H	54.21	6.32	54.68	6.55	54.76	6.60	52.46	7.39	54.33	6.88	57.50	6.78
I	54.46	6.20	54.30	6.66	55.17	6.14	52.47	7.96	55.28	6.43	56.66	6.51
J	69.29	7.75	70.60	8.37	70.38	7.43	67.42	8.56	70.24	8.49	72.45	8.92
K	57.83	7.65	57.26	7.71	57.40	7.70	56.67	9.34	57.62	7.38	61.71	6.24

注:A:决策能力;B:情绪智力;C:自我效能;D:成就动机;E:创新能力;F:社交能力;G:学习能力;H:沟通能力;I:领导能力;J:变革能力;K:知识应用水平。

经多重比较(LSD)发现,在江苏地区,决策/战略管理岗位的管理者在各个胜任素质上的平均数都显著高于财务/金融管理岗位管理者的平均数,在决策能力和沟通能力上的平均数显著高于其他管理岗位管理者的平均数,在情绪智力上的平均数显著高于除人力资源管理者之外的其他管理岗位管理者的平均数,在自我效能上的平均数显著高于除人力资源管理及营销管理岗位之外的其他管理岗位管理者的平均数,在学习能力上的平均数显著高于除技术管理岗位之外的其他管理岗位管理者的平均数,在创新能力和成就动机上的平均数显著高于除营销管理者之外的其他管理岗位管理者的平均数。在其他管理岗位之间也发现胜任素质之间的显著差异:如财务/金融管理岗位的管理者在决策能力、创新能力、变革能力上的平均数显著低于营销、生产/工程/项目管理岗位管理者的平均数,在领导能力上的平均数显著低于生产/工程/项目、技术管理岗位管理者的平均数,在沟通能力上的平均数显著低于生产/工程/项目管理岗位管理者的平均数;营销管理岗位管理者在成就动机上的平均数显著高于人力资源管理岗位管理者的平均数。这说明,决策/战略管理岗位的管理者在各个胜任素质上都有较高的水平;财务/金融管理岗位的管理者在各个胜任素质上都有较低的水平;人力资源管理、营销、生产/工程/项目、技术管理这四个管理岗位的管理者的胜任素质水平介于决策/战略和财务/金融管理岗位的管理者之间,但这四个管理岗位的管理者之间在某些胜任素质上的差异也达显著。

(三)不同文化水平的江苏企业管理者的胜任素质特征

对不同受教育水平的江苏企业管理者在各胜任素质测评指标上的 F 检验表明,不同受教育水平的江苏企业管理者在自我效能(C)、成就动机(D)、学习能力(G)上的平均数之间存在显著差异(C:$F(1,454)=6.22$,$p<0.05$;D:$F(1,453)=5.86$,$p<0.05$;G:$F(1,452)=5.33$,$p<0.05$)。在江苏地区,本科及以上学历的企业管理者(C:$M=42.85$,$SD=5.28$;D:$M=34.32$,$SD=5.17$;G:$M=77.33$,$SD=8.68$)在自我效能、成就动机、学习能力上的平均数都显著高于大专及以下学历的企业管理者(C:$M=41.61$,$SD=5.36$;D:$M=33.19$,$SD=4.79$;G:$M=75.38$,$SD=9.41$),这说明江苏地区的本科及以上学历的企业管理者有较高的自我效能、成就动机、学习能力,而大专及以下学历的企业管理者则有较低的自我效能、成就动机、学习能力。在其他胜任素质上,没有发现江苏地区不同学历的企业管理者之间存在显著差异。

（四）不同性别的江苏企业管理者的胜任素质特征

对不同性别的江苏企业管理者在各胜任素质测评指标上的 F 检验表明，不同性别的江苏企业管理者在创新能力上的平均数之间存在显著差异（$F(1,464) = 12.69, p < 0.001$），男性管理者的平均数（$M = 44.75, SD = 4.71$）显著高于女性管理者的平均数（$M = 43.05, SD = 4.59$），这说明江苏地区企业的男性管理者的创新能力比女性管理者高。

（五）不同年龄的江苏企业管理者的胜任素质特征

对不同年龄的江苏企业管理者在各胜任素质测评指标上的 F 检验表明，不同年龄的江苏企业管理者在决策能力（A）、成就动机（D）、社交能力（F）、沟通能力（H）、领导能力（I）、知识应用水平（K）上的平均数之间存在显著差异（$A: F(2,445) = 13.64, p < 0.001; D: F(2,458) = 3.75, p < 0.05; F: F(2,453) = 4.69, p < 0.01; H: F(2,464) = 3.32, p < 0.05; I: F(2,456) = 9.69, p < 0.001; K: F(2,405) = 9.39, p < 0.001$）。不同年龄的江苏企业管理者胜任素质的平均数与标准差见表 9-3。

表 9-3　江苏地区不同年龄的企业管理者胜任素质的平均数（M）与标准差（SD）

	30 岁以下		31—40 岁		41 岁以上	
	M	SD	M	SD	M	SD
决策能力（A）	73.09	7.85	74.93	8.12	78.04	7.79
成就动机（D）	33.78	4.39	34.42	5.31	32.90	5.02
创新能力（E）	43.53	4.87	44.46	4.52	44.65	4.83
社交能力（F）	57.86	8.01	58.95	8.36	60.96	9.42
沟通能力（H）	53.33	6.94	54.47	6.37	55.35	6.76
领导能力（I）	53.11	6.60	54.31	6.56	56.47	6.39
变革能力（J）	68.71	8.04	69.83	8.31	70.76	8.25
知识应用（K）	55.44	7.58	57.79	7.92	59.54	7.44

经多重比较（LSD）发现，在江苏地区，41 岁以上年龄段的企业管理者在决策能力、社交能力、领导能力上的平均数都显著高于 31—40 岁及 30 岁以下年龄段的企业管理者的平均数；31—40 岁年龄段的管理者在决策能力和知识应用水平上的平均数显著高于 30 岁以下的管理者的平均数，并且在成就动机上的平均数显著高于 41 岁以上管理者的平均数；41 岁以上年龄段的管理者在沟通能力和知识应用水平上的平均数显著高于 30 岁以下年龄段的企业管理者的平均数。这说明与其他年龄段的企业管理者相比，41 岁以上年龄段的企业管理者的决策能力、社交能力、领导能力、沟

通能力、知识应用水平都较高,31—40 岁年龄段的管理者的决策能力和知识应用水平较高,而 30 岁以下年龄段的企业管理者在以上多数胜任素质上的能力或水平较低。另外,不同年龄段的江苏地区的企业管理者尽管在创新能力、变革能力上的平均数之间的差异总体上未达显著,但某些年龄段的差异显著,在这 2 个胜任素质上,41 岁以上年龄段管理者的平均数显著高于 30 岁以下年龄段的企业管理者的平均数,即 41 岁以上年龄段的管理者在创新能力、变革能力上都高于 30 岁以下年龄段的企业管理者。因此,整体来看,江苏地区的企业管理者,处于 41 岁以上年龄段的企业管理者在胜任素质的发展上已相对较成熟,而 30 岁以下管理者的胜任素质水平相对较低。

(六)不同规模企业的江苏企业管理者的胜任素质特征

对不同规模企业(按员工数量)的江苏企业管理者在各胜任素质测评指标上的 F 检验表明,不同规模企业的江苏企业管理者在自我效能(C)、创新能力(E)、社交能力(F)、领导能力(I)、知识应用水平(K)上的平均数之间存在显著差异($C:F(2,449)=3.20,p<0.05;E:F(2,457)=3.44,$ $p<0.05;F:F(2,444)=5.054,p<0.01;I:F(2,446)=3.94,p<0.05;K:$ $F(2,397)=3.47,p<0.05$)。在其他胜任素质上没有发现江苏地区不同规模企业的管理者之间存在显著差异。不同规模企业的江苏企业管理者胜任素质的平均数与标准差见表 9-4。

表 9-4 江苏地区不同规模企业的管理者胜任素质的平均数(M)与标准差(SD)

	大型企业		中型企业		小型企业	
	M	SD	M	SD	M	SD
C	42.20	5.46	41.86	5.35	43.53	5.19
D	33.72	5.09	33.46	4.62	34.69	5.66
E	44.46	4.25	43.76	4.86	45.23	4.87
F	59.19	8.62	58.40	8.56	61.80	8.56
H	53.88	6.66	54.18	6.52	55.78	7.00
I	54.35	6.43	54.16	6.66	56.39	6.56
K	57.42	8.56	57.03	7.36	59.73	7.80

注:C:自我效能;D:成就动机;E:创新能力;F:社交能力;H:沟通能力;I:领导能力;K:知识应用水平。

经多重比较(LSD)发现,江苏地区小型企业的管理者在自我效能、创新能力、社交能力、领导能力、知识应用水平上的平均数显著高于中型企业的管理者的平均数,并且在社交能力、领导能力上的平均数也显著高于大型企业管理者的平均数,这说明江苏地区小型企业的管理者在这些胜任素质上有较高的水平和自我评定,而中型企业的管理者在这些胜任素质上有较低的水平,大型企业的管理者的胜任素质水平介于小型和大型企业管理者之间。另外,尽管在成就动机(D)、沟通能力(H)上,江苏地区大型、中型、小型企业管理者胜任素质之间的差异在总体上未达显著(见表9-4),但多重比较(LSD)发现,小型企业管理者在成就动机上的平均数显著高于中型企业管理者的平均数,并且在沟通能力上的平均数显著高于大型企业管理者的平均数,这说明小型企业管理者的成就动机和沟通能力也有显著高于中型和大型企业管理者的倾向。

（七）不同性质企业的江苏企业管理者的胜任素质特征

对不同性质企业的江苏企业管理者在各胜任素质测评指标上的 F 检验表明,不同性质企业的江苏企业管理者在情绪智力(B)、自我效能(C)、社交能力(F)、知识应用水平(K)上的平均数之间存在显著差异(B:$F(2,454)=3.47,p<0.05$;C:$F(2,447)=3.42,p<0.05$;F:$F(2,441)=3.37,p<0.05$;K:$F(2,394)=4.12,p<0.05$)。不同性质企业的江苏企业管理者胜任素质的平均数与标准差见表9-5。

表 9-5 江苏地区不同性质企业的管理者胜任素质的平均数(M)与标准差(SD)

	国有企业		民营企业		三资企业	
	M	SD	M	SD	M	SD
B	64.72	6.31	62.49	7.13	63.87	7.73
C	43.05	5.10	41.91	5.43	41.61	5.59
F	60.44	8.93	58.62	8.32	58.13	8.48
K	58.91	8.22	56.86	7.12	56.54	7.54

注:B:情绪智力;C:自我效能;F:社交能力;K:知识应用水平。

经多重比较(LSD)发现,江苏地区的国有企业管理者在情绪智力上的平均数显著高于民营企业管理者的平均数,在自我效能和社交能力上的平均数显著高于三资企业管理者的平均数,在知识应用水平上的平均数显著高于民营企业和三资企业管理者的平均数。这说明江苏地区的国有企业管理者在情绪智力、自我效能、社交能力、知识应用水平这些胜任素质上的显著高于民营企业和三资企业管理者。

在其他胜任素质上没有发现江苏地区不同性质企业的管理者之间存在显著差异。

（八）不同行业的江苏企业管理者的胜任素质特征

对不同行业的江苏企业管理者在各胜任素质测评指标上的 F 检验表明，不同行业的江苏企业管理者在自我效能（C）、成就动机（D）、社交能力（F）、沟通能力（H）、知识应用水平（K）上的平均数之间存在显著差异（C：$F(3,412) = 4.05, p < 0.01$；D：$F(3,411) = 2.99, p < 0.05$；F：$F(3,407) = 4.25, p < 0.01$；H：$F(3,416) = 2.60, p < 0.05$；K：$F(3,370) = 4.38, p < 0.01$）。不同行业的江苏企业管理者胜任素质的平均数与标准差见表9-6。

表9-6　江苏地区不同行业的企业管理者胜任素质的平均数（M）与标准差（SD）

	电子及机械制造		化工及轻工		商业服务		交通运输	
	M	SD	M	SD	M	SD	M	SD
A	75.13	7.80	74.68	8.31	77.18	7.76	75.73	8.37
C	43.04	5.08	41.40	5.42	43.99	5.11	42.07	5.38
D	34.64	5.31	33.91	4.80	35.12	4.99	33.19	4.83
E	44.86	4.54	43.82	5.19	45.36	4.43	44.13	4.53
F	58.04	8.26	58.02	8.12	62.30	8.88	59.40	8.87
G	76.11	9.04	76.37	9.81	79.04	9.26	76.32	8.55
H	53.72	6.64	54.18	6.64	56.52	7.31	54.36	6.51
I	53.28	6.20	54.59	6.74	55.92	6.94	55.22	6.19
K	55.87	7.86	56.39	6.96	59.62	8.10	58.71	7.94

注：A：决策能力；C：自我效能；D：成就动机；E：创新能力；F：社交能力；G：学习能力；H：沟通能力；I：领导能力；K：知识应用水平。

经多重比较（LSD）发现，在社交能力和沟通能力上，商业服务行业的管理者的平均数显著高于电子及机械制造、化工及轻工、交通运输三个行业管理者的平均数；在知识应用水平上，商业服务、交通运输行业管理者的平均数显著高于电子及机械制造、化工及轻工行业管理者的平均数；在自我效能上，电子及机械制造、商业服务行业管理者的平均数显著高于化工及轻工行业管理者的平均数，且商业服务行业管理者的平均数还显著高于交通运输行业管理者的平均数；在成就动机上，电子及机械制造、商业服务行业管理者的平均数显著高于交通运输行业管理者的平均数；另外，尽管不同行业的管理者在决策能力、创新能力、学习能力、领导能力上的平均数之间的差异在总体上未达显著，但某些行业间的差异达到显著，商业服务行业的管理者在决策能力、创新能力上的平均数显著高于化工及轻工行业的管理者的平均数，且在学习能力上的平均数显著高于交通运输行业的管理者的平均数,商业服务、交通运输行业的管理者在领导能力上的平均数显著高于电子及机械制造行业的管理者的平均数。这说明在江苏地区,不同行业企业管理者的胜任素质之间差异显著,商业服务行业管理者的各个胜任素质水平较高,电子及机械制造、化工及轻工、交通运输行业管理者的各个胜任素质水平相对较低。

四、讨论

研究表明,江苏地区不同管理层级、不同管理岗位的企业管理者在大多数胜任素质上都存在显著差异,这表明江苏地区的企业管理者胜任素质在管理层级和管理岗位这两个重要维度上差异显著。研究同时表明,江苏地区不同管理层级和不同管理岗位上的企业管理者具备了相应的胜任素质。然而,由前述研究可以看出(见第五章第二节内容),南京、无锡地区企业管理者的胜任素质水平低于广东/福建地区和青岛地区企业管理者的胜任素质水平,尤其南京地区的企业管理者在 11 个胜任素质水平上都低于广东/福建地区企业管理者的胜任素质水平,这说明江苏地区的企业管理者由于没有及时地适应环境变化提高自己的胜任素质,目前的胜任素质水平已落后于其他地区的企业管理者,因此,改革落后的江苏企业管理者的培训体系已经到了刻不容缓的地步。只有通过积极探索,建立新型的、适应环境变化需要的企业管理者培训模式,江苏企业管理者才能走出困境,才能实现胜任素质水平的不断提高。

江苏地区企业管理者的胜任素质在其他变量上的差异也表明,需要根据江苏企业管理者胜任素质的特征和现状,寻求相应的培训方法,以不断提高江苏企业管理者的胜任素质水平。

五、结论

1. 江苏地区不同管理层级的企业管理者除在成就动机上的差异未达显著外,在其他 10 项胜任素质上都存在显著差异;不同管理岗位的企业管理者在决策能力、情绪智力、自我效能、成就动机、创新能力、学习能力、沟通能力、知识应用水平上存在显著差异。

2. 江苏地区不同文化水平的企业管理者在自我效能、成就动机、学习能力上存在显著差异;不同性别的企业管理者在创新能力上存在显著差异;不同年龄的企业管理者在决策能力、成就动机、社交能力、沟通能力、领导能力、知识应用水平上存在显著差异。

3．江苏地区不同规模企业的企业管理者在自我效能、创新能力、社交能力、领导能力、知识应用水平上存在显著差异；不同性质企业的企业管理者在情绪智力、自我效能、社交能力、知识应用水平上存在显著差异；不同行业的企业管理者在自我效能、成就动机、社交能力、沟通能力、知识应用水平上存在显著差异。

第二节　广东/福建地区企业管理者胜任素质研究

一、引言

广东/福建地区是我国经济发展水平较高的地区。凭借地理优势和大量外资投资，广东/福建地区各类企业的外向型发展特征非常明显。为在与国外企业的激烈竞争中获得竞争优势，广东/福建地区的企业大多重视提高企业管理人员的经营管理水平。除了加强企业管理人员接受国内院校的工商管理培训外，还积极拓宽各种培训渠道，开展多层次的各类管理人员的培训活动，并且利用地理的独特优势，开展有特色的培训。如福建地区开展海峡培训，推进闽台企业家和有关专家学者的联系与交流，搭建常规化的培训沟通平台。境外培训方式近年来在广东/福建地区也得到加强，该地区致力于推进跨国经营型人才的国际合作培训，这种培训通过适时引进国外先进的管理软件和管理方式，提高企业管理人员参与国际经济合作的实务水平。因此，广东/福建地区各类管理人员的胜任素质近些年来得到了极大提高。总之，与国内其他地区的管理人员相比，广东/福建地区企业管理人员的胜任素质水平相对较高。本节通过实证研究，进一步揭示广东/福建地区各类企业管理人员在胜任素质上存在的差异，以期对他们的胜任素质特征有较全面的了解。

二、研究方法

（一）研究对象

我们在研究中，在广东省珠海、普宁地区，福建省厦门、泉州地区的企业中随机抽取管理者（包括高层、中层、基层管理者）进行问卷调查，他们来自不同管理岗位（人力资源管理、营销、生产/工程/项目管理、财务/金融、技术管理、决策/战略管理）、不同性质（国有企业、民营企业、三资企业)以及不同规模的大型(员工人数 500—2 000 人及以上,销售额 15 000万—30 000 万元以上,员工人数和销售额在各行业之间有不同标准要求)、中型(员工人数 100—2 000 人以下,销售额 1 000 万—30 000 万元以下)、小型(员工人数 100—300 人以下,销售额 1 000 万—3 000 万元以下)企业。管理者的年龄大多在 25—55 岁之间,学历分为大专以下、大专、本科、硕士或博士。随机抽取的男女管理者的比例适当。最后获得的广东/福建地区企业管理者的有效人数为 218 人。

（二）研究工具

我们采用自编的胜任素质测量问卷,共包含 11 个子问卷,分别是:决策能力问卷(A)、自我效能问卷(C)、成就动机问卷(D)、创新能力问卷(E)、社交能力问卷(F)、学习能力问卷(G)、沟通能力问卷(H)、领导能力问卷(I)、变革能力问卷(J)、知识应用水平问卷(K),它们分别测量管理者的决策能力、自我效能、成就动机、创新能力、社交能力、学习能力、沟通能力、领导能力、变革能力、知识应用水平;对情绪智力的测量采用 Law 和 Wong(2004)编制的情绪智力测量问卷(B)。11 个胜任素质在高一阶因子上合成一个因子,它可以解释的方差总变异量为 61.67%,内在一致性系数(α)为 0.94。验证性因素分析显示胜任素质结构模型具有良好的拟合指数:NFI(0.96)、IFI(0.97)、NNFI(0.96)、CFI(0.97)、RMSEA(0.09),这表明我们所编制的 11 个胜任素质子问卷都具有较理想的信度和结构效度,所构建的胜任素质结构模型具有合理性和稳定性(见第五章第一节内容)。

（三）施测过程及数据处理

采用团体施测方式,对在广东/福建地区随机抽取的企业管理者施测管理者胜任素质问卷后,回收广东/福建地区企业管理者的胜任素质问卷,最后回收的有效问卷共 218 份。采用 SPSS10.0 对回收的 218 份有效问卷进行数据统计处理。

三、结果与分析

（一）不同管理层级的广东/福建企业管理者的胜任素质特征

对广东/福建地区不同管理层级的企业管理者在各胜任素质测评指标上的差异进行检验。F 检验表明,除了在自我效能、创新能力、知识应用水平上,广东/福建地区的企业高层、中层、基层管理者平均数之间的差异不显著外,在其他各项胜任素质上的平均数之间均存在显著差异(A:

$F(2,214)=7.11, p<0.001; B: F(2,215)=4.28, p<0.05; D: F(2,215)=5.08, p<0.01; F: F(2,213)=8.73, p<0.001; G: F(2,214)=4.12, p<0.05; H: F(2,213)=5.93, p<0.01; I: F(2,213)=3.76, p<0.05; J: F(2,212)=4.78, p<0.01$）。不同管理层级的广东/福建地区企业管理者胜任素质的平均数与标准差见表 9-7。

表 9-7　广东/福建地区不同管理层级的企业管理者胜任素质的平均数（M）与标准差（SD）

	高层		中层		基层	
	M	SD	M	SD	M	SD
A	80.07	8.55	75.68	8.05	75.29	7.28
B	68.02	8.79	65.83	6.66	64.42	6.46
D	36.91	5.78	35.33	5.03	34.10	4.83
F	66.21	8.56	60.54	8.84	60.92	8.14
G	81.58	9.52	78.08	8.82	77.20	9.22
H	58.82	6.14	56.19	5.54	55.45	5.93
I	58.37	6.62	57.26	6.20	55.42	6.71
J	75.38	8.30	71.73	7.95	70.93	9.38

注:A:决策能力;B:情绪智力;D:成就动机;F:社交能力;G:学习能力;H:沟通能力;I:领导能力;J:变革能力。

经多重比较（LSD）发现,广东/福建地区的企业高层管理者在决策能力、情绪智力、成就动机、社交能力、学习能力、沟通能力、领导能力、变革能力上的平均数显著高于企业基层管理者的平均数,并且在决策能力、社交能力、学习能力、沟通能力、变革能力上的平均数显著高于企业中层管理者的平均数。这说明广东/福建地区的企业高层管理者在大多数胜任素质上都显著高于企业基层管理者的水平,在多个胜任素质上显著高于企业中层管理者的水平。

（二）不同管理岗位的广东/福建企业管理者的胜任素质特征

对广东/福建地区不同管理岗位的企业管理者在各胜任素质测评指标上的差异进行检验。F 检验表明,除在知识应用水平（K）上,广东/福建地区不同管理岗位的企业管理者平均数之间的差异不显著外,在其他各项胜任素质上的平均数之间均存在显著差异（A:$F(5,198)=4.00, p<0.01$; B:$F(5,199)=2.64, p<0.05$; C:$F(5,199)=2.46, p<0.05$; D:$F(5,199)=3.92, p<0.01$; E:$F(5,198)=2.98, p<0.05$; F:$F(5,198)=5.19, p<0.001$; G:$F(5,199)=3.15, p<0.01$; H:$F(5,197)=2.89, p<0.05$; I:

$F(5,197) = 3.62, p < 0.01; J: F(5,196) = 2.60, p < 0.05$）。广东/福建地区不同管理岗位的企业管理者胜任素质的平均数与标准差见表9-8。

表9-8　广东/福建地区不同管理岗位的企业管理者胜任素质的
平均数（M）与标准差（SD）

	人力资源		营销		生产/项目/工程		财务/金融		技术		决策/战略	
	M	SD	M	SD	M	SD	M	SD	M	SD	M	SD
A	75.61	8.83	75.83	6.31	78.16	7.97	72.00	7.16	77.33	9.28	81.61	8.85
B	66.48	7.07	65.91	6.46	66.04	7.16	64.23	7.55	63.13	8.78	70.26	7.50
C	42.93	5.26	43.38	4.65	44.39	5.11	42.36	5.15	43.54	4.99	46.78	4.58
D	34.00	4.84	34.91	4.95	36.57	4.97	34.18	5.23	34.25	4.31	38.91	5.55
E	44.97	5.53	44.98	4.93	45.48	4.66	43.32	5.83	45.50	6.69	49.13	5.74
F	63.45	7.27	64.16	7.81	60.29	9.34	56.14	7.64	62.21	9.39	67.17	8.32
G	78.76	8.13	77.50	8.90	78.53	8.90	76.46	11.73	78.88	8.17	85.61	8.72
H	56.66	5.26	57.04	6.09	55.71	5.84	53.82	7.07	58.08	5.73	59.83	5.46
I	58.03	6.58	56.75	5.41	58.15	6.16	53.82	7.60	55.50	5.81	60.78	6.31
J	73.90	8.10	71.49	8.47	73.22	8.88	68.77	9.93	73.29	6.40	77.13	8.34
K	59.28	7.34	57.88	7.00	59.02	7.02	55.77	7.93	58.08	8.28	61.09	6.63

注：A：决策能力；B：情绪智力；C：自我效能；D：成就动机；E：创新能力；F：社交能力；G：学习能力；H：沟通能力；I：领导能力；J：变革能力；K：知识应用水平。

经多重比较（LSD）发现，决策/战略管理岗位的管理者在各项胜任素质上的平均数最高，财务/金融管理者在各项胜任素质上的平均数最低；决策/战略管理岗位的管理者在各项胜任素质上的平均数与财务/金融管理者在各项胜任素质上的平均数之间的差异都达到显著，并且，在某些胜任素质上的平均数也显著高于人力资源、营销、技术、生产/工程/项目管理岗位管理者的平均数。这说明与其他管理岗位的管理者相比，决策/战略管理岗位管理者的各项胜任素质水平最高，财务/金融管理者的各项胜任素质水平最低，其他管理岗位管理者的胜任素质水平介于决策/战略管理岗位的管理者和财务/金融管理岗位的管理者之间。

（三）不同规模企业的广东/福建企业管理者的胜任素质特征

对广东/福建地区不同规模企业（按生产总值）的管理者在各胜任素质测评指标上的 F 检验表明，广东/福建地区不同规模企业的管理者在自我效能（C）、领导能力（I）、知识应用水平（K）上的平均数之间存在显著差异（$C: F(2,215) = 3.27, p < 0.05; I: F(2,213) = 6.27, p < 0.01; K: F(2,213) = 3.94, p < 0.05$）。广东/福建地区不同规模企业的管理者在这些胜任素质上的平均数与标准差见表9-9。

表9-9　广东/福建地区不同规模企业的管理者胜任素质的平均数(M)与标准差(SD)

	大型企业		中型企业		小型企业	
	M	SD	M	SD	M	SD
C	42.31	4.99	44.35	5.07	42.70	5.09
D	33.38	3.37	35.62	5.33	35.49	5.88
I	53.53	6.97	57.85	6.46	56.04	6.02
K	55.59	8.16	59.23	7.25	57.17	6.53

注:C:自我效能;D:成就动机;I:领导能力;K:知识应用水平。

经多重比较(LSD)发现,在广东/福建地区,中型企业的企业管理者在自我效能、领导能力、知识应用水平上的平均数都显著高于大型企业的企业管理者的平均数;另外,不同规模企业的管理者在成就动机(D)上的平均数之间的差异未达到总体上显著,但中型企业的企业管理者的平均数显著高于大型企业的企业管理者的平均数。这说明,广东/福建地区中型企业的管理者有较高的自我效能、领导能力、知识应用水平、成就动机,大型企业的管理者则在这些胜任素质上有较低的水平,而小型企业管理者的胜任素质水平介于中型和大型企业管理者之间。在其他胜任素质上没有发现广东/福建地区不同规模企业的管理者之间存在显著差异。

(四) 不同性质企业的广东/福建企业管理者的胜任素质特征

对广东/福建地区不同性质企业的管理者在各胜任素质测评指标上的F检验表明,广东/福建地区不同性质企业的管理者仅在成就动机上的平均数之间的差异达到显著($F(2,212) = 3.42, p < 0.05$),在其他胜任素质上的平均数之间的差异都未达显著。经多重比较(LSD)发现,广东/福建地区的民营企业管理者($M = 35.97, SD = 5.35$)在成就动机上的平均数显著高于三资企业管理者的平均数($M = 33.96, SD = 4.49$),但未显著高于国有企业管理者的平均数($M = 34.09, SD = 5.58$)。这说明广东/福建地区的民营企业管理者有较高的成就动机,三资企业管理者的成就动机较低,国有企业管理者的成就动机水平介于民营企业管理者和三资企业管理者之间。

(五) 不同行业的广东/福建企业管理者的胜任素质特征

对广东/福建地区不同行业的管理者在各胜任素质测评指标上的F检验表明,广东/福建地区不同行业的企业管理者在各项胜任素质上的平均数的差异都未达显著,这说明广东/福建地区不同行业的企业管理者在各项胜任素质水平上不存在显著差异。经多重比较(LSD)发现,在成就动机上,尽管不同行业企业管理者的平均数之间的差异在总体上未达显著,但机械及电子制造业的管理者的成就动机的平均数显著高于化工及轻工行业的管理者的平均数,这说明机械及电子制造业的管理者($M = 36.18$,$SD = 4.89$)在成就动机水平上有高于化工及轻工行业管理者($M = 34.18$,$SD = 4.97$)的倾向。

四、讨论

研究表明,广东/福建地区不同管理层级、不同管理岗位的企业管理者在大多数胜任素质上都存在显著差异。管理层级、管理岗位是区分管理者工作职责和胜任素质的两个重要维度,而我们的研究表明(见第五章第二节内容),与其他地区相比,广东/福建地区的企业管理者在 11 个胜任素质水平上均有较高的水平,广东/福建地区企业管理者的胜任素质在这两个维度上的显著差异表明,这两个地区的企业管理者胜任素质的专业化程度已经较高。这一点也从本研究中发现的广东/福建地区企业管理者的胜任素质在管理者的文化水平、性别、年龄等变量上不存在显著差异中得到验证。

显然,广东/福建地区企业管理者胜任素质的提高得益于该地区对企业管理者培训工作的重视和加强。目前,这两个地区工商管理培训的发展方向已经从国有及国有控股企业向全社会各类型企业覆盖,从培训企业领导及其后备人员向培训企业各级管理人员覆盖,并逐步使企业中层以下管理人员的培训成为企业的自主行为。而且,广东/福建地区更加重视开辟和拓宽培训渠道,在加大高层次管理人员的培养力度上和按照现代企业制度建立健全企业管理人员岗位适应性短期培训制度上进行了努力和探索,这些培训制度的建立无疑对广东/福建地区各层次企业管理人员胜任素质的进一步提高发挥了重要作用。

五、结论

1. 广东/福建地区不同管理层级的企业管理者在决策能力、情绪智力、成就动机、社交能力、学习能力、沟通能力、领导能力、变革能力上存在显著差异。

2. 广东/福建地区不同管理岗位的企业管理者除在知识应用水平上的差异未达显著外,在其他 10 项胜任素质上存在显著差异。

3. 广东/福建地区不同规模企业的企业管理者在自我效能、领导能力、知识应用水平上存在显著差异;不同性质企业的企业管理者仅在成就动机上的差异达到显著。

第三节　青岛地区企业管理者胜任素质研究

一、引言

　　青岛地区的经济在近二十多年来有了突飞猛进的发展,这得益于在20世纪80年代末90年代初青岛政府通过提供优惠政策,吸引了大批国内外的经营管理人才来到青岛,这些经营管理人才不仅给青岛企业的发展带来了先进的管理理念和经验,促进了青岛经济的快速发展,而且带动了当地企业管理人员素质的大幅度提高。近年来,青岛政府为提高企业管理人员的胜任素质水平,相继出台了加强企业管理人员培训的各种政策和措施,探索培训企业管理人员的新途径和新路子。例如,与有关高校联合举办在职攻读工商管理硕士学位班,做好高层次人才的储备;鼓励企业开展自主培训,采取"送教上门"、"一企一培"的培训方式;探索国(境)内外培训相结合的路子等。这些政策和措施使得青岛企业管理人员的胜任素质有了显著提高。然而,目前来看,青岛地区在经营管理人才总量上仍然不足,仍然缺乏具有较高决策水平、管理水平和创新能力的高级管理人才。企业经营管理人才问题仍然是青岛经济发展的制约因素之一,在人才的培养方面还存在不少问题。本节通过对青岛企业管理人员胜任素质的实际调查,分析青岛企业管理人员胜任素质的特征,为提高青岛企业管理人员胜任素质水平提供理论指导和帮助。

二、研究方法

(一)研究对象
　　我们在研究中,在山东省青岛地区的企业中随机抽取管理者(包括高层、中层、基层管理者)进行问卷调查,他们来自不同管理岗位(人力资源管理、营销、生产/工程/项目管理、财务/金融、技术管理、决策/战略管理)、不同性质(国企、民营、三资企业)以及不同规模的大型(员工人数500—2 000人及以上,销售额15 000万—30 000万元以上,员工人数和销售额在各行业之间有不同标准要求)、中型(员工人数100—2 000人以下,销售额

10 000万—30 000万元以下）、小型（员工人数100—300人以下,销售额1 000万—3 000万元以下）企业。管理者的年龄大多在25—55岁之间,学历主要为大专以下、大专、本科、硕士或博士。随机抽取的男女管理者的比例适当。最后获得的青岛地区企业管理者的有效人数为405人。

（二）研究工具

我们采用自编的胜任素质测量问卷,共包含11个子问卷,分别是:决策能力问卷（A）、自我效能问卷（C）、成就动机问卷（D）、创新能力问卷（E）、社交能力问卷（F）、学习能力问卷（G）、沟通能力问卷（H）、领导能力问卷（I）、变革能力问卷（J）、知识应用水平问卷（K）,它们分别测量管理者的决策能力、自我效能、成就动机、创新能力、社交能力、学习能力、沟通能力、领导能力、变革能力、知识应用水平;对情绪智力的测量采用Law和Wong（2004）编制的情绪智力测量问卷（B）。11个胜任素质在高一阶因子上合成一个因子,它可以解释的方差总变异量为61.67%,内在一致性系数（α）为0.94。验证性因素分析显示胜任素质结构模型具有良好的拟合指数:NFI（0.96）、IFI（0.97）、NNFI（0.96）、CFI（0.97）、RMSEA（0.09）,这表明我们所编制的11个胜任素质子问卷都具有较理想的信度和结构效度,所构建的胜任素质结构模型具有合理性和稳定性（见第五章第一节内容）。

（三）施测过程及数据处理

采用团体施测方式,对在青岛地区随机抽取的企业管理者施测管理者胜任素质问卷后,回收青岛地区企业管理者的胜任素质问卷,最后回收的有效问卷共405份。采用SPSS10.0对回收的405份有效问卷进行数据统计处理。

三、结果与分析

（一）不同管理层级的青岛企业管理者的胜任素质特征

对青岛地区不同管理层级的管理者在各胜任素质测评指标上的F检验表明,青岛地区不同管理层级的企业管理者在决策能力（A）、领导能力（I）、变革能力（J）上的平均数之间存在显著差异（A:$F(2,381)=3.99$,$p<0.05$;I:$F(2,397)=5.42$,$p<0.01$;J:$F(2,396)=3.68$,$p<0.05$）。青岛地区不同管理层级的企业管理者在这些胜任素质上的平均数与标准差见表9-10。

表 9-10　青岛地区不同管理层级的企业管理者胜任素质的平均数(M)与标准差(SD)

	高层		中层		基层	
	M	SD	M	SD	M	SD
A	80.23	8.45	78.00	7.96	77.11	7.99
F	61.88	8.70	59.47	7.89	60.90	9.40
I	58.60	6.07	56.09	6.58	55.59	7.71
J	72.64	7.73	69.52	8.36	69.95	9.83

注:A:决策能力;F:社交能力;I:领导能力;J:变革能力。

经多重比较(LSD)发现,在青岛地区,企业高层管理者在决策能力(A)、领导能力(I)上的平均数显著高于中层和基层管理者的平均数,在变革能力(J)上的平均数显著高于企业中层管理者的平均数,这说明在青岛地区,企业高层管理者有较高的决策能力、领导能力、变革能力,中层和基层管理者在这些胜任素质上有较低的水平。另外,尽管不同管理层级的管理者在社交能力(F)上的平均数之间的差异总体上未达显著,但企业高层管理者的平均数显著高于企业中层管理者的平均数,这说明企业高层管理者在社交能力上的水平显著高于企业中层管理者。在其他胜任素质上没有发现不同管理层级的管理者之间存在显著差异。

(二)不同管理岗位的青岛企业管理者的胜任素质特征

对青岛地区不同管理岗位的企业管理者在各胜任素质测评指标上的差异进行检验。F 检验表明,青岛地区不同管理岗位的企业管理者在自我效能(C)、领导能力(I)上的平均数之间存在显著差异($C:F(5,318)=3.08,p<0.05;I:F(5,319)=2.54,p<0.05$)。青岛地区不同管理岗位的企业管理者在这些胜任素质上的平均数与标准差见表9-11。

表 9-11　青岛地区不同管理岗位的企业管理者胜任素质的平均数(M)与标准差(SD)

	人力资源		营销		生产/项目/工程		财务/金融		技术		决策/战略	
	M	SD	M	SD	M	SD	M	SD	M	SD	M	SD
A	80.20	8.65	76.90	9.01	77.59	6.97	77.46	8.75	78.98	6.87	81.38	6.70
C	43.48	5.17	41.78	5.61	41.38	5.05	42.25	4.70	43.13	4.83	45.06	4.54
F	61.96	9.21	61.84	9.54	59.51	7.68	58.84	8.33	59.16	7.77	62.68	9.97
I	57.34	7.47	55.12	7.63	56.08	6.80	55.53	6.89	56.34	6.45	59.94	5.76
J	71.47	9.61	68.81	9.03	69.88	9.78	70.14	9.26	70.15	7.72	74.25	6.88

注:A:决策能力;C:自我效能;F:社交能力;I:领导能力;J:变革能力。

经多重比较(LSD)发现,在青岛地区,决策/战略管理岗位的管理者在自我效能(C)、领导能力(I)上的平均数最高,显著高于营销、生产/工程/

项目、财务/金融管理岗位的管理者的平均数;并且,在领导能力上的平均数还显著高于技术管理岗位管理者的平均数。这说明与其他管理岗位的管理者相比,决策/战略管理岗位的管理者的有较高的自我效能和领导能力,其他管理岗位的管理者在这2个胜任素质上的水平较低。另外,尽管不同管理岗位的管理者在决策能力(A)、社交能力(F)、变革能力(J)上的平均数之间的差异总体上未达到显著,但决策/战略管理岗位管理者在社交能力上的平均数显著高于财务/金融管理岗位管理者的平均数;在决策能力、变革能力上的平均数显著高于营销、生产/工程/项目、财务/金融管理岗位管理者的平均数,并且在变革能力上的平均数还显著高于技术管理岗位管理者的平均数。这说明与其他岗位的管理者相比,决策/战略管理岗位的管理者在这些胜任素质上也有较高的水平。

(三) 不同文化水平的青岛企业管理者的胜任素质特征

在不同文化水平上,F 检验表明,青岛地区不同文化水平的企业管理者在成就动机上的平均数之间存在显著差异($F(1,392) = 3.92, p < 0.05$),本科及以上学历管理者的平均数($M = 35.29, SD = 5.07$)显著高于专科及以下学历管理者的平均数($M = 34.18, SD = 5.97$),这说明青岛地区本科及以上学历的管理者比专科及以下学历的管理者有更高的成就动机。

(四) 不同性别的青岛企业管理者的胜任素质特征

在不同性别上,F 检验表明,青岛地区不同性别的企业管理者在领导能力(I)和变革能力(J)上的平均数之间存在显著差异(I:$F(1,394) = 5.89, p < 0.05$;J:$F(1,392) = 4.71, p < 0.05$),男性管理者在领导能力和变革能力上的平均数(I:$M = 56.95, SD = 7.05$;J:$M = 70.95, SD = 8.89$)都显著高于女性管理者的平均数(I:$M = 55.09, SD = 6.90$;J:$M = 68.83, SD = 8.81$),这说明青岛地区男性管理者比女性管理者有更高的领导能力和变革能力。

(五) 不同年龄的青岛企业管理者的胜任素质特征

在不同年龄上,F 检验表明,青岛地区不同年龄的企业管理者在成就动机(D)、领导能力(I)上的平均数之间存在显著差异(D:$F(2,394) = 4.08, p < 0.05$;I:$F(2,396) = 3.67, p < 0.05$)。经多重比较(LSD)发现,在成就动机上,青岛地区 30 岁以下($M = 35.93, SD = 5.75$)及 31—40 岁($M = 35.21, SD = 5.48$)年龄段管理者的平均数显著高于 41 岁以上($M = 33.95, SD = 5.45$)年龄段管理者的平均数;在领导能力上,41 岁以上($M = 57.28, SD = 6.73$)年龄段管理者的平均数显著高于 30 岁以下($M = 54.76$,

$SD=6.95$)年龄段管理者的平均数,而与 31—40 岁($M=56.01,SD=$ 7.40)年龄段管理者平均数之间的差异未达显著。这说明青岛地区 40 岁以下年龄段的管理者有较高的成就动机,而 41 岁以上年龄段的管理者有较高的领导能力。

（六）不同规模企业的青岛企业管理者的胜任素质特征

对青岛地区不同规模企业(按员工人数)的管理者在各胜任素质测评指标上的 F 检验表明,青岛地区不同规模企业的管理者在沟通能力(H)上的平均数之间存在显著差异($F(2,393)=3.15,p<0.05$),大型企业管理者的平均数($M=56.62,SD=7.02$)显著高于中型企业管理者的平均数($M=54.73,$ $SD=6.90$),但与小型企业管理者的平均数之间的差异未达显著($M=55.65,$ $SD=6.44$)。这说明青岛地区大型企业管理者有较高的沟通能力,中型企业管理者的沟通能力较低,小型企业管理者的沟通能力水平介于大型和中型企业管理者之间。

（七）不同行业的青岛企业管理者的胜任素质特征

对青岛地区不同行业的管理者在各胜任素质测评指标上的 F 检验表明,青岛地区不同行业的企业管理者在决策能力(A)、自我效能(C)、沟通能力(H)、领导能力(I)上的平均数之间存在显著差异(A:$F(2,312)=$ $3.96,p<0.05$;C:$F(2,326)=4.70,p<0.01$;H:$F(2,323)=5.09,p<$ 0.01;I:$F(2,322)=4.08,p<0.05$)。青岛地区不同行业的企业管理者在这些胜任素质上的平均数与标准差见表 9-12。

表 9-12　青岛地区不同行业的企业管理者胜任素质的平均数(M)与标准差(SD)

	化工及轻工		商业服务		交通运输	
	M	SD	M	SD	M	SD
A	78.44	7.50	76.56	8.44	79.72	7.95
C	43.92	5.29	41.70	4.82	43.24	4.92
H	56.87	6.51	53.99	6.23	56.50	6.94
I	57.79	6.34	54.92	6.15	56.93	7.56
J	71.69	7.97	69.06	8.79	71.08	9.11

注:A:决策能力;C:自我效能;H:沟通能力;I:领导能力;J:变革能力。

经多重比较(LSD)发现,在决策能力(A)上,交通运输行业管理者的平均数显著高于商业服务行业管理者的平均数;在自我效能(C)、沟通能力(H)、领导能力(I)上,化工及轻工行业、交通运输行业管理者的平均数显著高于商业服务行业管理者的平均数。这说明交通运输行业、化工及轻工行业的管理者在决策能力、自我效能、沟通能力、领导能力这些胜任素质上有较高的水平,而商业服务行业的管理者在这些胜任素质上有较低的水平。另外,尽管在变革能力(J)上,青岛地区不同行业管理者之间的平均数差异总体上未达显著,但多重比较(LSD)发现,化工及轻工行业管理者的平均数显著高于商业服务行业管理者的平均数,这说明化工及轻工行业的管理者也比商业服务行业的管理者有更高的变革能力。在其他胜任素质上,未发现青岛地区不同行业管理者的平均数之间的显著性差异。

四、讨论

研究表明,青岛地区企业管理者的胜任素质在管理层级上仅在决策能力、领导能力、变革能力3个胜任素质上存在显著差异;在管理岗位上仅在自我效能、领导能力2个胜任素质上存在显著差异。这说明青岛地区的企业管理者在管理层级和管理岗位这两个最能反映管理者胜任素质差异的2个维度上却没有体现出胜任素质的差异,反映了青岛地区的企业管理者尤其是高层管理者及不同管理岗位上管理者的胜任素质水平有待提高。

青岛地区企业管理者的胜任素质在其他变量上的差异表明,青岛地区企业管理者的胜任素质有本地区独具的特征,需要根据实际情况制定培训方案,帮助企业管理者认清自己的胜任素质特征,有目的地进行培训。从宏观层面上来说,企业管理者的胜任素质培训仍然需要企业开展多层次、多渠道、多形式的培训。在培训内容上力求"新、实、精",在培训形式上注重多样性、灵活性、先进性,在培训手段上讲究科学、合理、规范、健康,在培训质量上追求适应性、针对性、有效性。只有这样,企业管理者的胜任素质水平才会得到真正的提高,才会在企业的管理实践中真正发挥作用。

五、结论

1. 青岛地区不同管理层级的企业管理者在决策能力、领导能力、变革能力上存在显著差异;不同管理岗位的企业管理者在自我效能、领导能力上存在显著差异。

2. 青岛地区不同文化水平的企业管理者在成就动机上存在显著差异;不同性别的企业管理者在领导能力和变革能力上存在显著差异;不同年龄的企业管理者在成就动机、领导能力上存在显著差异。

3. 青岛地区不同规模企业的企业管理者在沟通能力上存在显著差

异;不同行业的企业管理者在决策能力、自我效能、沟通能力、领导能力上存在显著差异。

小 结

我们对江苏省南京和无锡地区、广东省珠海和普宁地区、福建省厦门和泉州地区、山东省青岛地区的企业管理者随机抽样调查的结果显示：企业管理者的胜任素质不仅在地区之间存在显著差异（见第五章第二节），在各地区内部，企业管理者的胜任素质水平也存在不同程度的差异；企业管理者的管理层级、管理岗位，管理者的文化水平、性别、年龄，以及管理者所在企业的企业规模、所有权属性、行业对管理者的胜任素质水平都有不同程度的显著影响。因此各地企业应该根据本地区的企业管理者胜任素质的现状和特点，设计有针对性的管理者培训课程和管理实践活动，调动本地区企业管理者参与培训的积极性，激发本地区企业管理者的学习意识和热情，使培训真正起到提高管理者素质水平的作用。

我国东部沿海、沿江地区的企业多注重发展外向型企业，经营业务努力向海外拓展。我国海外企业的经营实践表明，只有具有国际化管理素质的人员才能胜任我国海外企业的经营和管理。另外，在我国东部沿海、沿江地区，外国企业的直接投资占有较大的比重，这些国外企业需要大量了解市场的本地管理人员参与它们在中国的经营活动。因此，企业管理者的国际化发展将成为我国东部沿海、沿江地区的重要特征之一。面对我国企业管理者与西方发达国家管理者在管理素质上的差距，这无疑是巨大的挑战，同时也是机遇。

参 考 文 献

[1] Avolio, B. J. (1999), *Full Leadership Development: Building the Vital Forces in Organizations*, Sage Publications, Inc.

[2] Conger, J. A., Rabindra N. (1998), *Kanungo Charismatic Leadership in Organizations*, Sage Publications, Inc.

[3] Eyde, L. D., Gregory, D. J., et al. (1999), *Leadership competencies for high performing organizations* (PRDC-02-99), Washington, DC: U. S. Office of Personnel Management, Personnel Resources and Development Center.

[4] Hickman, G. R. (1998), *Leading Organizations: Perspectives for a New Era*, Sage Publications, Inc.

[5] Kaagan, S. S. (1998), *Leadership Games Experiential Learning for Organizational Development*, Sage Publications, Inc.

[6] McClelland, D. C. (1973), Testing for competence rather than for intelligence, *American Psychologist*, 28(1): 1—14.

[7] Northouse, P. G. (2003), *Leadership: Theory and Practice* (Third Edition), Sage Publications, Inc.

[8] Spencer, L. M., Spencer, S. M. (1993), *Competence at work—Models for Superior Performance*, John Wiley & Sons, Inc.

[9] 居易,《环太湖研究的十大方向》,《苏州市职业大学学报》,2007 年第 1 期,第 17—22 页。

[10] 李杏,《南京苏州利用外商直接投资业绩与潜力比较研究——基于江苏范围内的比较》,《南京社会科学》,2004 年第 11 期。

[11] 刘广珠、段兴民、陈文莉,《从青岛企业管理者的素质看管理型人力资本定价》,《青岛科技大学学报》(社会科学版),2003 年第 2 期,第 63—66 页。

[12] 刘志亭、张敏,《科技进步对青岛市经济增长贡献的测算分析》,《青岛科技大学学报》(社会科学版),2006 年第 4 期,第 49—55 页。

[13] 毛军,《产业集聚与人力资本积累——以珠三角、长三角为例》,《北京师范大学学报》(社会科学版), 2006 年第 6 期,第 103—110 页。

[14] 山东新闻网,《青岛:紧贴社会经济发展脉搏,提供一流智力支持》,http://www.sdnews.com.cn,2006 年 11 月 13 日。

[15] 杨上广、吴柏均、章辉,《长三角人力资本研究:一个区域经济的视角》,《中国软科学》,2006 年第 9 期,第 96—104 页。

[16] 于海波、方俐洛、凌文辁,《全球性领导者的素质与培训》,《心理科学进展》,2003 年第 4 期,第 446—451 页。

[17] 翟胜涛、宋争,《管理者胜任素质》,机械工业出版社 2007 年版。

[18] 赵曙明,《国际企业:人力资源管理》,南京大学出版社 2005 年版。

[19] 赵曙明,《人力资源管理研究》,中国人民大学出版社 2001 年版。

[20] 中国城市文化联盟,《管理者素质层次等级划分》,http://www.cityculture.cn/ArticleShow.asp? Articleid = 42,2007 年 5 月 27 日。

[21] 《中小企业经营管理者需要哪些培训?》,《经济日报》,http://www.qdhr.org/bencandy.php? fid = 27&id = 239。

第三篇
应 用 篇

第十章

人力资源经理的职业化胜任素质研究

人力资源管理作为企业管理中非常重要的一项工作,也面临着职业化的挑战。人力资源管理者的职业化已经开始进入很多中国企业的视野。这是因为:一方面,企业人力资源管理已逐渐从行政性事务中独立出来,更多地从事战略性人力资源管理工作,企业人力资源管理的战略性要求人力资源管理者具有更强的专业性和更高的职业技能(赵曙明,2001)。另一方面,人力资源管理的各种具体职能,如招聘、甄选与录用、培训与开发、绩效管理与评估、薪酬体系的设计、劳动关系、职业安全和保障等问题的处理越来越具有专业性和技巧性。因此,越来越多的人力资源管理者被称为薪酬专家、劳资关系专家等等。国家人力资源和社会保障部已经开始进行人力资源管理从业者的资格认证。可以预见,一个人力资源管理职业化的时代即将来临。

第一节 人力资源经理职业化概观

工业革命早期,在一些美国企业的内部就出现了专门处理冲突的劳资关系专家。伴随工业革命的延伸,系统的社会分工和科学革命的发展使得一批专门从事工作分析、薪酬管理和考核的专家应运而生。不久我们将会看到,人力资源职业中更具职业化的从业人数会大幅度增加。

一、人力资源经理的职业化和市场化

(一)人力资源经理的职业化

什么是人力资源管理的职业化? 对这个问题,爱利特·弗里德森(Eliot Freidson,1973)对人力资源管理专业人员的职业化给出了这样的定义:

"职业化是一个过程。通过这个过程,人力资源管理从业人员由于其拥有的独特专长、关注工作质量以及为社会带来利益,而获得从事某种特定的工作、控制职业培训和职业进入、确定与评价该职业工作方式的专有权力。"

从发展的过程来看,在国外,作为企业管理者中的重要一员,人力资源经理的职业化发展也经过了一个很长的历史时期。在工业革命的早期,由于劳资双方之间发生了激烈的冲突,企业内部就产生了专门处理劳资关系的专家。后来,科学管理革命又导致了企业管理层内部分化出一批专门从事工作分析、薪酬管理和考核的专家。这时,管理者不仅从具体工作中分化出来,人力资源管理工作也从管理工作中分化从来,成为一项单独的管理职能,从而产生了一批人力资源管理专家(赵曙明,2001)。

在国内,我国企业人力资源管理者的职业化基础在于人力资源管理工作的专业化和技能化。但在我国传统的计划经济条件下,由于人事管理人员只是承担管工资、管档案的一般行政性工作,其从业人员很难形成专业技能,因而也就失去了职业化的基础。由于从业人员不具有专业技能,很难对其他人员形成专业进入壁垒,因而难以拥有专业权力和专业人才市场。如果我们不能从传统的非技能型的行政性人事管理工作向现代人力资源管理工作转变,人力资源管理者就很难形成专业技能,人力资源管理者的职业化也就难以实现。

(二)人力资源经理的市场化

人力资源经理职业化问题的另外一个方面是人力资源经理的市场化。可以说,没有人力资源经理市场,也就没有人力资源经理的职业化。人力资源经理作为管理劳动要素的职业者,正是通过人力资源经理市场进行交易的。要实现管理者的职业化,其落脚点也就是要建立完善的职业化人力资源管理者市场。

首先,人力资源管理者职业市场运行的基础在于人力资源管理者的职业技能。人力资源管理者市场的运行主体是拥有专业技能的人力资源从业人员。其他市场主体进入人力资源管理者市场的壁垒也在于人力资源管理者的技能。人力资源管理是一项高技能的工作,从业人员要掌握人力资源管理技能需要较多的时间和精力投入,而这些也对人力资源经理形成了较强的退出障碍。如果人力资源管理者不具有独特的专业技能,那么其他的人才就很容易进入这一市场,人力资源管理者专业市场就失去了与其他职业市场相区分的标志。另外,人力资源管理者市场的价格也反映了人力资源管理者具有的专业技能。人力资源管理的晋升和发展更多的是在市场内部的发展。从目前来看,我国的人力资源管理者市场仍是一个相对封闭的市场。

其次,任何一个职业管理者市场还体现在具有完善的从业者认证和选拔机制,人力资源管理者市场也不例外。通过市场衡量和提高人力资源从业者的专业水平,保证特定的职业工作内容与职业资质的一致性。

再次,人力资源经理市场可以通过市场力量对人力资源经理进行约束。在专业人力资源经理市场上,人力资源经理的任何不良的工作记录、受聘史和受聘业绩等都会对职业管理者形成强有力的约束。

最后,人力资源管理者的职业道德观念是人力资源经理职业市场运行的润滑剂。在世界范围内,职业管理者的职业道德观念都十分淡薄,诚信日益成为人们关注的焦点,这在美国发生的以安达信会计师事务所为代表的一系列商业案件中也表现得较为突出。在现代市场经济中,职业道德是职业人力资源经理市场运行的基础,也是规范和约束职业管理者的一个重要途径。

二、人力资源经理职业化的表现

一个市场的职业化水平可以通过很多特征表现出来。西方发达国家的人力资源管理者市场主要是通过如下方面的特征体现出来的:

1. 严格的职业资格认定机制

美国人力资源认证协会(HRCI)是美国的人力资源管理协会(Society for Human Resource Management,简称 SHRM)的附属机构,也是美国人力资源专业人员管理与认证的机构。该协会于 1948 年成立,除美国外,该协会在 120 多个国家有分会,现在有 170 000 会员。该协会由从事人力资源管理的专业人士制定认可的人力资源管理标准;对通过其专业经验及综合书面考试,满足了该机构规定掌握的人力资源知识要求的人力资源管理专业人员进行认证;向有志成为人力资源管理专业人士的人员提供信息和申请材料,回答办理有关证书手续方面的问题;评估换证申请,负责颁发新证和换证;监督证书考试操作机构的运作;保存所有获得证书的人力资源管理专业人员的数据库;向董事会提供行政管理和人员支持。

英国、瑞典的全国性人力资源管理协会是国家级的专业管理机构,负责建立人力资源管理行业的资格标准和程序确定,并负责资格认定的具体实施。这两个国家一直在努力把人力资源管理作为一个独立的管理职业。尤其是英国的职业认定程序非常严格,必须经过严格的考试,获得人事管理协会的资格证书并成为会员,才有资格应聘人力资源管理职位,从事人力资源管理工作。

2. 规范化的人力资源管理高等教育

由于目前人力资源管理的发展趋势是从强调操作性的活动向战略性人力资源管理过渡,组织对人力资源管理专业人员的期望和要求更高了,对人力资源专业人员的培养也引起了广泛的关注。越来越多的发达国家正在强化或增设本科水平和研究生水平的人力资源管理专业。在美国,许多大学,如康奈尔大学、明尼苏达大学、密歇根州立大学等专门开设了人力资源学位资格研究方向(罗钢,2004)。事实证明,那种认为任何人都能从事人力资源管理工作的观点是错误的。人力资源管理专业与其他任何专业一样,有着成熟的结构体系以及对行为解释的规范和准则。最近几年兴起的 MBA 课程,也代表了人力资源管理职业化的倾向,因为很多工商管理硕士课程中都包括人力资源管理专业。在法国,人力资源管理专业学位很少,但有 21 所技术大学提供人力资源管理专业的训练,有的大学授予人力资源管理硕士学位。人力资源管理的高度技能化要求提高专业人员的学历要求。根据 1994 年莱斯沃特豪斯与英国格兰菲尔德大学管理学院的欧洲人力资源管理研究中心所联合进行的一项调查,欧洲的公司大都对人力资源管理人员的学历和学位有较高的要求,尤其是对高级人力资源管理人员的学历水平要求较高,如法国 83%、西班牙 68%、瑞典 63%、英国 72%的高级人力资源管理人员具有大学本科以上的学历,德国的高级人力资源管理人员中,大学本科以上学历的比重相对较低,为 50%,但其中 6%的人拥有博士学位(孙健敏,2000)。

3. 专业性协会和专业化培训

在英国,主要通过人事与发展协会(IPD)向全国提供人力资源管理专业化的培训,同时还有许多经过人力资源管理协会授权的机构向社会提供人力资源管理培训课程,以此方式提高人力资源管理专业化水平,并向接受过专业课程培训的学员颁发证书。瑞典、法国的情况与英国相似,瑞典通过人力资源管理学会、法国通过人力资源经理协会提供全国性的人力资源专业化培训,并鼓励在大学商学院中设置人力资源管理课程。德国的人力资源管理学会主要通过举办各种类型的短期培训班和课程,定期出版刊物,促进人力资源管理专业人员的信息交流(赵曙明,2003)。

4. 专业化的人力资源管理人员配置

在美国,人力资源管理专业人员分为两类:通才和专才。人力资源管理通才有广泛的职责,包括为组织配置人员、在不同水平上培训和开发员工、管理多样化的劳动力、维持公正和公平的报酬项目、制定人力资源政策和程序、制定满足未来人力资源管理需要的方向,确保内部政策符合影响工作场所的所有法律。通才岗位通常被叫做人力资源或人事助理,协助做好整个部门的工作。较大的组织通常要求具有人力资源管理具体领域的技术知识和技能的专才。一般组织具有五个方面的人力资源管理专才,即招聘和录用专才、培训和开发专才、报酬和福利专才、劳动关系专才、职业卫生及安全和保障专才。除了上述五个领域的专才外,还有其他一些专才,但其工作不只是在一个专门的领域中。如人力资源信息系统专才负责管理电子化信息流、有关员工方面的报告以及福利项目。有些专才管理国际员工项目,还有的专才则侧重于满足组织未来对人力资源的需要方面的工作(邓宝山,2001)。目前绝大多数欧洲发达国家中企业人力资源管理部门工作的人数在 6 人以上,其中在英国的组织中所配置的人力资源管理专业人数最多,54% 的组织中人力资源管理专业人数为 11 人以上。从组织规模与人力资源管理专业人员数量的关系进行分析,在少于 1 000 人的组织中,2/3 以上的人力资源管理专业人数不超过 10 人;而在 1 000 人以上的组织中,大多数配置了 10 个以上的人力资源管理专业人员。人力资源管理专业人员被要求承担的具体职责取决于组织的性质和规模(孙健敏,2000)。

5. 较高的人力资源管理专业人员薪酬

在美国,人力资源管理专业人员的年薪不菲。年薪取决于许多因素:市场供需行情、该地区的生活水平、企业的规模、企业的盈利能力,等等。具有良好学术背景的大学毕业生从事人力资源管理通才职位的起薪平均为 3 万美元,如果学位更高则可以增加到 5 万美元或更多。具有至少 3 年工作经历的通才的平均年薪为 4 万美元。最近的年薪数据显示,高级人力资源经理的平均年薪为 13.1 万—26.9 万美元。大多数人力资源管理专业人员也有资格享受员工的福利项目。许多公司人力资源管理专业人员的直接福利待遇至少占年薪的 35%(邓宝山,2001)。我国人力资源经理的收入情况已经有了较大程度的提高。据调查,目前我国大集团公司的人力资源总监的月薪一般为 1 万—1.5 万元或高达 1.8 万—2 万元(一般在 1.5 万元上下浮动);薪酬经理、招聘经理等大体在 6 000 元—1.2 万元之间(一般在 8 000 元上下浮动)(新雷,2001)。

三、人力资源管理者职业化的资格认证

职业资格认证是职业化过程中的关键一步。职业资格认证对于提高从业者的技能、规范职业市场的运行具有重要的意义。职业资格认证是拥有评定排他性的特殊工作的权力。通过职业资格认证,人力资源从业者可以宣称,他们拥有一种专业化的能力,他们关心工作的资格和工作对社会的利益影响,从而获得特别的权力来控制工作培训和工作进入,并对这项工作的实施方法有决定权和评价权(Eliot Freidson, 1973)。

(一)美国的人力资源管理资格认证

美国的人力资源职业资格认证机构较多,比较著名的有人力资源管理协会(SHRM)、国际人力资源管理协会(IPMA)、雇员关系促进委员会(PERC)等。总部位于弗吉尼亚的国际人力资源管理协会主要从事公共机构人力资源从业者的职业资格认证,而总部位于亚特兰大的雇员关系促进委员会主持的认证项目是劳资关系专家证书(CERP)认证(郑大奇,2000)。其中,人力资源管理协会主持的人力资源认证项目涉及范围最广。

人力资源管理协会下设"人力资源证书机构"(The Human Resource Certification Institution)。人力资源证书机构成立于 1976 年,是世界上最大的致力于人力资源认证的组织。人力资源管理协会的人力资源证书考试分为两种:"人力资源专业人员"(PHR)和"人力资源高级专业人员"(SPHR)证书考试。人力资源证书是专业成就的象征。除了经历与教育程度以外,"人力资源专业人员"和"人力资源高级专业人员"证书表明已经掌握了人力资源整体知识。"人力资源专业人员"和"人力资源高级专业人员"证书考试的资格是必须有两年人力资源执业者、教学人员、研究人员或咨询人员的经历。尽管两种考试的资格要求是相同的,但是,考试的重点是不同的。"人力资源专业人员"证书考试包括人力资源操作和技术两方面的通才内容,而"人力资源高级专业人员"证书考试则强调人力资源战略和政策方面的通才内容。后一种考试对普通管理和对人力资源知识的应用要求更深。有鉴于此,人力资源证书机构建议打算参加"人力资源专业人员"证书考试者要有 2—4 年从事人力资源工作的无级别经历,而打算参加"人力资源高级专业人员"证书考试者则要有 6—8 年从事人力资源工作的无级别经历。为了维持专业知识水平,对获得人力资源专业人员两个级别证书的人员每三年换发一次新证,换发新证的条件是:成功地通过了换证考试,或参加了 6 个小时的与人力资源有关的活动,包括参加课程、

座谈会、专业研讨会等,或其他与人力资源有关的活动。

（二）英国的人力资源管理资格认证

英国人事与发展协会（IPD）一直在致力于英国人力资源从业人员的职业资格认证。它的职业资格方案为有志于人力资源管理与开发职业的会员设计了一系列的标准。对人力资源专业人员的整个职业生涯来说,这个标准的应用贯穿了他们职业技能持续发展的全过程。

英国人事与发展协会的继续专业发展（continuing professional development）政策要求绝大多数新会员都要参加正式课程学习并通过考核。英国人事与发展协会的认证方法是由英国人事与发展协会的管理人员、资格认证人员和培训主管以及在这一领域有专长的考核人员共同监督实施的。对于通过其他途径获得会员资格的人员,如免修课程、通过职业评价、拥有高级证书课程学习的经历,英国人事与发展协会设计了另外一套标准:使用外部检查人员,实行专业咨询师持续监督,并五年进行一次重新鉴定。另外,英国人事与发展协会具有较强的管理功能。它具有一套完善的资格认证系统,在人力资源管理方面的影响力也日益增加。很明显,如果某人不交会费,英国人事与发展协会会开除他的资格;如果继续专业发展的要求未被满足,他也不能升级。如果一个人的雇主并不在意其是否具有英国人事与发展协会会员资格,那么英国人事与发展协会的这些做法就不妨碍他继续从事人事与开发实践。因此英国人事与发展协会会员资格不是企业聘用一名人事与开发专业人士的必备条件。同时,英国人事与发展协会还致力于人事与开发的继续职业发展,开展了相当丰富的活动,如建立、检查和促进职业标准与职业道德;利用职业会员的专业经验以及其他资源,给人力资源管理从业人员提供专业化的知识,促进人事管理与开发的实践等。

（三）中国的人力资源管理资格认证

我国1999年5月颁布的《中华人民共和国职业分类大典》将企业人力资源管理人员列入第二大类:专业技术人员。2001年8月7日,劳动和社会保障部正式颁布《企业人力资源管理人员国家职业标准》,这使得我国企业人力资源管理人员与国外同行一样,成为一种需要具备专业知识和技能的特定职业。根据《中华人民共和国劳动法》的有关规定,为了进一步完善国家职业标准体系,为职业教育、职业培训和职业技能鉴定提供科学、规范的依据,劳动和社会保障部组织有关专家,在2003年8月《企业人力资源管理人员国家职业标准（试行）》的基础上,制定了《企业人力资源管理师国家职业标准(2007 年修订)》(以下简称《标准》),自 2007 年 2 月 6 日起施行。

"企业人力资源管理师"的职业定义为:从事人力资源规划、招聘与配置、培训与开发、绩效管理、薪酬福利管理、劳动关系管理等工作的专业管理人员。依据《标准》,"企业人力资源管理师"共设四个等级,分别为:四级企业人力资源管理师(国家职业资格四级)、三级企业人力资源管理师(国家职业资格三级)、二级企业人力资源管理师(国家职业资格二级)、一级企业人力资源管理师(国家职业资格一级)。《标准》还对人力资源管理师的职业环境、职业能力特征、基本文化程度、培训要求、鉴定要求、职业道德、基础知识、工作要求等出台了细则。应该说,该标准的出台标志着我国人力资源管理资格认证进入了稳步发展时期。

第二节　人力资源经理的胜任素质构成

胜任素质是一系列能够使工作成功的独特及相关的行为,这些行为是由个人深层的特性(例如性格、行为、驱动力、价值观及技术)所引起的。研究人力资源经理的胜任素质在人力资源管理实践中具有非常重要的意义,可以为人力资源经理的选拔、培养、发展、考核等提供重要的理论依据。

一、关于人力资源经理胜任素质的研究现状

人力资源管理是一项专业性极强的职能,人力资源经理的胜任素质与一般企业管理者的胜任素质应该存有差异。目前,国内外对人力资源经理胜任素质的研究刚刚开始,规范的实证研究并不多。

20 世纪 90 年代,人力资源管理者专业人员扮演的角色从传统的行政专家向多种角色,如战略伙伴、变革推动者和员工代言人转变(Ulrich,1998)。企业人力资源管理者角色的转变需要其具有相应的能力,如领导能力、创新能力、人际关系能力、合作能力(the conference board, 1990)。Tower Perrin 和 IBM 公司合作,对包括人力资源专业人员、公司顾问、直线经理以及学者在内的 3 000 多位人士进行了范围广泛的人力资源问题调查,揭示出人力资源经理的胜任素质包括:计算机知识(直线经理的观点)、人力资源知识与观念(学者的观点)、预测变化所带来影响的能力(公司顾问的观点)和对直线经理的教育培训和影响力(人力资源专业人员的

观点）。美国人力资源管理基金协会研究未来人力资源经理的胜任素质，来自于不同行业、不同规模、不同公司的 300 多位人力资源经理的数据表明，人力资源经理的胜任素质集中于领导、管理、功能和个人特性等方面。由韦思·布罗克邦克（Wayne Brockbank），戴尔·莱克（Dale Lake），戴维·奥利奇（Dave Ulrich）和杨国安（Arthur Yeung）所领导的密歇根大学研究小组，自 1988 年到 1998 年分三阶段调查 20 000 多名人力资源管理人员，发现人力资源经理的胜任素质包括 5 个维度：经营知识、管理人力资源、管理变革、管理文化和个人诚信。巴纳若（Barnara，2003）从培养高级人才的角度，提出人力资源管理者应该具有 5 个方面的能力。

我国学者对人力资源经理胜任素质的研究更多的是描述性的。赵曙明（2003）从人力资源职业化的特征出发，认为一个合格的人力资源经理应该具有人力资源专业知识、领导能力、创新能力、协调能力、人际交往能力等。吴绍琪等（2004）认为，人力资源管理者的胜任素质主要包括：学习能力、创新能力、育人能力、影响力、沟通能力、协调能力、信息能力、危机处理能力。田志峰（2004）提出，组织纪律性、事业心、公道正派、沉稳敏锐、决策力、沟通力、学习力、体魄、廉洁和奉献精神是称职的人力资源经理所应具有的特质。张晓（2004）则根据企业管理者胜任素质的通用模型，分别从知识、能力、自我概念、个性和动机 5 个维度来讨论了人力资源经理的胜任素质。顾琴轩（2001）通过企业人力资源管理人员和高校人力资源专业的学生分别对假设中的 17 项胜任素质进行认知度排序，发现人力资源管理人员最认同的 6 项胜任素质分别是：值得信赖、解决问题的能力、识人能力、沟通能力、人力资源专业知识、学习能力，而人力资源专业的学生最认同的 6 项胜任素质：识人能力、沟通能力、亲和力、自我控制能力、值得信赖和人力资源专业知识。

总之，国内外的专家与学者对人力资源经理的胜任素质只是进行了初步的探索，人力资源经理胜任素质的维度和要素尚需要进一步发展与完善，同时需要更多实证研究的支持，并通过在管理实践中的应用来加以检验与修正。

二、人力资源经理的角色与职责

人力资源经理的胜任素质是和人力资源经理的具体角色、职责密切相关的。一般来说，人力资源经理的具体角色和职责决定了人力资源经理的胜任素质。因为构建人力资源经理的胜任素质，也是为了人力资源经理更好地完成自己的角色职责。在全球化竞争和网络经济的新经济时代,我们可以从企业的战略伙伴、变革的推动者、人事系统专家、企业精神激励者四个方面来阐述现代企业人力资源经理的角色、职责和其胜任素质的关系,下面是两者关系的具体阐述(叶文娟,2006)。

1. 行业知识领悟和战略配合能力——企业战略伙伴

新经济时代要求人力资源经理必须对所从事企业的相关行业知识有融会贯通的领悟力,才能对人力资源市场、人才发展走势、培训培养方向、绩效考核标准等有个基本的认识。其最重要的角色就是成为企业领导的战略伙伴。人力资源经理必须能够领会企业领导的经营战略目标,并能把企业目标分解成人力资源管理各环节的子目标。围绕实现企业经营战略,人力资源经理们必须进行有计划的人才选、育、用、留活动。所有的人力资源管理活动的设计和目标管理都应该站在为企业战略目标做贡献的角度来考虑和设计,不能只停留在传统的例行公事式的事务性招聘、绩效考评等阶段。通过使每一项工作均按企业战略目标需求设计,才能帮助支持企业战略目标的实现。同时还要利用自身对行业知识的领悟力,为所在企业制定可支撑企业战略目标的人力资源管理制度体系、人才聘用体系、绩效考核体系、培训体系等,推动其实施,并利用对相关人力资源市场、人才心理需求的深入了解和分析,配合 CEO 们制定出可操作的企业战略目标。

2. 企业文化发起和推动能力——变革推动者

在新经济环境下,企业唯有不断变革、持续创新,才能在残酷的竞争中建立核心竞争力,获得竞争优势。人力资源经理作为企业变革的推动者,可以通过发起企业文化运动来协助企业推动变革的实现。例如:人力资源经理可以通过组织有主题、有主持、有流程但参与人员不限的各种创新论坛,来鼓励员工在轻松的环境下参与讨论和思考变革的必要性、可行性,并提出他们的变革创意。通过技术、市场、管理等变革创新论坛,可以统一变革意识、收集变革思路、调查变革可能带来的观念冲突等,为变革作观念、意识上的统一和准备。在企业经营日益全球化的今天,人力资源经理要有开放的思维,根据市场经济供需关系的变化积极调整人力资源管理战略,改变自己的思维方式和行为方式,灵活应用不同的技巧和方法,从深层次上促进企业变革目标的平稳实现,并营造一种开放的、有弹性的、适应性的企业文化和竞争意识,培养员工个体和企业整体协调发展的共赢局面,使企业和个人在变化的环境中从容应对压力,积极开拓创新,平稳快速发展。

3. 人事系统策划和执行能力——人事系统专家

处于新经济时代竞争环境的企业,不仅对人力资源经理们在配合企业战略目标的实现和变革的推动上,提出了具有战略层面胜任素质的要求,而且还对人力资源经理原本就应具备的人事管理的专业知识和素质也提出了更高操作层面上的胜任素质的要求。人力资源经理不仅要熟悉人力资源管理的流程与方法,了解政府有关人事法规政策,而且还要具有在现代网络平台上融会贯通的实现人力资源有效管理的专业能力,包括:如何利用企业内部网实现人事资料的管理和查询、目标体系的管理、绩效考核过程的实施、培训体系的远程发布、薪酬福利的查询和管理、人事制度的宣传和发布,等等。人力资源经理的执行力不仅体现在与企业战略所配套的人力资源管理文件体系的建立上,而且体现在文件体系运行的过程控制、效果评估和持续改进上。

4. 企业上下的沟通和影响能力——企业精神激励者

企业的发展离不开企业员工,企业员工也只有在企业发展的前提下才能实现自身价值。在统一和协调企业和员工两者利益关系,达到双方共赢的过程中,人力资源经理扮演桥梁角色,并且用统一的企业精神激励员工与企业"共荣辱,同发展"。企业发展的原动力在于员工,人力资源管理的灵魂在于激发员工的创新意识和献身精神。优秀的人力资源经理应该有能力挖掘出潜藏于员工心灵之中的永不枯竭的活力源泉,使员工自动自发地为企业共同的目标而努力拼搏。企业精神的具体化实施,对人力资源经理提出了性格、人品、内涵和外表等多方面的要求。这些人性化的要求具体反映在人力资源经理的沟通力和感染力上。优秀的人力资源经理会运用各种机会和场合,采取个人、部门、公司或者不同骨干层面的正式或非正式的沟通和交流,将企业精神的内涵和具体表现不断地展现给员工,使之深入人心、为大家所认可并化作大家的行动。人力资源经理在分解企业战略目标的基础上表达企业精神,在领悟企业文化和资源条件的基础上,表达员工的发展需求,并通过员工发展目标与企业发展目标的良性互动,实现双方的共赢。

三、人力资源经理的职业化胜任素质

人力资源管理者的职业化胜任素质既包含人力资源管理从业人员应具备的一些基本素质和能力,即岗位胜任素质;也包括与人力资源经理的工作绩效密切相关,并能鉴别绩效一般和绩效卓越的人力资源经理的胜任

素质,即鉴别性胜任素质。人力资源经理的胜任素质具体包括以下内容:

1. 高尚的职业道德

所谓职业道德,就是在从事职业活动过程中的一系列可接受的行为标准和道德判断。它是一个行业的文化准则,告诉人们什么是正确的,什么是不正确的。商业道德的某些方面与人力资源管理的规定类似,已经渗透到了人力资源从业人员的所有方面。英国人事与发展协会要求成员应遵守职业行为准则,并受由专业协会制定的有规行为的约束。英国人事与发展协会的道德规范准则主要包括(赵曙明、刘洪,2002):

第一,准确无误。会员需要为雇主和员工提供具有高度准确性的信息和建议。

第二,保守机密。会员必须尊重雇主合法的保密需求,并保证所有的个人信息(包括员工现在、过去和将来的信息)得到保密。

第三,平等机会。会员必须在工作过程中坚决避免不公平和歧视的人力资源管理行为。

第四,公平交易。会员必须保持以公平合理的标准对待每一个人。

2. 很强的成就欲望和主动性

众多研究表明,成就欲望和主动性是管理者必备的胜任素质(吴文峰,2004)。人力资源经理作为中高层管理者自然也需要具备此胜任素质。

所谓成就欲望是指愿意为问题承担责任并不断地取得成果的内部动力,从而有利于整个组织的利益,它包括在困难面前和有压力的情况下取得成功所必需的韧性和可靠的品质。其典型行为包括:承担责任(主动寻求并承担责任,以实现自己和自己的工作领域以及他人的短期和长期的组织目标);追求有效的结果(即使面对挑战仍勇于承担取得有效的结果和流程的责任,鼓励他人也这么做);表现出干劲(表现出强大的自我驱动力,下决心取得预想的结果);专注精神(致力于积极工作以取得成效,不论有何困难、外界干扰和环境的变化,都能克服完成任务或工作的障碍)。

所谓主动性是指采取及时的行动实现目标,以及采取行动超标准地实现目标,它包括有积极主动的行为和意识,其典型行为包括:快速反应(当面对一个问题或意识到某个局面时立即采取行动);独立地采取行动(实施新的想法或解决方案,无须他人督促,不等待他人采取或要求采取行动);超前意识和行为(为了实现目标,必要时采取超出工作要求的行动)。

3. 不断发展自己的学习能力

在美国,打算从事人力资源管理职业的大学本科生被要求全面学习下列课程:组织行为学、心理学、经济学、管理学、劳动法规、会计学和统计学。此外,开发口头和书面沟通技能的课程也同样是必不可少的。对从事人力资源专业的人士来说,还需要学习人力资源专业技术需要的课程,如绩效管理与评估、薪酬制度设计等。人力资源管理、劳资关系、组织开发、组织行为学士学位以及工商管理硕士学位是今天在日益复杂的市场中准备成为人力资源专业人员者的必要条件。

为了满足人力资源专业人员不断发展的教育需要,人力资源专业机构提供的研讨会和证书项目为人力资源专业人员创造了许多有价值的机会来了解该领域的最新发展。对没有与上述专业相同的学术背景,或已经受雇于其他专业的人士来说,是可以转行到人力资源管理领域的,但是比较困难。一般说来,如果要转行的话,必须拥有一个容易转行的学术背景和相关的专业经历。如果对人力资源管理表现出兴趣的人以前已经在从事与人打交道的职业,要转而从事人力资源管理职业就相对容易一些。当然,至关重要的是要有从事普通管理的经历和对经营管理的了解。

4. 很强的创造性和影响协调能力

作为企业的人力资源管理者,如果没有新的思路、新的创造力,这将是致命的弱点。人力资源管理者要知道政策的精髓所在,敢于打破现状,不断地为企业高层管理者提供战略性的建议。人力资源管理者在企业要有影响力,就必须学会有效沟通。在制定政策和措施的过程中,人力资源管理人员既是管理方的代言人,又是员工方的代表,因此人力资源管理人员必须具备良好的判断和倾听技能。要有很强的语言表达能力和文字表达能力,还要具备信息沟通的技巧。人力资源管理师只有生动、准确地将自己的思想、研究成果表达出来,其观点才有可能被公司决策层采用。与上级、同事及员工经常沟通交流,让他们了解你的工作、你的思路,使自己的影响传递出去,从而对企业人力资源管理政策产生影响。

人力资源管理专业人员必须具有很强的协调能力。一旦选择了这个职业,就要与不同知识、不同文化、不同技能、不同年龄背景的人打交道,必须要有忍耐性和灵活性。由于人力资源管理专业人员要参与大量的行政管理工作,因而需要他们有很强的协调能力。

5. 良好的沟通和人际理解能力

就人力资源经理的工作内容而言,其招人、用人、激励人以及留人都离不开与人的交往,因此,良好的沟通和人际理解能力必不可少。

所谓沟通是指对人的兴趣和与人的关系,包括理解他人的愿望,以清晰简洁的方式与人交流。所谓人际理解,是指对他人的描述能准确地接收并且理解他人未表达出来或部分表达出来的想法、感觉和顾虑的能力,此外,它还包括在关键时刻运用正确的沟通技巧,以有助于各方理解的观点和想法的方式进行沟通。该胜任素质的典型行为包括:识别沟通的需要和机会(知道谁需要何种信息以便更好的工作或提供支持,例如背景资料、原因、重要性、可能产生的影响、选择方案、方法和程序、发展变化、担心、不同意见等);主动沟通(向相关人员提供信息,提供完整信息,需要时向他人索取信息,回应他人的信息,主动讨论以解决问题,以正面的方式与人沟通);确保正确的理解(清晰和简洁,用恰当的风格和语言表达信息,寻求和给予反馈,聆听,确认自己的理解,正确地理解信息并做出恰当的回应);开放和敏锐(愿意向他人学习,寻求听众的意见;接受建设性的反馈,对他人的需求和对复杂信息的理解力敏感,给别人表达感情、情绪和挫折感的机会,妥当处理机密信息);具有高度的洞察力(与来自不同文化或群体的人工作自如并及时调整风格,理解隐含的潜台词,根据场合和对象调整自己的风格或方式)。

6. 良好的个人效能

个人工作效能反映出个人与他人以及工作的相关性。该胜任素质决定了人力资源经理在遇到紧急事件时排解压力、解决困难等一系列有效的行为,同时也支持着其他胜任素质发挥作用(Spencer & Spencer,1993)。良好的个人效能包括自我控制、表现自信、团队合作和勇于承诺。

所谓自我控制,是指人在遭受诱惑、阻力、敌意、压力时,保持冷静、抑制负面情绪和行动的能力,其典型行为包括:不容易冲动;可以抵御不适当行为的诱惑;在压力情况下保持冷静;寻找可以接受的方法缓解压力;即使在压力下也会以正面的方式来面对问题。所谓表现自信,是指一个人面对挑战或各种挫折时,对完成一项任务或采取某种手段完成任务或解决问题所表现出来的信念,其典型行为包括:即使别人不同意,还是会下决心或采取行动;通过让人产生强烈印象的方式来表现自己;通过个人的判断或能力来表达自信;与上级有冲突时,以清晰、自信的方式表达自己的立场;为错误、失败或缺点承担起个人责任;总结失败的教训,并改善未来的表现。所谓团队合作,是指与他人协作达到共同目标的能力,其典型行为包括:使用有效的关系技巧;聆听、尊重他人;对事不对人;考虑对他人产生的后果性的影响;重视和利用每个人的不同之处和才能;把团队目标放在个人目标之上;和队员或组织中其他可从信息中获益的人分享重要的或相关的信息。所谓勇于承诺,是指把自己的行为与组织的需要、组织的优先次序以及目标相配合的意愿和能力,同时它也是一种和一个或多个人合作、作为组织的一部分支持组织目标实现的真实的愿望,其典型行为包括:作为公司的宣传者以可信的方式选择组织的决议和价值观;作风正派,为人诚实,言行一致;以支持公司为己任;支持并倡导组织的远景、价值观、战略决定。

7. 恰当的自我认知

认知能力是个体设法了解情况、任务、问题、机会或知识的主体,它是帮助人力资源经理了解和认识外界事物的基本条件。该胜任素质通常与工作的实际内容相联系,同时也是支持其他胜任素质发挥作用的基础(Spencer & Spencer,1993)。恰当的自我认知包括分析式思考、概念式思考和专业知识。

所谓分析式思考,是指通过将一个事物分解为若干部分,或通过层层因果关系描述其内在联系的方式来理解事物,通常表现为系统地组织与拆分事物的各个部分,然后通过系统的比较,确定相互间的因果关系与时间顺序等内容。其典型行为包括:确定重要程度,设定先后顺序;系统地将重要任务分解成可以处理的小部分;找出事件的几个可能原因或几个可能的行为后果;预料可能产生的障碍,并事先设想接下来的步骤;运用分析技巧,找出多个解决方案,并衡量每个方案的价值。所谓概念式思考,是指通过组合片断和着眼大局来了解一个状况或问题,包括找出复杂情况中的关键或根本问题,为关系并不明显的情况理出头绪等。其典型行为包括:运用常识或过去的经验分析问题和情况;发现现状与过去所发生的事情之间的重大差别;适当运用并修改复杂的已知概念或方法;从不相关的领域中,找出复杂资料内在价值的关系。所谓专业知识,是指对一系列与工作相关的知识(可能式技术、职业或管理方面)的精通了解,以及延伸、利用和传播知识给别人的动机。其典型行为包括:采取措施让技能和知识不落伍;对现在从事领域以外的事物表现出好奇心;愿意帮助他人解决技术问题;通过上课或自学,掌握新的知识;积极在组织内部传播新技术。

8. 优秀的领导魅力

人力资源经理作为企业高层管理者,不仅要管理本部门内部下属员工,也要管理全公司的员工,没有优秀的领导魅力是无法胜任该职位的。该胜任素质包括战略合作思维、组织意识、冲突管理、个人及团队领导、发展并辅导他人。

所谓战略合作思维,是指针对不同假设进行思考,确立长期的目标并将其与日常工作相联系的思维,它包括对公司目标的认识,在更高层次上确认未来全球变化对公司的影响以及公司自身将发生的变化。其典型行为包括组织信息、评估和选择策略、确定行动及行动步骤、计划实施。所谓组织意识,是指识别、理解和运用组织内部和组织外部(客户、供应商等)权利关系的能力,涉及识别真正的意见主导者、决策人以及有意识地建立和维持关系的能力。其典型行为包括:理解并根据组织间的正式和非正式的结构工作;理解组织文化并与之适应;理解组织内的权力基础。所谓冲突管理,是指愿意公开地、客观地面对问题,自信地维护自己的观点,以及用理性和建设性的态度解决问题,它包括以开放的态度接受他人的批评,认真对待别人的意见和新的思维,以及愿意在新信息的基础上改变个人的意见。其典型行为包括:澄清现有状况;有效地开展讨论;保持开放的态度;专注;扩展别人和自己的观点。所谓个人及团队领导,不仅仅是指正式意义上的团队领导,它描述的是一个个体如何管理自身以及一个团队。其典型行为包括:选择授权;定义行动的自由度;给予指导和支持;跟进活动;评估业绩;鼓励他人承担责任。所谓发展并辅导他人,是指计划和支持个人技能和能力的发展,使他人能更有效地完成现在或将来的工作/角色职责,它包括使用恰当的人际交往方式来激励和指导直接下属工作,以及支持和辅导团队成员的知识和技能的发展,也包括及时给予反馈、指导和培训以帮助个人达到目标,分享与预期的标准相关的个人业绩情况,以及改进策略的讨论。其典型行为包括:合作建立发展目标和计划;创造一个学习的环境;解释和示范;提供反馈及强化;运用关键原则。

第三节　职业化人力资源经理的培养

我国人力资源经理职业化过程目前还存在比较多的问题,实现人力资源经理的职业化还需要各方面大力推动。本节针对我国人力资源经理职业化过程中的具体问题,提出了人力资源经理职业化的对策,并就人力资源经理的职业化胜任素质的培养和发展提出一些对策和建议。

一、我国人力资源经理职业化存在的问题分析

就我国目前来看,人力资源经理职业化还存在诸多问题,具体表现在:

1. 人力资源职业经理人稀缺

人力资源管理被引入我国还不足20年的时间,属于20世纪90年代中后期才真正发展起来的新兴学科,我国的人力资源经理的数量和质量远远满足不了人力资源管理行业迅猛发展的要求。既懂一般管理,又懂人力资源管理的人力资源经理凤毛麟角,在人力资源管理行业有十几年工作经验的职业经理人更是寥寥无几。在目前,人才市场上虽然已经积累了众多人力资源从业者,但实际上却充斥着很多"蹩脚的"人力资源职业经理人,有的是单纯追求所谓专业性而脱离业务需求的"技术型"人力资源经理,有的是单纯追求人际关系或人事斗争的"人情型"人力资源经理,更多的是陷入日常杂务的"保姆型"人力资源经理(林南山、刘兴阳,2007)。我国现有的人力资源经理是整个社会的"稀缺资源",缺乏人力资源职业经理人已经成为目前制约企业人力资源管理发展的瓶颈,严重阻碍了企业未来的人力资源管理的发展和创新,也必然影响其职业化进程。

2. 整体素质较低,学历层次不高

我国有许多企业不重视人力资源管理工作,轻视人力资源管理功能,人力资源经理的整体素质较低,很多人力资源管理部门的经理都是半路出家,大多是从行政岗位或秘书岗位转行过来的,综合能力不强,学历层次不高,知识陈旧老化,对新的人力资源管理业务、新的人力资源管理工具以及技术不了解或不甚了解,仅凭经验从事企业的人力资源管理活动,既不懂人力资源规划,也不懂人力资源管理如何运作,因此无法完成人力资源管理任务。一项对广东多家企业的人力资源管理部门的调查显示,大部分人力资源经理无法胜任本职工作,约占总数的41%,基本胜任者占39%,胜任者只占20%(陈晶瑛,2005)。

3. 人才流动性大

人才流动性大是人力资源经理职业的又一大危机。据一项调查显示,原来人力资源经理平均跳槽时间为2.5—5年,但近年平均跳槽时间为2年,人力资源经理的流动率为7%—15%左右(赵曙明,2003)。人力资源管理行业是以人为本的行业,"挖角"现象十分严重,重金挖人等手段层出

不穷,每年都有大量的人力资源经理流失,这一现象给人力资源经理的职业化带来了严峻的挑战。

4. 高校人力资源管理专业培养滞后

截至目前,全国具有人力资源管理专业本科招生资格的高等院校(包括了独立设置的二级学院在内)已经超过300所,一些院校的人力资源管理专业本科生的年招生数已经超过150人,这说明我国高校人力资源管理专业培养在数量上取得了长足的进步,但是在培养质量上却令人担忧。国内大多数高校对人力资源管理专业人才的培养目标表述为:培养具备管理、经济、法律及人力资源管理等方面的知识和能力,能在企事业单位及政府部门从事人力资源管理以及教学、科研方面工作的高级专门人才。这种定位的缺陷主要是,无论在理论知识上、专业技能上,还是在就业目标上,都没有突出人力资源管理专业的独特性。具体表现为:(1)毕业生市场定位比较宽泛,针对性不强;(2)理论知识结构定位不明确,与工商管理类专业差不多;(3)具体专业能力界定不够清楚;(4)培养目标缺乏差异性。此外,在培养环节中,重理论传授、轻实践学习,缺乏本土化的优秀教材,部分高校专业师资力量较弱等,这些都影响了专业型人力资源管理人才的培养质量。

5. 行业准入条件低

由于人力资源管理的大量初级工作几乎谁都能做,这就出现了从事人力资源工作的人来自各种各样的领域,有学哲学的,有学外语的,有学经济的,有学政治的,有学机械的,甚至没有学过任何专业的人也可以做人力资源工作,也可以当人力资源经理。虽然我国已经建立了人力资源管理的国家职业资格认证,但是通过认证的往往不具备从业经验,有从业经验的往往没有时间去认真学习,这就造成了很大的衔接问题。

二、人力资源专业人才培养存在的问题分析

目前我国设置人力资源管理专业的学校在专业的建设与发展中,主要存在以下一些问题:

1. 师资队伍建设存在问题

师资队伍建设存在的问题既表现在师资的质量上,也表现在师资的数量上。从质量上看,师资队伍的总体结构不够合理,与专业的发展要求尚有较大差距。一方面,缺少高学历、高水平、高职称的学科带头人,对资源的吸聚有一定的影响作用;另一方面,青年教师的提高还不够快,具体表现

为学术带头人的培养不够,青年教师的短期进修、访问研究和学历提高不足。从数量上看,在高校扩招的大背景下,教师数量的增长速度远远落后于学生数量的增长,师资相对紧缺,这使教师教学任务太重而通常没有时间进行学术研究与教改研究。

2. 资金投入不足造成专业发展瓶颈

资金投入的缺乏首先使得人力资源管理实验室的建设成为困难。人力资源管理专业是具有很强实践性的综合性学科,需要有配套的综合实验室。模拟实验室设置的主要目的在于训练学生基本的专业实践能力,初步掌握人力资源的招聘和选拔、培训、薪酬管理、绩效考核、人力资源素质测评、劳动技能开发等技能,同时锻炼和提高学生自身的素质。在条件基本具备的情况下,结合课程设计和毕业设计等,引导学生对人力资源管理的基本技能和管理软件等进行开发。加强实验教学是弥补企业现场实践的不足、提升人力资源管理专业教学质量、培养学生综合素质的重要手段与方法,因而,建设专业实验室显得十分迫切与必要。

此外,硬件设施建设缺乏会造成实践教学活动无条件开展,图书资料建设滞后也使学生的知识自主获取能力受到限制。由于经费的原因致使教师的培训机会减少,参与国际甚至国内的学术交流活动次数有限,使教师的教育科研水平提高受到限制。

3. 课程建设处于探索过程中

人力资源管理专业学科跨度大,人力资源管理专业课程综合了现代管理学、经济学、心理学、法学、社会学和行为科学的基本理论和方法,课程建设处于探索过程中。现有的课程设置的内容有交叉重复的情况,有的课程设置未能充分体现人力资源管理专业学科的特点。总之,我国的人力资源教育在总体上仍处于改革、调整和发展过程中,如何完善课程体系和教学内容,加强教材建设,急需在深入研讨的基础上采取有效措施加以解决。

4. 实习基地建设不健全

就当前的情况来讲,专业教学实习基地的建设处于摸索阶段。由于涉及人力资源管理的问题大多是各企业的核心问题,使企业接收本专业的实习学生有一定困难,从而使建立一定数量及稳定的实习基地的设想无法很好实现。

三、人力资源管理人才的胜任素质培养

（一）人力资源管理专业培养目标定位

企业是我国社会主义市场经济的主体,因此我国高等院校人力资源管理专业教育的培养目标主要是为我国企业服务,输送胜任的企业人力资源管理人员,即具有扎实的相关专业理论知识与较高实务操作能力的企业人力资源管理人员。不同层次的高等教育,其培养目标应有所不同。具体而言,人力资源管理专业的本科教育目标应是为我国企业培养具有胜任力的一般人力资源管理人员;人力资源管理专业的硕士教育目标应是为我国企业培养人力资源经理人员(包括基层、中层与高层人力资源管理人员),以及人力资源咨询人员;人力资源管理专业的博士教育目标应是为我国高等院校培养胜任的人力资源管理专业教师,以及为企业培养胜任的中高层人力资源管理人员与高级人力资源咨询人员。

另外,由于各个高等院校历史积累与学生层次等存在明显差异,可以根据自身的情况等进行特色定位。综合性大学应突出"博",以培养硕士以上人力资源管理专业学生为主,一、二年级工商管理大专业学习基本的经济学、管理学、心理学、社会学等方面的基础知识,三、四年级在工商管理大专业下设人力资源管理方向,否则口径太窄。而地方性大学应突出"专",以操作性技能培养为主。例如,江南大学提出了更具体的培养目标,人力资源管理专业本科生应为民营企业服务,为此该院校经常有针对性地组织在校本科生去当地的民营企业实习,从而有针对性地培养人力资源管理人员的胜任素质。

（二）人力资源管理专业培养能力要求

孙达林(2003)通过座谈、个别访谈、表格分析等方法,了解到在应聘面试中,企业主要看重学生的人力资源管理专业能力,包括(按降序排列):方案设计、调查分析、计算机编程、对专业知识的理解、整理事务的能力、解决冲突的能力、书写能力、沟通能力、组织领导能力、英语能力及体质负荷能力等 11 项。而学生认为应该被要求的能力只有 9 项(按降序排列):对专业知识的理解力、沟通能力、组织领导能力、解决冲突的能力、方案设计能力、调查分析能力、英语口语能力、计算机能力与适应能力等。因此,企业与学生达成一致的不到30%。

我国高等院校应以人力资源管理经理胜任素质模型为导向发展人力资源管理专业的教育,通过课程教学,使人力资源管理专业毕业生具备人

力资源管理经理的岗位性胜任素质,包括基本知识、专业化培训和不断学习的能力、很强的创造性和影响力、很强的协调能力、高尚的职业道德等,这是人力资源管理专业教育的基本目标之一;通过多方位立体教学,借助社会各界的力量,开展丰富多彩的各种社会实践活动、团队活动等,在学生个人的主观努力与高等院校的有计划组织下,使人力资源管理专业毕业生具备人力资源管理经理的鉴别性胜任素质,这是人力资源管理专业教育的战略目标之一。

(三)人力资源管理专业课程设置

设置独立的人力资源管理专业,好处在于:(1)企业认为人力资源管理专业大学毕业生更适合做企业人力资源管理工作;(2)人力资源管理专业是一个新兴专业,总体上就业形势比较好。弊端在于:(1)人力资源管理专业的专门性较强,大多数人认为该专业毕业的大学生更适于做企业人力资源管理方面的工作,适应面较窄;(2)有些本科生不一定喜欢或者可能不适合做人力资源管理工作,但因为高考报志愿时很盲目,后来学习人力资源管理专业,就被迫从事人力资源管理工作,即使他们有其他方面的兴趣、专长,也很难再有选择的机会。比较常见的现象是,人力资源管理工作需要频繁地与人打交道,一些性格内向的学生对此感到不适应。

因此,大一新生可以一起学同样的概论性课程,了解各专业的粗浅知识,大二时再选专业。在一项对人力资源管理专业本科毕业生的调查中,60.15%的同学倾向于一、二年级按照工商管理/企业管理大专业培养,这样,经过两年的学习,掌握比较多的经济、管理知识,具有一定的兼职企业工作经历,并对企业及其管理运作有所了解,在比较清楚自己的职业兴趣(测试过职业兴趣)之后,经过认真的思考,再在三、四年级选择工商管理大专业下的小专业,例如人力资源管理专业。此时信息比较对称,更能够实现专业与个人职业兴趣的匹配(陈万思,2005)。

(四)人力资源管理专业课程内容

国外著名商学院人力资源管理专业课程内容包括人力资源管理、工作分析、人力资源招聘、筛选与录用、绩效管理、薪酬管理、培训管理(或人力资源开发)、劳资关系、组织文化、组织中的领导与激励、知识管理、商业伦理(中国工商管理学科发展战略研究课题组,2003)。虽然国内高校所设置课程基本上能够与国际接轨,但要以人力资源经理的胜任素质为导向,还应注意把握以下几个问题:

(1)课程内容应以理论为基础,以实务为重点。在课程内容选择上,尤其要重视中西结合,讲授具有中国特色的人力资源管理理论与实践。应以一些变化不大的基本原理、学科体系框架等基础理论部分为"骨",简单讲解,让学生系统认识该学科的理论体系;随着社会经济的不断发展,为企业与学生提供一些具体方法、实践、模式等,让学生"实践出真知",加深对基础理论的理解与认识,最终使之能够系统地掌握相关学科的基础理论与基本实践操作技能,培养企业人力资源管理人员胜任素质。总之,课程内容必须强调理论联系实际,做到动静结合,不断推陈出新。

(2)专业课适当提前,相关课程考虑调整。可以考虑将原来三年半的课程压缩在三年内完成,最后一年以项目为基础,进行调查研究,了解公司背景、清楚企业运作之后再确定实习报告题目以及实习企业等,而且实习企业的推荐对就业作用很大。

(3)课程内容柔性化。同样一门课程,讲授对象不同,侧重点应有所不同。譬如,可以要求人力资源管理专业本科生大三时确定考研还是找工作,以此分班。对于就业的同学,课程偏重实践,并根据企业实习内容,选择当前企业人力资源管理中存在的一个实际问题,撰写毕业论文,以此作为找工作时的一个优势;对于考研的同学,课程偏重理论,可以考虑像美国一些著名大学一样,开设各门学科的研究方法论,组织本科生进行科学研究,为研究生阶段的科学研究打下良好基础。

(五)人力资源管理专业教学方法

为了适应知识经济社会发展的需要,人力资源管理教学必须采取开放式的教学方法,在教学中学生从客体转为主体,从传统的知识输出转向启发学生分析问题和解决问题,培养他们的创新能力和团队合作精神。为此可以考虑:

(1)多种教学方法灵活地交叉运用。一方面,在课堂上根据课程内容与学生特点选择适当的教学方法,避免纯理论教学,而应在实践的环境中教学,如在网络教学中设计网络招聘、在多媒体教学中进行现场演示等,加深学生的感性认识,深刻了解人力资源管理的内涵和要求。另一方面,引导学生利用课外时间加深对企业人力资源管理工作的认识与体会。可以结合校园开展人力资源管理实践活动,如给学生社团做一个完整的工作分析,从入党积极分子、团委团干、新生入学培训中任选一个项目设计方案等。

(2)向复合式教学转变。在教师经常深入企业收集资料的同时,人力资源管理专业教师之间应加强沟通,团队合作,优势互补,以克服每位教师学术专长不同、各精一块、各有弱项的缺陷。另外,还可以请一些对人力资源管理理论与实践有比较深刻认识的知名企业成功人士(特别是总经理、人力资源总监等)做报告,使学生多接触企业实际最先进的东西。

（3）适度采用双语教学。培养学生的跨文化管理能力,并使其具备人力资源专业外语的基本知识。

（六）健全人力资源管理专业国家资格认证

虽然我国建立了人力资源管理专业国家资格认证,但还有许多方面需要健全,包括:

（1）1998 年 5 月 5 日,由大学教授和企业界专家组成的法国高等教育改革委员会向教育部部长阿莱格尔提交了《构建欧洲高等教育模式》的报告,指出"应当保证所有大学生在离开高等教育时都拥有一个具有职业价值的文凭"(陈万思,2005)。中国高等院校也可以借鉴之,人力资源管理专业学生在毕业时除了取得大学毕业证书与学士学位,还应通过国家的企业人力资源管理人员职业资格鉴定考试,获得初级职业资格证书,这样除了健全了人力资源管理师国家职业资格认证体系,还为更高层次人力资源经理培养积累了可观的人才储备。

（2）针对现在人力资源管理行业大量的非专业出身的工作人员,有必要进行抢救性的资格认证。一方面,由于这部分人从业经历较丰富,这在一定程度上弥补了其理论上的缺陷;另一方面,由于工作本身的繁重,他们往往不具备脱产学习的可能。此时需要整个认证体系在原则性和灵活性之间寻求平衡,使其覆盖所有具备人力资源经理胜任素质的优秀人才。

四、提升人力资源经理胜任素质的管理实践

1. 加强自我修炼,注重企业培训

优秀的个人品质是人成功的一半。企业人力资源经理提高工作绩效,要注重个人行为,加强个人修炼。主要可以加强以下方面:(1)以身作则。一个简单而有效的影响别人的方法是通过以身作则来领导或者影响他人。人力资源经理可以通过其自身的行动来传播企业文化、各种期望和工作安排。在那些显示忠诚、作出自我牺牲以及承担额外工作的行为方面特别要以身作则。(2)理性的说服。当需要协调各种部门之间、员工之间的各种矛盾时,理性的说服是一种解决问题的有效方式。既能达到解决矛盾的目的,又比较公正客观,有利于说服者威信的建立。(3)主动帮助。作为人力资源经理,需要在工作上主动积极,特别是员工遇到困难时,要真诚地给予帮助。(4)形成一个可以仰仗的人员网络。网络的形成对把握职业生涯(包括成为一位具有影响力的人)来说是很重要的策略。建立网络以及在需要时寻求支持的能力,有助于增强人力资源经理的影响力。

基于人力资源经理胜任素质分析,针对岗位要求,结合人力资源经理现有的素质状况,为其量身定做培训计划,帮助弥补自身"短木板"的不足。提高人力资源经理胜任素质的培训有以下几个途径:第一,参加管理知识的培训。通过此类培训,可以巩固人力资源经理的管理知识,有利于管理水平的提高。第二,参加人力资源经理经验交流座谈会。人力资源工作是一项操作性、实践性较强的工作。人力资源经理可以与被公认绩效优秀者进行经验交流,甚至可以直接到企业中去学习,从而找出自己与绩效优秀的人力资源经理的差距,提高自己的胜任素质。

2. 构建"三级沟通网",实施沟通反馈

沟通是一种把组织的成员联系在一起,以实现共同目标的手段。有关研究表明,管理中70%的错误是不善于沟通造成的。可见,管理离不开沟通,沟通渗透于管理的各个方面。人力资源经理也可以通过与上级、直线经理人和一般员工的沟通来发现自己的不足,从而自我完善和提高。在沟通上,要注意多层级的沟通。具体来说,要注意以下问题:第一,与上级进行沟通。上级的评价是自身绩效高低的一个重要标准,他能够从比较宏观的角度发现你工作执行的过程中存在的不足。与其沟通,会得到比较有代表性的宝贵意见,从而为改善工作提供方向上的保证。第二,与直线经理沟通。可以说,各直线经理或各部门经理本身就是"准人力资源经理",其职能的相当一部分就是人力资源工作,公司的规章制度、绩效考评、招聘管理等工作都要通过部门经理得到贯彻执行。他们可以在与人力资源经理共事的过程中发现存在的问题。第三,与员工沟通。一般员工是能够最直接感受工作情况的人,而且可以从另外的角度来发现问题。

3. 严格选拔程序,构建科学的选拔机制

当前很多企业选拔人才仍采用传统的人员选拔方式,一般比较重视考察人员的知识、技能等外显特征,而没有针对难以测量的核心动机和特质来挑选员工。这样做所导致的结果是,当组织进行有效性评估时,常常会发生所招聘的人才不适应组织文化或企业运作方式、缺乏有效辨识人才的评估机制与重点,以及招聘与重置成本高于所招聘的人才所能为组织带来的价值等问题。当然,人才选任本身就存在风险性。但是通过建构以胜任素质为基础的选任机制,就有利于形成以下优势:(1)基于胜任素质的选拔能够帮助企业找到具有核心动机和特质的员工,以胜任素质为甄选指标,可确保人才与组织文化相吻合;(2)以胜任素质为基础的招聘可以避免其他非胜任素质因素(如性别、年龄、外表)的干扰,进而确保招聘过程的客观性与公正性;(3)胜任素质是建立在预测优异绩效基础上的,它可以确保经过胜任素质甄选出的人才将能够有效地进行高绩效水平的工作,也就是说基于胜任素质的选任过程具有相对较高的成本效益,尤其是企业人力资源经理在选任中高层管理人员时,更应该建立科学的选拔机制。

4. 完善绩效管理体系

胜任素质分析也为绩效管理提供了新的思路和技术基础。首先,基于胜任素质的绩效管理在绩效标准的设计上既要设定任务绩效目标,又要设定胜任素质发展目标。人力资源经理绩效标准的设计应针对胜任素质、岗位的价值和组织长远发展的需要。其次,胜任素质分析应用于绩效管理可以更好地指导绩效考核,企业在评估人力资源经理的绩效时,应从目标的完成、任务绩效的提高和胜任素质的发展三方面来进行。再次,沟通是绩效管理的一个关键环节,基于胜任素质的绩效管理为绩效沟通增添了新的内涵,同时也为绩效管理确立了新的发展方向,这就需要建立公正的、具有发展导向和战略性的绩效管理体系。这样一个绩效管理体系应包括四方面的内容:第一,绩效目标应建立在认同和信任的基础上,人力资源经理需要参与绩效目标的制定,并通过管理沟通形成绩效承诺;第二,在整个绩效管理过程中,应针对人力资源经理胜任素质的特点,给予相应的指导、支持和授权,不断提高工作自主权,促进其与企业共同成长;第三,绩效考核应做到公平、公正,绩效沟通应着眼于胜任素质发展与绩效提高;第四,绩效管理不能仅仅局限于人力资源经理个人的绩效,应注意胜任素质中沟通和人际理解能力的培养与发挥,合理设计工作群体,努力提高群体绩效。

5. 强化职业生涯规划

指导员工进行职业生涯规划,帮助下属实现职业发展,这是现代人力资源开发的一个基本理念,也是人本管理的一项基本要求。成长与发展是人的一项基本而重要的需求,提高岗位胜任素质和就业能力是员工职业发展的重要方面,同时员工的发展又促进了企业竞争力的提升和企业发展。通过将人力资源经理的胜任素质与其职业生涯规划联系起来,对人力资源经理的胜任素质潜能进行评价,帮助了解个人特质与工作行为特点及发展需要,指导设计符合个人特征的职业发展规划,并在实施发展计划过程中提供支持和辅导。这样不仅能帮助人力资源经理实现自身的发展目标及职业潜能,也能促使其努力开发提高组织绩效的关键技能和行为,实现个人目标与组织经营战略目标之间的协同,达到员工和企业共同成长和发展。

6. 努力打造企业文化,营造良好氛围

人才的成长和自主发展,需要一个健康、和谐的工作环境和自主创新、有团队精神的企业文化。企业要提高人力资源经理素质,充分发挥其能力,就应该努力打造企业文化,为人力资源经理的胜任素质的提高营造良好的环境。这主要包括以下两个方面:第一,描绘美好的企业发展前景,构建和谐的企业文化。企业领导者应多与人力资源经理沟通交流,让其更多地了解企业的现状与发展前景,使其有不断努力工作的动力。第二,重视构建学习型组织。学习型组织的构建,将有助于企业人才之间以及他们与企业之间的交流、沟通、协作和信息共享。对于人力资源经理而言,学习组织的构建可以使其不断发现自己在胜任素质上的缺陷,从而有针对性地进行完善,不断提高自己的工作绩效,努力使自己成为企业优秀的人力资源经理。

参 考 文 献

[1] Freidson, Eliot(Ed.) (1973), *The Professions and Their Prospects*, London: Sage Publications.

[2] Goode, William J. (1969), *The Theoretical Limits of Professionalization in The Semi-professions and Their Organization*, Edited by Amitai Etzioni, New York: Free Press.

[3] Greenwood, Ernest(1957), Attributes of a profession, *Social Work*, 2(7): 44—55.

[4] Hall, Richard H. (1969), *Occupations and The Social Structure*, Englewood Cliffs, N. J. , Prentice-Hall.

[5] Snizek, William E. (1972), Hall's professionalism scale: An empirical reassessment, *American Sociological Review*, 37(1): 109—114.

[6] Ulrich, Dave, Wayne Brockbank, Arthur K. Yeung and Dale G. Lake(1995), Human resource competencies: An empirical assessment, *Human Resource Management* (1986—1998), 34(4): 162—164.

[7] Ulrich, D. (1998), A new mandate for human resources, *Harvard Business Review*, 76(1-2):124—134.

[8] 陈晶瑛,《人力资源管理职业经理人刍议》,《佛山科学技术学院学报》,2005 年第 2 期,第 75—77 页。

[9] 陈万思,《中国企业人力资源管理人员胜任力模型研究》,厦门大学 2004 年博士学位论文。

[10] 陈仙歌,《重庆地区企业人力资源经理胜任特征的实证研究》,重庆大学 2005 年硕士学位论文。

[11] 邓宝山,《美国人力资源管理专业人员及其认证制度》,《中国劳动》,2001 年第 1 期,第 35—37 页。

[12] 顾琴轩、朱牧,《人力资源专业人员胜任特征研究》,《中国人力资源开发》,2001 年第 10 期,第 4—8 页。

[13] 国际人力资源管理研究院编委会编著,《人力资源经理胜任素质模型》,机械工业出版社 2005 年版。

[14] 莱尔·斯班瑟、莘那·斯班瑟著,魏金梅译,《绩效考核——美国军方才能评鉴法》,汕头大学出版社 2005 年版。

[15] 罗钢,《人力资源管理专业人员的胜任素质》,《中国人力资源开发》,2004 年第 4 期,第 33—35 页。

[16] 马克斯·韦伯,《经济与社会》,商务印书馆 1999 年版。

[17] 孙健敏,《欧洲各国人力资源经理的培养与教育及对我国的启示》,《南开管理评论》,2000 年第 2 期,第 35—41 页。

[18] 泰罗,《科学管理原理》,团结出版社 1999 年版。

[19] 吴绍琪、陈千,《人力资源管理者需要具备哪些能力》,《中国人才》,2004 年第 11 期,第 80—81 页。

[20] 小艾尔弗雷德·钱德勒,《看得见的手——美国企业的管理革命》,商务印书馆 1987 年版。

[21] 新雷,《职场新宠:人力资源管理师》,《科技信息》,2001 年第 6 期,第 24 页。

[22] 赵曙明,《人力资源管理研究》,中国人民大学出版社 2001 年版。

[23] 赵曙明,《人力资源经理职业化的发展》,《南开管理评论》,2003 年第 5 期,第 73—77 页。

[24] 赵曙明、刘洪,《人力资源管理》,高等教育出版社 2002 年版。

[25] 郑大奇,《提升人力资源从业者的资信水平》,《中国人力资源开发》,2000 年第 4 期,第 46—47 页。

[26] 周健,《以职格证书制度为杠杆开发人力资源》,《中国培训》,2002 年第 2 期,第 33 页。

第十一章

医院管理者的职业化胜任素质研究

我国医院管理者长期以来沿袭"医生—医疗专家—出色医疗专家—院长"的成长模式。随着医疗市场的开放,民营医院、合资医院的崛起,特别是加入 WTO 后外资医院的进入,我国的医疗行业竞争日趋激烈。在此背景下,传统的"技而优则仕"的医院管理者的选拔方式已经越来越不能适应医院发展的需要,迫切需要一大批精管理、懂医学,同时掌握现代化技能、具有良好沟通能力和创新能力的复合型医院管理人才。早在 1997 年中共中央、国务院发布的《关于卫生改革与发展的决定》中就已明确提出:要"高度重视卫生管理人才的培养,造就一批适应卫生事业发展的职业化管理队伍"。面对新的形势,医院传统的管理模式和对管理者角色的要求将面临严峻的挑战,推进医院管理者职业化,提高新时期医院管理者的胜任素质,已显得刻不容缓(赵曙明、鲁翔,2007;鲁翔、赵曙明,2007)。

第一节 医院管理者职业化概观

医院管理者职业化首先出现在以美国为代表的西方国家,经过一百多年的发展,西方国家在医院管理者的选任、考核、奖惩以及教育与培训等方面形成了一套比较完整的体系和流程。我国在改革开放以后,开始进行医院管理体制的改革。伴随着社会主义市场经济体制的建立与完善,医院管理者职业化的进程也在不断加快。

一、医院管理者职业化的界定

医院管理者职业化是指医院管理工作必须由经过医院管理专门职业技能培训,通过国家法定部门考核,获得从业资格,受聘后以从事医院管理为其主要经济来源的专门人员担任。医院管理者包括从事医院管理决策、参谋、执行三个层面所属管理工作的全体人员。医院管理者职业化包括技能专业化、职业序列化、知识"T"型化、管理意识现代化、管理人员市场化等多项内容。推行医院管理者职业化制度,实质上是把医院的经营管理和学术发展分开,以更有利于提高效率及经济运作能力(耿希晨、陶乃煌等,2002)。职业化的医院管理者实际上就是以经营管理医院为终身职业,以契约的方式接受医院产权人的聘任,取得医院法人财产使用权,以经营者的合法身份经营管理医院,实现医院经济效益和社会效益目标,以自己的人力资源为资本获得个人收益,并取得职业业绩的人(陈绍福、徐宝瑞,2001)。

当前医院管理人员职业化趋势呈现出以下几个方面的特征:(1)综合性。表现在医院职业化管理的指导思想和行动指南上,既要对医院管理职业及医院管理系统工程以及卫生事业发展的一般规律和医院服务的特殊规律进行深刻认识,同时又要具有包括开启新的管理哲学、道德观、沟通能力、团队合作精神以及促进创造的思维方式。(2)创造性。医院管理者应以唯物、系统、发展、辩证的眼光认识医院及其所面临的环境,理解人、尊重人,注重激发和调动人的创造性、主动性,善于把握高度抽象的思维逻辑,具有探索者、开拓者的素质和品质,在他们的影响下能够形成优秀的医院管理文化。(3)协同性。医院管理者要具有高度的感召力,善于倾听不同的声音,能够发挥每一个成员的长处和潜能,主导医院管理人员活动的全过程。(4)规范性。医院管理者应该自觉遵循职业道德规范,履行职业伦理责任,率先垂范,以德治院。

二、国外医院管理者职业化发展的历史沿革

现代医院最早诞生在近 130 年前的美国,最初的医院是由慈善捐款所建立的。到 19 世纪末期,医院已经主要依靠病人来获取收入。20 世纪初,科学的管理原则开始在西方被普遍接受,医院也不例外。在医院的管理中,医生虽然继续扮演着重要的角色,但由于业务的增多,他们更忙于医疗工作,而将许多日常管理工作交给一些非医学专业人士去做。伴随着医院功能的日益集中,医院行政管理人员的作用变得越来越重要,从而产生了专职医院管理人员,医院管理工作被当做了一项职业。1899 年,美国成立了医院管理专业协会,即医院管理者协会。20 世纪 20 年代美国的大学开始设立医院管理学课程(魏东海、Louis Rubino,2002)。

随着医院职能的日益复杂化,西方国家开始大力推行医院管理者职业化。二战之后,由于制度主体的变革而导致医院管理发生了重大的变化。医院联合体、医院规模和复杂性的增加以及由此引起的更多的协调性工作,使得医院管理工作变得越来越重要。医院从强调对医疗的控制转变为对管理的加强。具有工商管理硕士背景的非医学专业人士此时便可以施展所长,依靠其拥有的医生所没有的管理技能为医院赢得利润,这就使得医生兼任管理工作的数量呈现下降趋势。例如,在 1960 年以前,32.5% 的美国医院里的管理人员是由医生担任的。具体而言,1952 年美国有 1 851 名医生从事管理工作,到 1962 年下降到 1 602 人,1972 年到 1982 年,美国从事管理工作的医生人数由 813 人下降到 202 人(魏东海、Louis Rubino,2002)。在澳大利亚,医院院长称为 CEO,是职业化的管理者,所有的院长都具有卫生管理硕士(MHA)或工商管理硕士(MBA)学位。他们当中大约有 10% 的人有医学背景。一旦他们走上管理工作岗位,就专职从事管理工作,不再参加或从事临床医疗工作(苏维、裴丽昆,2005)。大量的非医学专业人士担任医院管理者,推动了医院管理的专业化和职业化建设,极大地提高了医院的运营效率。

在医院管理职业化的期间,西方医院的院长出现了三种形式:第一种是管理院长,他们是工商管理硕士(MBA)或是公共管理硕士(MPA),强调把医院当做企业一样来经营,比较注重成本核算和医院的公共形象,研究医院怎样才能更多地占领市场份额。由 MPA 担任的医院院长多半是来自政府机构的管理官员,比较注重公共行政管理。第二种是副院长,允许医疗专家来担任,以保证医疗质量。第三种是护理院长,这仅在部分国家的医院存在(潘习龙、周志奇、吕玉波等,2001)。

由于以美国为代表的欧美国家的医院流行由管理专家任院长,目前,它们在医院管理者的教育目标、课程设置和培养方式等方面就已经形成了比较系统和完整的体系。到 20 世纪 90 年代,美国已经有 23 所大学开设卫生管理本科专业,有 64 所大学开设卫生管理硕士研究生专业。当然,同样是卫生管理专业,虽然设在工商管理学院与设在公共卫生学院的该专业都强调,要使接受培训者掌握系统的管理理论、熟练的管理操作技能,具有管理者的综合素养以及对管理职业的执著热情,但它们各自的侧重点并不一样。工商管理学院下的卫生管理专业比较注重基本的管理学、领导科学的理论和技能学习;而公共卫生学院下的卫生管理专业则强调把卫生管理学、卫生经济学和卫生政策学等专业核心课建立在公共卫生课程的基础上。目前,美国提供卫生管理博士研究生教育的大学约有 27 所,它们不仅专攻某一领域,而且注重拓展知识背景,内容涉及各学科的进展与前沿(兰增干,2005)。

三、我国医院管理者职业化的发展历程

新中国成立初期,中国的医院管理者基本上都是政治行政型院长,缺乏医院管理的职业知识和技能。后来逐渐向技术型的医疗专家型转变,即由政治行政型院长逐渐向硬专家型院长转变。目前正在开始新一次的转变,即从硬专家型院长向职业化院长的转变。

在长期的计划管理体制下,医院经营管理混乱,人浮于事,效率低下。改革开放以后,特别是从 1985 年开始,全面医改正式启动,其基本思路是模仿国有企业改革,"放权让利,扩大医院自主权,放开搞活,提高医院的效率和效益"。1992 年,中国确立了建立社会主义市场经济体制的改革目标,医院也进行"医疗市场化"改革。2000 年,产权改革延伸到医疗卫生领域,国务院《关于城镇医疗卫生体制改革的指导意见》出台,为完全"市场化"的医改开了绿灯,也为推动医院管理者职业化建设提供了必要的组织基础。同年,中组部、人事部、卫生部联合出台《关于深化卫生事业单位人事制度改革的实施意见》,明确提出改革的目标是要"逐步建立起符合卫生工作特点的政事职责分开,政府依法监督,单位自主用人,人员自由择业,科学分类管理,配套措施完善的管理新体制……"。该《意见》中专门对卫生管理提出了目标,即卫生管理人员实行职员聘任制,逐步建立符合卫生事业单位行政管理特点的岗位序列和体现管理人员能力、业绩、资历、岗位需要的工资待遇。党的十六届三中全会通过的《关于完善社会主义市场经济体制若干问题的决定》中,在分段论述科技、教育、文化、卫生体制改革之前,专门有一个段落论述"营造实施人才强国战略的体制环境。创新人才工作机制,培养、吸引和用好各类人才"。这也为我国医院管理人员逐步走向职业化指明了方向。

长期以来,我国国内医院绝大多数是医疗专家当院长,医院里的管理人员绝大部分是从医学专业人员中选拔,医院管理者多年以来沿袭由出色的医疗专家担任院长的选任模式,实行的基本上是经验管理。进入 21 世纪,伴随着加入 WTO 后越来越激烈的市场竞争,医院在面临着众多机遇的同时也面临着诸多挑战。我国医院内部管理人员缺乏专业培训、管理方式滞后、经营管理机构力量薄弱等问题也暴露得越来越明显,特别是 2003 年

"非典"(SARS)在我国的流行正说明了我国公共卫生管理体制,尤其是我国医院在管理方面存在的问题。大多数医院陷入了管理机构庞大、效率低、盈利能力下降的困境。再加上营销观念落后、管理队伍职业化程度过低、市场竞争激烈等现状,医院面临着转变观念、面向市场、增强竞争力的重要任务,加强医院管理者职业化建设显得越来越迫切。可以说,医院管理者职业化已经成为我国卫生体制改革和21世纪医院管理发展的必然趋势和必然选择。

2002年,北京同仁医院已在国内率先引进了MBA毕业生,参与到医院管理的各个部门,对医院实行大手笔改造,涉及岗位评价及岗位工资方案、医院成本核算、医院工作流程设计、经营开发等。国内其他医院也纷纷效仿同仁医院,让职业经理人介入医院的管理。同时,对医院管理者职业化的相关培训也在不断深入和发展。我国自20世纪80年代开始在全国几所重点医科大学招收卫生管理专业本科生,由于专业办得有特色,毕业生很受用人单位欢迎,目前很多人已是单位骨干。随着医疗体制改革的进一步深化,单位对管理人才的需求日益旺盛。2000年底,卫生部在卫生管理干部培训领域建立的第一个培训基金——"中国卫生管理人才培训·丽珠基金"正式启动。该基金主要用于开办国内医院高中层管理人员研修班,普及管理知识,推广管理新理念;开展国外医院管理考察学习活动,促进国内外医疗卫生管理领域的相互交流,借鉴国外的先进管理模式和经验;创办"医院管理论坛",拓展中国医院管理科学研讨园地,交流管理经验,推进医疗卫生体制改革(潘习龙、陈姝、吴晓玲,2005)。此后,"医院CEO培训工程"、"天使工程"(为西部院长举办专业研究生班)等各种各样的医院管理者职业化教育和培训活动在全国范围内迅速展开。特别是近几年来,院长EMBA教育的火爆将"职业化医院管理启蒙运动"推向了一个新的阶段。2004年以来,有更多的院长背起书包奔赴中欧国际、北大、清华、南大、中山等大学开设的院长EMBA班,成了读书郎。这些院长所要学习的知识涵盖了医院管理的各个领域,包括医院战略制定、医院组织的人力资源管理、医院财务管理、市场管理、风险管理、医院项目管理和信息技术管理、医院经营运作管理、医院变革管理、医院客户管理和服务管理等内容。"学习"这一可贵的品质标志贴在我国医院院长们身上,成为近几年来医疗界一道靓丽的风景。

第二节　我国医院管理者的胜任素质

随着我国卫生系统产权制度改革的深入,以及我国根据加入世贸组织的承诺所进行的医疗服务业的对外开放,对医院管理者的要求已日渐提高。而实现从传统医院制度到现代医院制度的转变,关键又在于医院领导者的能力和水平,高素质的职业化管理人员的严重缺乏已经成为医院进一步发展的瓶颈。加强医院管理者职业化建设,提高医院管理者的胜任素质已经成为我国卫生体制改革的必然选择和新世纪医院管理发展的必然趋势。

一、医院管理者胜任素质的内涵

所谓医院管理者胜任素质,是指充当医院管理者角色的个体,为完成其特定职能职责,发挥其特定影响和作用所必须具备的人力资本条件,是在一定的心理生理条件的基础上,通过学习、教育和实践锻炼而形成的在管理工作中经常起作用的那些基础条件和内在要素的总和。一般来说,医院管理者必须具有较高的思想道德素质和文化水平以及广泛的科学知识,其职业化胜任素质结构应是"T"型动态结构:横向包括政治、经济、法律、心理、伦理等社会科学知识和现代自然科学知识;纵向包括医学科学知识和现代管理知识,还要有较强的卫生管理专业能力,包括观察判断能力、表达沟通能力、参谋决策能力、指挥协调能力等(赵洁,2002)。

纵观全球医疗卫生体制的发展进程,发达国家无不对医疗机构的管理者职业化提出了严格的胜任素质要求。以美国为例,对医院院长的资格要求是:一是要大学本科毕业并取得 MBA(工商管理硕士)或 MHA(卫生管理硕士)或 MPA(公共管理硕士)学位;二是在担任大医院院长职务前,一般应至少有 10—15 年的管理经验;三是要参加继续教育计划,对于经济学、市场学、人力资源学、商业法学、信息技术学、市场策略学、组织行为学等课程接受过强化培训(魏东海、Louis Rubino,2002)。

借鉴国外先进经验,结合中国实际,我国医院管理人员职业化的胜任素质标准应该包括:一是医院管理者应该具有管理学、卫生法学、公共卫生学、社会心理学等医院管理职业的专业知识和管理技能;二是医院管理者必须经过专门的教育培训机构进行的专门学习和培训,获得相应的职业知识技能;三是医院管理者必须获得相关法定机构的考核认定并取得相应的资格证书;四是医院管理者在受聘期间必须遵守该职业相关的法律法规和道德规范,并以从事医院管理为其主要收入来源,等等(林国红、杨文宏等,2002)。

二、我国医院管理者的岗位性胜任素质

胜任素质是指能将某一工作中有卓越成就者与表现平平者区分开来的个人深层次特征。根据所预测的绩效标准,胜任素质可分为岗位性胜任特征和鉴别性胜任特征。两者的区别在于:前者是每个人在工作时必需的素质,后者是能够区分优秀者和普通者的胜任特征。医院是一种特殊的服务行业。同一般行业相比,其服务的对象是人本身,服务的质量高低关系到人生命质量的好坏甚至人的生死存亡;服务需要采用多学科和多专业的高度复杂的理论及技术;服务也和社会伦理密切相关,存在着很高的风险等。正是由于医疗工作的这些特殊性的存在,也就对职业医院管理者的素质提出了特别的要求。

医院管理者的岗位性胜任素质是指根据医院管理岗位的工作要求,确保医院管理者能够顺利完成岗位工作的个人特征结构,它可以是动机、特质、自我形象、态度或价值观、某领域知识、认知或行为技能,是担任医院管理工作必须具备的基本素质。医院管理者岗位性胜任素质的基本内涵包括以下几个层面:一是知识,即从事医院管理职业领域需要的信息(如医院管理的专业知识);二是技能,即掌握和运用专门技术的能力(如沟通能力和相关计算机操作能力);三是社会角色,即个体管理的愿望及对于社会规范的认知与理解;四是自我认知,即对自己身份的知觉和评价;五是行为特质,即医院管理者所具有的特征或其典型的行为方式,等等。

具体地说,我国医院管理者的岗位性胜任素质主要包括以下内容:

1. 医德素质

医德素质是指医院工作者在处理医患关系以及调节其他人与人、人与社会之间的关系时的道德规范和道德要求内化为心灵内容后形成的整个精神内涵,它主要包括伦理知识、伦理造诣、道德规范内化程度、情操、气节、风格、境界、作风等素质因素,反映着医院工作者对病人以及个人对社会的认识和态度。作为医院管理者应该处处以病人为中心,用医德来约束医务人员的医疗行为,摆正医患位置关系,教育职工都能具备强烈的事业心和高度的责任感,认真做好本职工作。

2．能力素质

管理能力是由管理者在社会中的特殊职责所决定的，是指管理者有效地实施管理，完成组织目标所必须具备的知识、才能条件的总和。医院管理者的业务能力包括良好的创新、决策、组织、指挥、控制及协调能力等，它是在解决医院管理过程中出现的种种问题时所反映出的综合知识水平高低的体现。如不具备这些能力，必将无法承担一个医院管理者应负的重要责任。目前医院管理者的管理能力主要包括科学决策能力、选才用人能力、组织协调能力、沟通与人际交往能力、应变与解决复杂矛盾的能力、学习能力等方面的内容。

3．知识素质

知识是人们在改造世界的实践中获得的认识与经验的总和。根据现代医院管理的要求，医院管理者的知识素质应该包括具有宽广的知识面，熟悉和掌握现代管理知识、一般的科学知识、本职专业知识，同时具有丰富的社会实践知识。职业医院管理者至少应该熟悉和掌握管理科学和医学两大理论知识体系，特别是管理科学的相关理论。我们不能说，一个MBA就绝对是一个很好的职业医院管理者；同样，我们也不认为，一个好医生就一定能够当好职业医院管理者。作为医院管理者，必须树立终身学习的理念，不断拓宽思路，开放视野，充实知识，提高管理技能。

同时，医院管理者特别需要树立法治观念，掌握相应的法律知识。医院管理者对大至国家医疗法规，小至医院内部规章制度都应十分熟悉，应善于用法规来保证医院工作的正常运行，以保证医院认真贯彻执行党和国家的卫生工作方针政策和法令。

4．心理和身体素质

医院管理者应该具有健康的心理素质和身体素质。健康的心理主要体现为乐观的情绪、坚强的意志、广泛的兴趣、开朗的性格等。医院管理者具有健康心理素质，将有助于调动广大职工积极向上、努力工作的良好情绪，也有助于创造轻松和谐、敢于负责的良好工作氛围。身体素质是指人承受体力、脑力劳动的程度，是身体素质的内在成分、质量、结构、性状和特征。医院管理者只有体魄健全、精力充沛，才能承担繁重的医院管理工作，以应付持续不断、高压和高度紧张的环境。

三、我国医院管理者的鉴别性胜任素质

医院管理者的鉴别性胜任素质是指根据医院管理岗位的工作要求，确

保医院管理者能够圆满完成岗位工作的个人特征结构,包括动机、特质、自我形象、态度或价值观、某领域知识、认知或行为技能。它是能显著区分优秀与一般绩效的个体特征的综合表现。加入 WTO 后,随着外资医院的进入和市场经济的日益完善,我国的医疗行业运行环境和规则、经营机制和服务理念正在发生深刻变革,行业竞争日趋激烈,对医院管理者的胜任素质提出了越来越高的要求,迫切需要一大批知晓医学、熟悉管理、掌握现代化技能、有良好沟通能力和创新能力的优秀的复合型医院管理人才。

我们认为,我国医院管理者的鉴别性胜任素质除了包括医院管理者的岗位性胜任素质的基本要求以外,还应具备以下几个方面的素质要求:

1. 积极进取的职业态度

心理学研究指出,态度是指一个人对某一特定的事物所持有的稳定的心理结构,它使人的心理处于准备状态,具有行为的倾向性。对态度形成和改变具有重要作用的是价值观,包括价值标准和价值判断等内容。优秀的医院管理者应该树立科学的价值观念,具有高尚的医德素养、高度的敬业精神和强烈的使命感、职业责任感,工作始终充满热情和进取心,勇于向困难挑战,必须谦虚、诚实、心胸开阔和具有吃苦耐劳精神,坚持以德治院。同时,职业医院管理者应该对自己的医院管理工作具有高度的兴趣和执著的热情,讲究领导艺术,善于运用激励机制,调动下属的积极性,培养下属的团队精神,形成强大的凝聚力。

2. 勇于开拓创新的精神

随着医学科学的进步和发展,医学领域里产生了许多新技术和新业务,如果仍然在旧模式、旧观念中兜圈子,靠老办法、老经验对待新事物,就必然落后于时代潮流,贻误医院发展的良机。作为一个优秀的医院管理者,就应该具有开拓创新的精神,根据外部环境和内部条件的变化,不断地开创医疗事业的新局面,不断有所发现、有所发明、有所创造。开拓创新不仅包括创造性精神,而且还包括创造性思维和创造性实践。创造性思维以新动机为先导,以思维的流畅性、应变性为基础,以思维的创造性和丰富多彩的想象力为核心。如果医院管理者的思维应变性强,就能够发挥自身优势,走出新路子,创出自己的特点,同时,在创造性实践中,能够很好地把握了解创造性活动的全过程。这就要求医院管理者不仅要有闯的勇气,更要勤于学习、勤于思考、勤于实践,不断提高自己闯的智慧和能力。

3. 高度的软权力影响力

一个优秀医院管理者要实现有效的管理,关键在于他的影响力如何。

所谓影响力就是一个人在与他人的交往中,影响和改变他人心理和行为的能力。医院管理者的影响力由两大系统构成,即权力性影响力和非权力性影响力。非权力性影响力,又称软权力,是指由于医院管理者个人的行为和素质而产生的影响力,它并非管理者专有。构成非权力性影响力的因素主要包括:一是品格因素。具有高尚品格的医院管理者,容易使医院职工产生敬爱感,并诱导他们去模仿和认同,从而产生更大的号召力、动员力和说服力。二是才能因素。医院管理者的才干、能力是其影响力大小的主要因素。医院管理者才能是在实践中形成并表现在实践之中的,它是医院管理者的实践性因素。一个有才能的医院管理者会使医院职工产生敬佩感。三是知识因素。医院管理者如果具有丰富的科学知识,那么他在指导工作、宣传组织群众、沟通协调关系时,就容易取得医院职工的信任,使被领导者产生一种信赖感,这必然会增强领导者的影响力。四是感情因素。一个医院管理者待人和蔼可亲,能时时处处体贴关怀下级,与群众的关系十分融洽,其影响力往往就比较高。

4. 崇尚科学和民主

职业医院管理者必须摒弃人治时代那些落后的管理风格,推崇科学精神和民主精神,注重发挥医院职业管理团队的重要作用。作为一个优秀的医院管理者应该清楚,现代医院管理仅仅依靠一个职业管理者做院长是远远不够的。今天的医院管理,需要的是一个职业管理团队,比以往任何时候都需要发扬科学和民主精神。因为医院同一般组织相比,是一种更为复杂的工作系统,决定了其对职业管理团队的需要;而个人的智力、知识、技能和精力都是有限的,所以需要职业管理团队人员的合作。只有职业管理团队人员之间相互配合,才能优势互补,共同促进医院发展(周健,2004)。作为一名优秀的医院管理者,必须树立正确的人生观、价值观、世界观、道德观和法制观,具有强烈的管理意愿和良好的管理者素质,积极发扬民主,崇尚科学,在工作实践中不断提高自己的专业技术技能、人际沟通技能和概念性技能。

第三节 提升我国医院管理者胜任素质的对策

提高医院管理者胜任素质,加强医院经营管理,改善医患关系,是赢得竞争优势、加快医院发展的必然选择。其根本措施是推行医院管理者职业化。但目前,在我国如何培养与造就职业化的医院经营管理者,造就一批中国医院的职业化院长,相对于企业经营管理者职业化而言仍然还是一项既缺乏理论准备,又缺少实践经验的创新工程,迫切需要对此进行全面的分析和探讨。

一、我国医院管理者职业化的现状及问题分析

随着我国医疗卫生体制改革的不断深化,以及我国加入世贸组织所进行的医疗服务业的对外开放,医院不可避免地要面临越来越激烈的挑战。在此背景下,医院管理者素质的高低已经成为医院兴衰成败的关键,医院发展客观上也要求加快医院管理者职业化的进程。从某种意义上说,当前制约卫生事业发展、制约卫生资源充分利用的,不是技术,而是管理。建立一支职业化的卫生管理队伍,极大地提高他们的管理素质和工作积极性、创造性,对充分利用卫生资源(包括人力资源和物力资源)、推动我国卫生事业现代化和可持续发展,具有十分重要的意义。

当前,我国医院管理者队伍建设中存在的问题主要表现在:

1. 管理理念不够先进

长期以来,我国医院的管理者都是沿袭了前苏联的"医生—医疗专家—出色医疗专家—院长"的成长模式。"手术刀＋管理"是我国传统医院院长们所扮演的角色,这种职业管理体制的弊端导致目前我国医院管理者来源狭窄,管理知识缺乏,经营意识不够,战略决策不强。但随着医药卫生体制改革的不断深化,医院的管理理念已不能满足医院发展的要求,尤其是缺乏国外的专门做管理工作的职业化管理人员,已成为医院发展的瓶颈。因此,从本质上而言,由管理者职业化问题而导致的医院所表现出的服务质量差、医疗事故频发等现象,可以部分归咎于医院管理理念的落后与管理能力的薄弱。

由此可见,要想实现医院管理者职业化,首先要创新管理理念,增强医院管理者危机意识和发展战略观念,加速我国医院管理体制的改革。

2. 管理的专业化程度不高

目前,我国医院管理队伍中学管理专业的少,高层次学历者少,专职从事管理的少,经验管理仍是我国医院管理的主流,管理人员学非所用是当前的共性问题。虽然已经有越来越多的医院管理者认识到提升管理素质的重要性,医院也都在不断地完善自己,但显而易见的是,医院在竞争中最薄弱的环节仍是管理。中国卫生经济学会《医院管理人员职业化研究》课

题组于 2001 年对我国 19 个省市 87 所医院(其中非营利性医院 73 所、营利性医院 14 所),采用现场问卷的方式,调查了 206 名医院高层主管人员,其中医院院长 72 人。调查结果显示:有 94.44% 的院长认为医院院长职业化好;在医院院长对待职业化的态度上,有 77.78% 的院长认为应从管理专家中选拔医院职业院长,所学专业排序为:管理、医学、经济、MBA、MPA。在对职业院长职业生涯设计模式的意见上,有 52.78% 的院长认为职业院长的职业生涯设计为:医学专业毕业→临床工作→医院管理工作→管理培训→医院主管→职业院长;有 47.22% 的院长认为职业院长职业生涯设计为:卫生管理专业毕业(本科、硕士、MBA、MPA)→医院管理工作→医院主管→职业院长(袭燕、邱源、张洪彬、卢祖洵,2004)。

根据另外一项统计数据显示,我国医院管理人员队伍专业化程度不高,主要表现在:一方面,管理专业毕业的比例低,非管理专业居多。根据对北京、上海、天津、广东、浙江、辽宁、黑龙江 7 省市部分二、三级医院在职正、副院长及同级党务干部进行的问卷调查,在担任院长以前做医生的比例为 71.6%(杨金玲、冯皓等,2000)。根据部分学者对辽宁省 25 家二、三级医院的 302 名管理干部的问卷调查(有效问卷 206 份,见表 11-1),医院管理者中所学专业为临床专业者占 85.92%;任职前从事临床工作的人数占 77.19%(王昕、郑绥乾,2004)。另一方面,专职从事管理的少,仍从事原专业工作的多。根据对浙江 9 家省级医院管理人员的调查,有 83.3% 的院级管理者在时间安排上管理工作尚不能成为主业,仍然以业务工作为主(柯雪琴、姜敏敏等,2005)。

表 11-1　医院管理人员所学专业及任职前后情况

所学专业	人数	百分数	管理年限（年）	人数	百分数	任职前职业	人数	百分数
临床医学	177	85.92	<5	72	34.95	临床	159	77.19
卫生管理	8	4.37	6—11	63	30.58	管理	17	8.25
其他	20	9.71	11—15	28	13.59	其他	30	14.56
			>15	43	20.87			
合计	206	100		206	100		206	100

数据来源:王昕、郑绥乾,《我国医院管理人员职业化的必要性的研究》,《中国卫生事业管理》2004 年第 8 期。

3. 培训教育制度不健全

医院管理培训对完善管理者的管理知识结构和提高管理者管理实践能力具有积极的作用,尤其对于那些没有管理类学历背景的管理者来说,是实现其专业化的主要途径。总体上看,医院管理者普遍缺乏管理培训,而在有培训经历的人员中,培训的次数偏少,培训时间偏短,难以保证有充足的时间去学习和掌握管理的基本知识和技能。根据最新一项针对21个省市96家医院的调查,只有28%的医院管理者接受过短期专业岗位培训,53%的医院管理者所掌握的管理知识来源于平时工作经验的积累(吴华章等,2002)。这与医疗卫生系统普遍开展卫生技术人员的医学继续教育形成鲜明反差。

目前,我国医院管理学历教育体系已初步构建,实现了大专、本科、研究生等多层次的教学。但总体上培养层次普遍偏低,以大专、本科学历层次为主流,与西方发达国家以专业硕士为卫生管理人员的主流相比,有相当大的距离。总体来看,我国医院管理人员职业教育还存在五方面的问题:一是培养目标不明确。对于卫生管理专业人才教育应具备的能力和培养方向,各教育机构并无统一认识。二是课程设置不合理。目前,我国在开设卫生管理专业教育的学校中,其课程设置基本上是按照临床医学课程规律,课程间缺乏有机联系,缺乏对人才培养所必需的整体知识的构建意识。三是忽视管理实践能力的训练,教学方法单一。职业化的医院管理人员,除应具备医院管理、卫生经济等方面的专业知识外,还应在实践中不断增强对环境的适应与协调力,但目前的教学方法仍然注重课堂知识的灌输,学生的参与性、主动性较差,走上工作岗位很难适应复杂的工作环境。四是专业设计单一。医院管理职业化人员应是多类型、多层次、复合型的,但目前开设卫生管理专业的多数院校,对与医院管理相关的卫生法学、医院会计学等专业则很少设立,难以适应职业化发展需要。五是缺乏医院管理职业化教育质量标准。我国各院校按各自培养计划培养出的卫生管理毕业生是否符合职业化教育的质量要求,难以确定统一的衡量标准(林国红、杨文宏等,2002)。

4. 选任制度亟待创新

医院管理是一门复杂的专门科学,管理者的经营才能对医院发展至关重要。但就像运动员成绩好了当体委主任一样,中国长期存在这样的现象:对一个优秀医生的奖赏就是让他当科主任、当院长。由于历史和人事干部制度方面的原因,我国卫生管理干部,特别是医院管理干部,绝大多数是从卫生专业技术岗位上转岗而来的。他们不但上岗前缺乏管理科学知识和管理能力的培养和锻炼,而且上岗后也很难全身心地学习、研究管理理论和方法。因为管理还没有自己的职务系列,多数转岗而来的人员还要以原来从事的卫生专业去晋职晋级,这就造成了不愿放弃卫生专业技术工作,形成"双肩挑"甚至"一头沉"的两难局面,给医院管理工作带来了不可避免的负面影响。解决这个问题的根本途径是使卫生管理干部职业化。

目前,一些民营医院已开始自主聘任一些 MBA 做管理人员,但非营利医院的人事权还在卫生行政主管部门手中。以南京市的医院为例,几家省级大医院的人事任命权在省委组织部,还有几家大医院归省卫生厅管辖。其他的医院再分属南京市委组织部和市卫生局以及各区县管辖。省级大医院院长的级别是副厅。在这样的行政选拔任命制度下,"官本位"第一,选人以"官员"标准衡量,因而选出的往往是政治行政式的院长,缺乏医院管理的职业知识和技能;没有管理系列的职称评定的规范,没有把医院管理职业从组织体制上正式设列,因而选拔出的院长往往难以安心于本职工作,直接影响到医院管理人员职业化及其职业意识的形成。

5. 考核制度存在严重缺陷

现代医院管理者职业化从根本上讲是市场竞争的产物,是医院适应市场经济的必然选择。目前,面对着越来越激烈的市场竞争,我国医院基本上还处于一种企业化经营和事业化管理的状态。在这种状态下,医院负责人是向上级(责任人主体不清)负责,还是向员工负责(产权人的具体对象不清)?如何建立监督奖惩体系,对医院进行公正公平的绩效评估?面对现实中的宏观政策与微观机制的巨大差异和时间上的巨大滞后,医院该如何进行组织结构与管理制度体系的调整,走职业化管理的发展道路?以上种种问题都成了医院管理者们在实际工作中的困惑。

目前,医院管理者的考核制度也存在着严重缺陷,这主要表现在:一是目标设定不尽科学,能够突出反映医院经济效益的定量指标和反映医院社会效益的定性指标比较少,缺少考核和评价医院管理者的具体标准和依据,医院管理者往往着眼于眼前利益,对医院长远利益考虑不够。二是统计数字不够真实。医院统计报表有失规范,数据不实,对目标完成情况监控不够。三是考核程序不够完善。由于人为因素比较多,对考核指标信息的收集、整理、分析不够,做法不一等。

6. 外部环境不够完善

目前,推进医院管理者职业化进程在外部环境上还不够完善,这主要表现在:一是没有建立起相应完善的法律法规体系,尚未制定科学的《医院管理职业法》、《医院管理人员任职资格法》、《医院管理人员专职化制度》、《医院管理人员职称制度》等各类相应的法律、法规、政策和制度。二是没有建立起完善的医院管理人员职业化教育体制,卫生管理学历教育与职业化标准教育还存在相当的距离。为此需要进一步加大职业化教育的力度,进一步拓展职业化教育的渠道,真正做到学以致用。三是未建立和完善我国医院管理人员职业化市场。为此需要建立市场约束机制,促进医院管理者在激烈的人才竞争中努力完善自我,使医院管理人员的社会价值与其经营管理业绩紧密结合,激发医院管理职业化人员的内在动力和职业理念,推动我国医院管理人员职业化进程(林国红、杨文宏等,2002)。这些问题的存在都严重制约着医院管理者职业化的进程。

二、基于职业化的医院管理者胜任素质的培育措施

医院管理者职业化是提高医院管理者胜任素质的重要举措。目前,培育我国职业化的现代医院管理者的关键在于医院管理者相关管理机制的建立与完善,这些机制包括医院管理者的培训与选任机制、考核与评价机制、激励与约束机制等。其中,选任机制是医院管理者产生、选择和任用的机制,是其他机制的基础;考核与评价机制则是优选机制发挥作用的前提和依据;激励机制是说明医院所有者与经营者如何分享医院的经营收益;约束机制是根据医院管理者经营管理业绩状况而对其实施奖惩。这几个机制相互作用、共同推进医院管理者职业化建设,促使医院管理者全力以赴地从事医院经营管理活动,在市场竞争中培育和促进现代医院管理者的成长。

1. 加强专业学历教育,强化医院管理者职业化培训机制

强化医院管理者队伍职业化教育,就是要培养一批了解医院运作规律,掌握现代卫生管理学知识,并以医院管理为职业的管理人才,这是实现医院管理队伍职业化的根本途径。目前我国医院管理人员的构成比较复杂,相当一部分是从医学院校毕业生中分配和从专业人员转岗的,也有的是从其他非卫生部门调入,从部队转业的,这样一支医院管理者队伍,管理专业理论和能力缺乏,文化程度参差不齐,一身兼二职甚至多职,不能全身心投入管理工作,这就使得加强卫生管理队伍职业化教育显得越来越迫切。

对医院管理者的职业化教育主要包括以下几条途径:

(1) 岗前培训

主要是指在任职或转岗前经过半年以上时间的卫生管理专业培训,内容可参照 MHA(卫生管理硕士)、MBA(工商管理硕士)或 MPA (公共管理

硕士)的教案制定,经考核合格后授予资格证书。具体培训包括:进入管理队伍前要进行岗前管理培训、晋升高一级职称要进行资格培训、对在职管理人员要有年度常规性培训、对优秀管理人员可进行职业精英培训,等等。通过跨学科的高层次复合型学习研究,造就一批既精通医院管理知识,又熟练掌握市场经济、国际金融、卫生法律、网络信息等现代化知识技能的职业化医院管理专家。

(2)岗后继续教育

像专业人员一样,制定严格的继续教育制度。可设立学分或等级考核及完整科学的评价监督体系,使在岗的管理者加强自身的理论和实践学习,不断充电,获得学分或等级越高,其管理效能就越强。这类培训可以采取举办医院院长(管理人员)研修班的方式,根据院长们的需求设置相关的研讨专题。根据中国卫生经济学会《医院管理人员职业化研究》课题组2001年对我国19个省市87所医院的调查(袭燕、邱源等,2004),医院院长认为职业院长应该掌握的管理知识与具备的管理技能排序为:医院文化、医院形象与公共关系、医院经营学、医院人力资源管理、医院市场营销、医院质量经营、医院经营管理法律、计算机知识、医院成本核算、管理学原理、医院服务、医院理财、医院资本经营、医院管理模式、外语、医学知识、医院危机处理、医院经营战略管理、医院经营管理诊断等。要聘请在法律、经济学和管理上有实践经验的专家授课,通过理论与案例教学相结合,系统学习有关管理理论和指导工作实践。也可以举办医院管理论坛,以当前医院改革与发展的热点和难点问题为主,结合国内外医院管理最新动态和国家有关卫生政策进行探讨,如果条件许可,也可以选派院长赴国外进修,选择国外具有先进管理技术和管理经验的医院、大学或研究机构进行学习,鼓励他们攻读相关管理学位。

(3)管理专业学历教育

卫生管理专业与我国高等学校设置的其他专业一样,进行的既是学历培养,也是职业培训。加强以卫生管理硕士、博士教育为龙头的高层次管理教育,培养卫生管理学科带头人或高级卫生管理决策层人才,是进行医院管理者职业化教育的必然要求。但目前我国医院管理教育培养中还存在职业化意识不清晰、目标不够明确、课程设置不尽合理、教学方法比较单一、专业设置单薄、缺乏统一质量标准等方面的问题。通过对哈佛大学、剑桥大学、北京大学、南京大学等国内外著名院校相关文献资料的检索、比较、分析、归纳,我们可以发现,要改变目前我国相关学历教育中存在的问题,就必须在建立医院管理培训师资队伍,改革医学院校医院管理专业设置和课程设置结构,着重培养适应卫生管理多层次需要的管理操作型人才等几个方面进行努力。

2. 实行任职资格准入制,完善医院管理者选择任用机制

通过市场选择任用医院管理者,是培养和造就医院管理者队伍的关键环节。医院管理者的素质和才能不是与生俱来的,而是在激烈的市场竞争和经营管理的长期实践中逐步培养和锻炼出来的。所以,对医院管理者的识别和任用,必须有一套规范的、社会化的优选机制,以便能正确地识别和任用医院管理者,其中关键是要改革传统的干部管理制度,推行医院管理者职业化,使医院管理者真正成为职业化的企业经营者;根本途径是要引进市场竞争,探索和实践通过市场选择和任用医院管理者的运行机制。从现实的角度看,目前应加快以下几方面相应配套制度的建设:

(1) 建立严格的职业准入制度

实行任职资格准入制度是医院管理者职业化的基本要求。职业化的最大优点和特点是在组织上、制度上对某一职业从业的准入等方面制定严格的规定,有利于对执业人员实行科学化、规范化管理。应参照《医师法》、《教师法》等,对卫生管理人员的任职条件、准入资格、专业学历、职称待遇、考试录用、辞职辞退等建立制度,以明确卫生管理人员的责任和权利。只有在政治思想品德、医院管理专业知识和专业管理能力等方面具备了医院管理岗位任职资格条件的人员,经过一系列考试考核等准入程序,才能进入医院管理队伍。当然,选拔过程中应遵循"科学、公平、公正、公开"的原则,可采取综合笔试、面试、心理行为测验及实际案例操作考核等办法。

(2) 建立医院管理者的双选制度

医院和医院管理者可以通过市场进行双向互选。在市场双选过程中,价格机制起重要的调节作用。医院管理者才能的价格主要取决于其自身的人力资本价值以及市场的供求状况。医院管理者为了寻求实现自身价值的最大化,在市场调节中必然会流向那些经营环境好、薪酬水平高、最能实现自身价值的医院。因此,医院要想在市场中选聘到优秀的医院管理者,就必须以优惠的条件作为选聘的基础。这样就必然会引起社会对医院管理者的重视,从而有利于医院管理者阶层的形成。

(3) 建立医院管理者的契约制度

医院同企业一样,医院投资者与医院管理者之间是平等的契约关系,

双方通过契约划分各自的利益和权限。一方面,代表投资者利益的董事会享有获得利润的权利,并可以以契约为准则衡量医院管理者的经营绩效,从而决定其报酬,以便对医院管理者进行激励和约束。另一方面,医院管理者为了充分体现自己的市场价值和实现责权利分配,也希望通过契约来约束投资者,使其不得对自己正常的经营管理活动进行干预。

（4）建立医院管理者的相关法律制度

必须尽快制定和实施完善的医院管理者相关法律制度,以保护医院管理者对自身人力资本的所有权,为医院管理者进入市场,成为真正的卖方主体提供法律保障。这方面的法律制度包括界定医院管理者与企业投资者之间关系的法律、为免除医院管理者后顾之忧的保险制度,等等。

3. 注重行为考核,创建科学的医院管理者业绩评价机制

医院管理者的评价机制是指对医院管理者的行为及其经营业绩进行度量和考核的机制。对医院管理者的工作绩效进行科学、公正、客观的评价,是确定医院管理者报酬的基础,同时也是对医院管理者进行有效激励的重要环节。要根据市场经济和我国国情的需要,制定一整套医院管理者评价标准,使出资者在选拔、任用、淘汰经营者方面有章可循,通过市场竞争来识别和产生更有能力和才干的医院管理者。

医院管理者绩效考核要从医院管理者工作成绩的数量和质量两个方面,对他们在工作中的优缺点进行系统的描述。绩效考核是一个复杂的过程,它包括对医院管理者的知识、能力、工作业绩等方面的综合考核和评价。在设定医院管理者考核目标时,要把握明智（SMART）原则,其中"S"是具体性（specific）,"M"是可测定性（measurable）,"A"是可操作性（attainable）,"R"是相关性（relevant）,"T"是时间性（time-based）。绩效考核有利于将医院管理者奖惩与可量化的工作绩效挂钩,从而将激励机制融入医院目标和个人业绩的联系之中。同时,将医院对医院管理者的奖惩建立在科学的考核之上,从而增加奖惩效果。当前,改革我国现行的医院管理者业绩评价机制,需要突出行为考核,运用目标管理法、关键业绩考核法等方法,适应市场经济需要,对医院管理者行为进行全面的考核。

虽然我国卫生管理专业招生已有近二十年了,目前全国有二十多所重点或普通医学院校都设有卫生管理专业,其毕业生已形成规模,但全国还有二十多个省没有设置管理专业职称。事实证明,建立相应的职称系列,根据从事的工作、经历、业绩进行专业的考核考察,授予相应的技术职称,有助于对医院管理者的业绩进行科学有效的评价。通过对专业技术人员

进行的职称资格晋升与评聘,可以调动医院管理者工作积极性,提高他们的管理工作水平。

4. 创新观念,建立健全医院管理者激励与约束机制

对医院管理者的激励和约束是对等的和相辅相成的:一个是"正向"的,即应有足够的回报使作为被激励者的医院管理者乐于付出所有的努力,达到所有者的要求;一个是"反向"的,即玩忽职守和不称职的医院管理者应能够被及时地淘汰。这就需要树立起现代竞争观念、公平观念、效率观念,真正建立起完善的医院管理者的激励和约束机制。这主要体现在以下两个方面:

一方面,要建立健全医院管理者的激励机制。医院管理者的激励,较之医院一般医生的激励,具有更复杂的机制、更丰富的内容和更多样的形式。它主要包括物质和精神两个方面,各种激励方式的激励作用都不相同,也都有各自的优点和缺陷。在市场经济条件下,医院管理者的行为一般首先表现为对利益的追求,利益驱动是其行为的基本动力,所以需要建立起一种能激发医院管理者积极性和创造性的有效的利益驱动机制。同时,医院管理者作为社会人,他们的需要是多方面的,除了物质利益的需要外,还有事业心、成就感等高层次的精神需要。对医院管理者的激励,要按照现代医院发展的要求,将精神激励与物质激励结合起来,全面引入并充分发挥市场机制的基础性作用,在物质激励上做到直接确定与间接确定相结合、短期激励与长期激励相结合、固定薪酬与风险收入相结合,让医院管理者分享医院剩余,享有剩余索取权,真正通过市场竞争激励机制,来培育和促进医院管理者的成长。

另一方面,要建立健全医院管理者的约束机制。根据委托—代理理论,即使有了一个很好的激励机制,经营者行为仍然可能偏离所有者的利益。所以,医院管理者必须受到必要的制约,不受制约的权力就会产生腐败。医院的约束机制也和激励机制一样,都是企业内部制度和外部市场竞争等多方面因素共同作用的结果。

医院管理者市场的"赛马机制"①就是一种典型的医院管理者市场竞争的优胜劣汰机制,医院所有者或市场根据对医院管理者行为及对其经营

---

① "赛马机制"是一种注重实际能力和工作努力后的市场效果,通过严格公开的程序来选拔、评估、监督和激励管理者的制度。海尔集团最早提出并采用"赛马不相马"的用人机制,使得整个管理队伍充满了活力,最终促进了海尔的高速发展。医院管理者市场的"赛马机制"与企业管理者市场的"赛马机制"相比,有其特殊性,但更多的应该是管理的一般规律。

管理业绩的监察结果,对医院管理者做出适时、公正的奖惩决定。医院管理者作为其自身人力资本的所有者,其价值的高低与其经营管理医院的业绩息息相关,一旦他们发生了主观努力、能力或其他违约行为等方面的问题,就可能会被淘汰或者解雇。另外,患者市场的竞争也对医院管理者构成了极大的激励和约束。在充分竞争的患者市场中,医院管理者的能力、主观努力及其综合业绩责任将面临严峻的考验,同时也将获得最为客观、公正和公平的评价,因而在产生巨大的激励作用的同时,也必然会对医院管理者产生有效的约束作用。要建立健全医院管理者的激励与约束机制,就要尽快建立起完善的医院管理者市场评价机制,促进医院管理者的培育和成长,就要求医院变革传统管理体制和运行机制,建立现代医院制度,使医院真正成为独立法人实体和市场竞争主体,主动适应市场环境的变化,并按现代市场经济游戏规则参与竞争,实现独立生存,求得可持续发展。

总之,医院管理者的行为活动和作用的发挥必然要受市场机制这只"看不见的手"的调节。对医院管理者来讲,市场竞争既是一种强大的压力,也是一种巨大的动力,它激励着医院管理者通过发挥自身的聪明才智,去努力适应市场环境,在促进医院生存和发展的同时,维持和提高自身的价值。

参 考 文 献

[1] 《国务院关于城镇医疗卫生体制改革的指导意见》,参考中华人民共和国卫生部网站(http://www.moh.gov.cn)。

[2] 《中共中央、国务院关于卫生改革与发展的决定》,参考中华人民共和国卫生部网站(http://www.moh.gov.cn)。

[3] 《中组部、人事部、卫生部关于深化卫生事业单位人事制度改革的实施意见》,参考中华人民共和国卫生部网站(http://www.moh.gov.cn)。

[4] 彼得·德鲁克,《非营利机构的管理之道》,远流出版社2001年版。

[5] 曹秀贤、赵立宇,《浅析新形势下医院管理人员的职业化发展趋势》,《中国卫生事业管理》,2004年第2期,第72—73页。

[6] 陈绍福、徐宝瑞,《现代医院创新经营》,《中国医院管理》,2001年第5期,第59—62页。

[7] 程繁银、徐德志,《医院经营战略管理》,内蒙古大学出版社2000年版,第313页。

[8] 耿希晨、陶乃煌、林国红,《医院管理人员职业化研究概述》,《中国卫生经济》,2002年第8期,第7—9页。

[9] 柯雪琴、姜敏敏等,《省级医院管理人员职业化研究》,《中国卫生事业管理》,2005 年第 10 期,第 593—594 页。

[10] 兰增干,《医院呼唤职业经理人》,《社会保障报》,2005 年 8 月 9 日。

[11] 林国红、杨文宏等,《我国医院管理人员职业化的现状研究》,《中国卫生经济》,2002 年第 8 期,第 9—10 页。

[12] 潘习龙、陈姝、吴晓玲,《浅谈医院院长的职业化进程》,《中华医院管理杂志》,2003 年第 8 期,第 468—470 页。

[13] 潘习龙、周志奇、吕玉波等,《院长决策实战全录》,暨南大学出版社 2001 年版,第 58—78 页。

[14] 苏维、裴丽昆,《从中澳两国医院管理者的差异看职业化管理》,《中华医院管理杂志》,2005 年第 8 期,第 563—566 页。

[15] 王宝玉、张启瑜、许方洪、吴敏建、金新政,《论医院管理队伍的职业化建设》,《中华现代医院管理杂志》,2004 年第 5 期,第 38—39 页。

[16] 王昕、郑绥乾,《我国医院管理人员职业化的必要性的研究》,《中国卫生事业管理》,2004 年第 8 期,第 508—510 页。

[17] 魏东海、Louis Rubino,《市场配置医疗资源与院长职业化》,《中国医院》,2002 年第 7 期,第 56—59 页。

[18] 吴华章等,《全球化时代医院管理人员职业化的必要性》,《卫生软科学》,2002 年第 4 期,第 24—27 页。

[19] 袭燕、邱源、张洪彬、卢祖洵,《关于医院院长职业化水平的调查与研究》,《中国新医药杂志》,2004 年第 7 期,第 27—30 页。

[20] 杨金玲、冯皓、周喜秀等,《医院院长培训的需求与对策》,《中华医院管理杂志》,2000 年 1 月,第 30—32 页。

[21] 赵洁,《试论医院管理队伍的职业化》,《西藏医药杂志》,2002 年第 1 期,第 33—35 页。

[22] 赵曙明、〔美〕罗伯特·马希斯、〔美〕约翰·杰克逊,《人力资源管理》,电子工业出版社 2003 年版。

[23] 赵曙明著,《企业人力资源管理与开发国际比较研究》,人民出版社 1999 年版。

[24] 周健,《关于职业医院管理者的探讨》,《中华医院管理》,2003 年第 4 期,第 197—199 页。

[25] 周健,《职业化管理——医疗改革不可忽视的问题》,《医院领导决策参考》,2004 年第 3 期。

[26] 赵曙明、鲁翔,《医疗卫生体制的风险管理及其战略建议》,《改革》,2007 年第 3 期,第 89—94 页。

[27] 鲁翔、赵曙明,《大型公立医院专家型高层管理者双核胜任力模型研究》,《学海》,2008 年第 1 期,第 169—173 页。

第十二章

高校管理者的职业化胜任素质研究

一个组织的成败在很大程度上取决于该组织领导者的水平,高等院校也不例外。高校管理者的能力对高校的发展有着至关重要的影响,"校长是一个学校的灵魂,要想评论一个学校,先要评论他的校长"(陶行知,1926)。那么一个高校管理者究竟应该具备哪些独特的能力,才能领导好高校这种独特的组织呢?本章从职业化的视角来探讨高校管理者胜任素质问题。通过介绍西方国家和我国港、台地区的高校管理者的管理实践以及相关的学术研究,为我国高校管理者职业化的推进和胜任素质的培养提供借鉴。

第一节 高校管理者职业化概观

纵观古今中外声望卓著的高等院校,其地位的确立无一不得益于其历史进程中的某位或某几位非凡的校长。这些校长的一个共同特点就是他们都把校长这个职位作为一种职业来担当,既有正确的教育理念,又有科学的管理实践,是职业化和专业化的楷模。

一、高校管理者职业化的内涵

高校管理者职业化是指高校管理者由一种行政职务向独立的职业转化,由行政权力本位向职业能力本位转换的过程。通过资格认证制度,对高校管理者的任用、考核、评价、薪酬等方面制定科学、严谨的制度体系,其目的是为了提高管理者的职业素质与能力,进而提高高等教育的质量与水平。简单来说,高校管理者职业化强调的是高校管理者这一职业的标准化、规范化和市场化的进程。高校管理者要经过一定的教育或培训,获得特定的资格证书,而且是以职业身份受聘于教育人才市场,与高校签订聘约并按照协议和自身职业能力来履行对学校的管理职责并获取相应的报酬。高校管理者职业化并非倡导"无政府主义",它强调的是扩大管理职能的自主权,专注于学校的建设和发展,并使个人的能力得到最大限度的发挥(周桂英,2006)。因此,高校管理者职业化包含着三层基本含义(王友良,2005):

(1)高校管理者职业化是经由专业的培训,使高校管理者具有学校管理、学校开发、学校经营管理以及促进科研成果转化的职业技能,并获得专门的认证资格,能使其管理的教育资源实现持续增值的过程。

(2)高校管理者职业化是在市场经济的大背景下,在对高等教育实行市场行为的管理过程中,管理者已不再是政府任命的一种行政职务,而是成为一种受聘于市场的职业。

(3)高校管理者职业化是专业管理人才依据其相应的任职条件,通过教育市场获取高校管理者岗位;而教育机构或办学单位可以按照其办学要求,通过教育市场购买或招聘到符合任职条件的管理者。

从上述分析可以看出,高校管理者职业化的关键是把管理职位作为一种职业,而不是一种职务,其核心是管理者的专业化。职业化的管理者有别于职务化的管理者或学者化的管理者——不论你曾经是政治家、科学家还是企业家,一旦被任命为高校管理者,你的身份和主要精力就得放在管理者岗位,其主业就是履行职责,全身心投入学校管理中。正如在教育部主办的第一届中外大学校长论坛(北京,2002)上,哈佛大学校长萨莫斯(Summers)所说的,"美国大学校长上任前就已基本确立自己的学术地位,而做了校长,就必须放弃学术研究"。柏林工业大学校长库茨勒(Kutzler)介绍道:"为了使校长能把所有的精力集中在工作上,柏林州的大学教育法禁止校长在任期内从事任何教学和科研。"耶鲁大学第22任校长理查德·雷文(Richard C. Levin)原本是一名出色的经济学教授,然而在担任耶鲁大学校长的十几年中,却没有带过一个研究生,也没有挂名领衔做过一个具体的科研项目。他只出过一本专著——《大学工作》(*The Work of the University*),收集的是他的演说、讲话和文章。他在书的序言中写道:"对任何一所大学的校长来说,压倒一切的目标是:吸引和培养第一流的师生"(Levin,2003)。他认为,大学校长是一项需要全神贯注、专心致志、全力以赴去做的事业,没有时间也没有精力再去旁顾其他的事情。前牛津大学校长卢卡斯(Lucas)的研究领域是18世纪法国历史,但是,在接任校长一职后,他就停止了教学、科研和指导研究生的工作,全身心地履行校长职责。

有学者提出,大学管理者职业化实质是专业化(王铁军,2002)。大学管理者角色随着时代变迁,经历了学校纪律维护者—学校管理者—智性领导者的过程。所谓智性领导者(the intellectual leader),是指重视专业的领导,把学校管理作为本职专业,追求卓越、精益求精,使学校走向成功。高校管理者只有经过学校管理方面的专门训练,具有专业知识和能力,才能适应日新月异的教育改革与发展的要求。高校管理者职业化实质上就是注重高校管理者的专业化,注重提高专业素质和能力。具体来说,高校管理者职业化有以下几方面的标准:

第一,具有现代教育理念和管理理念,具有强烈的服务观点,以此作为自己专业管理行为的理性基础。对于高校管理者来说,服务意识十分重要——要为学生服务,为教职工服务,为教育教学工作服务。现代高校管理者必须确立面向全体师生的教育发展观、提高整体素质的综合发展观,确立决策管理、人本管理、权变管理等现代管理思想,并把它们转化为科学的管理行为。

第二,构建以教育管理知识为核心的复合型知识结构。高校管理者专业化的知识结构是一种通识型、通才型、一专多能的知识结构。高校管理者的知识结构由现代科学与人文基础知识、教育管理的专业知识、现代信息知识等组成。

第三,具有学校管理的专业能力。学校管理的专业能力,主要包括管理者的决策能力,理解他人和与他人沟通、交往的能力,指挥、组织、协调的能力,学校经营和协调公共关系的能力,反思与探索研究的能力等。西蒙说,管理的本质是决策(西蒙,1982)。现代高校管理者不仅是管理者,而且首先应当是决策者——必须具有决策学校发展前景的能力。

第四,具有学校管理的智慧与艺术。管理智慧与艺术是各种专业要求在高校管理者身上的有机结合,是管理知识、才能、经验、技巧的综合体现,是高校管理者管理学校的最高境界,是专业化的必然要求。高校管理者管理学校的智慧与艺术主要表现在:发现学校教育、管理中问题的敏锐性和判断力,处理问题的机智,善于把握教育时机和管理时机,具有吸引人、影响人的形象和魅力。

第五,接受专业教育和专业训练,参加一定的专业团体。高校管理者必须接受任职资格培训,提高专业素养,积极参加教育管理专业协会的活动,这是提高高校管理者专业化水平的重要途径。

高校管理者职业化的标志是:遴选民主化、程序化,对高校管理者实行公开招聘,实行资格考核和民主评议相结合;任职资质标准化,工作岗位的职业资质需求具有相应的职业意识、职业特征、职业能力、职业责任、职业道德和职业精神;薪酬市场化,职业化管理者的薪酬要与他的劳动付出相符,要有一套与教授和政府官员不同的薪酬体系;评价科学化,由特定的委员会按工作职责要求定期对其工作进行评价;培训制度化,高校管理者面对的环境越来越复杂,压力也越来越大,需要的能力越来越综合,因此需要建立完善的培训体系(赵文华等,2004)。

二、职业化高校管理者的特点

西方高等教育研究学者对职业化管理者的特点有多种描述(Muzzin & Tracz, 1981;Neumann & Bensimon, 1990;Mayhew, 1971;Cook, 1997)。综合起来,可以发现这些职业管理者的一些共同之处。首先,他们都是出色的管理者、优秀的规划者、招募者和革新家;其次,必须具有极强的事业心,鞠躬尽瘁,殚精竭虑,把管理工作作为自己的首要职责,这在今天的大学管理中是极为重要的;最后,必须潜心研究高等教育,具有清晰的大学理念和明确的办学目标。

具体来说,职业化的高校管理者具有以下三个突出特点(牛维麟,2003):

1. 职业化高校管理者都有明确的办学理念

职业化高校管理者都有明确的、对本校产生了重要影响的办学理念,并贯穿在长期办学实践中。

职业化的高校管理者,首先要成为有教育理念的人,要成为教育家。高校管理者的教育理念是指高校管理者在长期的教育实践中形成的关于教育发展的理想的、永恒的、精神的范行,是关于什么是教育(涉及教育目的论)和怎样办教育(涉及教育方法论)的深刻思考。应该说,理念不是天生的,理念也是发展中的,它受个人的哲学思想、学校传统、自身的教育和研究经历以及对大学教育规律的研究与认识等因素的影响。但它一经形成就内化为自己的信念和行动指南,在治校实践中一以贯之。由于高校管理者思考的问题是事关学校战略发展的事情,高校管理者的理念包含了其对大学的理解和对大学的期望,高校管理者的理念在其管理大学的过程中不断深化发展,深深影响学校的办学实践,因此,高校管理者的理念具有战略性、理想性、发展性和实践性四个特征。具有大学理念的校长首先对学校有准确的定位。由于培养人是大学的安身立命之本,培养人才的质量是大学核心竞争力的主要标志,所以,高校管理者要有自己的人才观,要思考大学要培养什么样的人,更要思考自己执掌的大学应该培养什么样的人才。具有大学理念的管理者对大学作为学术组织的特性有深刻理解,能够利用自己的权力和影响力,通过各种方式使学术自由、教授治校、兼容并包等现代大学制度的核心思想在大学得到贯彻。我们不难看到,大学的发展与高校管理者的理念息息相关,在大学发展历史上,留下灿烂思想的高校管理者无不为大学的腾飞和成功战略转型呕心沥血。

以哈佛大学为例,《哈佛大学公报》(*Harvard University Gazette*)列举了哈佛大学 367 年校史中数位杰出的校长及其教育理念。比如,艾略特校长(Charles W. Eliot, 1869—1909)把哈佛变成了一所研究型大学,对美国的高等教育产生了深远影响,他还开创了"多样的主动选择"(spontaneous diversity of choice)体系,鼓励本科生选择自己大部分的课程;科南特校长(James B. Conant, 1933—1953)在第二次世界大战期间开启了"通识教育计划"(the General Education Program),这项改革塑造了其后 30 多年哈佛本科生的教育,甚至极大地影响了全美国的中学和大学课程表;普西校长(Nathan Marsh Pusey, 1953—1971)致力于哈佛办学经费的筹集,在 1965年使哈佛获得的捐款首次超过十亿美元;博克校长(Derek Bok, 1971—1991, 2006—2007)创造了"核心课程表"(the Core Curriculum),对科南特校长时代制定的通识教育计划首次进行了全面革新,等等。

被尊为"现代大学之父"的德国柏林大学创办者洪堡(Humboldt,1767—1835)最重要的遗产是其办学理念,以追求"科学"和"教养"为核心,以服务于德国民族为目的,在创立柏林大学的过程中,洪堡创造性地提出了"大学自治"、"学术自由"、"教学与研究相统一"等一系列全新的办学理念(肖海涛,2000),奠定了大学的第二大职能——科研,这直接引导着柏林大学的创建、运作与发展,使得柏林大学一开始就显示出与旧式大学完全不同,成为新式大学的楷模与表率。洪堡具体的办学方针是:保持财政独立,坚持学术自由;选聘一流学者,提高教学质量;加强学术交流,使得大学成为研究与教学并举的机构(黄俊杰,2006)。

蔡元培(1868—1940)是 20 世纪初中国资本主义教育制度的开创者。他明确提出废止"忠君、尊孔、尚公、尚武、尚实"的封建教育宗旨,倡导以国民教育、实利主义教育为急务,以道德教育为中心,以世界观教育为终极目的,以美育为桥梁的资产阶级民主主义的教育方针,初步建立了资产阶级的新教育体制(蔡元培,1912)。蔡元培的教育实践多在高等教育方面。他任北京大学校长时,提出大学的性质在于研究高深学问。他提倡学术自由,科学民主;主张学与术分校,文与理通科;将"学年制"改为"学分制",实行"选科制",积极改进教学方法,精简课程,力主自学,校内实行学生自治、教授治校。他的这些主张和措施在北京大学推行之后,影响波及全国。蔡元培也很重视劳动教育、平民教育和女子教育。他在北京大学办校役班和平民夜校,在上海创办爱国女校(黄书光,2001)。蔡元培对近现代中国教育、中国革命做出了不可磨灭的贡献。有研究者(蔡建国,1997)认为,蔡元培的成就主要表现在:(1)自蔡元培始,中国才形成了较完整的资产阶级教育思想体系和教育制度;(2)他的"思想自由,兼容并包"的主张,使北京大学成为新文化运动的发祥地,为新民主主义革命的发生创造了条件;(3)为中华民族保护了一批思想先进、才华出众的学者。

梅贻琦(1889—1962)是新中国成立前清华大学最著名的校长,任清华大学校长 17 年(1931—1948)之久,成为新中国成立前清华大学任期最长、贡献最大的一位校长。为了专心致志地管理学校,他放弃了自己的学术研究。直到他逝世的当年(1962 年),才被选为台湾"中央研究院"院士。但是,梅贻琦的声誉并不是靠他的院士头衔,也不是他个人的学术成就,而是他领导清华大学所取得的辉煌业绩。他提出的"所谓大学者,非谓有大楼之谓也,有大师之谓也"这一办学理念一直为我国高等教育界所传颂。有学者指出,梅贻琦的大学理念"有三个来源和三个组成部分"。三个来源是:中国古代儒家大学教育思想和西方古典教育哲学;欧美现代资产阶级民主与法治思想;以蔡元培先生为代表的兼容并包和学术自由思想。三个组成部分是:通才教育(或自由教育)思想;教授治校(或曰民主管理)思想;学术自由(或曰自由探讨)的风气(黄延复,1994)。

2. 职业化高校管理者能不断完善并全面实践自己的办学理念

职业化高校管理者都有较长的任职期限,能够不断完善并全面实践自己的办学理念。

高校管理者能够成为大学的领导核心,除了具有非常清晰的办学理念和明确的办学目标、丰富的学术经历、很强的管理能力和社会活动能力外,还需要有较长时间的任期。只有较长时间的任期,才能保证高校管理者充分运用自己独到的教育思想来制定学校章程,促进学校的可持续发展。对一所大学而言,如果校长的任期定得过短或留任的届数限制得过严,往往会导致高校管理者更迭频繁,政策和制度缺乏连续性,改革不可能深入、持久。在任期限制下,高校管理者往往会采取一些急功近利的办法,不注重学校的长远发展。事实上,三四年的任期让管理者很难做出什么成绩,再有才能的人也难以很好地实现从微观到宏观的转变。

2002年5月14日,时任哈佛大学校长的萨莫斯在北京大学的讲话中提到:"我坚信,哈佛大学之所以成为世界上最优秀的大学,原因之一就是实行校长长期任期制,由颇具魄力的领导长期任职,能使学校为适应变化的新时代的需要而在现有体制的基础上不断更新和改进,这是哈佛办学的悠久传统。"(萨莫斯,2002)《哈佛大学公报》骄傲地指出:哈佛自1640年建校以来,367年间仅产生了27位校长,而美国自建国以来已产生了43位总统——尽管美国的诞生只比哈佛晚140年。十几位校长的任期都超过了15年,其中第21位校长艾略特任期最长,达40年,奠定了哈佛作为世界名校的基础("Highlights from 367 years of Harvard presidents")。哈佛大学这一经验昭示,高校管理者应有较长的任期,短期任期只会导致短期行为和不思进取。

一个大学校长的任期究竟为多少年才能比较充分地实现他的办学理念,耶鲁大学校长莱文(Levin)的回答是:"现在的校长都不可能担任40年之久,但是真正要进行一项具有深远意义的改革,足够长的任期是必需的。我认为,给大学校长的时间至少应该是10年,否则什么事也干不成,15年更合适。有的学校是6年,就太短了。"(Levin,2003)

虽然我们不能妄下结论,校长任期越长,贡献必定越大。但总体上说,任期的长短与其对学校发展的贡献呈正相关性。也就是说,成就较大的校长往往具有较长的任期,而成就平平的校长一般任期较短。以斯坦福大学为例,乔丹(Jordan)校长任期22年(1891—1913),韦尔伯校长(Wilbur)任期27年(1916—1943),史德龄(Sterling)校长任期19年(1949—1968),较长的任期使他们成为斯坦福大学发展史上最有影响的校长。相比而言,任期太短的校长如布兰纳(Branner)(2年:1913—1915)、崔继德(Tresidder)(5年:1943—1948)、匹茨(Pitzer)(2年:1968—1970)则业绩一般("Stanford history by presidency")。

任职"年轻化"可为高校管理者长期任职提供生命保证,也就为高校管理者在任期中有更大作为和贡献奠定了基础。芝加哥大学任职最长的校长是赫钦斯(Hutchins),他于1929年年仅29岁时出任芝加哥大学校长,任职长达21年。他以其深邃的思想、雄才大略、不妥协的性格和个人的魅力,使几乎所有与其接触的人都对他心存敬畏、崇拜和热爱。他给芝加哥大学打上了深深的个人烙印,在他的领导下,芝加哥人对大学的真谛有了更深刻的认识;芝加哥大学的普通教育改革产生了持续的影响,超越了芝加哥大学,作为一种大学理想影响了美国,影响了世界;他所倡导的并用制度固定下来的学术权力和行政权力的清晰分割与相互制约,为芝加哥大学的发展打下了坚定的组织结构和制度基础;他对社会重大问题的关注、对人类终极命运的关心引导大学从社会的边缘走向社会的中心(张静等,2005;McNail,1991)。

3. 职业化高校管理者都是出色的管理者和卓越的教育家

大学是知识和科学、事实和原理、探索和发现、实验和思索有效传播的组织机构。大学的综合化发展与社会的结合越来越紧密和复杂,它不仅要培养人才,还要进行科学研究和直接服务社会,因此,制约学校发展的因素也越来越多。知名大学发展的全球性竞争,学校的办学经费、学生质量、教师质量、特色建设、投资效益、形象设计、校园文化建设以及学校的发展战略和社会服务等,同社会结合得越来越紧密。大学发展的实践要求大学的管理者,对内不仅要管好教学、科研与培养人才,还要管好人、财、物和学校的师生员工学习、工作和生活等方面;对外不仅要直接服务于社会,处理好学校与社会各种被服务对象的关系,而且为了获取学校发展的资源和保障学校有一个良好的发展环境,还必须处理好学校与政府、学校与企业、学校与校友、学校与学生家长、学校与学校等方方面面的关系,其面临的管理问题越来越多。这时仅靠管理者的学术(或政治)影响力已不足以管理学校的各项事务。管理者不仅要有较高的学术水平和教育家素质,而且还应具备现代高等学校管理的专业知识。

大学功能多元化的发展,要求高校管理者必须首先是出色的管理者,既能运筹帷幄,做好全面规划,又能协调内外关系,达到整体和谐;其次是大学者和教育家,了解学校特点、懂得办学规律并提供一切有利条件。这是高校管理者的发展取向。

大学组织内部与外部环境及其结构的复杂化,催生了大学管理的专业化需求,这种组织结构的变化对高校管理者提出了新的角色期望。它要求高校管理者要懂得高等教育管理,能够把教育管理理论与本校的实际相结合,逐步形成自己的特色管理体系。不仅解决校内的事务,更要处理学校外面的事情,善于搞好学校与社会、市场的关系。要求管理者具有经营头脑,善于运用现代管理科学的理论与技能管理大学。

总之，职业化高校管理者不再是闭门研究学问的学者，也不只是只管行政事务的"内务部长"，办好大学所需要的各种条件要求高校管理者要有经济头脑、很强的经营意识和良好的社交能力，成为善于从事"外交"的社会活动家。比如，美国高校管理者更多地致力于改善学校与公众的关系，寻找新的经费来源（赵曙明，1989；代蕊华，2000）。

作为管理专家的高校管理者角色的特点是：其一，管理者在大学的建设与发展过程中具有举足轻重的作用，选择管理者就是选择学校的未来，其办学思想直接影响着学校的发展方向，管理者的管理才能直接影响学校的管理质量。其二，管理职能从校内向校外、从微观向宏观转化。大学内部实行分权、分级管理，管理工作程序化、规范化、立法化。校长是学校法律地位的代表，主要精力用于校内外关系的处理与协调。其三，高校管理者角色呈整合与多元趋势。根据克尔（Kerr）的观点，高校管理者既是调解者，又是改革的推动者；既是维护大学自由与质量的斗士，又是大学形象的维护者。因此，担任多重角色的高校管理者是大学管理体系中的核心人物（Kerr，2001）。

另外，从大学的本质及其职能角度来衡量，一名优秀的高校管理者必须首先是一名教育家。高校管理者必须具有教育家的理想、精神与抱负，要既懂高等教育规律，按教育规律办事，又善于领导和管理，对教育颇有研究，有独到见解和办学方略，已形成一整套成熟的办学思想。当然，作为研究高深学问的学术机构的领导者，高校管理者还必须是某一专门学术领域的专家，惟其如此，他才能对学术领域内的事务进行正确的领导与决策。那种认为"高校管理者是一种职业，与其科研成就无关"的观点是有所偏颇的。具体而言，高校管理者作为教育家，首先要有教育理想，并且要矢志不渝地为实现教育理想而奋斗，要在高教实践中贯彻和完善自己的教育思想；要有教育战略家的眼光，要有把学校发展战略、教育发展战略与整个社会发展战略、世界发展战略统一起来的胆识。其次，他应当懂得教育教学规律尤其是高等教育规律，懂得人才成长和培养的规律；要对教育有一种执著的爱和忠诚，有独到的教育思想和系统的教育理论，对于大学的本质及其办学规律有深刻的把握与见解；有丰富的教育经验，能进行创造性的教育实践；有较大的社会影响和较高的社会威望。最后，作为教育家的高校管理者必须富有个性、勇于创新，努力形成独特的办学理念、办学特色，以创新的教育思想与张扬的个性引领大学不断走向新的辉煌。

高校管理者是教育家的体现之一就是,许多杰出的职业化高校管理者结合自己的治校实践,著书立说,成为高等教育研究的经典名著,比如,加州大学校长克尔的《大学的功能》(*The Uses of the University*)、哈佛大学校长博克的《超越象牙塔》(*Beyond the Ivory Tower*)、耶鲁大学校长莱文的《大学工作》(*The Work of the University*)、芝加哥大学校长赫钦斯的《高等教育在美国》(*The Higher Learning in America*)。

第二节 高校管理者的职业化胜任素质及管理措施

"做一个学校校长,谈何容易! 说得小些,他关系千百人的学业前途;说得大些,他关系国家与学术之兴衰。"(陶行知,1926)那么,什么样的人才能够担此重任呢? 或者说,有志成为高校管理者的人应具备哪些素质呢?

一、关于高校管理者的职业化胜任素质的讨论

高校管理者作为管理者,既需要具备组织管理者都具备的一般胜任素质,更需要具备一些独特的胜任素质,只有这样才能管理好高校这种特殊形式的组织。

2004年8月,美国耶鲁大学校长莱文在教育部主办的第二届中外大学校长论坛上发表演讲,他演讲的主题是大学校长的领导素质。他在演讲中,主要以哈佛大学历史上任期最长、也是最成功的一位校长——艾略特为例,分析了一名优秀的高校管理者应该具备的八种领导素质:

(1) 能够提出愿景并很好地传达给他的同事;

(2) 能制定远大的而又能够实现的目标;

(3) 能腾出足够的时间集中完成主要的战略任务;

(4) 敢于冒险;

(5) 不要为初次失败所阻挠,有些好的主意需要第二次尝试;

(6) 知道什么时候采取自上而下的方式,什么时候采取自下而上的方式;

(7) 选择强有力的部门领导,并给予他们充分的自由让他们自己去创造;

(8) 制定有效的激励机制。

莱文校长认为,虽然艾略特当时所面临的问题与今天的高校管理者所面临的问题有很多的不同,但有一点是相同的,那就是我们都对如何打造一支优秀的教职员工队伍以及如何在各个方面提高教育质量感兴趣,解决问题的原则是有共同之处的。选择这一案例为的是提醒我们,即使是最伟大的大学,要是没有雄心,没有高明的领导,也是不可能达到其目前的成就的(李斌等,2004)。

席酉民(2005)总结了高校管理者的基本素质要求:

(1) 政治教育素质

高校管理者要有较强的政治素质,要熟悉和自觉遵循高等教育的基本规律,其办学思想和行为要符合高等教育规律和高等教育法规的要求,这是高校管理者的政治责任。高校管理者不一定都是政治家,但必须具有良好的品格和政治素质,以准确把握高等教育发展的方向。高校管理者应是教育家,从高等教育发展历史看,只有教育家才能办好大学,使学校形成特色。例如德国柏林大学创办者洪堡提出"教学与科研结合",推进"学术自由",使柏林大学成为当时世界大学的典范;美国的威斯康星大学校长范海斯提出"威斯康星思想"和"大学要忠实地为社会需要服务",创立了大学直接为社会需要服务的第三职能,推动了美国高等教育的蓬勃发展;蔡元培提出"兼容并包"使北大成为中国高等教育的楷模。进入21世纪的知识经济时代,确立新的教育思想,推进新的教育理念实践,将是当代高校管理者的责任。

(2) 管理素质

任何一个组织的管理者都必须有较强的管理能力与较高的管理水平。许多知名大学规模宏大、学生上万、教师上千、年开支逾亿,没有出色的管理才能是不可能办好这样的大学的。由于大学是以高深知识为基础的管理,它不是简单地遵循少数服从多数的原则。因此,随着大学规模的扩大和综合化的发展,学校与社会的关系越来越紧密,高校管理者应具有较强的经济、外交、宣传和公关能力,协调好大学与外部的关系,对内创造良好的物质环境和人文环境。学校是个大"舞台",学校工作就是一部"大戏",高校管理者就是"编剧、导演",尽力做到使其每一位"演员"都能发挥自己的智力潜能。高校管理者的管理能力主要表现为决策能力和说服能力。这种决策能力和说服能力表现为前瞻性、真理性、公正性和宽容性。高校管理者的前瞻性、真理性、公正性、宽容性是现代大学走向辉煌的基础。

（3）学术素质

学术性是大学的生命力所在，这就要求高校管理者首先应具有学术能力和具有某一专业的特长。高校管理者这种学术能力和专业特长主要表现为对知识分子的工作特点、性质，知识分子的成长有深入的了解；对知识的传播和知识转化为生产力有深刻的理解；对教学与科研有较深的体会，以利于更好地按照教育教学规律管理学校。高校管理者并不一定是科学家，但必须具有学术能力与某一专业特长。

（4）责任感素养

高校管理者应具有极强的事业心，把管理工作作为自己的首要职责，竭尽全力做好本职工作。因为当今作为高校管理者的校长在一所大学的平均任期不断缩短，应珍惜国家、学校师生的希望和爱戴。高校管理者应注重长期绩效，急功近利会给大学发展带来长久的伤害。

关于职业化高校管理者的能力结构，章小梅（2005）认为，一般来说，现代高等教育要求职业化高校管理者的能力结构应包括三大系统：

（1）经营管理能力

首先，高校管理者应具备教育经营能力。所谓教育经营能力，即是指面向市场经济的资源运筹能力。日本学者安藤尧雄在20世纪50年代就提出学校经营的概念。他认为，学校经营是指制订教育计划，并且为实现教育计划创造各种必要的条件（安藤尧雄，1981）。随着我国社会主义市场经济体制的逐步确立和完善，以及教育体制改革的不断深入，客观上要求高校管理者将教育融入经济，既要尊重教育规律，又要尊重经济规律。所谓懂得经营，是指职业化高校管理者应具有企业家的特质和战略谋划的能力，即不但要善于运作学校的有形资产和物力资本，而且要善于运作学校的无形资产和人力资本，还要善于组合社会教育资源创造经营效益。

其次，职业化高校管理者还应具备教育管理能力。教育管理能力是指协调有限的教育资源投入并高效益地实现教育总目标的能力。管理者要运用激励、协调和指导等管理手段，调动教职工及学生的积极性，使学校健康、高效地运转。总之，职业化管理者既要成为教育方面的专家，又要成为科学管理的强者。

（2）开拓创新能力

开拓创新能力是指在管理工作中善于发现并运用新的成果、方法、设想，并支持参与变革的能力，它包括对新的科学技术和教育改革发展趋势的预见能力、对时代变化发展的适应能力、对现行工作的改革能力等。现代教育的本质就是创新,在已有的基础上不断进行创新是现代教育发展的基本规律。对于肩负着培养具有创新精神和创造能力人才的特殊使命的高等学校而言,职业化管理者的创新观念无疑是至关重要的,因为只有不断地创新,"跳出教育看教育",才能不断地增强我国高等教育的竞争力;只有具有开拓创新能力的高校管理者,才能带领学校通过教育体制创新和培养学生的创新能力,提升社会生产力水平,促进社会政治经济与文化的发展。总之,开拓创新是大学发展的动力,是职业化高校管理者的立足之本。

（3）服务育人能力

对于高校管理者来说,服务意识十分重要。他要为学生的学习与成才服务,为教职工的教育教学及其自身发展服务,因而,必须注重其职业的服务性。而且随着时代的发展、社会的进步,高校教职工和学生的知识水平不断提高,民主和平等意识逐步增强,"以人为本"的理念深入人心。对这样一个群体实施管理,单凭简单的行政手段和冷冰冰的制度显然是不够的。而且,学校是在培养人才而非生产一般商品,因此,高校管理者的服务和育人水平就非比寻常。

高校管理者应以北京大学校长蔡元培、清华大学校长蒋南翔、南京大学校长匡亚明、南京师院院长陈鹤琴、华东师大校长刘佛年等教育界的大师们为楷模,使自己具备较高的政治素质,拥有以德载物的宽广胸怀,兼具科学素质和人文素养,使自己富有异于常人的人格魅力。作为一校之长,还要能够创造一个民主的、宽松的、和谐的学术育人环境,坚持人本化管理,建立充满活力的柔性组织,注重文化育人。正如曾任复旦大学校长（1993—1998）、现任英国诺丁汉大学校长的杨福家所说,"校长就是创造一流环境让人发展的人"（丁敬等,2003）。

二、职业化高校管理者的选拔和管理

具备了一定胜任素质的高校管理者能否成为真正意义上的职业化管理者,还取决于一系列有效的保障机制。对此,赵文华等（2004）做了如下分析。

（一）规范、程序化的遴选制度:高校管理者职业化的前提

由于政治经济体制和文化历史传统的差异,使得我国高校管理者的选拔和任命方式与国外也有所不同。但值得注意的是,在美国、英国、日本、

德国、法国、俄罗斯等高等教育强国,高校管理者选拔的权力都在学校最高权力机构——董事会,或理事会,或评议会,或校务委员会等;其中,美国高校管理者遴选受到的重视程度最高,最具规范性和程序性。虽然国情不同,但我们可借鉴其合理的经验。

美国高等教育管理实行地方分权制,各大学的管理各有自己的特色和风格,即使在同一层次的学校,公立大学与私立大学的差别也很大,各州间公立大学的区别又很大。因此,在分析美国高校管理者遴选时,既要了解其共性,即长期形成的相似的做法,又要关注其在诸多环节的不同。

美国大学校长遴选程序由董事会确定,一般程序如下:(1)学校董事会任命校长遴选委员会;(2)遴选委员会确定校长的任职标准;(3)在有关媒体上刊登广告,或给知名人士、其他学校校长、教务长、科研机构负责人等发信,希望推荐人或自己来应聘;(4)筛选校长候选人;(5)确定校长人选并将结果在媒体上公布。

近年来,我国台湾和香港地区高校也开始重视高校管理者遴选制度的研究和实践。比如,在台湾相继出版了相关研究专著,如黄俊杰主编的《大学理念与校长遴选》(1988)和《大学理念与实践》(2000);在台湾大学召开了"大学校长遴选与治校风格学术研讨会"(1996)等。香港特区政府并没有对大学作具体或微观的管理及控制,但大学都遵从特区政府的建议,从世界各地招聘最好的人才。大学校长都是以合约形式雇用的。遴选条件包括教学经验、科研成就、知名度、大学管理经验及能力、办学方针等。通常招聘校长都要经过很严格的程序。大学首先成立一个遴选委员会,主要是由一些重要的校董会成员组成,有些大学亦包括教师代表在内。然后公开在本地及海外登报招聘。近年来有些大学通过国际知名的"猎头公司"帮助选聘,通常都要从上百名的合格申请人中选择数位,请他们到香港接受面试。面试前后还要会见学生代表,接受提问。面试结束后校董会要立即通过遴选委员会的决定,以便与被录用者商讨聘用条件。最后还要得到香港特区政府的同意,才能真正作出委任(梁天培,2006)。

我们认为,建立"公开招聘、民主评议、委员会决定、组织审查、国家任命"的大学选拔和任命制度是中国高校管理者职业化的主要内容,也是现代大学制度的要求。

（二）职业标准与任职资格:高校管理者职业化的核心

大学发展的内外部环境变得越来越复杂,高校管理者的角色也变得越来越多样化。确定高校管理者任职标准的前提是了解该类管理者的角色定位,这是美国高等教育研究机构和行业协会比较关心的问题,并出版了很多以此为主题的研究报告和不定期的统计分析报告(the Chronicle of Higher Education)。

高校管理者是大学的首席行政和学术领袖,是大学的象征,这一点任何时候也难以改变。美国著名大学在每一任校长的遴选中均有明确标准。麻省理工学院(MIT)1990年校长遴选委员会明确规定了校长候选人的必备条件:(1)个性方面:领导才能;正直;人际关系技能;精力;风度;被 MIT 社区成员的接受度;对工作的热情。(2)智力方面:对 MIT 未来的愿景和设想;智力的深度和广度;好奇心和学习的能力;对 MIT 所面临的问题和机遇的把握;学术地位和成就;在国内外的声望。(3)学术方面:教育理念和优先考虑的事情;致力于多样性;致力于本科生和研究生的教育;致力于 MIT 作为研究型大学的定位;相关的经验和成就。(4)管理方面:适合 MIT 的管理风格;具备管理经验和成就;深思熟虑与决策果断的平衡;对校长管理角色的适应;募集资金的经验和能力;对 MIT 校长一职的理解(黄俊杰,2006)。

(三)合理的薪酬体系:高校管理者职业化的保障

设计合理的薪酬体系是高校管理者职业化的重要标志,也是其基本保障。在很多国家,要了解高校管理者的年薪可能是件困难的事,即使在澳大利亚等发达国家,调查其高校管理者的年薪仍然是一件很困难的事。这主要是因为大学认为泄露年薪的细节会影响大学招聘到最优秀的人才(李敏谊,2001)。美国是一个信息透明度很高的国家,有关其高校管理者的年薪信息相对是公开化的,在著名周报《高等教育纪事》(the Chronicle of Higher Education)中有详细的报道("Compensation for public-college presidents")。美国大学校长的薪酬由董事会或监事会确定,通常包括基本工资、住房、汽车、绩效工资、人寿保险、一次性退休金等不同内容。

与企业界相比,教育界虽然一般不被人们认为是待遇丰厚的行业,但是根据《纽约太阳报》(the New York Sun)的一篇报道,越来越多的美国大学校长得到大笔的薪酬,与2006年相比,2007年年薪50万美元的大学校长的人数增加了53%("University presidents, see their compensation skyrocket")。高薪现象反映了高校管理者作为一种职业,其劳动价值在经济报酬上逐步得到体现。

第三节 我国高校管理者职业化的发展状况与对策

近十多年来,建设世界一流水平的中国大学,已经成了一个十分热门的话题。要实现这个远大目标,除了需要多方面优质的教育资源以外,至关重要的是要分析现阶段我国高校管理者职业化的发展状况,并针对存在的问题采取相应的措施,努力造就一大批能够率领大学向着世界一流大学目标奋进的创新型的高校管理者。

一、我国高校管理者的类型

我国自近代高等学校诞生以来,在实践中也逐渐形成了几种类型的高校管理者。刘道玉(2005)总结了三种类型:

(一) 学者型的职业管理者

学者型的职业管理者本人就是学者,有着深厚的学术背景,但应以专业管理者之职为己任。从 19 世纪末到 1949 年新中国成立以前,这期间出任校长的人多属于这种类型。我国近代高等学校的体制和校长的产生,都模仿了西方国家的整套做法。这一时期的高校管理者具有以下特点:

1. 曾留学西方国家,或受过良好的教育

他们不仅具有某学科专长,而且还很了解西方的教育制度。例如,北京大学校长蔡元培,留学德国、法国,专长于哲学、教育学;曾任浙江大学、北京大学校长的蒋梦麟,留学美国,获教育学博士;清华大学校长梅贻琦,留学美国,获物理学博士;南开大学校长张伯苓,毕业于北洋水师学堂,接受过西方近代科学知识;浙江大学校长竺可桢,留学美国,获气象学博士;曾任武汉大学校长的王星拱,留学英国,专攻化学;原中央大学的校长罗家伦,留学欧美,专长于历史学;人民教育家陶行知留学美国,师从美国实用主义教育家杜威,创办晓庄师范,并亲任校长。

2. 任职时间一般都比较长

一个校长,如果没有遭到教授和学生的罢免,自己又愿意留任,那就可以长期干下去。当然,并不是每个校长都能够长期任职,有的任职几个月,多数是一两年的。前面提到的大学校长,都是从竞争中产生的,他们都是职业教育家,往往有在多个大学或教育部门任职的经历。例如,蔡元培曾任过爱国女校校长、国民政府教育总长、北京大学校长,前后共 13 年;蒋梦麟曾任浙江大学、北京大学校长,前后共20年;梅贻琦曾任清华大学校长、西南联大校长、台湾清华大学校长,总共26年;罗家伦曾任北京大学、中央大学校长,前后共15年;王星拱曾任安徽大学、武汉大学、中山大学校长,前后共15年;张伯苓创办了南开大学,任职长达30年。

3. 享有充分的独立自主办学权,形成了独特的办学理念

大学独立,学术自由,教育家治校,这是世界各国发展教育的普遍规律。新中国成立以前,我国大学的校长也采用了类似的做法。众所周知,蔡元培任北京大学校长期间,提出了"兼容并包、学术自由"的办学理念,对中国近代高等教育产生了深远的影响。竺可桢任浙江大学校长13年,他所取得的成绩在中国高等教育史上也是有口皆碑的。他的办学理念核心是"求是"精神,他所说的"求是"精神,就是奋斗精神、牺牲精神、爱国精神和开拓创新精神。正是由于竺可桢校长身体力行地实践了"求是"的校训,所以浙江大学的人气最旺,大师级教授云集,办学成绩斐然,被称为是"东方的剑桥大学"。

(二) 革命化的职业管理者

他们都是革命干部队伍中的知识分子,新中国成立以后,为了加强对高等学校的领导,他们陆续被派到高等学校担任党委书记或校长。他们忠诚党的教育事业,从事过各种学校和教育领导机关的工作,在实践中逐步成为教育家,完全可以把他们称为革命化的职业教育家(或校长)。这一批职业教育家,主要成长和任职于从延安苏区到20世纪80年代中后期,例如,徐特立、吴玉章、成仿吾、杨秀峰、江隆基、蒋南翔、周荣鑫、刘仰峤、匡亚明、朱九思、林迪生、陆平、徐崇清、屈百川、彭康、邓旭初、刘介愚等。概括起来,他们都有以下的特点:

1. 革命家的品质与教育家的才干融为一体

这一批革命化的职业教育家,大部分是"一二·九"运动的领袖和抗日战争初奔赴革命的知识分子。例如,成仿吾就是他们之中的杰出代表。成仿吾早年留学日本,后来又赴法国勤工俭学,参加中国共产党,并第一次把德文版的《共产党宣言》译成中文。自1937年到1984年逝世,47年间他都工作在教育第一线,先后担任陕北公学校长、华北联合大学校长、东北师范大学校长、山东大学校长、中国人民大学校长,不愧为革命化的职业校长。

2. 教育理论与实践的有机结合

在过去担任大学校长的一批老干部中,要么曾留学西方国家,要么曾

在大学里学习过教育学。例如，江隆基先后留学日本、德国，专攻经济学；屈伯川留学德国，获化工博士学位；董纯才、朱九思都是学习教育学或哲学教育学的，因此他们都有很高的文化与教育理论素养。同时，他们又经历了长期的教育实践的锻炼，以理论指导教育实践，又从实践上升为理论，成为理论与实践相结合的职业教育家。例如，朱九思从创办华中工学院开始，担任该校党委书记、校长长达25年。他从一个党的高级领导干部成为一位高等教育学博士点的学术带头人，培养了几十个硕士、博士研究生，出版了多本教育专著，是理论与实践相结合的革命化职业校长的典范。

3. 为人民服务与造就英才高度统一

这一批革命化的职业教育家，早年都是投笔从戎的知识分子中的先进分子。在艰苦的革命岁月，他们出生入死，确立为人民解放事业而奋斗的人生观。同时，革命斗争的实践又提高了他们的理论水平、政策水平和工作能力，坚定了笃行群众路线的决心，培养了清正廉明的优秀品格。革命胜利以后，他们转入到高等学校工作，把为人民服务的思想融入到造就英才的伟大事业中去。蒋南翔就是这样一位为教育奋斗一生的职业教育家。早年，他一直在北京、上海的大学里做地下工作。新中国成立以后，他先后担任哈尔滨大学政治部主任、东北青年干部学校校长、清华大学校长，他领导的清华大学不仅是培养工程师的"摇篮"，而且科研成果也居全国之冠。后来他又担任高教部、教育部的部长，长达二十余年。

（三）"双肩挑"的学者型的校长

自20世纪90年代以后，出任中国大学校长的基本上都是属于此种类型，即一方面从事学校管理工作，另一方面从事科研教学工作；既要心系学校发展大计，又要思考学术难题。这些校长一面管理学校，一面又要做研究工作，指导数量众多的研究生。然而，这样二者兼顾往往是很难做到的。

二、我国高校管理者职业化发展的思考

（一）我国高校管理职业化的关键问题

我们认为，中国高校管理者职业化的关键问题是管理者和专家学者角色的混合，这点上和国外不一样。国外著名大学的管理者许多都是职业化的。学校董事会在大学管理者的选拔和考察中，对其管理经验的重视甚于专业知识。有的人并非某个领域的专家，有的甚至没有从事过高等教育，但如果他有丰富的管理经验，有突出的管理才能，照样可以当高校管理者。

在英国,选择大学校长,倾向于管理经验第一。英国前五名大学的校长中,有三位不是来自高等教育领域。中国的高校管理者一直没有被看成专门的职业。虽然高校管理者一般都是由专家学者转型而来,但由于没有经过专门培训,常常习惯性地用学术思维、实验室思维来管理学校。教育有其自身的规律和原则,校长有其特殊的责任和使命。蔡元培之于北京大学,梅贻琦之于清华大学,张伯苓之于南开大学,其主要功绩不是学术上的,而是帮助一所学校形成了良性的管理机制和深厚的校园文化,从而造就了无数的社会栋梁。大学校长是不是学术权威并不重要,重要的是要具有战略思维和长远眼光,具有国际视野和前沿意识,富有改革精神和创新理念。

国外大学校长的身份都很单纯,校长就是校长,而我们的大学校长们的身份就复杂多了,许多不但是教授、博导,还是院士,同时在政府的行政编制序列里又是正地级、副省级、正部级的官员。许多大学校长坦言:在中国作为一校之长,在很多人的眼里是个官也确实像个官,大量繁杂的事务性会议占据了大量工作时间,而校长本身应该承担的学校发展决策的职能反而弱化。可见我国的高校管理者行政色彩太浓厚,校长的职能模糊化、官员化。在这种背景下,许多专家和学者提出高校管理者"职业化"的理念,职业化的校长相当于职业经理人,应从政府行政部门中解脱出来,专注于学校的建设和发展,使个人的能力得到最大限度的发挥。

在经济全球化的今天,特别是自中国加入 WTO 以来,社会各界越来越多地关注高校管理者的管理能力。例如,中国教育部迄今已成功举办了三届"中外大学校长论坛"(2002 年,2004 年,2006 年),该论坛为中外大学校长提供了一个相互交流的平台,更为中国高校管理者提供了一个向西方同行学习成功治校经验的机会。

杨福家教授是中国科学院院士、复旦大学前任校长,不仅在学术上有很高的造诣,也是一位知名教育家。他于 2001 年 7 月被英国诺丁汉大学正式推选为该校第六任校长,成为第一位担任英国大学校长的中国人。"校长作为一个职业,职能就两个:找钱,找人才。"杨福家在接受媒体采访时,对自己任诺丁汉大学校长做什么工作的提问作出这样的回答,人们也从中听出了大学校长作为一种"职业"的含义(吕诺等,2004)。曾任同济大学校长的教育部副部长吴启迪说:"我们不会选择一个纯粹的 CEO 来管理大学,但校长的主要职责是管理。"(李斌等,2004)可以说,校长职业化是世界性趋势,也是大学现代化管理的需要。

现阶段,我国的大学校长还没有实现职业化,大多数校长一边治校一边治学,很难避免以下两种情况的出现:其一是疏于管理,不利于学校事业的发展。其二是难于平衡,不利于学校的内部团结。校长在进行校内事务决策时往往会不由自主地向自己项目或教学所在的院系倾斜。

高等院校教育事业经费来源的多样性所带来的学校内部分配制度的调整,使得计划经济条件下的平均分配方式不复存在,客观上要求校长们必须对自己有形的个人收入予以充分的关注。校长们如果不做课题研究或不带研究生,其有形的个人收入将可能少于校内学者们在学校获得的收入。这些在改革中出现的新问题,如果不通过对校长身份的重新定位并进行相应的制度性调整是难以解决的。

美英等国及中国香港地区将高校管理者们的身份明确地定位于职业管理者,并且通过分配制度、遴选制度、退出制度等各种制度予以保障。将现代高校管理者的身份定位于职业管理者而不是学者兼管理者,是因为今天的现代大学作为社会化大生产的核心动力,已经发展成为雇员众多、分工精细、结构复杂、规模庞大的社会组织系统。校长作为学校的最高行政长官必须全身心、全时段地投入到学校的管理工作中去。

(二)我国高校管理者职业化的途径

要想积极推进我国高校管理者的职业化进程,不仅应对校长自身的素质进行严格的要求,同时也应该完善一系列的外部机制。对于高校管理人员,也可以参照公务员的非领导职务,实施行政职务系列和职员职级系列"双梯并行"的聘任制度。这种模式能调动和激励教育职员队伍中各个层面的人员,有助于解决大批在非领导职务岗位上的人员的个人发展和相应待遇问题。对于领导干部,为了强化岗位和职责,应同时执行领导干部的任免和聘任制。同时,应借鉴西方实行的职业校长和职业院长制度,让管理专家在学校里从事专职行政工作(赵曙明等,2005)。对此,张黎力等(2007)建议:

1. 建立高校管理者资格认定机制

一些发达国家对校长的资格都作了明确的认定,这是推动高校管理者职业化的前提。如澳大利亚校长中心(简称 APC),其中心使命是对校长的专业素质予以界定、承认和提升。其重要职责之一是聘请来自不同学校、部门的人员负责对校长职业资格进行评议和审定工作,从而保证了对于校长评定工作的公正、公平性。而目前我国的高校管理者资格认定模式是建立在委任制基础上的封闭模式,这种模式严重缺乏公开性和公平竞争性。因此我国必须首先建立开放性的高校管理者资格认定机制,这是推进我国高校管理者职业化的重要前提。

2. 完善高校管理者竞聘机制

校长遴选规范化、程序化,对高校管理者实行公开招聘,实行资格考核和民主评议相结合,这是高校管理者职业化的根本保证。在高校管理者遴选过程中,应注意以下几个问题:

(1) 遴选的眼界要开阔

候选人不应局限于本校,可以从外校甚至国外公开招聘。例如,拥有800多年历史的剑桥大学,2003年就选拔了美国的艾莉森·理查德(Alison Richard)担任该校第344任校长。这次任命出乎人们的意料,不仅因为她是女人,而且还是一个"外来者",这在该校历史上还是头一次。当然,事出有因。近年来,剑桥大学每年背负高额赤字,而理查德在美国耶鲁大学担任教务长期间,其出色的领导和管理能力赢得了较高的声望。所以剑桥大学就将她从耶鲁大学请来,任命其为这所名校的校长("Alison Richard: The quiet revolutionary")。香港中文大学的新校长刘遵义,原是美国斯坦福大学经济学教授;我国原复旦大学校长杨福家,卸任以后被聘为英国诺丁汉大学校长(Chancellor)。这种做法既是遴选优秀大学校长的需要,又是大学国际化发展的一种趋势。

(2) 必须正确地解决好"双肩挑"的问题

高校管理者"双肩挑",是我国大学目前通行的做法,而在西方国家的大学则不存在这种问题。我们认为,高校管理者"双肩挑"的做法并不可取。我国自20世纪90年代以后,出任高校管理者的基本上都属于"双肩挑"的类型。凡是有院士的大学,不少大学校长由院士担任;没有院士的学校,也一定会找博士生导师当校长;一般大学的校长也都由教授担任。这些校长一边管理学校,一边又要做研究工作,指导数量众多的研究生,还要出国考察,参加各种学术会议,是名副其实的"双肩挑"干部。这样做的结果,是既影响了个人的学术研究,又耽误了大学的发展。中国有句古话,鱼与熊掌,二者不可兼得。因此,要想办好一所大学,高校管理者就必须有牺牲精神,即为了大局的利益而舍弃个人的利益,这就要求大学管理者应全心全意地投身于大学的建设中去,而不是在其位不谋其政。

(3) 打破门第观念和论资排辈的思想

在我国门第观念和论资排辈的思想都十分严重,这样就束缚了校长职业化的发展,同时很多有能力的校长人选也因为这些条条框框而被拒之门外,这样是不利于中国高等教育的健康发展的。

3. 建立系统性的培训机制

现代社会,高校管理者不仅要成为卓越的管理者、成功的经营者,还要具有一定的研究水平,这就需要社会建立起相应的培训机构,来实现对职业化高校管理者的培训。例如在英国,英国国家校长专业资格(National Professional Qualification for Headship, NPQH)是专门为有志于从事校长工作的候选人开设的培训计划,它是校长上岗的必要条件。也只有成功通过 NPQH 专业培训的学员才有资格参加以后的校长岗位竞聘。因此,建立培训计划的统一性与实施方案的灵活性相结合、培训内容的针对性与培训方法的多样性相结合、培训机构的激励性与培训条件的优置化相结合、培训师资的学术性与培训技术的现代化相结合的系统性的校长培训机制,是推进我国高校管理者职业化的必要措施。

4. 明确管理者的权利和责任,扩大学校的办学自主权

要树立职业化管理者应有的社会地位,这样才有利于稳定管理者队伍,调动管理者的积极性。同时管理者还应有充分的自主权,这样才能放开手脚用自己的职业知识管理和经营好学校。

5. 建立健全的管理者监督和约束机制

有效的监督和约束机制同样是促进高校管理者职业化的基本保障措施。只有建立起了完善的高校管理者监督机制,才能为高校管理者职业化的健康发展提供制度保障。

参 考 文 献

[1] Alison Richard: The quiet revolutionary, http://education. guardian. co. uk/administration/story/0,1935274,00. html.

[2] A profile of college presidents, 1986 and 2006, http://chronicle. com/stats/acesurvey/.

[3] Bok, D. (1984), *Beyond the Ivory Tower: Social Responsibilities of the Modern University*, Harvard University Press.

[4] Compensation for public-college presidents, http://chronicle. com/free/almanac/2002/presidents/ceopay. htm.

[5] Cook, W. B. (1997), Fund raising and the college presidency in an era of uncertainty: From 1975 to the present, *The Journal of Higher Education*, 68(1): 53—86.

[6] Hammons, J. O., & Keller, L. (1990), Competencies and personal characteristics of future community college presidents, *Community College Review*, 18(3): 34—41.

[7] Highlights from 367 years of Harvard presidents, http://www. news. harvard. edu/gazette/2007/02. 15/99-history. html.

[8] History of the president's office, http://www. president. harvard. edu/history/.

[9] Hoge, M. A. , Tondora, J. , & Marrelli, A. F. (2005), The fundamentals of workforce competency: Implications for behavioral health, *Administration and Policy in Mental Health*, 32 (5/6): 509—531.

[10] Hutchins, R. M. (1936), *The Higher Learning in America*, Yale University Press.

[11] June, A. W. (2007), Presidents: Same look, different decade, *The Chronicle of Higher Education*, February 16.

[12] Kerr, C. (2001), *The Uses of the University* (5th Edition), Harvard University Press.

[13] Levin, R. C. (2003), *The Work of the University*, Yale University Press.

[14] Mayhew, L. B. (1971), Emerging concepts of the presidency, *The Journal of Higher Education*, 42(5): 353—367.

[15] McClelland, D. C. (1973), Testing for competence rather than for "intelligence", *American Psychologist*, 28(1): 1—14.

[16] McNail, W. H. (1991), *Hutchins University: A Memoir of the University of Chicago, 1929—1950*, The University of Chicago Press.

[17] Muzzin, L. J. & Tracz, G. S. (1981), Characteristics and careers of canadian university presidents, *Higher Education*, 10(3): 335—351.

[18] National Professional Qualification for Headship, http://www. ncsl. org. uk/programmes/npqh/index. cfm.

[19] Neumann, A. & Bensimon, E. M. (1990), Constructing the presidency: College presidents' images of their leadership roles, A comparative study, *The Journal of Higher Education*,61(6): 678—701.

[20] New chancellor to be installed, http://www. nottingham. ac. uk/public-affairs/press-releases/index. phtml? menu = press releasesarchive&code = NEWC-37/01&create_date = 22-jan-2004.

[21] Newman, J. (1996), *The Idea of a University* (*Rethinking the Western Tradition*), Yale University Press.

[22] Selection of a President for the University of Tennessee, http://web. utk. edu/ ~ senate/PresSearch_10-19-98. html.

[23] Stanford history by presidency, http://www. stanford. edu/home/stanford/history/.

[24] The chronicle of higher education, http://chronicle. com/.

[25] The principals' center at Harvard, http://www. gse. harvard. edu/ppe/principals/index. html.

[26] University presidents, see their compensation skyrocket, http://www.nysun.com/article/43837.

[27] 〔日〕安藤尧雄著,马晓唐、佟顶力译,《学校管理》,文化教育出版社 1981 年版。

[28] 编者按,《谁来当中国的大学校长(一)》,《科学中国人》,2005 年第 4 期。

[29] 编者按,《谁来当中国的大学校长(二)》,《科学中国人》,2005 年第 5 期。

[30] 编者按,《谁来当中国的大学校长(三)》,《科学中国人》,2005 年第 6 期。

[31] 蔡建国,《蔡元培与近代中国》,上海社会科学出版社 1997 年版。

[32] 蔡元培,《对于教育方针之意见》,《东方杂志》,第 8 卷第 10 号,1912 年 4 月。

[33] 陈敏,《聚焦中国大学校长:公众认同度不够理想》,《南方周末》,2005 年 6 月 30 日第 1116 期。

[34] 程凤春,《学校管理者胜任力研究及其成果应用》,《比较教育研究》,2004 年第 3 期,第 59—63 页。

[35] 代蕊华,《筹资者:大学校长新角色》,《高等教育研究》,2000 年第 3 期,第 62—64 页。

[36] 丁敬、李晓悦,《中国高等教育发展呼唤职业校长》,《教育发展研究》,2003 年第 11 期,第 85—87 页。

[37] 高平叔,《蔡元培教育论著选》,人民教育出版社 1991 年版。

[38] 韩延明、蔡元培,《梅贻琦之大学理念探要》,《高等教育研究》,2001 年第 3 期,第 90—93 页。

[39] 〔美〕赫伯特·A. 西蒙,《管理决策新科学》,中国社会科学出版社 1982 年版。

[40] 黄俊杰,《大学理念与校长遴选》,台湾乐学书局 1988 年版。

[41] 黄俊杰,《大学校长遴选:理念与实务》,北京大学出版社 2006 年版。

[42] 黄书光,《论蔡元培的教育哲学观》,《福建论坛》(人文社会科学版),2001 年第 2 期,第 94—100 页。

[43] 黄延复,《梅贻琦教育思想研究》,辽宁教育出版社 1994 年版。

[44]《聚焦大学校长:大学校长素质大家谈》,《南方周末》,2005 年 6 月 30 日第 1116 期。

[45] 康劲,《大学校长为何喊累》,《信息导刊》,2004 年第 33 期,第 22—23 页。

[46] 蓝劲松,《美国研究型大学校长之学术背景——对 23 所美国著名高校校长教育背景与工作背景的分析》,《中国高教研究》,2004 年第 12 期,第 43—49 页。

[47] 劳伦斯·H. 萨莫斯,《21 世纪大学面临的挑战——在北京大学的演讲》,《中国大学教学》,2002 年第 7 期,第 4—7 页。

[48] 李斌、谢湘,《中国大学校长职业化说易行难》,《中国青年报》,2004 年 8 月 11 日。

[49] 李斌、原春琳,《耶鲁校长开列大学领导八大必备素质》,《中国青年报》,2004 年 8 月 6 日。

［50］李敏谊,《澳大利亚副校长挣多少钱》,《科学时报》,2001 年 12 月 27 日。

［51］李树,《对大学校长身份定位的思考》,《中国教育报》,2005 年 10 月 12 日第 6 版。

［52］《理大校长的薪酬问题》,http://www1. polyu. edu. hk/hotnews/details_s. php? year = all&news_id = 542,2003-05-02。

［53］刘安之、黄俊杰,《大学理念与实践》,逢甲大学与台湾通识教育出版社 2000 年版。

［54］刘道玉,《中国应当怎样遴选大学校长》,《高教探索》,2005 年第 2 期,第 4— 7 页。

［55］刘道玉,《中国怎样建成世界一流水平的大学》,《高等教育研究》,2003 年第 2 期,第 4—10 页。

［56］刘述礼、黄延复,《梅贻琦教育论著选》,人民教育出版社 1993 年版。

［57］刘尧,《大学校长应该是什么样的人》,《中国电子教育》,2006 年第 2 期,第 2— 5 页。

［58］《刘遵义出任香港中文大学校长》,http://gopher. cuhk. hk/ipro/pressrelease/ 040630 (1)c. htm。

［59］吕诺、邬焕庆,《一流大学需要怎样的校长》,新华社北京 2004 年 8 月 4 日电。

［60］马陆亭,《大学校长发展的战略历史机遇》,《科学中国人》,2005 年第 5 期,第 7— 10 页。

［61］〔美〕迈克尔·D.科恩、詹姆斯·G. 马奇著,郝瑜主译,《大学校长及其领导艺术》,中国海洋大学出版社 2006 年版。

［62］梅贻琦简介,http://www. tsinghua. edu. cn/chn/xxjs/myq. htm。

［63］牛维麟,《世界一流大学校长特征及其启示》,《中国高等教育(半月刊)》,2003 年第 22 期,第 26—27 页。

［64］《人民视点:中国为何没有一流大学校长?》http://www. xbzf. com/sizheng/ Class59/200409/81. html。

［65］眭依凡,《大学校长:最应该做什么》,《科学中国人》,2005 年第 6 期,第 14— 17 页。

［66］唐景莉、许杰,《关注高校管理者领导能力建设》,《中国教育报》,2005 年 9 月 23 日第 3 版。

［67］陶行知,《陶行知文集》,江苏人民出版社 1981 年版,第 94 页,第 106 页。

［68］王大刚、王洪涛、郭菊娥、席酉民,《中外知名大学校长的比较研究》,《西安交通大学学报》(社会科学版),2002 年第 3 期,第 74—83 页。

［69］王福又、段君莉,《美国高等教育发展历程中的校长研究》,《清华大学教育研究》,2005 年第 2 期,第 15—20 页。

［70］王铁军,《科学定位:校长走向职业化的关键》,《扬州大学学报》(高教研究版), 2002 年第 3 期,第 9—13 页。

[71] 王铁军,《校长职业化的系统整体观》,《江苏教育学院学报》(社会科学版),2003年第 3 期,第 1—6 页。

[72] 王友良,《大学校长职业化与职业化的大学校长》,《云梦学刊》,第 26 卷第 6 期,2005 年 11 月,第 109—111 页。

[73] 席酉民,《大学校长的地位和基本素质》,《科学中国人》,2005 年第 7 期,第 18—19 页。

[74] 《香港科技大学校长朱经武教授访谈实录》,http://learning.sohu.com/20050520/n225646514.shtml。

[75] 肖海涛,《一种经典的大学理念——洪堡的大学理念考察》,《深圳大学学报》(人文社会科学版),2000 年第 4 期,第 80—86 页。

[76] 谢泳、余世存,《聚焦大学校长:他们超额完成了历史使命——20 世纪的老校长》,《南方周末》,2005 年 6 月 30 日第 1116 期。

[77] 徐文,《中美大学校长教育背景的比较研究》,《清华大学教育研究》,2004 年第 3 期,第 30—33 页。

[78] 游淑芬,《高等学校校长的新观念——从职务校长到职业校长》,《高等教育研究》,2004 年第 6 期,第 12—17 页。

[79] 张静、王晓华,《赫钦斯大学制度改革思想研究》,《清华大学教育研究》,200? 年第 3 期,第 47—51 页。

[80] 张君辉,《借鉴国外经验,改革大学校长任期制》,《中国教育报》,2007 年 6 月 11 日第 5 版。

[81] 张黎力、成中梅,《关于推进我国大学校长职业化的探讨》,《科教文汇》,2007 年第 1 期,第 5—6 页。

[82] 章小梅,《关于中国大学校长职业化的探讨》,《教育与现代化》,2005 年第 1 期,第 7—11 页。

[83] 赵曙明、龚放、顾建平、常文磊,《建立现代大学制度的重要之举——深化我国高校人事制度改革的政策建议》,《高等教育研究》,2005 年第 4 期,第 18—24 页。

[84] 赵曙明,《美国的大学校长》,《高等教育研究》,1989 年第 1 期,第 97—102 页。

[85] 赵曙明,《美国高等教育研究》,湖北教育出版社 1992 年版。

[86] 赵文华、高磊、马玲,《论现代大学制度与大学校长职业化》,《复旦教育论坛》,2004 年第 3 期,第 35—39 页。

[87] 智效民,《八位大学校长》,长江文艺出版社 2006 年版。

[88] 周桂英,《大学校长职业化探究》,河北师范大学 2006 年硕士学位论文,第 12 页。

第十三章

国际管理者的职业化胜任素质研究

21世纪,经济全球化和信息化正在使全球经济经历一场全面而深刻的变革,迅速改变着人类经济社会的发展进程。各国经济与世界经济紧密相联、相互依赖,国际交流日益扩大,每个国家都在努力突破自身市场规模和资源禀赋等方面的限制,在全球范围内进行资源的优化配置,从而获得更大的效益。凭借大量的技术管理人才、充裕的劳动力、广阔的国内市场,大批国内企业开始采用国际化的发展模式。联想收购 IBM 个人电脑业务,中石油收购哈萨克斯坦石油公司,中海油尝试收购尤尼科,还有海尔、中兴通讯、TCL 和华为等企业也踏上了国际化道路。但总体而言,中国企业国际化尚处在起步阶段,国际化水平较低,大多数企业的经营重点还在国内,尚未转到世界范围上来。缺乏国际化人才是我国扩大跨国经营规模、提高跨国经营水平的最主要的制约因素。为了应对全球化管理的挑战,相比较只在一国工作的管理者,国际化管理者应具备更加广泛、更为专业的能力。面对国际化管理者职业化即跨国公司的国际化管理成为一个专门职业的过程,国际化管理者如何应对这些挑战?什么样的管理者更适合担任国际管理职务?具备怎样的素质才能够胜任国际管理的职务?这正是我们本章所要讨论的问题。

第一节　国际化管理者的胜任素质

一、国际管理者面临的环境和任务

企业进行跨国经营,对管理者提出了越来越高的要求。作为一名职业化国际管理人员,他不仅要面对像国内管理者一样的挑战,而且还要面临国际化的特殊挑战以及更为复杂的环境和任务。

355

（一）政治和法律环境

任何一位处于一个陌生国度的管理者首先都必须注意了解该国的政治和法律环境。各个国家政治和法律制度的完备程度是不同的，一名职业化国际管理人员一定要清楚地知道自己所在国的政治制度，了解东道国关于企业方面的各种法律。比如标签法，有些国家的标签法更为严格一些，不同国家的标签上必须注明的项目（比如产品的名字、成分、使用说明、生产商或分销商名字……）不尽相同，一些在母国可以不加注明的信息在另一国可能就必须注明，不然很可能会导致诉讼，使企业遭受巨大的损失。

各个国家政治环境和法律的稳定程度也是不同的，尤其在一些政局并不是非常稳定的国家，每个新政府的上台都会制定自己的新规则。在这些国家，由于政局的不稳定，国际化管理人员必须面对剧烈变动的不确定性。今天的法律还支持外资的发展，明天的法律或许就会转而限制发展。这些不确定性会给公司带来各种限制与桎梏。当然，并不是所有的国际化管理者都会面对这种法律和政治环境的极端变动，只是这样剧烈的变化在非洲和南美一些国家更为常见一些，在其他国家面对的往往是那种平缓的变动。但是不管变动程度为何，作为一名国际管理人员，必须时刻关注，并且能够迅速地做出反应，以规避可能的风险，获取更大的收益。

（二）经济环境

不同的国家拥有不同的经济环境，这就要求国际化管理者要谨慎地把握这些环境因素之间的不同，以求获得长久的利益和发展。国际化管理者要从以下几个方面来关注不同国家的经济环境。

首先要关注的是不同国家的经济类型。以美国、欧盟一些主要成员国和日本为代表的发达国家的经济属于成熟型的市场经济，其人均 GDP、国际贸易和投资量都很大；以韩国、新加坡和中国香港地区等为代表的新兴工业化国家和地区，其经济类型属于成长型经济，为全球经济发展的热点地区；以中国、印尼和泰国等国家为代表的发展中国家的经济类型为转型经济，这些国家正在由原来的国有企业和政府集中计划经济向自由市场经济转变，政府的影响逐渐减少，企业的生存与发展呈现出由市场决定的发展趋势。作为一名国际化管理人员，在发达的市场经济条件下的管理经验显然不能照搬到转型经济中去。这种适应不同经济类型的管理能力是单一国家管理者所不需要具备的。其次是汇率的波动。一个全球企业的利润会受到本国货币和东道国货币之间汇率变化的影响。本币和外币之间地位的变动会成为管理者的决策依据。再次，不同国家的通货膨胀率也会严重影响公司的利润和管理者的决策。巴西的通货膨胀率曾经一度达到2 700%，严重影响了原材料、劳动力、土地和其他资源的价格。最后，不同的税收政策也是国际管理人员所必须考虑的重要因素，有些国家的税收政策相对宽松一些，而有些国家的税收约束较多，职业化国际管理人员必须准确地了解东道国的各种税收规则，从而将企业的税收义务减到最少。

（三）文化环境

管理者需要关注的另一个领域是各国间文化的差异。文化的含义相当复杂，由于研究人员所处地位与观察角度的不同，对文化概念的理解与体会也不同。爱德华·布乃特·泰勒将文化定义为："文化……是一个综合体，其中包括了知识、信仰、艺术、道德、法律、风俗以及人作为社会成员而习得的任何其他的能力和习惯。"（《不列颠百科全书》，2000）。文化几乎渗透到了我们生活的方方面面，我们的言行举止、行为方式都受到文化的影响。著名的管理学家罗宾斯认为，文化是成员所共有的价值和信念体系。他对文化含义的解释是：首先，文化是一种感知。个人基于在组织中所看、所听、所经历的一切来感受组织的文化。其次，尽管个人具有不同的背景或处于不同的等级，他们仍往往采用相似的术语来描述组织的文化，这就是文化的共有方面。最后，组织文化是一个描述性术语。它与成员如何看待组织有关，而无论他们是否喜欢其组织，它是描述而不是评价。

有三个层次的文化会影响国际化管理者的行为决策，它们分别是民族文化、企业文化和职业文化。民族文化是一个国家的居民共有的价值观，这些价值观塑造了他们的行为以及他们看待世界的方式。这里的民族文化实际指的是国家文化，而对于一个多民族国家来说，各个民族本身有自己的亚文化。所有主要的社会制度（如宗教信仰、教育、家庭、政治、法律和经济）都和民族文化紧密相关。企业文化是一个企业内部人员共有的价值观，为人们提供了一个在特定的民族文化下经营的可接受方式，影响着工作和组织生活的各个方面，包括如何招聘、甄选、构架组织、制定战略、领导和激励下属等。职业文化是同一职业群体人们的准则、价值观、信念以及期望的行为方式，而与这些人所工作的企业组织无关。譬如医生、律师、会计师、教师等不同的职业群体都有不同的文化，即职业文化。霍夫斯泰德对四十多种不同的国家文化进行了研究，结果发现，从事相似工作的人们通常有非常相似的文化价值观，而且，来自不同国家但相同职业的人们之间的差别小于来自同一国家但不同职业的人们之间的差别。

有研究显示，民族文化对员工的影响要大于企业文化对员工的影响。例如在沃尔玛工作的中国员工,他们受到中国文化的影响要大于沃尔玛文化的影响。这就意味着,对职业化国际管理人员来说,民族文化比企业文化更具有影响力。但是较之政治、经济和法律的差异来说,文化的差异更难把握。政治、经济和法律的差异都可以从东道国的政治形势、经济报告和法律条文等渠道获得,但是就文化而言,仅仅看到表面上的那些差异是远远不够的,而且就是土生土长的本地人也难以详尽地描述本国独特的文化,有很多东西是只可意会、不可言传的。所以,国际化管理者只有在学习了当地的文字并且居住了很长一段时间后才能够了解东道国文化的内涵。

能够帮助国际化管理者更好地理解民族文化差异的是由格尔特·霍夫斯泰德提出的关于民族文化的四个维度:(1) 个人主义与集体主义。个人主义与集体主义考察的是某个人独立于其组织与社会的程度。(2) 权力差距。霍夫斯泰德用"权力差距"这个术语作为衡量社会接受机构和组织内权力分配不平等程度的尺寸。(3) 不确定性规避。不确定性规避是衡量人们承受风险和非传统行为程度的文化尺度。(4) 生活的质量和数量(男性主义与女性主义)。有的民族文化强调生活的数量(男性主义),表现为过度自信和物质主义;竞争意识强烈;追求物质财富与地位;注重工作绩效,认为活着就是为了工作。有的民族文化则强调生活的质量(女性主义),重视人与人之间的关系,不关注物质的占有,而关注心灵的沟通,关心他人的幸福,认为工作是为了生活。

二、国际管理者职业化的胜任素质

针对前面国际化管理者面临的环境和挑战,我们认为,职业化的国际管理者应该具备以下一些胜任素质。

1. 快速融入东道国的政治网络

前面已经提到职业化国际管理人员需要面对不同的政治法律环境的挑战。从母国到东道国,是否能够迅速了解不同的政治环境和法律制度,熟悉办事的潜规则,决定了国际化管理人员是否能够快速适应、站稳脚跟,并取得成绩。但是,并不是所有的国际化管理人员都能够很好地理解东道国的一些潜规则,有很多管理者想当然地采用在自己国家解决问题的方法,结果往往会自吞苦果,甚至引发公共关系危机,给企业带来巨大的灾难。这样的管理者就很难成为合格的职业化国际管理人员。

例如,外国人进入中国,往往无法理解中国人的办事规则。一位新加坡的企业家曾有这样的疑惑:"在中国办公司找政府申请,他回答我研究研究,到底是什么意思?"讲到这一点,其实"研究研究"有各种可能:一种是正在研究,还没有做决定;一种是没多少希望;一种是得做一些别的努力,不是不行,而是还没到火候,你还要做一些动作。个中含义只有自己体会。尽管这位新加坡企业家也是华人,但是并不了解中国语言的含义,因为他不了解中国政府办事的潜规则。

2. 在海外生活或工作的经验

在管理人员招聘过程中,招聘者往往非常关注求职者是否具备相应的工作经验,他们认为具备类似工作经验的应聘者能够很快地进入工作状态,能够很好地处理可能出现的各种各样的问题,而且他们过去的工作表现是将来其绩效成绩的某种预测。在对国际化管理者进行招聘的时候,这一假设也是成立的。但是,公司并不是总能找到在东道国工作过的管理人员,这时,只要是在国外工作过,甚至是在国外生活过一段时间的管理者,他们的经历都会对他们就职后的工作产生莫大的帮助。这些经历会大大开阔他们的视野,也会使他们学到基本的国际化经验,当然这些基本的经验并不能代替那些专业的经验,但是这些都有助于国际化管理人员更好地适应东道国新的环境。但同时,也要注意学习和适应某种全新的环境所需要的全新思维和行为方式,在过去所形成的经验也可能随着时间的推移变得狭隘,这时候的经验恐怕更多地会成为一种障碍而不是帮助。

当然,即使最有经验的管理者也是首先从没有经验开始的,如果是首次到国外进行管理,那就只能依据管理者在国内的表现预测他在国外的表现。但是,企业依然可以参照后面提到的其他胜任素质来判断哪些管理者更适合成为职业化国际管理人员。

3. 受教育的程度

如果想成为一个称职的国际化管理人员,受教育的程度通常被视为一个必要的条件。因为受教育的程度能够反映他的专业知识水平和技术能力,有关某专业或技能方面的成绩说明他已经通过了这方面的测试,具备了这方面的能力。如果国际化管理者不具备所需的专业知识或者技能,临时抱佛脚地进行学习不仅难以快速地掌握所需的知识,而且会对自己形成巨大的压力,甚至导致严重的挫败感,难以胜任国际化管理的职务。

如果管理者没有国际管理的经验,他所受教育的程度是一个判断其在将来能否取得优良绩效的依据。一般而言,受教育程度越高的管理者,在进行国际管理时的眼光和全局意识往往更为出色。另外,受教育程度也能够反映个人的可信程度。一般意义上,受过高等教育的管理者具有更高的诚信度,因为教育不仅仅只是职业技能方面的,受教育程度越高,他们价值观和人生观的层次也就越高,在处理和协调事务上更具理性,责任意识也更明显。受教育程度也反映了个人对新事物的接受能力,受教育程度越高的人越容易接受新事物。在进行跨国管理时,有很多的新事物需要学习和接受,如果一个人对新事物持排斥心理,或者虽不排斥但学习能力不足,都不能够成为一个合格的国际管理人员。相比较而言,受过高等教育的人在这些方面是足以令人信任的。

4. 语言能力和交流技巧

虽然英语已经成为国际通用的一种语言,但是如果管理者能够熟练运用东道国的语言,必然是成功进行国际化管理的一个关键能力因素。对于国际化管理者来说,掌握英语是最基本的要求,熟悉并能运用东道国的语言也将是一笔巨大的财富。国际管理者如果能够运用东道国语言同当地员工、客户等进行交流,他将更容易赢得尊重和信任,更容易与当地员工和客户建立良好的关系。懂得当地的语言也有助于管理者对东道国文化的了解,减缓因为面对一个陌生环境时所引起的巨大压力与紧张。

在与东道国的客户、供应商、员工、群众进行交流的时候,不仅仅存在语言的方式,各种非语言的方式也应该引起国际化管理者的注意,因为非语言方式往往会对国际管理人员造成更大的困惑。比如,在第一次会面时,美国人通常非常轻松和随便,而法国人和德国人则比较特别,他们喜欢正式的介绍。在英语中,高谈阔论是经常有的事,而在芬兰人看来,说什么就是什么,说出来几乎就是许下了诺言。毫无疑问,英国人往往会认为芬兰人说话太直率,而芬兰人则可能认为英国人不可信赖。在赠送礼物时,中国人收到礼物,一般是放在一旁,确信客人走后,才迫不及待地拆开;西方人收到礼物时,一般当着客人的面马上打开,并连声称好:"Very beautiful!"中国人受到夸奖的时候会谦虚地说"哪里哪里",而西方人则会表示喜悦并致谢。所以,对于国际化管理者来说,对东道国的交流方式保持敏感也是非常重要的。

5. 适应与弹性

从一个国家到另一个陌生的国家,在一个新的文化氛围中,无论怎样随遇而安、怎样宽宏大量的人,也会遇到各种各样出人意料,或者令人尴尬的事情。因此,对一名国际化管理者来说,如何尽快适应新的文化,就是一个首要的问题。在处理各种各样问题的时候,也不能一味地死守过去的方法和经验,如何在母国的做事方式和东道国的做事方式之间进行变通和采用更为弹性的方法,已经成为一名职业化国际管理人员所面临的巨大挑战。工作的目标是不能随意放弃的,管理者一定要始终坚持完成自己的任务,但完成任务的方式应该是灵活多变的,符合当地特殊的文化背景。比如西方人与中国人签合同的时候,就一定要学会并且理解中国的酒桌文化,这样才会起到事半功倍的效果。

6. 忍受挫折

到一个新的文化环境中工作,尤其是管理者,面对陌生的政治法律环境、差异巨大的文化、多元化的员工、迥异的做事方式,会面临各种严峻的考验,许多原本在母国很容易做好的事情现在都有可能变成艰巨的任务,尤其在一个不发达的国家或者政治不稳定的国家更是如此。这个时候往往就是考验管理者忍受挫折的能力的时候。如果事情搞砸了之后,总是发脾气,抱怨同事、员工或者强调各种各样的原因,不仅会逐渐在自己与他人之间形成难以弥补的隔阂,而且事情往往会更糟,最后管理者只能带着遗憾与不满回国。当事情搞砸的时候,应该放轻松,寻找原因,拉拢员工,共同渡过难关,这个时候只有具有良好抗挫折能力的管理者才能做到这一点。

7. 配偶及家庭的适应能力

有研究显示,国际化管理者提前终止合同的原因中,家庭因素占了很大的比重。通常的情况是管理者担任跨国职务的时候,家庭随之搬到了国外,但是配偶和子女难以适应国外的环境与文化。比如一个美国家庭搬到某些阿拉伯国家,本来是职业女性的妻子或许会因为当地的传统文化而无法工作,而且周围很难结识新的朋友,这样长期下去是难以忍受的。对孩子来说,或许有机会自然接触一门外语,而且因为他们的接受能力很强,相比较父母来说没有那么长时间的自我调适过程。但是,如果孩子的发展前景堪忧,往往让父母更加难以忍受。有些国家的教育水平低下,基础设施不完善,不仅影响了孩子的发展,还威胁到孩子的健康和安全。在这种情况下,国际化管理者就很难完成自己的合同与任务。

许多公司在选择国际管理人员的时候,往往将最终是否出国工作的决定权交给管理者自己,让他们和家庭自己判断是否能够适应国外的文化和环境。家庭成员之间如果没有足够的相互支持,或者有成员缺乏适应国外陌生环境的能力,管理者就无法承担国际管理的职务。配偶愿意到国外生活的程度、配偶的交际能力,以及可能派遣的地区对配偶的职业生涯和子女教育的影响,都是国际管理人员职业化时需要重点考虑的因素。

8. 海外工作的意愿

职业化国际管理人员应该有强烈的海外工作的意愿,也就是有足够的动机。如果违背一个人的意愿而选派他出国担任管理者的职务,或者是他没有足够强烈的动机,他都不会取得令公司满意的成绩。

仅仅希望去国外体验、游玩并不是一个很好的动机,而渴望在国外学习到更多的知识、积累到更多的经验才是一个国际化管理者应有的目的。对新的机遇的渴望、对未知挑战的期待,往往会让担任国际化管理职务的人员具有强烈的适应能力和抗挫折能力,这样的人往往会成为公司的骨干和精英。

9. 对东道国文化的了解

这是一个很显然的因素。如果国际化管理人员对东道国的文化有足够的了解的话,那么他的适应期会大大地缩短,能够尽快地融入当地社会,在与员工、客户打交道的时候也更加容易了解他们的想法,掌握本地人的行为方式,学会当地的风俗习惯,在制定战略、进行决策的时候更乐意结合自己关于东道国的文化背景知识,而结果也不会因为做出的决策与当地的风俗习惯相驳而使自己陷入尴尬的境地。

例如,一名在秘鲁子公司担任生产经理的美国人坚信美国式民主管理能够提高秘鲁工人的生产积极性。他从公司总部请来专家对子公司各车间的负责人进行培训,教他们如何征求工人的意见,并从中找出合理的部分加以采纳。可这种民主管理的方法推行不久,秘鲁工人就纷纷提出辞职要求,另谋出路。工人的理由很简单:"上司缺乏能力,他不知道该做些什么,总是问我们要做些什么。上司无能,公司就没有希望。我们要在公司破产前离职,以便及时找到新的工作。"在拉美文化中,人们敬重权威。工人们把上司看成主心骨,他们服从上司,而美国式民主管理动摇了上司在工人心目中的权威地位,被误认为是没有主见和软弱无能。

10. 安全与健康

健康与安全也是国际化管理人员必须注意的问题。时差、气候差异和文化差异带来的压力、饮食习惯的不同以及卫生条件的不同都可能会引发国际化管理人员的健康问题,导致适应期延长,甚至由于东道国医疗卫生保障体系的简陋而引发生命危险。此外,自"9·11"事件之后,全世界恐怖主义活动呈愈演愈烈之势,再加上一些国家遗留的历史问题和宗教冲突以及地方武装和民族分裂主义势力的活动,也使得国际化管理者的人身安全受到了严重的威胁,外国人员受排挤以及被绑架勒索甚至杀害的事件时见报端。因而外派管理人员的健康程度以及安全意识和精神承受能力也是一个值得关注的胜任素质因素。

第二节 我国企业国际化对策及管理者胜任素质的未来发展

随着我国经济的高速发展,越来越多的公司开始进行跨国经营,也有越来越多的管理者走上了国际管理的岗位,这就要求从事国际管理工作的人员应该更具有专业化的能力。面对越来越国际化的发展趋势,我国国际化的对策是什么? 国际管理者职业化的专业能力将来会有哪些新的发展动向和趋势? 这是本节要探讨的问题。

一、我国企业国际化战略思考与对策分析

面对越来越国际化的发展趋势,我们对我国企业国际化提出以下一些对策和建议:

1. 建立一套符合中国国情的"走出去"政策促进体系

企业国际化是企业经营的一种高级形式,涉及资本流动、货物流动、人员流动、技术流动等多方面,需要产业、金融、外交和经贸等多层面的参与配合。作为"走出去"战略的组织实施部门,中央和各级地方政府、商务部、发改委和财政部等,都应加快制定在政策体系、服务体系、宏观监控体系等方面的政策措施。目前,商务部正在大力推动境外经济贸易合作产业园区建设。中国人民银行、国家外汇管理局和相关金融机构在企业国际化进程中要形成一套实施完整的金融支持与服务体系,增强企业的融资能力和业务承接能力,在服务企业国际化战略的同时,也实现自身的利润增长,获取金融服务国际化的宝贵经验。国内金融机构要积极学习国外大型金融机构的跨国经营经验,提高国际化水平,提供优质的产品和高效的服务。

2. 树立国际化经营理念,明晰国际化发展战略

加入 WTO 后,中国市场已逐步融入世界市场之中,单纯的国内市场将不复存在,只有一个世界性市场。这就要求管理者彻底转变固有的经营理念,用全球经营意识来制定和实施全球战略目标。应该意识到,中国企业国际化不仅指企业在海外经营中的单个进入,更意味着一个和谐共生的经

济圈企业构成一个有机的群落进入国际市场,利用大企业优势带动上下游企业、关联企业共同"走出去",提高企业国际化成功率。中国企业在资源配置上应实行以市场化为导向的调节,要用国际化的观念来组织生产、销售以及产品的研发,在内部治理结构上要依公司化原则改组,在整个企业经营方向上必须向国际化靠拢。紧紧围绕全球战略,强化管理制度、组织机构和人力资源等方面的建设,要使企业成为所在国的良好的"法人公民",尊重所在国的文化、习俗和语言,保证战略目标的顺利完成。

企业在国际化初期,往往需要发挥集群优势,整体作战。例如,日本许多企业的海外投资采用集群国际化模式获得了很高的成功率。2004年,日本丰田汽车进入广州市南沙开发区投资设厂,而同时紧随丰田一起进驻南沙开发区的有丰田的几十家全球配套企业,他们相互支持形成一个企业群落,共同开拓中国市场。目前,我国企业海外投资仍以国有大企业为主体,中小企业虽然有活力但缺乏实力,难以走出去。因此,通过大企业的海外投资能力带动中小企业"走出去",提高企业的整体对外直接投资水平的方式,是可以而且应当借鉴的一种途径。

3. 实现互动发展范式,纳入全球价值链体系

我国企业国际化不能回避也无法回避跨国公司的竞争,需要与跨国公司形成互动,以适应全球化竞争趋势,实现网络协同效应,利用资源互补性,应对产品生命周期缩短,减少交易成本,发挥组织学习效应,争取填补市场空白并扩大市场总量,实现产业结构升级和优化,实现互动发展。

我国企业纳入全球价值链体系可以有三种方式:一是利用跨国公司形成的垂直专业化分工价值链模式。这种价值链模式在消费品市场上以国际巨型连锁流通企业(如家乐福、沃尔玛等)为代表,直接面对消费者,不仅采购量巨大,而且对所采购的商品的品质、价格、批量和交货等都有很高的要求。我国的制造企业如果能够加入这种供应链,就等于领到了进入全球化市场的门票,必将随着其扩展而成长。二是纳入虚拟垂直一体化供应链体系。这种虚拟垂直一体化供应链体系以国际著名品牌(如耐克公司)为龙头,在全球专业化理念导向下,通过 OEM 等方式把缺乏比较优势的零部件产品的生产,分包给下游厂商,公司只负责设计和营销。我国企业如果能够按照国际标准进行生产,就能利用自己的优势接到这些跨国公司的外购订单,成为其虚拟垂直一体化供应链体系中的一个节点。三是把基于互联网的电子订货体系引入其与零部件厂商的供应链之中。虚拟化的生产组织方式目前已扩展到传统产业部门(如汽车业),企业纷纷把基于互

联网的电子订货体系引入其与零部件生产商的供应链中,通过这种方式,汽车业有可能在快速反应能力和弹性供货体系的支持下,实现订单化生产,节省成本并且更好地满足顾客的个性化需求。

我国目前的转口加工贸易已经发展到一个新的阶段,转口加工贸易的国际化模式必须升级。简单的转口加工贸易,虽然在促进中国 GDP 增长、就业、税收和创汇等方面做出了巨大的贡献,特别是部分地缓解了中国的就业压力,但是这种"无根的花"所造成的"飞地经济"格局,会形成严重的本国经济与外资经济的二元发展态势,也会在一定程度上抑制我国企业真正起飞和获得国际化的机会,使我国企业被边缘化。转口加工贸易转型和升级的关键在于形成本国经济与外资经济的一体化发展格局。在这方面,我们可以学习印度全球著名的软件开发区班加罗尔,他们利用印度丰富的人力资源优势,大量承接国际跨国公司的外包订单,靠"工厂化",以低成本、大批量、高质量、及时交货方式包揽大量发达国家跨国公司的软件外包业务订单,推动印度本国民族软件产业在全球的崛起。

在产业层面,借助资本运作、股权安排,通过品牌塑造、技术创新,实现产业梯度转移,增强产业关联,实现产业联动。我国企业国际化过程中关键是要以积极主动的姿态面对跨国公司的投资,积极合作和勇于竞争。通过学习、合作、既合作又竞争,通过战略联盟,在互动中融合、升华。

4. 在技术引进的基础上实施自主创新

对中国企业而言,倡导自主创新绝不是要抛弃技术引进,而是要采用技术引进与消化吸收基础上的自主创新相结合的方式。在坚持技术引进的基础上再创新,不断缩短技术上的差距,增强企业的国际竞争力。中国企业应当不排斥引进,但更应重视在引进基础上的消化、吸收、改良和再创新,引进的根本目的是提高自主研发的起点。

自主创新还必须不断跟踪科技发展的动态,尤其要在战略高技术研究上有所作为。目前,信息技术、生物技术、新材料技术、先进制造与自动化技术、资源环境技术、航空航天技术和能源技术等已成为战略高技术。一个国家如果不掌握世界领先的战略高技术,就有可能丧失话语权。因此,中国企业在战略高技术领域的自主创新应面向全球技术前沿,加强关键技术与重大系统集成创新,并及时实现工程化和规模产业化。在实际运作中,企业应当集中资源,突出重点,有所突破。依靠战略核心领域的突破带动我国企业实现真正的跨越。

5. 健全跨国经营的管理体制,培养和吸引国际化人才

跨国公司是一种具有高度组织性的大型企业,客观上需要有高度严密的符合国际规范的管理制度。我国企业必须建立完善的内部控制体系,适应跨国经营的基本要求。具体来看,我们要进行如下的管理运作:

（1）企业要按照国际规范和国际惯例的要求来运作。这就需要管理者精通国际惯例,熟悉相关国家的有关法律。国际化企业致力于寻求那些能够在一个更广阔范围内表现良好的经营人才,这种行为促使我们应加速对新型的、世界性的和多能力的人才开发与培训。

（2）学习国际跨国公司的先进管理经验,并根据国情加以创造性地运用,切实提高跨国经营水平。

（3）加强风险防范控制。国际企业主要面临财产风险、责任风险以及市场变化风险。企业只有在识别风险的基础上,寻找并掌握有效处理风险的管理方法,才能有效地防范和降低风险。企业应建立一套有效的信息网络系统,提高企业的运行效率。

6. 采取"战略性眼光,本土化思考"

从欧美、日本、韩国等跨国公司国际化的经验来看,市场进入战略不仅要根据海外市场信息来制定,更需要根据企业跨国投资发展的不同阶段进行相应的调整。发达国家的跨国公司强调"从全球着眼,从本地着手",力求融入当地市场。随着企业国际化的日益壮大,"全球化"的特征越来越明显,并在"全球化"的同时加入"本土化"的因素。此时,企业国际化不仅表现在母公司对新的海外市场的拓展,还表现在东道国对周边第三国的市场拓展以及在当地市场进一步向新产业的拓展,形成"滚雪球"式发展模式。

近些年来,中国企业频频以"大买家"的身份亮相于国际市场。中国最大的500家企业中,约有60%在2006年以前就已经有各种形式的海外经营活动。一些国际化程度较高的公司,如联想、TCL、华为公司的海外营业额已经超过国内营业额。中国企业的国际化进程刚刚迈出第一步,国内外形势变化既给我们企业走出去带来了机遇,也带来了挑战。今天,企业的竞争已经是全球化竞争,我们要取得国际化的成功,就不应以中国企业自居,国际主义胸怀才能创造国际化的公司。要建立起一套企业国际化的业务流程体系、选人与用人制度,进而在全球范围内整合配置资源,打破障碍,铸造全球品牌,实现真正意义上的国际化。

二、国际管理者职业化素质的未来发展

作为国际化的管理者,其职业化的专业能力将来会有哪些新的发展动向和趋势呢?我们认为以下几点值得关注:

(一)全球化的思维模式

面对今天风起云涌的全球化浪潮,未来国际化管理者应该建立起全球化的思维模式,要具有远见卓识。现在世界各国之间的联系越来越紧密,商业活动瞬息万变,世界各国的依赖性越来越强。这就要求担任国际化管理职务的管理人员能够用更加开阔的眼光来审视这个世界,不仅要关注母国和东道国的机遇与挑战,同时也要能够把握全球经济发展的潮流和机遇,做到"思维全球化,行为当地化"。

要做到思维的全球化,首先要具备能够在全球范围内采集各种所需的信息的能力,包括行业技术水平、设备条件、市场机会、供应商情况、人力资本、竞争者情况等。对于信息的搜集,国际化管理者绝对不能故步自封,犯经验主义的错误,要有一种永不满足的精神,时刻对全球政治、经济以及行业发展各个方面的信息进行敏锐的把握捕捉。其次,国际化管理者要能够对信息,尤其是关于国际范围内同行业其他企业的信息进行正确的分析和处理,抓住其中对自己有利的方面,规避不利的一面。国际化管理者要认识到现在的市场是全球市场,现在看起来在地域层面上与自己毫无关系的企业都有可能在几年之后成为自己的竞争对手,所以一定要仔细地过滤所得到的各种信息,从中抓住主要的发展趋势。国际管理人员应该建立起信息处理系统,以确保不仅能够及时地得到各种信息,而且能够在适当的时间把适当的信息传递给适当的人,及时、有效地做出决策。具有全球思维的国际化管理人员要把握公司的核心竞争优势,不断对竞争对手进行分析,即使他们的行为与公司当前的利益并没有冲突,也决不能掉以轻心。

国际化管理者要面对各种各样的冲突与矛盾,这也要求国际化管理者具备全球思维,持有全球中心的全球观而不是狭隘主义。跨国管理是一个非常复杂的过程,认识到不同国家和地区的民族文化不同、追求的利益不同、地域之间存在巨大的差异是非常重要的。全球中心的全球观从全球的角度考虑重大的问题和决策,对民族风俗和国际管理具有高度的敏感,他绝对不会把芝加哥的管理方式应用到柏林的公司去。国际化管理者一定要抛弃仅仅从自己的视角和观点来看世界的狭隘主义,因为这会使他们认

识不到其他国家人们不同的生活和工作方式。狭隘主义已经成为许多国际化管理者的一大障碍。如果管理者固执地认为本国的文化和管理方式是最好的,那么他们很快就会发现他们的公司失去了和那些拥有全球中心观点的企业竞争能力。

在现今的世界,科学技术不断发展,顾客的需求不断地变化,竞争对手不断地出现和消失,所有的一切都处在不确定之中。具有全球思维的国际化管理人员一定要能够保持极大的灵活性和弹性,面对复杂的变化能够进行有效的全球战略协同,既能够保持公司全球一体化的特色,又能够灵活地进行差异化管理。

（二）终身学习

未来的职业化国际管理者也应该具有终身学习的能力。在这个知识爆炸、科技日新月异的时代,管理者所面对的环境正在以前所未有的速度发生着变革。管理者以前学到的知识、过去的管理原则和管理经验,似乎都已经不再适用了。在 21 世纪,职业化的国际管理者需要能够快速地学习和适应变化,而这个过程是伴随着管理者一生的。有很多成功的管理例子说明了终身学习的重要性。

国际化管理者需要不断地学习东道国的民族文化和行为方式。虽然全球化把世界看成一个统一的市场,但是各国文化之间依然存在着巨大的差异,对于一个职业化国际管理人员来说,必须深入地了解东道国的民族文化与母国文化之间的差异。文化的不同所导致的每个人的行为方式、态度观念等的不同,会以不同的形态表现出来。国际化管理者最容易接触到的也是这种不同的形态,但是文化的内涵需要管理者在长期的生活和工作过程中进行学习和体会。不同文化归属的人之间很容易出现隔阂,往往就是因为对彼此文化所体现的价值观的理解不同。这种理解的差异越大,人们之间的文化冲突和隔阂也就会越来越深。而要想消除这些隔阂,就需要具备对东道国文化的更深层次了解和换位思考的能力,不能只以自己的母国文化为标尺,还要能够站在东道国文化的角度上来看待本地公司的优势和劣势。只有客观、公正、全面地认识和了解东道国文化,才能够做出适合的、正确的决策。

要想真正了解和理解异国的文化,学习当地的语言是一个必要的条件。而外语的学习本身就是一个长期不懈的过程。只要长期搁置不用,你可能就会发现自己对母语的运用都会有些生涩,一些新出现的词汇让自己感到迷惑与压力,外语的学习更是如此。语言本身就是一个需要终身学习的工具。

当然,如果管理者能够熟练地运用外语,也在东道国生活了相当长的时间,完全融入了这个社会,也还需要继续学习。世界在剧烈地变革,已经没有什么东西会是一成不变的了,不发生改变往往就意味着落后,包括你的管理知识和管理方法。如果你不能够尝试一些新的更为有效的方法来进行国际化管理,就很难成为一个合格的国际化管理人员。

终身学习并不仅仅意味着管理者自身不断地学习提高,它还意味着国际化管理者应该在东道国的公司培养一个不断学习的环境与氛围,利用公司的信息系统,让所有的员工在工作中持续地学习和适应变革,包括从组织的最底层到组织的最高层。国际化管理者要通过不断的学习,让组织意识到知识的重要性和在不同文化背景下沟通的价值。只有组织内部上下同心,国际化管理者的管理举措才能够得到更好的理解和支持,公司才能在复杂多变的全球化背景下生存和发展。

(三)跨文化管理

1. 跨文化团队管理

未来国际化管理者职业化的发展需要管理者具有跨文化团队管理的能力。跨文化的团队与非跨文化的团队相比,问题更加复杂,冲突更加激烈。斯坦福大学商学院组织与争议解决研究教授玛格丽塔·尼尔认为,冲突主要有三种类型:关系型冲突、任务型冲突和流程性冲突,跨文化团队的主要冲突是流程型冲突,"由于跨文化团队面临的处境更为复杂,对流程的关注往往就成为成功的关键"。

冲突往往是由于不同文化背景下个体价值取向、认知、需求、行为准则、风俗习惯等方面的不同所引起的。导致冲突的诱因一般有以下五种:团队中有人对自己的文化感到优越感;片面以自我为中心;由于语言或非语言障碍导致的沟通失误;感知的个体差异;对不同文化的排斥。而消除冲突需要团队成员之间的信任和理解,认识到各自文化的差异,然后想办法消除这种差异。

毕博咨询中国公司总裁黄辉认为,管理多文化团队的最基本点是对另一种文化的敏感、尊重,知道另一个文化存在。一个文化悠久、底蕴深厚的民族,往往会对别的国家的文化不敏感、麻木,从而也不会尊重。在日常的工作管理中,跨文化团队管理对跨国企业领导的要求非常高。不同文化下,人们的价值观、态度、行为都会不同。比如,日本公司的电梯里,大家通常会保持沉默,因为日本人认为在封闭空间里要保持和谐;而美国人却认为这样很尴尬。由于文化的不同,很多问题的处理要因人而异、因文化而异。中国人力资源开发网高级顾问、华盛顿商学院终身教授陈晓萍认为:跨国团队合作要缩短磨合时间,培训很重要,团队组成之前,让他们先进行充分的沟通,各自坦诚地讲出自己的观点。在公司外派人员去海外的时候,就先给他进行海外文化方方面面的培训,让他有心理准备。另外,在充分沟通了文化的差异性之后,要让大家相互尊重对方的文化,文化没有优劣。在相互沟通和尊重的基础上,可以建立第三种文化。

2. 跨文化谈判沟通

未来国际化管理者职业化的发展,要求国际化管理者具备跨文化谈判的能力。在管理的过程中,谈判是管理者时刻进行的活动。与员工、顾客、供应商、竞争者每一次的利益交涉都是一次谈判的过程。国际化管理者涉及多文化背景下的谈判,缺乏必要准备的管理者往往不能够成功地进行跨文化谈判。

要想成功地进行跨文化谈判,首先要花时间了解对方的个人信息:文化背景、谈判中的角色、教育程度、爱好、职位等等;然后认真研究不同的文化背景下对方的立场和根本利益,如何能够找到最佳的切入点,寻找到双方的共赢之处;在谈判过程中要能够尊重对方的文化习俗与处世方式,尽快与之建立良好的关系,了解对方深层次的要求和期望;最后要在坚持自己原则的基础上,考虑双方文化差异的区别,找到令彼此都满意的解决方案,达成协议。

(四)驾驭互联网

未来的职业化国际管理者应该越来越注重网络的力量。互联网的出现彻底地打破了传统的时空界限。通过网络,可以即时传递信息,搜集资料,互联网越来越成为不可缺少的工具。现在互联网已经成为全球性的基础设施,将全球的企业、部门、岗位连成了一片。互联网的出现使得企业的内部和外部环境产生了巨大的变化,对传统的经营管理方式也带来了巨大的冲击和改变。

对于国际化管理者来说,互联网最起码的一大好处就是在担任国际职务之前,可以很容易地在网上查找到大量的关于东道国政治、法律、经济、文化和风俗习惯等方面的信息,甚至一些以前工作过的人的经验教训,从而许多原本需要花费很长时间、很多精力的事情变得更为容易起来,将来的工作适应期也会大大缩短。互联网也能对外语的学习起到巨大的帮助作用,一些偏僻的小语种,不是在每个地方都能找到其学习课程的,但是在网上,你总能找到这方面的知识,甚至很容易就能找到愿意和你一起交流对话的志同道合者,这些都会对将来的适应和工作起到巨大的帮助作用。互联网的出现也为信息系统的建立提供了很多便利条件,使得数据的收集、交换、分析都可以在短时间内快速完成。

随着互联网的出现,电子商务蓬勃发展起来,企业和利益相关者通过互联网进行交换和交易,大大提高了效率。越来越多的企业开始加入到电子商务的行业中去,有些是完全的电子化企业,比如雅虎和亚马逊;有些企业则是传统企业加上了电子商务功能,比如星巴克和硅图公司。电子商务方便快捷的特点给传统企业带来了巨大的冲击,也给国际化管理者提出了一个新的课题:国际化管理者应该如何面对这种新兴的行业? 如何在不同的国家基于公司利益相关者对电子商务了解、接受程度的不同制定独特的战略和决策? 这些都是值得关注和考虑的问题。

（五）注重环保和社会责任

未来的职业化国际管理者应该越来越重视环保的要求。随着世界人口的不断增加、工业的不断发展,地球生态环境的变化,全球面临着空气污染、水污染、环境污染、沙漠化、水资源短缺、森林破坏、水土流失、野生动物灭绝、地球平均温度升高、酸雨、臭氧层空洞、资源耗竭等一系列的环境问题。今天,人们的价值观念和消费理念已经发生了很大变化,环保的呼声越来越高,出现了崇尚自然、追求健康的风尚。发达国家越来越重视环保产业,但是有很多国家还停留在牺牲环境换取发展的阶段,当然其中牵涉到很多政治方面的原因。作为职业化的国际管理者,应当站在全球高度,积极践行社会责任,大力倡导环保理念,为人类的未来发展做出更大的贡献。

参 考 文 献

[1] Cavusgil, T. (1980), On the internationalization process of firms, *European Research*, 8(6): 273—281.

[2] Dunning, J. (1981), Explaining outward direct investment of developing countries: In support of the electic theory of international production, in K. Kuman & M. G. Mcleod (Eds.), *Multinationals from Developing Countries*, Lexington Massachusetts: D. C. Heath and Company.

[3] http://www.sina.com.cn,《IT 时代周刊》,2005 年 4 月 8 日。

[4] Johanson, J. and Mattsson, L. G. (1988), Internationalization in industrial system—A network approach, in Hood, N. and Vahlne J. E. (Eds.) *Strategies for Global Competition*, London: Croom Helm.

[5] Oviatt, H. B. and McDougall, P. P. (1994), Toward a theory of international new ventures, *Journal of International Business Studies*, 25 (1):45—64.

[6] Welch, D. and Welch, L. (1996), The internationalization process and networks: A strategic management perspective, *Journal of International Marketing*, 4 (3): 11—28.

[7] 包铭心、莫礼训等著,李刚、吴宏译,《国际管理》(第5版),中国人民大学出版社 2005年版。

[8] 樊增强,《中国企业国际化影响因素及其战略选择》,《国际经贸探索》,2005年第 6期,第66—69页。

[9] 方晓霞,《中国企业国际化经营的现状及发展趋势》,《上海行政学院学报》,2006 年第4期,第63—73页。

[10] 菲利普·R.哈里斯、罗伯特·T.莫兰著,关世杰译,《跨文化管理教程》,新华出 版社2002年版。

[11] 傅自应,《完善政策支持体系,推动企业国际化》,《国际经济合作》,2007年第1 期,第4—6页。

[12] 何志毅,《中国企业国际化之路》,http://mnc.people.com.cn,2006年11月 15日。

[13]《跨文化团队面面观,本土精英是怎样炼成的》,http://biz.163.com,2004年9月 6日。

[14] 雷莫·纽尔密、约翰·达林著,周林生译,《国际管理与领导》,机械工业出版社 2003年版。

[15] 罗宾斯著,《管理学》(第7版),中国人民大学出版社2004年版。

[16] 尼格尔·霍尔顿著,康青、郑彤、韩建等译,《跨文化管理——一个知识管理的视 角》,中国人民大学出版社2006年版。

[17] 闫立罡、吴贵生,《中国企业国际化模式研究》,《科学与科学技术管理》,2006年 第8期,第102—107页。

[18] 苏珊·C.施奈德、简·路易斯·巴尔索克斯著,石永恒译,《跨文化管理》,经济 管理出版社2002年版。

[19] 王海光,《沃尔玛公司人力资源管理的文化导向》,《经济管理文摘》,2003年第7 期,第22—23页。

[20] 约翰·B.库伦著,邱立成译,《多国管理:战略要径》,机械工业出版社2000年版。

[21] 张德,《全球化背景下的跨文化人力资源管理》,《新资本》,2006年第5期,第 69—71页。

［22］章文光著,《跨国公司与中国企业互动发展》,清华大学出版社 2006 年版。

［23］赵曙明、彼得·J.道林、丹尼斯·E.韦尔奇著,《跨国公司人力资源管理》,中国人民大学出版社 2001 年版。

［24］赵曙明、陶向南著,《国际企业人力资源管理研究述评》,《外国经济与管理》,2005 年第 2 期,第 10—17 页。

［25］赵曙明著,《企业人力资源管理与开发国际比较研究》,人民出版社 1999 年版。

［26］赵曙明著,《人力资源管理研究》,中国人民大学出版社 2001 年版。

后记

《我国管理者职业化胜任素质研究》一书终于完稿。此时此刻,我们才稍稍得以片刻的松弛。自从 2004 年受到国家自然科学基金委资助,研究"企业经营者任职资格测评体系研究"(70372036)和 2006 年"人力资源经理的胜任特征研究"(70572048)课题以来,我们课题组一直致力于该课题的文献搜集、访谈、调查、数据分析、论文写作和发表等繁杂而又有趣的工作中,体验痛并快乐着的感觉。后来又获得国家自然科学基金重点项目的资助(70732002)和江苏省"333 工程"首席科学家项目的资助,使我们有经费进一步研究这一问题。当书稿结束的一刹那,感觉轻松了许多。但此刻我也非常清晰地认识到,我们一直思考的关于我国管理者职业化及胜任素质问题的研究其实并没有终结。随着研究的逐步深入,我们发现需要研究的问题还有很多,还有更大的空间值得我们去挖掘和思考。

作为自然科学基金三个研究课题的总结,该书与其他同类书籍相比,最大的特点,就是理论、实证与实践三者的结合。正是因为建立在非常坚实的理论和实证研究的基础上,才能保证我们提出的对策建议具有一定的系统性和科学性。本书理论篇主要介绍管理者职业化和胜任素质方面的基础理论,实证篇对胜任素质的理论模型进行了实际的验证。为了得到真实可靠的第一手资料,我们在全国做了大样本的调查,获得了大量宝贵的数据。通过对这些数据的分析,得到了丰富翔实的资料。实践篇主要针对我国人力资源管理、医院管理、高校管理和国际化管理实践中存在的具体问题,围绕理论篇和实证篇中关于我国管理者职业化胜任素质的理论和实证研究成果,提出了一些有关推进管理者职业化进程,提升管理者职业化胜任素质的建议和对策。之所以要从理论、实证和实践三个方面的有机整合来安排本书的结构,是出于我多年来关于管理者职业化胜任素质理论研究和对实际问题的一些思考,归纳起来主要有以下两点:

1. 管理学具有很强的实践性,是致用的科学。若学术研究背离中国管理实践,那么学术研究本身就失去了意义。作为社会科学的管理学,其研究工作者不能闭门造车,我们必须面向中国的管理实践开展理论研究,只有这样，我们才能得出有益于学术发展和社会发展的科学知识。

2. 中国管理科学既要本土化，同时又要国际化。管理是一门和特定的经济、社会、文化背景紧密相关的，根植于一个国家社会组织和民族文化之中的学科。我国的经济、社会、文化背景与西方国家有很大的不同，因而管理科学必须立足于本土化，而本土化的核心是基于对我国管理实践的实证研究。同时，在本土化的同时，又要考虑国际化，要突破民族主义的狭隘视角，从管理原理和基本规律的角度去看待管理的实践问题。我们应当在对我国管理实践的实证研究基础上，归纳总结出能够超越国界的一般管理规律和理论。

本书的出版是我这些年来在人力资源管理理论和实践方面研究的一个小结，也是将来进一步对我国人力资源管理本土化和国际化研究的起点。该项研究得到了国家自然科学基金委重点项目"转型经济下我国企业人力资源管理若干问题研究"（70732002）、"人力资源经理的胜任特征研究"（70572048）、"企业经营者任职资格测评体系研究"（70372036）和江苏省"333工程"首席科学家项目的大力支持和帮助，在此向他们表示衷心的感谢。本书是集体智慧的结晶，在此我要感谢积极参加我主持的国家自然科学基金课题的课题组成员，他们是我的博士后杨慧芳博士、顾建平博士、刘嫦娥博士、杨东博士，我的博士生黄昱芳副教授、张捷、张子源、蒋建武、王艳艳、杜娟，硕士生吴国权、王文宇、郭永利等。他们查阅了大量的国内外文献，深入企业调研，参与起草了本书的部分章节。程德俊副教授、杨东副教授帮助我统稿花费了许多时间，杜鹏程教授和李乾文教授帮助我校对，并提出修改意见，在此也向他们表示衷心的感谢。

在本书出版之际，我还要感谢北京大学出版社，特别是出版社的张燕老师在这本书的成书过程中所做的大量工作，衷心感谢她提供的帮助。

最后，本书在写作过程中参考了大量国内外的研究成果，在此谨对这些文献的作者表示诚挚的谢意！

由于作者水平有限和时间仓促，书中的缺点和不足在所难免，欢迎同行专家和广大读者批评指正。

赵曙明

于南京大学

2008年7月28日